F. 4382. 8.º
y.

5576

RÉPERTOIRE

UNIVERSEL ET RAISONNÉ

DE JURISPRUDENCE

CIVILE, CRIMINELLE,

CANONIQUE ET BÉNÉFICIALE.

OUVRAGE DE PLUSIEURS JURISCONSULTES:

Mis en ordre & publié par M. G U Y O T, Écuyer, ancien Magiſtrat.

TOME DOUZIÈME.

A PARIS,

Chez PANCKOUCKE, Hôtel de Thou, rue des Poitevins.

Et ſe trouve chez les principaux Libraires de France.

M. DCC. LXXVII.

Avec Approbation & Privilége du Roi.

RÉPERTOIRE

UNIVERSEL ET RAISONNÉ

DE JURISPRUDENCE

CIVILE, CRIMINELLE,

CANONIQUE ET BÉNÉFICIALE.

C

COLLÉGE. Ce mot fignifie dans fon acception la plus commune un bâtiment où l'on enfeigne à la jeuneffe les fciences, les belles-lettres & les arts.

Ce bâtiment eft compofé de chapelles, de claffes & de logemens, tant pour les profeffeurs que pour les écoliers.

L'inftruction de la jeuneffe n'étoit confiée autrefois qu'aux perfonnes confacrées à la religion : Les Mages dans la Perfe, les Gymnofophiftes dans les Indes, les Druides dans les Gaules avoient le foin des écoles publiques.

Après l'établissement du christianisme, il y eut autant de *Colléges* que de monastères. Charlemagne dans ses *capitulaires* enjoint aux moines d'élever les jeunes gens & de leur enseigner la musique, la grammaire & l'arithmétique. Mais soit que cette occupation détournât trop les moines de la contemplation, soit dégoût pour l'honorable, mais pénible la fonction d'instruire les autres, ils la négligèrent, & le soin des *Colléges* qui ont été fondés depuis a été confié à des personnes uniquement occupées de cet emploi.

Outre les Colléges de plein exercice où l'instruction est gratuite & publique, il y en a d'autres destinés pour de jeunes gens qu'on appelle *boursiers*, à cause des bourses fondées pour leur entretien; indépendamment de leurs exercices particuliers, ils sont obligés de fréquenter les Collèges de plein exercice.

Comme l'éducation nationale est un des principaux objets du gouvernement, c'est un principe de droit public que l'érection des Colléges ne peut avoir lieu qu'en vertu de lettres-patentes du roi.

Plusieurs auteurs considèrent ces établissemens comme des corps laïcs, quoiqu'ils soient mixtes, étant composés d'ecclésiastiques & de laïques.

Lorsqu'il survient quelque contestation sur le possessoire des bourses & autres places des Colléges de l'université de Paris, son chancelier a droit de les décider à l'exclusion du prévôt de Paris: Telle est la disposition de plusieurs arrêts du parlement de Paris, & notamment de celui du 26 février 1636.

Le recteur de l'université de Paris n'est pas le

feul qui ait droit de faire la vifite des Colléges qui dépendent de lui. Les fupérieurs majeurs en ont également le droit dans les Colléges qui leur appartiennent : ils peuvent même expulfer ceux des officiers ou bourfiers qui fe comportent mal, & faire tels règlemens qu'ils jugent à propos pour la confervation des mœurs, le progrès des études & l'adminiftration du temporel.

Les évêques ne laiffent pas d'avoir un droit d'infpection plus ou moins étendu fur les Colléges : ce qui leur a fans doute été accordé pour la confervation de la religion & des mœurs ; mais leur droit dépend de leur poffeffion & des titres d'établiffement des Colléges.

L'archevêque de Paris commit en 1689, l'abbé Cheron fon vice-gérent en l'officialité, pour faire la vifite du Collége des Lombards ; ce commiffaire fit cette vifite, & le procès-verbal qu'il en dreffa fut fuivi d'un règlement du 3 février de la même année, portant que les prêtres qui demeuroient dans le Collége dont il s'agit, feroient le matin & le foir & lorfqu'ils diroient la meffe quelque prière pour les fondateurs anciens & nouveaux ; & que fi le revenu du Collége venoit à augmenter, les provifeurs fe préfenteroient à l'archevêque qui ordonneroit ce qu'il jugeroit à propos pour l'accompliffement des fondations.

Le même archevêque donna en qualité de provifeur de Sorbonne un règlement le 14 juillet 1694, par lequel il ordonna que le principal du Collége du Pleffis nourriroit les régens fans qu'ils fuffent obligés de lui payer penfion, à condition qu'ils fe chargeroient indépendamment de leurs régences, de quelques emplois dans le Collége, que le principal étoit tenu de faire acquitter à fes frais : qu'en conféquence tous les régens veilleroient chacun à leur tour pendant une femaine à la difcipline du Collège. Qu'en outre chaque régent de philofophie feroit une fois la femaine la répétition aux penfionnaires de fa claffe en préfence du principal. Que les régens de rhétorique, de feconde & de troifième compoferoient les piéces de déclamation pour la diftribution des prix; & que les régens de quatrième, cinquième & fixième feroient la fonction de fous-maîtres, & auroient foin chacun d'une chambre commune ou de plufieurs s'il étoit néceffaire.

L'évêque de Lizieux & les religieux de l'abbaye de Fecamp nommèrent en qualité de fondateurs & de proviteurs du Collége de Lizieux, des députés pour prendre connoiffance des affaires de ce Collége, & y faire tous les règlemens qu'ils jugeroient néceffaires; ceux-ci confidérant que les bourfiers de la faculté de théologie ne vivoient plus en commun, & que la fomme fixe qui leur avoit été accordée pour leur en faciliter le moyen, étoit une dépenfe onéreufe au Collége, ordonnèrent par un règlement du 22 feptembre 1696, qu'elle ne leur feroit plus payée à l'avenir, & que les chambres & logemens dont ils devoient jouir, feroient partagés entr'eux pour être loués à leur profit & leur tenir lieu du gros de leurs bourfes.

M. le procureur général du parlement de Paris peut auffi requérir, & la cour ordonner la vifite des Colléges de fon reffort. En exécution d'un arrêt du 7 feptembre 1701, elle nomma M. Antoine Portail confeiller, pour faire la vifite des Colléges de l'université en présence d'un des substituts du procureur général & des chancelier & syndic de cette université. Ce commissaire fit en conséquence la visite du Collége d'Harcourt ; & sur le procès-verbal qu'il dressa, le parlement rendit le 27 juin 1703 un arrêt contenant règlement général pour la conduite, discipline & administration de ce Collége.

Cet arrêt a réglé entr'autres dispositions, que les qualités & fonctions de proviseur & de principal du Collége d'Harcourt, seroient & demeureroient perpétuellement unies pour être exercées par un seul, sans néanmoins que celui qui rempliroit ces places pût prétendre être en droit de recevoir annuellement la somme de trois cens livres, ainsi qu'il s'étoit pratiqué depuis quelque temps, mais jouiroit seu'ement des priviléges & prérogatives attachées à la qualité de principal conformément aux statuts de l'université. Que le proviseur & principal tiendroit seul les pensionnaires comme chef du Collége. Qu'il nourriroit les régens suivant l'usage du Collège d'Harcourt ; & que si l'économie devenoit trop foible pour y suffire, il se retireroit par devers la cour, pour y être pourvu ainsi qu'il appartiendroit.

Les officiers du châtelet ont aussi droit de police sur les Colléges, suivant un arrêt du conseil du 5 novembre 1666. Cet arrêt les autorise à se transporter dans toutes les maisons, *Collèges*, &c. & porte que l'ouverture leur en sera faite, nonobstant tous prétendus priviléges.

Le châtelet par son règlement du 30 mars 1656, pour la police de Paris, fit faire défenses à tous les écoliers de porter des épées, des pistolets ou autres armes offensives, & enjoignit aux principaux & procureurs des *Colléges*, où ils étoient logés, de fermer leurs Colléges à cinq heures du soir & à neuf heures en été, de faire toutes les semaines la visite dans toutes les chambres pour reconnoître ceux qui s'y trouveroient, sans qu'il pussent y retirer ni loger d'autres personnes que des écoliers, étudiant actuellement dans l'université, ou des prêtres de bonnes mœurs & de leur connoissance, dont ils répondroient.

Les principaux & les procureurs des Collèges sont obligés d'y résider. Telle est la disposition de l'ordonnance de Blois : elle défend en conséquence d'élire aux charges de supérieurs des Colléges les titulaires des bénéfices qui *ont charge d'ames & requierent résidence*. Ces bénéfices en cas d'élection seroient censés vacans & impétrables, à moins qu'ils ne fussent situés dans les viles mêmes où sont établies les universités, ou si peu éloignés que les titulaires pussent y aller & en revenir en un jour.

Conformément à ces dispositions, la grand-chambre du parlement de Paris rendit deux arrêts les 15 décembre 1716 & 28 mai 1732.

Le premier en forme de règlement, déclara sur les conclusions de M. Chauvelin avocat général, les fonctions d'un principal du Collége d'Inville, incompatibles avec un bénéfice situé hors de Paris, & requérant résidence, quoique le titulaire fût député de son diocèse à la chambre des décimes.

Le second arrêt jugea d'après l'exception portée par la loi, que la principalité du Collége de Tréguier n'étoit pas incompatible avec une cha-

pelle fondée dans l'églife de S. Honoré de Paris. Le
fieur Tampier, procureur de ce Collége, demandoit que le fieur Hubert qui en étoit principal,
renonçât à cette place, attendu qu'il étoit en même-temps titulaire de la chapelle de Notre-Dame
des Vertus. L'arrêt mit hors de cour fur cette
demande, quoique le chapelain fût obligé en
vertu de la fondation d'affifter à tous les offices
qui fe font dans l'églife de St. Honoré, à moins
qu'il ne fût abfent pour le fervice du Roi.

Par un arrêt du Confeil du 30 janvier 1764,
& des lettres-patentes du 7 juillet fuivant regiftrées en la chambre des comptes, l'adjudicataire des fermes générales, les receveurs généraux
des finances, les gardes du tréfor royal & autres
tréforiers ont été autorifés à payer fur les quittances des adminiftrateurs des Colléges, tous les objets pour lefquels ces Colléges fe trouveroient employés dans les divers états des fermes générales
& des recettes des domaines, & généralement
toutes les fommes qui pourroient leur appartenir, tant pour le paffé que pour l'avenir.

Suivant l'article 4 des lettres-patentes données à Compiegne le 21 juillet 1765, regiftrées
au parlement le 27 du même mois, les rentes
dues par le roi aux Colléges, & qui ne dépendent point de bénéfices unis, font exemptes de
la retenue du quinzième ordonnée par l'article
25 de l'édit du mois de décembre 1764, elles
demeurent feulement affujetties au droit de mutation énoncé en l'article 24 du même édit.

La fuppreffion des Jéfuites ne pouvoit manquer d'opérer une forte de révolution relativement à l'éducation nationale. Cet événement a
donné lieu en effet à plufieurs règlemens utiles

pour l'adminiſtration des biens & la diſcipline interieure des Colléges, tant de ceux qui font partie des Univerſités que de ceux qui n'en dépendent pas.

Nous rapporterons les plus importans de ces règlemens, & nous parlerons ſucceſſivement de quelques-uns des principaux Colléges du royaume. Cela ſera ſuffiſant pour indiquer ce qui ſe pratique ou doit ſe pratiquer dans les Colléges dont nous n'aurons pas parlé.

Le premier. & le plus remarquable de ces règlemens eſt l'édit que le feu roi donna au mois de février 1763. ·

« Les écoles publiques, dit le légiſlateur, deſ-
» tinées à l'éducation de la jeuneſſe dans les let-
» tres & les bonnes mœurs, ainſi qu'à la culture &
» à l'accroiſſement des différens genres de con-
» noiſſances que chaque ſujet peut y puiſer, au-
» tant qu'il convient à ſon état & à ſa deſtina-
» tion, ont toujours eté regardées comme un des
» fondemens les plus ſolides de la durée & de la
» proſpérité des états, par la multitude & la
» ſuite non interrompue des ſujets qu'elles pré-
» parent aux divers emplois de la ſociété civile,
» par l'épreuve longue & aſſidue qu'elles font de
» la portée de leurs talens, enfin par tout ce
» qu'elles contribuent d'avantageux à la gloire
» des ſciences & des lettres, qui fait un ſi grand
» ſujet d'émulation entre les nations policées.
» Un objet ſi important n'a jamais échappé à·
» l'attention des rois nos prédéceſſeurs, & dès
» les ſiècles les plus reculés de la monarchie ils
» en ont été occupés autant que leur permet-
» toient les circonſtances du tems ; en quoi ils
» ont toujours été ſecondés par le zèle & par les

» foins des perfonnes les plus recommandables
» de leur état, & furtout par les principaux
» membres du clergé. Dans les fiècles d'igno-
» rance & de confufion les lettres trouvèrent un
» afile dans les églifes cathédrales & dans les
» monaftères les plus célèbres qui purent con-
» ferver leur liberté & leur repos, fous la pro-
» tection & la garde de nos prédéceffeurs, tan-
» dis que l'univerfité de Paris, de l'origine la
» plus ancienne, traçoit dès-lors le modèle d'un
» autre genre d'école plus régulier & plus com-
» plet. A l'exemple de cette première univerfité
» formée fous les yeux des rois nos prédécef-
» feurs & appuyée de toute leur faveur & de
» tonte leur protection, il en a été établi d'au-
» tres en plufieurs villes principales de notre
» royaume, où chacune d'elles préfente un cen-
» tre d'études & de favoir univerfel érigé en
» corps d'univerfité, compofé de perfonnes ec-
» cléfiaftiques & féculières, partagé en autant
» de facultés qu'on a cru pouvoir diftinguer de
» genres principaux de fciences relatives au fervi-
» ce de l'églife & de l'état, & non-feulement def-
» tiné à les faire fleurir & à les enfeigner, mais
» encore à conférer des grades fur la foi defquels
» ceux qui les obtiennent, après les épreuves
» requifes, peuvent être admis au titre & à
» l'exercice des différentes fonctions de l'ordre
» eccléfiaftique & civil; enforte que l'inftitution
» des univerfités fait une partie effentielle de
» l'ordre public, puifque par les degrés qu'elles
» confèrent ce font elles qui ouvrent l'accès à la
» plus grande partie des fonctions publiques, &
» jufqu'aux dignités mêmes les plus éminentes
» de l'églife & de l'état. Au grand ouvrage de

» l'établiffement des univerfités, il en a été ajouté
» un autre d'un ordre moins élevé, mais d'un
» détail plus étendu, auquel l'autorité & la fa-
» geffe des rois nos prédéceffeurs ne fe font pas
» moins intéreffés : comme les écoles des uni-
» verfités fixées dans un certain nombre de villes
» ne pouvoient fervir qu'à ceux qui étoient en
» état de les fréquenter, la jeuneffe fe trouvoit
» privée par-tout ailleurs, même dans les autres
» villes les plus nombreufes & les plus diftin-
» guées, du fecours & des avantages de l'édu-
» cation publique. Pour y remédier, autant
» qu'il étoit poffible, la plupart des villes de
» de notre royaume ont fucceffivement obtenu
» l'établiffement de colléges particuliers bornés
» à l'éducation & à l'inftruction fi utiles en elles-
» mêmes, indépendamment des degrés, & pro-
» pres en même-tems à y préparer ceux qui pour
» les obtenir voudroient dans la fuite paffer aux
» univerfités & y accomplir le cours des études
» académiques. Tout a concouru à la dotation de
» ces colléges ; le clergé, à celle de la plupart,
» par l'application des prébendes préceptoriales
» deftinées à l'inftruction de la jeuneffe, aux
» termes des ordonnances d'Orléans & de Blois,
» & par l'union des bénéfices eccléfiaftiques ;
» les corps municipaux, par les engagemens
» qu'ils ont pris pour aider à en foutenir les
» charges ; les particuliers de tout ordre & de
» toute condition, par leurs dons & leurs libé-
» ralités ; les rois mêmes, par leurs graces &
» par leurs bienfaits : c'eft ainfi que fous l'auto-
» rité des rois nos prédéceffeurs & la nòtre,
» fans laquelle il ne peut être permis d'établir
» aucune école publique dans notre royaume,

» se sont établies les deux sortes d'écoles qui
» existent aujourd'hui dans nos états, les unes
» gouvernées par les universités sous leur inf-
» pection & leur discipline, soumise à leurs lois
» & à leurs statuts; les autres subsistantes cha-
» cune par son propre établissement & dispersées
» dans toute l'étendue de notre royaume. Nous
» devons également à toutes notre protection
» royale & notre attention paternelle; & dans
» l'intention où nous sommes de porter successi-
» vement nos vues sur les différentes parties
» d'un objet si intéressant & si étendu, nous ne
» négligerons pas sans doute ce qui regarde le
» bon ordre, le maintien & la splendeur des
» universités, leur réformation même s'il en est
» besoin : mais ce qui nous paroît le plus ins-
» tant, c'est d'apporter un meilleur ordre à
» l'état de tant de Colléges particuliers ré-
» pandus partout : la multiplicité de ces Col-
» léges, l'obscurité & l'indigence d'un grand
» nombre d'entr'eux, peuvent faire craindre
» qu'il ne s'en trouve plusieurs dont l'établisse-
» ment peu solide, le défaut de règles ou les
» vices de l'administration exigent une entière
» réforme ou une réunion à d'autres colléges
» plus utiles & mieux etablis, quelques-uns mê-
» me une entière suppression : c'est dans cette
» vue que nous jugeons à propos d'ordonner,
» d'un côté, qu'il nous sera rendu incessamment
» un compte exact de l'établissement de chacun
» de ces colléges & de tout ce qui peut nous
» faire connoître quelle est sa situation actuelle ;
» & de l'autre, de donner dès-à-présent à ces
» colléges, autres néanmoins que ceux dont
» l'administration seroit entre les mains de con-

» grégations régulières ou féculières pour les
» deffervir & gouverner , une forme d'admi-
» niftration qui leur foit commune, & qui, fans
» préjudicier aux droits légitimes des fondateurs
» ni aux conditions primitives des fondations
» bien & duement autorifées, puiffe fatisfaire à
» ce qui regarde la confervation & l'améliora-
» tion des biens, la difpenfation régulière des
» revenus, le choix des fujets pour remplir les
» places, la difcipline pour les études & pour
» les mœurs, & en général tout ce qui eft du
» bien & de l'avantage de chaque établiffement :
» nous avons jugé ne pouvoir choifir de meil-
» leure forme d'adminiftration que celle d'un
» bureau formé pour chaque Collége, & com-
» pofé de divers ordres de perfonnes, foit du
» clergé intéreffé à plufieurs titres à y prendre
» part, foit du nombre des officiers de juftice
» pour qui ce genre d'adminiftration eft un ob-
» jet de bien public & de police, foit du corps
» municipal & des notables habitans du lieu,
» à qui furtout l'éducation des enfans des ci-
» toyens doit être recommandable.

» A ces caufes nous ordonnons (article pre-
» mier) que ceux qui feront chargés de la di-
» rection & adminiftration des colléges qui ne
» dépendent pas des univerfités, foit qu'ils fe
» trouvent régis & deffervis par des congréga-
» tions régulières ou féculières, ou par quel-
» ques autres perfonnes que ce puiffe être, fe-
» ront tenus de nous remettre dans fix mois
» pour tout délai, à compter du jour de la pu-
» blication & enregiftrement de notre préfent
» édit, des états exacts de tout ce qui peut con-
» cerner les titres d'établiffement des colléges

» dont il s'agit, & les unions de bénéfices qui
» y ont été faites ; le lieu & le diocèse où ils
» font situés ; le nombre des classes, des pro-
» fesseurs, régens & écoliers ; les biens, reve-
» nus & fondations ; leurs charges ; les hono-
» raires, les pensions & gages ; la manière dont
» ils font régis, & généralement tout ce qui
» peut servir a faire connoître leur administra-
» tion & leur situation actuelle ; auquel état ils
» joindront telles observations qu'ils aviseront
» bon être, fur les avantages ou les inconvé-
» niens qui peuvent résulter de ces établisse-
» mens ; pour que, fur le compte qui nous en
» fera rendu par les personnes que nous juge-
» rons à propos d'en charger, & fur les repré-
» fentations & mémoires que nos cours & nos
» procureurs généraux pourront nous présenter
» à ce sujet, nous foyons en état de nous dé-
» terminer fur ceux des colléges qu'il y aura
» lieu de placer ailleurs, de réunir à d'autres,
» ou même de fupprimer, & de pourvoir défi-
» nitivement par nos lettres patentes que nous
» ferons expédier en la forme ordinaire, à l'état
» de ceux que nous aurons jugé à propos de
» conferver, même à ce qui pourroit être de
» notre autorité par rapport aux unions de
» bénéfices qui auroient été faites : voulons
» que jufqu'à ce qu'il en ait été autrement or-
» donné les pensions ou autres revenus qui ont
» été donnés par nous ou par les rois nos pré-
» décesseurs aux colléges dont il s'agit, conti-
» nuent de leur être payés en la manière accou-
» tumée : n'entendons au furplus comprendre
» dans les difpositions du préfent article ni dans
» toutes celles de notre préfent édit, les colléges

» qui dépendent des universités de notre royau-
» me , ni déroger à leurs droits & privilèges.

» II. Les ordinaires des lieux continueront de
» jouir de l'autorité & des droits qui leur ap-
» tiennent sur tout ce qui concerne le spirituel,
» la célébration de l'office divin , l'administra-
» tion des sacremens , la représentation & cen-
» sure des livres en cahiers par rapport à l'en-
» seignement de la foi dans les colléges ; en-
» joignons à nos cours de les en faire jouir, ainsi
» qu'ils en ont joui ou dû jouir par le passé.

» III. Nos cours & autres juges exerceront
» dans les colléges l'autorité & la juridiction qui
» leur a été confiée par les rois nos prédéces-
» seurs, sur tout ce qui concerne la police, ré-
» gie & administration des écoles.

» IV. Et voulant pourvoir dès-à-présent à la
» régie & administration des colléges dont il s'a-
» git, autres toutesfois que ceux dont l'admi-
» nistration & desserte se trouve entre les mains
» des congrégations régulières & séculières; or-
» donnons qu'aussi-tôt après la publication &
» enregistrement des présentes, il sera formé
» pour chaque collége un bureau où sera réglé
» tout ce qui pourra concerner sa régie & son
» administration.

» V. Dans les villes où il y a parlement ou
» conseil supérieur, le bureau sera composé de
» l'archevêque ou évêque qui y présidera , de
» notre premier président & de notre procu-
» reur général en la cour, des deux premiers
» officiers municipaux, de deux notables de la
» ville choisis par le bureau, & du principal du
» collége; & en cas d'absence de l'archevêque
» ou de l'évêque, il sera remplacé par un ecclé-

» siastique

» fiaftique qu'il aura choifi & qui fe placera après
» le procureur général.

» VI. Dans les autres villes, le premier offi-
» cier de la juftice royale ou feigneuriale &
» celui qui fera chargé du miniftère public, au-
» ront droit de féance au bureau ; & l'eccléfiaf-
» tique qui remplacera l'archevêque ou l'évê-
» que en cas d'abfence, prendra place après ce-
» lui qui préfidera.

» VII. Les bureaux s'affembleront dans un
» mois au plus tard, à compter du jour de la
» publication & enregiftrement du préfent édit,
» & enfuite deux fois par mois au moins dans
» une falle du collége qui fera deftinée aux af-
» femblées : les délibérations y feront prifes à
» la pluralité des fuffrages ; & en cas de partage
» d'opinions, l'avis de celui qui préfidera aura
» la prépondérance : les délibérations feront
» écrites par celui qui aura été commis par le
» bureau pour lui fervir de fecrétaire, fur un
» regiftre paraphé par première & dernière, par
» l'officier de juftice qui fera partie du bureau,
» & fignée par tous ceux qui y auront affifté.

» VIII. Les regiftres, titres & papiers du
» collége feront mis en ordre par le fecrétaire
» & placés dans des armoires qui feront prati-
» quées, autant que faire fe pourra, dans la
» falle d'affemblée, & n'en pourront être dé-
» placées que fur un récépiffé de celui à qui
» elles auront été confiées.

» IX. La nomination aux chaires de théolo-
» gie qui fe tiennent dans les écoles publiques,
» autres que celles des univerfités, appartien-
» dra aux archevêques & évêques chacun dans
» leur diocèfe.

» X. Voulons néanmoins que dans ceux des
» colléges qui font actuellement régis & deffer-
» vis par des congrégations régulières & fécu-
» lières, les chaires de profeffeurs de théologie
» qui s'y trouvent établies foient remplies,
» comme par le paffé, des fujets que leurs fu-
» périeurs jugeront les plus propres à y profeffer
» la théologie.

» XI. Voulons pareillement que fi dans quel-
» qu'un des colléges dont il s'agit il fe trouve
» des chaires de théologie qui foient à la nomi-
» nation des perfonnes eccléfiaftiques ou fécu-
» lières, en vertu de titres en bonne forme,
» elles continuent d'y nommer en la manière
» accoutumée.

» XII. Dans les cas portés par les deux arti-
» cles précédens, ceux qui auront été choifis foit
» par les fupérieurs des congrégations, foit par
» d'autres perfonnes eccléfiaftiques ou féculiè-
» res pour remplir les chaires de théologie, ne
» pourront en prendre poffeffion ni en faire au-
» cune fonction qu'après avoir obtenu l'appro-
» bation de l'archevêque ou évêque diocéfain;
» à l'effet de quoi ils feront tenus de s'adreffer
» à lui; & s'il ne juge pas à propos de la leur
» donner & qu'ils le requièrent d'en dire les
» caufes, il les donnera par écrit.

» XIII. Dans tous les cas où les archevêques
» ou évêques auront nommé aux chaires de
» théologie, la deftitution du profeffeur leur
» appartiendra, & ils en déclareront les caufes
» s'ils en font requis: lorfque la nomination aura
» été faite par d'autres, le profeffeur ne pourra
» être deftitué que par le concours des archevê-
» ques ou évêques & de ceux qui l'auront choifi

» ou nommé. En cas de refus de concourir à la
» deſtitution, ſoit de la part des archevêques
» ou évêques, ſoit de la part de ceux qui au-
» ront nommé le profeſſeur, les motifs du refus
» ſeront déclarés par écrit ; & s'il vient de ceux
» qui ont choiſi le profeſſeur, les archevêques
» ou évêques pourront révoquer leur approba-
» tion en déclarant les cauſes de cette révoca-
» tion.

» XIV. Lorſque la deſtitution ou la révoca-
» tion de l'approbation auront été conſenties ou
» qu'elles auront été jugées valables, il ſera
» nommé par ceux qui en ont le droit & ainſi
» qu'il eſt potré par les articles précédens, un
» nouveau ſujet pour remplir les chaires de
» théologie.

» XV. Tous les profeſſeurs de théologie ainſi
» nommés, ſeront tenus de ſe conformer aux
» diſpoſitions de l'édit de 1682, concernant les
» quatre propoſitions contenues en la déclara-
» tion du clergé de France de la même année.

» XVI. Les principaux, les profeſſeurs autres
» que ceux de théologie & les régens des collé-
» ges ſeront, en cas de vacance, choiſis &
» nommés par le bureau après en avoir averti
» quinzaine auparavant chacun de ceux qui le
» compoſent par un billet de convocation qui
» indiquera l'objet de l'aſſemblée.

» XVII. Les principaux, profeſſeurs & régens
» ne pourront être deſtitués que par une déli-
» bération du bureau priſe à la pluralité des
» deux tiers des voix, dans une aſſemblée indi-
» quée pour cet objet, & après y avoir été en-
» tendus ou dûment avertis de s'y trouver.

» XVIII. Les ſous-principaux, maîtres & ſous-

B ij

» maîtres de quartiers, précepteurs & domefti-
» ques néceffaires pour le collége, feront choi-
» fis par le principal, fauf au bureau à exiger
» de lui d'en choifir d'autres par des motifs qui
» feront difcutés en fa préfence.

· » XIX. Tout ce qui concernera les heures &
» durée de l'enfeignement, les congés & va-
» cances, les fonctions des principaux, pro-
» feffeurs & régens, & la difcipline du col-
» lége, fera traité & délibéré dans les bureaux
» fans qu'il puiffe y être rien changé par la fuite,
» fi ce n'eft par délibération prife à la pluralité
» des deux tiers des fuffrages; & s'il eft jugé
» néceffaire de faire quelque règlement général
» pour la police & l'avantage du collége, il fera
» envoyé à nos procureurs-généraux en nos
» cours pour y être homologué à leur requête
» & fans frais.

· » XX. Tout ce qui pourra concerner la police
» intérieure du collége, fera maintenu par le
» principal; & il fera en outre veillé par un des
» adminiftrateurs qui fera nommé par le bureau à
» cet effet, pour, fur fon rapport, être en cas
» de befoin pourvu ce qu'il appartiendra; & il
» fera pareillement pourvu par délibération du
» bureau fur les difficultés qui pourroient fur-
» venir entre les principaux, profeffeurs & ré-
» gens.

· » XXI. Les honoraires des principaux, pro-
» feffeurs & régens, les penfions des éméritcs,
» la régie des biens & revenus du collége, les
» réparations & conftructions, la recette & la
» dépenfe, & tout ce qui concernera le tempo-
» rel du collége, fera pareillement traité & dé-
» libéré dans le bureau.

» XXII. Les baux à ferme ou à loyer, les

» emprunts, les rembourſemens, les acquiſi-
» tions & les ventes des biens feront réglés par
» le bureau : voulons néanmoins qu'il ne puiffe
» être fait aucun emprunt ni aliénation qu'ils
» n'aient été délibérés à la pluralité des deux
» tiers des voix & que la délibération n'ait été
» homologuée en nos cours fur la requête de nos
» procureurs-généraux ; & en conféquence les
» ventes feront faites en plein bureau au plus of-
» frant & dernier enchériffeur, fur trois publi-
» cations par affiches faites de quinzaine en
» quinzaine.

» XXIII. Les actes paffés par l'article précé-
» dent feront paffés au nom du collége & fignés
» feulement par deux des adminiftrateurs qui
» auront été nommés à cet effet par la délibé-
» ration qui aura été prife pour raifon des actes
» qu'il s'agira de paffer.

» XXIV. La recette des revenus & deniers du
» collége fera faite par le principal ou par tel
» autre que le bureau aura choifi à cet effet ; &
» ils feront tenus d'en rendre compte au bureau
» une fois par mois par un bref état & à la fin
» de l'année par un compte général & détaillé,
» qui fera reçu & arrêté par délibération du bu-
» reau dans les trois premiers mois qui fuivront
» l'année à la fin de laquelle le compte aura été
» rendu ; & en cas que les penfionnaires foient
» à la charge du principal, il réglera & régira
» feul les penfions fans en être comptable au
» bureau, fi ce n'eft qu'il en eût été autrement
» convenu entre lui & le bureau, & réglé par
» une délibération expreffe.

» XXV. Il ne pourra être entrepris aucun
» procès ni interjeté aucun appel au nom du

» collége, si ce n'est en vertu d'une délibération
» du bureau & sur une consultation préalable
» signée de deux avocats connus & exerçant la
» profession ; & s'il est nécessaire de poursuivre
» quelque affaire en justice réglée, les procédu-
» res seront faites sous le nom du principal &
» collége. »

Le roi déclare au surplus que son intention
n'est pas de préjudicier aux droits des fondateurs ni aux charges & conditions primitives
des fondations ; & que les dispositions de son édit
ne peuvent avoir lieu par rapport aux colléges
régis par les congrégations régulières ou séculières, si ce n'est pour les articles dans lesquels
il en est fait une mention expresse.

Cet édit fut enregistré au parlement le 5 février 1763. Cette cour rendit elle-même deux
arrêts en forme de règlemens, le 29 janvier
1765 & 12 février 1770, qui portent entr'autres dispositions que le principal sera le chef du
collége ; que les professeurs & régens lui rendront honneur & auront pour lui la déférence
qui lui est due ; qu'ils concourront à maintenir
avec lui la discipline chacun en ce qui les concerne, & que le bureau d'administration sta-
tuera sur les abus dont il sera instruit par le
principal ; que celui-ci assemblera dans sa chambre, tous les premiers dimanches de chaque
mois, à l'heure qu'il croira la plus convenable,
les professeurs & régens, lesquels seront tenus
de s'y rendre afin de prendre sur leurs avis les
mesures qu'il croira les plus propres à l'avance-
ment des jeunes gens.

Suivant les mêmes arrêts, le bureau d'administration doit s'assembler deux fois chaque

mois, & même plus souvent, pour les affaires qui requièrent célérité : les délibérations doivent être couchées sur le registre & signées des administrateurs avant la levée de l'assemblée ; & dans le cas où il n'y auroit pas un nombre suffisant d'administrateurs pour former la délibération, ceux qui sont présens en doivent faire note sur le registre & en signer l'arrêté : l'expédition des délibérations & arrêtés doit être envoyée tous les trois mois au procureur-général par le secrétaire du bureau, à peine de destitution.

Toutes les délibérations auxquelles n'ont pas assisté cinq administrateurs au moins, ne peuvent être exécutées que provisoirement & qu'autant que l'objet requiert célérité ; les délibérations ainsi prises par un petit nombre d'aminis-trateurs, doivent être portées à une autre assemblée, pour être confirmées ou être délibéré ce qu'il appartiendra.

Les parens ou alliés jusqu'au deuxième degré inclusivement, suivant l'ordonnance, ne peuvent être en même-tems membres du bureau d'administration ; & lorsque les officiers de la justice royale ou seigneuriale qui, aux termes de l'édit de février 1763, sont de droit membres du bureau, se trouvent lors de leur réceptions dans leurs charges, parens ou alliés aux degrés déterminés, soit entr'eux, soit de quelques-uns des autres membres du bureau, ils doivent se faire remplacer par des officiers de leur siége.

On ne peut nommer pour notable, principal, ou pour représentant de l'ordinaire au bureau d'administration, aucune personne qui ait avec

les autres adminiſtrateurs l'un des degrés de parenté ou d'alliance prohibés.

Cependant l'alliance que des membres du bureau contraćteroient entr'eux aux degrés déterminés, ne feroit pas vaquer leurs places; mais
dans ce cas on ſe conformeroit aux règles ſuivantes.

Dans toutes les délibérations relatives à l'adminiſtration ordinaire, les voix de tous les adminiſtrateurs, quelque degré d'alliance qu'ils
aient enſemble, doivent être comptées; mais
dans des délibérations concernant les deſtitutions
ou la nomination des principaux, profeſſeurs,
régens, économes, ſecrétaires, archiviſtes, &
autres qui ont une adminiſtration du temporel
des colléges, & pareillement dans toutes celles
où la pluralité des deux tiers des voix eſt exi-
gée par les règlemens pour rendre la délibération valable, les voix des parens ou alliés aux
degrés ci-deſſus énoncés, ne doivent être comp-
·tées que pour une lorſqu'ils ſont de même avis.

Les membres du bureau ne peuvent voter
pour la nomination de leurs parens ou alliés àux
degrés prohibés, pour des places de profeſſeurs
ou régens; & quant à celles d'économe, receveur, ſecrétaïre, archiviſte ou autres qui ont
une adminiſtration du temporel, il ne peut y
être nommé aucun ſujet qui ſoit parent des adminiſtrateurs juſqu'au deuxième degré incluſi-
vement, & allié juſqu'au troiſième; le tout en
comptant ſuivant l'ordonnance.

Outre ces règlemens il en eſt intervenu pluſieurs relatifs à l'adminiſtration particulière de
différens colléges, tels que ceux de Sens, Châ-
lons-ſur-Marne, Chaumont en Baſſigny, Saint-

Flour, Mauriac, Billom, Aurillac, Amiens, Arras, Saint-Omer, Blois, Dunkerque, Mâcon, Beauvais, Compiegne, Etampes, Auxerre & Lyon.

Du Collége de Sens (*). Le zèle avec lequel la ville de Sens s'étoit portée de tous tems à procurer aux enfans du lieu la meilleure éducation, la dignité & les prérogatives du fiége archiépiscopal qui y eft établi, l'honneur qu'a cette ville, une des plus anciennes du royaume, d'avoir été la capitale des Gaules, & fon attachement inviolable à fon fouverain, furent les motifs qui déterminèrent le feu roi à conferver le collége de Sens par lettres-patentes du 19 juillet 1764, regiftrées en parlement le 7 août fuivant.

Le roi ordonna en même-tems que ce collége feroit compofé d'un principal, d'un fous-principal, de deux profeffeurs de philofophie, d'un profeffeur de rhétorique & de cinq régens, pour la feconde, la troifième, la quatrième, la cinquième & la fixième claffes : il voulut toutesfois qu'il fût furfis à remplir les places de principal, de fous-principal, des deux profeffeurs de philofophie & des trois régens pour les feconde, quatrième & fixième claffes, jufqu'à ce que les revenus du collége puffent le permettre : il régla que ces places pourroient-être remplies fucceffivement & à mefure de l'augmentation de ces revenus par une délibération du bureau d'adminiftra-

---

(*) Ce Collège étoit du nombre de ceux qui étoient occupés par les Jéfuites : ces religieux, ayant été fupprimés, la ville de Sens demanda la confirmation de cet établiffement qui fubfiftoit depuis plus de deux cens ans.

tion, après néanmoins qu'elle auroit été homologuée au parlement, fur la requête du procureur-général & fans frais ; & jufqu'à ce qu'il eût été pourvu à ces places, le roi ordonna par provifion que le profeffeur de rhétorique feroit en même-tems la claffe de feconde, rempliroit les fonctions de principal, & auroit en cette qualité féance & voix délibérative au bureau d'adminiftration ; que le régent de troifième feroit en même-tems la claffe de quatrième, & celui de cinquième celle de fixième.

L'article 3 fixe les honoraires du profeffeur de rhétorique à neuf cens livres ; ceux du régent de troifième à huit cens livres, & ceux du régent de cinquième à cinq cens livres.

Le roi veut, par l'article 7, que tout ce qui a été donné ou accordé au Collége de Sens par fa majefté ou par les rois fes prédéceffeurs, ou par d'autres, pour la ville de Sens, continue d'être payé au receveur en la manière accoutumée; à l'effet dequoi tous les titres, papiers & documens concernant les biens doivent être réunis aux archives du Collége.

L'article 9 porte que la bibliothéque & les autres effets mobiliers qui appartiennent au Collége de Sens feront confiés à la garde du principal ou de celui qui en fera les fonctions, lequel doit s'en charger au pied d'un inventaire ou bref état figné double, & par celui des membres du bureau d'adminiftration que ce bureau aura nommé à cet effet, & le double de l'inventaire ou bref état doit être dépofé aux archives du Collége.

Au furplus le roi entend ne porter aucun préjudice aux fondations valablement établies dont les biens du Collége de Sens peuvent se trouver chargés ; & qu'il soit en tout régi & administré en la forme & suivant les règles prescrites par l'édit du mois de février 1763.

Les prétentions respectives entre les administrateurs des Colléges qui avoient été desservis par les Jésuites & les syndics des créanciers de cette société, ayant été réglées par des lettres-patentes des 14 juin, 21 novembre 1763 & 30 mars 1764, le parlement de Paris rendit un arrêt le 15 janvier 1765, portant entre autres dispositions que le principal & Collége de Sens seroit mis en possession des terreins & bâtimens dont il étoit composé, ainsi que des biens, tant meubles qu'immeubles détaillés dans un compte rendu à la cour le 19 août 1763 par M. Rolland.

Du Collége de Châlons sur Marne. Le roi donna le 11 août 1766 des lettres-patentes, portant confirmation du Collége de Châlons, & réunion à ce Collége des prieurés de Vassy & de Lazzicourt.

Le roi ordonna que sur les biens de ces prieurés, il seroit prélevé annuellement pendant trente années à compter du premier janvier 1767, savoir la somme de trois mille livres pendant les dix premières années, celle de deux mille livres pendant les dix années suivantes, & celle de mille livres pendant les dix dernières années, le tout franc & quitte de toutes charges, pour être employé aux vues que sa majesté s'étoit proposées par les lettres-patentes du 2 février 1763.

Les appointemens du principal furent fixés à

douze cens livres, ceux du fous principal, des deux profeſſeurs de philoſophie & du profeſſeur de rhétorique à mille livres chacun; ceux des régens de ſeconde & de troiſième à neuf cens livres chacun; & ceux des régens de quatrième, cinquième & ſixième à huit cens livres. Le roi voulut que la penſion émérite qui leur ſeroit accordée après vingt années de ſervice ne pût excéder la ſomme de quatre cens livres, permettant néanmoins aux adminiſtrateurs d'accorder cette penſion avant l'expiration des vingt années, dans le cas où il ſeroit jugé à la pluralité des voix que les infirmités de l'impétrant l'ont mis entièrement hors d'état de continuer ſes fonctions.

En exécution de ces lettres-patentes, le principal & le Collége de Châlons furent envoyés en poſſeſſion des biens meubles & immeubles qui leur appartenoient, par arrêt du 26 mars 1768.

Le chapitre cathédral de Châlons ayant prouvé par des titres authentiques qu'il avoit des droits dans l'adminiſtration des biens de ce Collége, le roi ordonna qu'indépendamment des membres, qui aux termes de l'édit du mois mois de février 1763, devoient compoſer le bureau d'adminiſtration, un chanoine de l'égliſe cathédrale ſeroit député pour y avoir ſéance & voix délibérative après le premier officier de juſtice, lorſque l'évêque préſideroit, & en cas d'abſence de l'évêque, après ſon repréſentant.

Du Collége de Chaumont en Baſſigny. Ce Collége ayant été confirmé par des lettres-patentes du 25 février 1764, vérifiées au parlement le 3 avril ſuivant, cette cour rendit un arrêt le 9 janvier 1767, portant qu'il feroit mis en poffeffion des bâtimens, & jardins dont il étoit compofé lorfqu'il étoit deffervi par les Jéfuites, ainfi que de la bibliothéque & de tous les biens en dépendans, tant meubles qu'immeubles, le tout à la charge de l'acquit des rentes foncières, redevances & preftations dont ces biens pouvoient être tenus.

Du Collége de Saint-Flour. Ce Collége fut confirmé par lettres-patentes des 26 octobre 1763 & 11 mai 1764, regiftrées au parlement les 12 novembre 1763, & 22 mai 1764.

Le parlement ordonna en conféquence par arrêt du 15 janvier 1765, que le principal & Collége de faint-Flour feroit mis en poffeffion des bâtimens dont ce Collége eft compofé, ainfi que des biens détaillés dans le compte rendu à la cour par M. Rolland, le 2 feptembre 1763.

Le même arrêt ordonna qu'il feroit furfis à ftatuer fur une miffion fondée à Langeac le 12 mars 1759 ; & quant à celle qui devoit avoir lieu pendant quinze jours, tous les ans, dans une des paroiffes du diocèfe, fuivant le teftament d'Anne d'Obax du 3 mars 1698, la cour ordonna que l'évêque de faint-Flour feroit invité par le procureur général à déclarer quelle fomme il croyoit néceffaire de prélever fur les revenus du Collége pour l'acquittement de cette miffion, & que le bureau d'adminftration du Collége feroit tenu dans le mois de la notificaton de l'arrêt de donner fon avis fur la fixation dont il s'agiffoit, pour être enfuite fur les conclufions du procureur général ftatué par la cour, chambres affemblées, ce qu'il appartiendroit.

Du Collége de Mauriac. La situation de Mauriac & la difficulté des chemins qui s'oppose à la communication de cette ville avec les autres endroits de la province d'Auvergne, où il y a des établissemens destinés à l'éducation de la jeunesse, ont déterminé le feu roi à conserver le Collége de Mauriac que les Jésuites occupoient avant qu'ils fussent supprimés. Les lettres-patentes que sa majesté donna à ce sujet le 21 juin 1765, fixent les honoraires du principal à la somme de six cens livres ; ceux des professeurs de philosophie & de rhétorique à cinq cens cinquante livres chacun ; ceux du régent de seconde à cinq cens livres ; ceux des régens de troisième & de quatrième à quatre cens cinquante livres chacun ; & ceux des régens de cinquième & de sixième à quatre cens livres aussi chacun, le tout par an. Le roi veut qu'il soit sursis à remplir les deux places de professeurs de philosophie jusqu'à ce que les revenus du Collége puissent le permettre. La pension émerite, après vingt années de service, est fixée à la moitié des honoraires de celui qui la demande ; mais il est permis aux administrateurs de l'accorder avant l'expiration des vingt années en cas d'infirmités. Cette loi confirme, en tant que de besoin, les unions qui avoient été faites anciennement au Collége de Mauriac des prieurés de St. Martin de Varlmeront & de St. Laurent de Vigeane ; imposant silence pendant dix ans, tant au procureur général qu'à tous autres qui voudroient attaquer ces unions sous quelque prétexte que ce pût être ; pendant lequel temps il seroit procédé s'il étoit nécessaire & dans les formes en tel cas requises aux

unions des mêmes bénéfices qui ne se trouveroient pas entièrement en règle. Le roi veut
que les biens de ces prieurés soient régis & gouvernés ainsi que les autres biens du Collége,
en la forme prescrite par l'édit de février
1763, à la charge toutes fois d'entretenir les
baux qui auroient été faits par l'économe séquestre commis à la régie des bénéfices dont
jouissoient les Jésuites, & de lui remettre pendant trente années, à compter du premier janvier 1765, en deux termes égaux de six mois chacun, une somme de huit cens livres par an, sur
le produit des bénéfices unis, pour être employée conformément aux lettres-patentes du 2
février 1763.

Ces lettres-patentes furent enregistrées le 9
juillet 1765, & par arrêt du 19 du même mois
le parlement envoya le principal & le Collége
de Mauriac en possession des biens meubles &
immeubles dépendans de ce Collége. La cour ordonna par le même arrêt que les titres concernant ces biens seroient envoyés au bureau d'administration du Collége pour être déposés en
ses archives ; mais il se passa plusieurs années
sans que l'on songeât à faire ce dépôt. Les titres
étoient restés entre les mains de l'économe qui
ne s'en étoit pas même chargé sur les registres :
il s'étoit introduit plusieurs autres abus, tant
dans l'administration des biens que dans la discipline du Collége. Sur la requisition que M. le
procureur général fit à ce sujet, le parlement
commit par arrêt du premier août 1768, le
lieutenant général de Clermont-Ferrand & le
principal du Collége de cette ville, à l'effet de
se transporter au Collége de Mauriac pour

prendre toutes les inſtruċtions qu'ils croiroient convenables, tant ſur la manière dont les biens de ce Collége étoient adminiſtrés que ſur l'enſeignement de la jeuneſſe : ces commiſſaires exécutèrent leur commiſſion, & l'avis qu'ils donnèrent ayant paru propre à rétablir l'ordre dans ce Collége, M. le procureur général en requit l'homologation : ce qui donna lieu à un arrêt de règlement du 9 mai 1769, dont voici les principales diſpoſitions.

Il eſt enjoint au ſieur le Gros, bailli de Mauriac, de ſe conformer aux édits, déclarations, lettres-patentes, arrêts & règlemens de la cour; en conſéquence de n'écrire ou faire écrire ſur les regiſtres des délibérations que ce qui aura été délibéré; d'aſſiſter exaċtement aux aſſemblées du bureau d'adminiſtration, de veiller avec ſoin aux intérêts du Collége & à l'envoi des délibérations au procureur-général.

La cour fait défenſes d'écrire aucune délibération ſur des cahiers ou feuilles volantes, ainſi qu'on l'avoit fait par le paſſé; mais ſeulement dans un regiſtre relié dont les adminiſtrateurs ſont tenus de ſe pourvoir, & qui doit être cotté & paraphé par l'un des deux officiers de juſtice, membres du bureau d'adminiſtration; il eſt enjoint au ſecrétaire d'y tranſcrire tous les édits, lettres-patentes, arrêts & règlemens qui concernent les Colléges en général & en particulier celui de Mauriac.

Les archives du Collége doivent fermer à deux clefs, dont une doit être confiée à l'un des adminiſtrateurs nommé par le bureau, & l'autre au principal : les titres & papiers concernant le Collége y doivent être dépoſés, & l'on ne peut

en

en retirer aucun que par délibération du bureau & fur la reconnoiffance de celui auquel ils font confiés. Celui qui fe charge de ces papiers eft obligé de les rapporter au plus tard dans le mois, à moins qu'il ne foit néceffaire de les produire dans une inftance.

Les adminiftrateurs doivent fe faire repréfenter chaque mois par les deux receveurs du Collége un bref état de leur compte, tant en recette qu'en dépenfe, & veiller à ce que ces receveurs rendent compte à la fin de chaque année de leur régie & adminiftration, & pour le plus tard dans le fecond mois après l'année révolue.

· Il eft fait défenfes de nommer à l'avenir pour receveur ou pour économe quelqu'un qui foit coufin iffu de germain de l'un des adminiftrateurs ou à un degré plus proche.

· Les adminiftrateurs doivent faire faire une caiffe fermant à trois clefs pour dépofer l'argent du Collége : l'une des clefs doit être au pouvoir des adminiftrateurs nommés par le bureau, & les deux autres entre les mains des deux receveurs.

Les adminiftrateurs font obligés de veiller à ce que les revenus du Collége foient verfés dans la caiffe & qu'il ne foit rien payé qu'en vertu de délibération du bureau : les mandemens tirés en exécution des délibérations doivent être fignés de deux adminiftrateurs nommés à cet effet ; & à mefure que l'on retire les fonds pour l'acquit des mandemens, ils doivent être remplacés dans la caiffe par les mandemens acquittés, après qu'ils ont été enregiftrés fur le regiftre des receveurs comme pièces juftificatives de leur compte ; les receveurs peuvent néanmoins retenir une fomme de trois cens livres pour l'acquittement des petits objets concernant l'adminiftration , & pour lefquels ils fe font fait autorifer par le bureau.

Les receveurs du Collége font obligés de faire les diligences néceffaires pour faire ratifier au profit du principal & Collége les contrats de rentes qui lui font dues & pour faire renouveler les terriers des rentes & directes fous le nom du principal & Collége : toutes les inftances tant en demandant qu'en défendant doivent auffi être pourfuivies au nom du principal & Collége.

Aucun bail à ferme ne peut être paffé que dans le bureau d'adminiftration en préfence des adminiftrateurs , après des affiches appofées dans les lieux accoutumés.

Les profeffeurs & régens ne peuvent donner à leurs écoliers que des livres duement approuvés , connus du bureau d'adminiftration & capables de former le cœur & l'efprit des jeunes gens , & le principal eft tenu de veiller à l'exécution de cette difpofition.

Les adminiftrateurs , le principal , les profeffeurs & régens font tenus de fe conformer exactement à l'édit du mois de février 1763 , à l'arrêt de règlement du 29 janvier 1765 & aux autres arrêts de la cour concernant foit les Colléges en général , foit en particulier celui de Mauriac ; & pour en maintenir l'exécution , il doit être fait chaque année lecture du règlement du 29 janvier 1765 , tant au bureau d'adminiftration , lors de la tenue du premier bureau du mois de janvier , qu'à l'affemblée qui aux termes du même arrêt doit être tenue chez le principal le premier dimanche de janvier.

Les administrateurs qui ont entrée dans le bureau par leur état, tels que le juge & le procureur d'office, font responsables en leur propre & privé nom de l'exécution des règlemens de la cour, tant en ce qui concerne la régie & administration des biens, qu'à l'égard de la discipline du Collége, à moins qu'ils ne donnent avis des contraventions à la cour, afin qu'elle interpose son autorité pour les punir & les faire cesser.

Du Collége de Billom. Les lettres-patentes que le feu roi a données pour la confirmation de ce Collège après la suppression des Jéfuites qui le deffervoient, font du 20 juin 1765, & ont été enregistrées au parlement 9 juillet suivant.

Sa majesté expose dans le préambule que l'ancienneté du Collége de Billom, la grandeur & la beauté de ses bâtimens, sa dotation considérable, & surtout l'utilité dont il étoit pour le diocèse, l'ont portée à confirmer un établissement qui devoit son existence aux bienfaits de Guillaume Duprat, ancien évêque de Clermont; mais que les revenus de ce Collége étant plus que suffifans pour y rendre l'éducation auffi complette qu'elle le pouvoit être, il étoit de fon attention pour le maintien de tous les Colléges d'employer le surplus à foutenir celui de Clermont-Ferrand, dont le revenu suffisoit à peine pour remplir ses charges. Sa Majesté ordonne en conféquence qu'à compter du premier janvier 1765, le Collége de Billon foit & demeure chargé à perpétuité envers celui de Clermont-Ferrand d'une rente annuelle de trois mille livres, franche & quitte de toutes charges, laquelle toutesfois ne lui doit être payée pendant les dix premières années que sur le pied de quinze cens livres par an , de deux mille livres pendant les dix années suivantes , & de deux mille cinq cens livres pendant dix autres années , de manière qu'elle ne soit payée sur le pied de trois mille livres par an qu'à l'expiration de trente années.

Le roi veut aussi que pendant le même tems les administrateurs du Collége de Billom soient tenus de remettre annuellement, à compter du même jour premier janvier 1765, à l'économe séquestre nommé en exécution des lettres-patentes du 2 février 1763 , la somme de trois mille livres pendant les dix premières années de leur jouissance , celle de deux mille livres pendant les dix années suivantes, & celle de mille livres pendant les dix dernières années , le tout franc & quitte de toutes charges pour être employé aux vues énoncées dans les lettres-patentes du 2 février 1763.

Le roi confirme en tant que besoin l'union qui avoit été anciennement faite du prieuré de Moissac au Collége de Billom , à la charge d'entretenir les baux faits par l'économe séquestre pendant le tems de sa régie.

Au surplus sa majesté fixe les honoraires du principal à huit cens livres, ceux des professeurs de philosophie à sept cens livres, ceux du professeur de Rhétorique à six cens cinquante livres, ceux du régent de seconde à six cens livres, ceux des régens de troisième & de quatrième à cinq cens cinquante livres, ceux des régens de cinquième & de sixième à cinq cens livres , & la pension émérite à la moitié de ces appointemens , sans qu'elle puisse toutes fois excéder la somme de

trois cens livres, avec permiſſion aux adminiſtrateurs de l'accorder en cas d'infirmités de l'impétrant avant l'expiration de vingt années de
ſervice.

Du Collége d'Aurillac. La difficulté des communications entre la haute & la baſſe Auvergne
avoit anciennement donné lieu à l'établiſſement
du Collége d'Aurillac, pour pourvoir à l'éducation des enfans de la haute Auvergne, & le
même motif parut ſuffiſant au feu roi pour le
conſerver par ſes lettres-patentes du 3 mars
1764, enregiſtrées au parlement le 31 du même
mois.

Le roi fixa les honoraires du principal à la
ſomme de ſix cens livres, ceux du ſous principal à celle de cinq cens livres, ceux des deux
profeſſeurs de philoſophie, & de celui de rhétorique à ſix cens livres, ceux des régens de ſeconde & de troiſième à cinq cens quarante livres,
ceux des régens de quatrième & de cinquième
à quatre cens quatre-vingt livres, ceux du régent de ſixième à quatre cens livres, & la penſion des émérites à la moitié des honoraires.

Sa majeſté déclara que les prieurés de Lers
& de Drugeac demeureroient unis au Collége
dont il s'agit, à condition de remettre annuellement à l'économe ſéqueſtre, pendant trente
années, à compter du premier janvier 1765 ;
ſavoir la ſomme de douze cens livres, pendant
les dix premières années, huit cens livres pendant les dix années ſuivantes, & ſix cens livres
pendant les dix dernières années.

Du Collége d'Amiens. Le roi confirma ce
Collége par lettres-patentes du 21 mai 1763 ;
mais ayant réſervé de faire connoître plus par-

ticulièrement ses intentions sur la régie des biens qui en dépendent, sa majesté donna le 28 novembre 1767 de nouvelles lettres-patentes, par lesquelles il a été dit que les Prieurés de Saint-Denis, de Fléxicourt & de Fremontiers, les chapelles de Saint-Quentin, d'Amiens, de Notre-Dame de la Nose de Lorette, de Notre-Dame de Gouay, dite de la Corbière, de Saint-Nicolas de Parvillers, de Notre Dame de Vignacourt demeureroient unis au Collège dont il s'agit, sa majesté confirmant en tant que besoin les unions qui en avoient été anciennement faites en faveur de la jeunesse, & imposant silence, tant au procureur-général, qu'à tous autres qui pourroient attaquer ces unions sous quelque prétexte que ce fût.

Le roi a ordonné que l'établissement fait en faveur des pauvres écoliers d'Amiens, & connu sous le nom de maison *des Capettes*, seroit transféré dans le lieu où le pensionnat du Collége seroit établi, voulant que tout ce qui concernoit la régie & l'administration des biens de cette fondation fût réglé par les administrateurs du Collège.

Ils sont tenus, aux termes des mêmes lettres-patentes, de payer annuellement pendant trente années, à compter du premier janvier 1768, sur les revenus des bénéfices unis, entre les mains de l'économe séquestre la somme de trois mille livres pendant les dix premières années de leur jouissance, celle de deux mille livres pendant les dix années suivantes, & celle de quinze cens livres pendant les dix dernières années, le tout franc & quitte de toutes charges pour être employées conformément aux lettres-patentes du 2 février 1763.

Au furplus le roi veut que les honoraires du principal & des profeffeurs & régens établis par les lettres-patentes du 21 mai 1763, foient fixés, favoir, ceux du principal à feize cens livres, ceux des profeffeurs de philofophie & de rhétorique à quatorze cens livres chacun; ceux des régens de feconde & de troifième à douze cens livres; ceux du régent de quatrième à onze cens livres, & ceux des régens de cinquième & de fixième à mille livres. Sa majefté établit en outre deux profeffeurs de théologie aux honoraires de quatorze cens livres, & un fous-principal aux appointemens de mille livres; celui-ci eft tenu de dire ou faire dire tous les jours la meffe pour les écoliers, de remplacer les profeffeurs ou régens en cas de maladie ou d'abfence légitime, & de faire des répétitions & inftructions aux pauvres écoliers dits *Capettes*. Quant à la penfion émérite, elle ne peut être au-deffous de quatre cens livres par an, ni excéder celle de cinq cens livres, & les adminiftrateurs peuvent l'accorder pour caufe d'infirmités à la pluralité des deux tiers des voix avant l'expiration de vingt années de fervice.

Du Collége d'Arras. L'établiffement de ce Collége qui remonte à près de deux fiècles, la grandeur de la ville d'Arras, l'avantage qu'elle a d'être la capitale de la province, le fiége d'un grand évêché ainfi que celui du confeil provincial, les vœux de tous les ordres de cette ville, & une longue expérience de l'utilité de cet établiffement, furent les motifs qui déterminèrent le feu roi à le conferver après la fuppreffion des Jéfuites par édit du mois de feptembre 1768, regiftré en parlement le 18 mars 1769.

Sa majefté jugea à propos de fupprimer en même-temps le Collége de Béthune & d'en réunir les biens & les revenus à celui d'Arras. Mais comme il étoit de fa juftice de dédommager la ville de Béthune, elle ordonna par l'article 13 de fon édit, que le receveur du Collége d'Arras payeroit annuellement à l'argenteur de Béthune une fomme de 1000 livres franche & quitte de de toutes charges pour être employée à l'établiffement qui feroit fait en cette ville d'une fimple école ou pédagogie compofée de trois régens de baffes claffes. Le roi crut devoir auffi établir par l'article 14, dans le Collége d'Arras, vingt bourfes ou places gratuites pour être remplies par vingt enfans choifis alternativement dans les familles de la ville & dans celle du reffort du bailliage de Béthune.

Suivant l'article 15, ces bourfiers doivent être logés, nourris, foignés & inftruits gratuitement, tant en fanté qu'en maladie, dans le Collége d'Arras, moyennant une penfion annuelle de trois cens livres pour chacun d'eux, payable à raifon de foixante-quinze livres chaque quartier, par le receveur du bureau d'adminiftration du Collége, entre les mains du principal, qui eft chargé de pourvoir à tout ce qui concerne la nourriture & l'éducation des bourfiers.

L'article 16 porte que ces Bourfiers feront pris dans les familles les plus nombreufes & les moins opulentes de la ville & du bailliage, & nommés par fept commiffaires choifis parmi les officiers municipaux & les notables de la ville de Béthune, du nombre defquels feront toujours le mayeur, le député de l'ordre eccléfiaftique, le député de la noblesse, le député du bailliage, les trois autres commissaires élus par scrutin & à la pluralité des suffrages, dans la première assemblée générale qui se tiendra chaque année de ces officiers & notables.

Le roi déclare, articles 17, 18, & 19, que les boursiers ne pourront être admis qu'après l'âge de huit ans jusqu'à celui de douze, ni rester dans le Collége passé l'âge de 21 ans accomplis.

Sa majesté veut qu'ils soient assujettis à la discipline & aux règles du Collége ; & si après les avoir suffisamment avertis & en avoir donné avis à leurs parens, les administrateurs jugeoient nécessaire de les faire sortir du Collége, ils en instruiroient les commissaires nommés en exécution de l'article 16, pour qu'ils eussent à procéder en la forme prescrite au remplacement des boursiers renvoyés.

Les appointemens du principal sont fixés à la somme de quinze cens livres, ceux du sous-principal, des professeurs de philosophie & de rhéthorique à douze cens livres chacun ; ceux des régens de seconde & de troisième à mille livres, & ceux des régens de quatrième, cinquième & sixième à neuf cens livres ; sa majesté veut qu'ils logent dans le Collége & qu'ils y vivent en commun, & qu'en conséquence il soit retenu sur leurs appointemens, une somme réglée par le bureau d'administration pour leurs pensions, le montant desquelles doit être remis au principal qui est tenu d'y pourvoir : il est néanmoins permis aux administrateurs de dispenser de vivre en commun, ceux des professeurs & régens qu'ils jugent à propos par une délibération prife à la pluralité des deux tiers des voix. Quant à la penfion émérite, elle ne peut excéder la fomme de cinq cens livres, & les adminiftrateurs peuvent l'accorder pour caufe d'infirmité avant l'expiration de vingt années de fervice.

Au furplus l'abbaye & les religieux de Saint-Waaft d'Arras font maintenus dans le droit de jouir de tous les honneurs dont ils ont joui juf-qu'à préfent dans le Collége, & fingulièrement de tous ceux qui leur étoient rendus annuelle-ment le fecond dimanche du mois d'Octobre.

Quant aux Officiers municipaux de la ville d'Arras, ils doivent être reçus à la porte du Collége par le principal, & l'un des profeffeurs ou régens toutes les fois qu'ils vont en corps à des exercices publics, & conduits par eux aux places qui leur font deftinées.

En exécution de cet édit, le parlement rendit un arrêt le 18 mars 1762, en faveur du Collége d'Arras, portant envoi en poffeffion des biens qui lui appartiennent ainfi que de ceux du Collége de Béthune.

Du Collége Wallon de S. Omer. Le feu roi a jugé à propos de conferver ce Collége, & de fuprimer ceux d'Aire & d'Hefdin par Edit du mois de feptembre 1768, enregiftré au parle-ment le 18 mars 1769.

Sa majefté a fixé les appointemens du princi-pal à la fomme de quinze cens livres, ceux du fous-principal à mille livres, ceux des profeffeurs de philofophie & de réthorique à douze cens livres, ceux du régent de feconde à mille livres, ceux du régent de troifième à neuf cens livres, & ceux des régens de quatrième, cinquième &

fixième à huit cens livres : leur penfion émérite
ne peut excéder cinq cens livres. Ils font tenus
de loger dans le Collége & d'y vivre en commun ; à l'effet de quoi il doit être retenu fur
leurs appointemens, la fomme réglée par les
adminiftrateurs pour leurs penfions & nourriture.

Il a été ordonné qu'auffi-tôt après l'enregiftrement & la publication de l'édit, l'enfeignement qui fe faifoit dans les Colléges fupprimés
cefferoit d'y avoir lieu, & que tous les biens &
revenus dont ils jouiffoient, feroient unis & in-
corporés aux biens & revenus du Collége de
Saint-Omer ; & pour dédommager les villes
d'Aire & d'Hefdin, il a été réglé qu'il feroit
payé à chacune & à perpétuité, par le receveur
du Collége de Saint-Omer, une fomme de mille
livres par an, pour être employée à l'établiffement qui feroit fait en chacune de ces villes
d'une pédagogie compofée de trois baffes claffes :
le roi a établi en outre dans le Collége de Saint-
Omer, quarante bourfes, dont vingt font attribuées à vingt enfans natifs de la ville d'Aire, &
les vingt autres à vingt enfans natifs de la ville
d'Hefdin. Les enfans doivent être nommés par
fept commiffaires choifis parmi les officiers municipaux & les notables des deux villes.

Quant à ce qui concerne l'âge des bourfiers
choifis, leurs familles, le temps de leurs études,
le prix de leurs penfions & la difcipline à laquelle
ils font affujettis, l'édit que nous analyfons contient les mêmes difpofitions que celui que nous
avons rapporté ci-devant concernant l'établiffement de vingt bourfiers du Collége d'Arras.

Au furplus, il eft ordonné que l'abbaye & les

religieux de Saint-Omer continueront de jouir, ainsi que les officiers municipaux, de tous les honneurs dont ils jouissoient lorsque le Collége étoit desservi par les jésuites.

Cet édit a été suivi d'un arrêt du parlement de Paris du 18 mars 1769, en faveur du Collége Wallon de Saint-Omer, portant envoi en possession tant des biens qui lui appartiennent, que de ceux des deux Colléges supprimés.

Du Collége royal Anglois de Saint-Omer. Ce Collége qui a été établi en faveur des catholiques Anglois est de fondation royale : il a toujours joui d'une pension sur le trésor royal. Les jésuites qui le desservoient ayant été supprimés, le feu roi qui connoissoit l'utilité de cet établissement, le confirma par lettres-patentes du 14 mars 1764. Ce Collége est régi par un bureau d'administration, ainsi que les autres Colléges du royaume.

Le président & les directeurs qui composent le bureau, informèrent sa majesté en 1769 de la caducité de la chapelle du Collége & de la nécessité d'y en construire une plus vaste, mieux éclairée & qui fût proportionnée à la magnificence des autres bâtimens ; du peu d'étendue qu'avoient les jardins de ce Collége, où les jeunes gens qu'on y élevoit respiroient un air malsain & ne pouvoient prendre l'exercice corporel si nécessaire à leur âge ; enfin des avantages multipliés qui résulteroient d'un établissement de petites écoles pour les enfans Anglois que leurs parens voudroient y envoyer.

Ils demandèrent en conséquence, qu'en dérogeant à l'édit du mois d'août 1749 & autres lois concernant les gens de main-morte, il plût à sa majesté les autoriser à acquérir les bâtimens & terreins d'une maison appelée hôtel de Lens & leur permettre d'emprunter à cet effet jusqu'à la concurrence de la somme de vingt mille livres.

Le roi leur accorda ces demandes par des lettres-patentes du mois d'avril 1769, enregistrées au parlement le 16 juin de la même année : & pour montrer de plus en plus son affection envers l'établissement dont il s'agit, il voulut qu'il fût qualifié de *Collége royal Anglois*, & que ce titre fût inscrit sur le sceau du Collége autour de l'écusson des armes de sa majesté.

Du Collége de Blois. Ce Collége fut confirmé par lettres-patentes du 3 décembre 1763. Le régime prescrit par l'édit du mois de février de la même année, fut introduit dans cet établissement ainsi que dans les autres Colléges qui avoient été occupés par les jésuites : mais quelques difficultés survenues dans la régie, déterminérent les administrateurs à prendre une délibération le 3 mars 1769, par laquelle il fut arrêté qu'il en seroit référé au parlement.

Les administrateurs exposoient que plusieurs membres de leur bureau, & notamment le sieur Guerry, l'un des notables, n'assistoient presque jamais aux assemblées ; que le sieur de Baudry, l'un des officiers municipaux, avoit assisté à l'assemblée du 3 mars 1769, sans signer la délibération qui avoit été prise ; que les officiers municipaux avoient présenté au bureau d'administration des mémoires par lesquels ils demandoient que le Collége fût confié à des réguliers; qu'il s'étoit établi dans la ville de Blois & dans

le voifinage, des écoles qui n'étoient point autorifées, & dont l'établiffement dimmueroit
dans le Collége de Blois le nombre des étudians,
& occafionneroit le découragement des profeffeurs ; qu'enfin la place de principal reftoit à
remplir, & qu'en mettant le bureau à portée d'y
pourvoir définitivement, on remédieroit aux
abus qui s'étoient introduits dans l'adminiftration, & l'on rétabliroit l'union qui devoit régner
entre les adminiftrateurs.

Cette délibération ayant été envoyée à M. le
procureur général par fon fubftitut au bailliage
de Blois, le parlement rendit fur la requête de
ce magiftrat un arrêt, le 27 avril 1769, qui
ordonna que conformément à l'édit de février
1763, & aux lettres-patentes du 3 décembre
de la même année, le Collége de Blois feroit
régi par le bureau qui y avoit été établi ; que les
places de principal, de profeffeurs & régens,
feroient remplies par des perfonnes tant eccléfiaftiques que féculières ; que les officiers municipaux autres que ceux qui étoient membres
du bureau, ne pourroient directement ni indirectement, s'immifcer dans l'adminiftration du
Collége ; que ceux de ces officiers qui étoient
membres du bureau feroient tenus d'affifter aux
affemblées, & ne pourroient même s'en abfenter
ni fe difpenfer d'y délibérer fous prétexte de
délibérations prifes à l'hôtel-de-ville ; que le
fieur de Baudry feroit tenu de figner la délibération du 3 mars 1769, fous telle peine qu'il
appartiendroit ; que le fieur Querry, notable,
feroit tenu d'affifter aux affemblées du bureau,
fi mieux il n'aimoit donner fa démiffion ; que
dans les trois jours de l'enregiftrement de l'arrêt

au bailliage de Blois, il feroit convoqué une affemblée des adminiftrateurs, dans laquelle il leur feroit notifié, & que dans cette affemblée il en feroit indiqué une à la quinzaine pour tout délai, dans laquelle il feroit procédé à la nomination définitive d'un principal par les adminiftrateurs préfens, en quelque nombre qu'ils fuffent. Au furplus la cour fit défenfes à toutes perfonnes qui n'auroient pas les qualités requifes de tenir à Blois, école, penfion ou répétition, fauf au procureur-général à prendre à ce fujet par la fuite, telles conclufions qu'il jugeroit à propos.

Du Collége de Dunkerque. Le feu roi confirma ce Collége par lettres-patentes données à Marly le 6 mai 1769, enregiftrées au parlement le 16 juin de la même année.

Elles portent entr'autres chofes que les places de principal, profeffeurs & régens feront remplies par des perfonnes eccléfiaftiques ou féculières, également inftruites des langues françoifes & flamandes ; que l'enfeignement y fera gratuit, & fe fera en langue flamande pour la claffe du matin, & en françois pour celle de relevée, en fe conformant pour le furplus aux ufages & méthodes de l'univerfité de la ville de Paris.

Les maîtres de penfion qui font établis dans la ville de Dunkerque font pareillement tenus d'inftruire les enfans dans l'une & l'autre langue, & de les envoyer affiduement aux claffes du Collège, le tout à peine de deftitution ou d'interdiction.

Les honoraires du principal du Collége font fixés à douze cens livres, ceux du profeffeur de rhétorique, faifant fonctions de

fous-principal, à neuf cens livres, & ceux des
autres régens à huit cens livres chacun : leur
penfion émérite ne peut excéder la fomme de
quatre cens livres.

Le bureau d'adminiftration eft compofé de
l'évêque diocéfain qui y préfide, du bourgue-
meftre, de l'officier chargé du miniftère public,
de deux échevins, de deux notables du lieu
choifis par le bureau, & du principal. En cas
d'abfence de l'évêque, il doit être remplacé par
le curé de la ville, dont la place eft marquée
après celui qui préfide au bureau.

Du Collége de Mâcon. Par lettres-patentes du
28 août 1763, le feu roi confirma ce Collége,
& en confia l'enfeignement aux Dominicains de
Mâcon ; mais ces religieux ayant defiré d'en
être déchargés, les états du comté de Mâconnois, arrêtèrent par une délibération du 9 mars
1768, d'accorder annuellement au Collége une
fomme de deux mille livres pour fubvenir aux
honoraires des maîtres féculiers qui feroient fub-
ftitutués aux Dominicains ; fur quoi fa majefté
donna des lettres-patentes dans le mois de feptembre 1769, enregiftrées au parlement le 4 du
même mois, par lefquelles en dérogeant à celles
du 28 août 1763, homologuant la délibération
des états du Mâconnois, elle ordonna que le
Collége de Mâcon feroit defiervi par des maîtres féculiers, eccléfiaftiques ou laïcs, & que
la congrégation des Dominicains en demeureroit bien & valablement déchargée.

Le roi fixa les honoraires du principal & du
profeffeur de philofophie à douze cens livres,
ceux du profeffeur de rhétorique à neuf cens
livres, ceux du régent de feconde à huit cens
livres,

livres, du régent de troisième à sept cens livres, & des régens de quatrième, cinquième & sixième à six cens livres, & sa majesté voulut que la pension émérite ne pût excéder trois cens livres.

Du Collége de Beauvais. L'intention du feu roi en donnant l'édit du mois de février 1763, avoit été de confier la régie & le gouvernement des Colléges aux personnes les plus intéressées au soutien de ces établissemens, en réservant néanmoins tous les droits qui pouvoient appartenir aux fondateurs : mais sa majesté ayant jugé par le compte qui lui fut rendu de l'état ancien du Collége de la ville de Beauvais, que l'administration qui y avoit lieu avant l'édit de 1763, étoit suffisante pour remplir les vues qu'elle s'étoit proposée, & même plus conforme aux intentions particulières des fondateurs de ce Collége, elle ordonna par lettres-patentes du 6 juin 1773, enregistrées au parlement le 11 août de la même année, que le Collége de Beauvais feroit par provision, & jusqu'à ce qu'elle eût fait connoître définitivement ses intentions à ce sujet, régi & administré comme il l'avoit été avant l'édit de 1763, auquel elle dérogeoit à cet égard & sans tirer à conséquence.

Du Collége de Compiegne. Ce Collége qui avoit été établi en 1771 par les officiers municipaux de Compiegne, fut confirmé par lettres-patentes du 28 août 1763. De plus le feu roi le dota & lui accorda le titre & tous les privilèges de fondation royale.

Le corps municipal de Compiegne s'étant assemblé le 12 août 1772, pour délibérer sur les moyens de donner à cet établissement la meilleure forme possible, indiqua au roi dans

la congrégation de Saint-Maur, un corps toujours subsistant, & d'autant plus propre à se livrer à l'éducation publique des enfans de la
ville, qu'elle y possédoit déjà l'abbaye royale
de Saint-Corneille, où elle avoit toujours un
nombre considérable de religieux.

M. l'évêque de Soissons & M. le duc de Laval
faisant pour M. son fils les fonctions de Gouverneur de Compiegne, exposèrent au roi la demande des officiers municipaux, ainsi que les
offres & les propositions des religieux Bénédictins.

Sur quoi sa majesté ordonna par lettres-patentes du mois d'août 1772, enregistrées au parlement le 27 du même mois, que le Collége royal
de Compiegne seroit à l'avenir regi & administré par les religieux de la congrégation de Saint-
Maur dont le général seroit tenu de placer dans
ce Collége un nombre de sujets suffisant pour
veiller à l'administration du temporel, & pour
vaquer à l'instruction de la jeunesse.

L'article 3 porte que le nombre des régens
sera réglé par le régime de la congrégation de
Saint-Maur, de concert avec les chefs de l'administration du Collége, eu égard à l'affluence des
écoliers, pour y professer toutes les classes, depuis la sixième jusqu'à la philosophie inclusivement.

Suivant l'article 4, la régie & police du Collége doivent être surveillés par l'évêque diocé-
sain & le gouverneur de Compiegne.

Au surplus le roi permet aux religieux Bénédictins d'établir un pensionnat dans le Collége,
conformément à l'article 24 de l'édit du mois
de février 1763, & aux lettres-patentes du 28
août de la même année.

Du Collége d'Etampes. Par lettres-patentes du 20 août 1575, enregiftrées au parlement le 15 feptembre de l'année fuivante, Henri III accorda trois mille livres de rente au Collége d'Etampes, fur les biens de la Maladrerie ou de Saint-Lazare de cette ville, à la charge d'y entretenir deux régens pour inftruire la jeuneffe & deux bourfiers qui y feroient inftruits & nourris.

Les habitans d'Etampes mirent leur Collége en 1576 fous la direction de Nicolas Charrier, maître ès-arts en l'univerfité de Paris, à condition de loger, nourrir & inftruire gratuitement les bourfiers.

Jean Albert qui avoit été le premier des deux régens fous Nicolas Charrier lui fut fubftitué par un acte du 7 mai 1613, dans lequel il fut ftipulé qu'aucun maître de penfion ne pourroit s'établir à Etampes que pour enfeigner aux petits enfans l'A. B. C. D. & l'écriture, & que le principal auroit la faculté de concourir au même enfeignement en établiffant un maître écrivain dans le Collège.

Par un fecond acte du 27 feptembre 1626, les habitans d'Etampes préfidés par leur prévôt, arrêtèrent qu'il feroit fait défenfes à toutes perfonnes de tenir des écoles publiques en cette ville pour y enfeigner la langue latine fans le confentement du principal du Collége.

Claude Vuaflard, bachelier, prit la place de Jean Albert en 1626, mais il fut bientôt deftitué par fentence du bailliage d'Etampes, du 14 feptembre 1628, confirmée par arrêt du parlement du 6 août de l'année fuivante.

Dans ces circonftances les habitans d'Etampes jugèrent à propos de confier la régie de leur

Collége aux Barnabites de cette ville, du confentement du général & avec l'approbation de M. l'archevêque de Sens ; les actes qui furent paffés à ce fujet font des 2 novembre 1627 & 7 feptembre 1629 ; on obtint même des lettres-patentes confirmatives de ces actes, mais il ne paroît pas qu'elles aient été enregiftrées.

Ce fut à peu près vers le même temps que le fieur Petau, lieutenant général d'Etampes fonda par acte de dernière volonté deux places de bourfiers, que le parlement fut obligé de réduire à une feule par arrêt de l'année 1658.

Depuis cette époque le Collége d'Etampes étoit tombé fucceffivement dans une efpèce d'abandon tant par le peu de foin que l'on avoit pris des bâtimens que par le défaut de régens & d'écoliers, ce qui donna lieu à une délibération du bureau général affemblé à l'hôtel de ville le 4 novembre 1762 ; on attribua l'abandon du Collége aux maîtres de penfion qui refufoient d'y envoyer leur penfionnaires, & l'on arrêta de leur faire à ce fujet, fous l'autorité des officiers du bailliage, les injonctions néceffaires.

Cette délibération fut fuivie de deux autres des 6 & 7 août 1767.

La première fut prife par les notables habitans de la ville d'Etampes d'après la lecture que le maire fit d'un mémoire que le frère Guyot, fupérieur de la maifon des Barnabites & principal du Collége avoit adreffé aux officiers municipaux, pour leur repréfenter qu'en exécution de l'arrêté de l'affemblée générale des habitans tenue le 4 novembre 1762, il avoit fait toutes les réparations néceffaires aux bâtimens du Collége, qu'il y avoit établi deux régens conformément au traité paffé entre la ville & les Barnabites, que par là le Collége commençoit à prendre une meilleure forme ; que pour achever de perfectionner cet établissement, il étoit néceffaire que les maîtres de penfion envoyaffent leurs écoliers au Collége aux heures que les claffes fe tiennent : fur cet expofé l'affemblée arrêta d'une voix unanime que la cour feroit fuppliée d'enjoindre aux maîtres de penfion, & notamment au fieur de Bourges d'envoyer au Collége ceux de leurs penfionnaires qui étudioient la langue latine.

Cet arrêt ayant été communiqué aux lieutenans particuliers du bailliage & au fubftitut de M. le procureur général, ces officiers prirent la feconde délibération, portant que les vues énoncées dans la première ne pouvoient être qu'avantageufes aux habitans.

Ces délibérations furent préfentées au parlement, ainfi que les mémoires d'un maître de penfion qui étoit établi à Etampes, & la cour crut devoir adopter à certains égards le vœu des habitans & des principaux officiers de la ville pour rendre au Collége des Barnabites une forte d'exiftence ; mais elle penfa auffi qu'il étoit de fa juftice de conferver aux maîtres de penfion qui étoient établis ou qui pourroient s'établir par la fuite à Etampes, le moyen d'y faire le bien auquel ils fe feroient confacrés, & de répondre à la confiance de ceux qui jugeroient à propos de les charger de l'éducation de leurs enfans.

D'après ces motifs le parlement ordonna par arrêt du premier août 1768, fur les conclufions de M. le procureur général, que les délibérations des 6 & 7 août 1767, feroient exécutées fui-

vant leur forme & teneur , & qu'en conséquence
le maître de pension établi à Etampes seroit
tenu de mener ou envoyer par des personnes
sûres au Collége des Barnabites tous ceux de
ses pensionnaires qui étudioient la langue latine
& qui étoient en état de fréquenter la cinquième,
avec injonction de se borner à montrer à lire &
à écrire à ses écoliers , & à leur enseigner les
premiers élémens de la langue latine jusqu'à ce
qu'ils fussent en état de suivre les leçons du
Collége, lui permettant néanmoins de répéter
aux écoliers qui fréquenteroient ce Collége les
leçons de leurs professeurs ; au surplus la cour
déclara que les Barnabites ne pourroient enseigner ni avoir dans leurs Colléges des maîtres
pour enseigner les premiers élémens de la langue
latine.

Cet arrêt ayant été signifié le 10 du même
mois d'août, tant au supérieur du Collége qu'au
maître de pension d'Etampes , les officiers municipaux arrêtèrent par une délibération du 18
juillet 1768 , que le parlement seroit supplié de
vouloir bien réformer, conformément au vœu
des habitans, la dernière disposition de son arrêt,
& la cour a eu égard à leurs représentations par
arrêt du 27 août 1770 , rendu sur les conclusions de M. le procureur général ; elle a ordonné
que les Barnabites seroient remis de recevoir gratuitement dans leurs classes tous les enfans qui
se présenteroient avec permission de faire montrer à lire & à écrire , & d'enseigner les premiers élémens de la langue latine aux différens
pensionnaires qui résideroient dans leurs Collége,
sans néanmoins qu'ils pussent empêcher le sieur
de Bourges de donner les mêmes leçons chez

lui, & de répéter à ceux de ses pensionnaires ou aux externes qui iroient au Collége les leçons de leurs professeurs.

Des Colléges de Lyon. Ces Colléges furent confirmés par lettres-patentes du 29 avril 1763. Le roi avoit établi en même-temps un bureau d'administration auquel sa majesté avoit appelé les principaux officiers de la sénéchaussée ; mais le conseil supérieur qui fut créé depuis à Lyon, donna lieu à de nouvelles lettres-patentes le 13 janvier 1772, enregistrées le 22 du même mois, par lesquelles le roi déclara que le bureau des Colléges de Lyon seroit composé de l'archevêque qui y présideroit, du premier président du conseil supérieur, du procureur général, des deux premiers officiers municipaux, de deux notables de la ville choisis par le bureau & du principal du Collége. Ce conseil supérieur ayant ensuite été supprimé, les officiers de la sénéchaussée ont repris au bureau les places qu'ils devoient y avoir conformément aux lettres-patentes du 29 avril 1763.

Du Collége royal de France. François premier voulant faire germer l'émulation & l'amour des lettres dans le cœur de ses sujets, forma sous le nom de Collége royal de France, une société de gens de lettres qu'il attacha au service de sa personne sous le titre de lecteurs ordinaires & qu'il destina en même-tems à l'enseignement public en qualité de professeurs : son principal objet étoit que l'on trouvât dans le Collége royal des secours sur toutes les branches des connoissances humaines qui ne s'enseignoient point, ou qui ne s'enseignoient qu'imparfaitement dans l'université. Ainsi il a été nommé à juste titre le père & le restaurateur des lettres ; puisque le Collége qu'il a fondé a contribué plus qu'aucun autre établissement littéraire à faire renaître & à conserver en France le goût de la saine littérature.

Cependant ce Collége étoit tombé dans un état de pauvreté très-préjudiciable à ses exercices, lorsque le feu roi jugea à propos d'employer à la reconstruction de ses bâtimens & à l'augmentation des honoraires des professeurs une partie du capital & des arrérages de soixante mille livres provenant de l'accroissement survenu depuis 1719, dans le produit général du bail des postes.

Ce capital & ces arrérages appartenoient à l'université de Paris, & le feu roi par lettres-patentes des 29 mai 1766, & premier février 1769, en avoit concédé la moitié au Collége de Louis-le-Grand, qui depuis la suppression des Jésuites étoit devenu le chef-lieu de l'université, pour en jouir jusqu'en l'année 1806, & être partagée entre les principaux, les vingt anciens émérites, les professeurs & les docteurs aggrégés de la faculté des arts.

A l'égard de l'autre moitié, sa majesté avoit ordonné qu'elle seroit employée aux constructions & aux réparations à faire pour le chef-lieu de l'université ; mais considérant que ce nouvel établissement entraîneroit des dépenses auxquelles la somme annuelle de trente mille livres ne pourroit suffire, jugea qu'elle en feroit une destination plus utile au progrès des sciences, si elle en disposoit en faveur du Collége royal. C'est à cette occasion qu'il a été aggrégé à l'université, & que le feu roi lui a prescrit un nou-

veau règlement de discipline par lettres-patentes du 16 mai 1772, dont il convient de rapporter ici les dispositions.

ARTICLE PREMIER.

» Les fondations du Collége royal de France,
» ensemble les statuts, règlemens, édits & let-
» tres patentes concernant ledit Collége, seront
» exécutés en tout ce qui ne dérogera point au
» présent règlement ; voulons que, pour pro-
» curer l'uniformité dans l'enseignement public,
» ledit Collége soit, & demeure uni à notre
» université, que nos lecteurs & professeurs y
» soient agrégés.

» II. Ceux desdits lecteurs & professeurs qui
» ne seroient point encore membres d'une des
» quatre facultés qui composent notre univer-
» sité, seront tenus de se présenter dans trois
» mois de la date des présentes pour être coop-
» tés & immatriculés dans celle des nations à
» laquelle ils appartiendront par le lieu de leur
» naissance ; ils seront reçus sans aucun acte
» probatoire en produisant leur extrait baptis-
» taire & les lettres de leur nomination royale,
» sur lesquelles sera inscrit l'acte du serment qu'ils
» auront prêté entre les mains de notre grand
» aumônier.

» III. Au moyen de ladite agrégation, nos
» lecteurs & professeurs pourront parvenir aux
» charges & honneurs des nations, ils seront ap-
» pelés aux processions, actes & assemblées
» de l'université, se conformeront à la police
» & aux loix qui s'y trouvent établies, & au-
» rout voix active & passive dans les délibé-
» rations.

» IV. Ils ne paroîtront dans aucune fonction
» publique que revêtus de la robe académique,
» avec la marque diſtinctive de leur profeſſion,
» & conſerveront leur ancien rang dans les pro-
» ceſſions ; les écoles de notre Collége royal,
» ſeront ſoumiſes aux viſites & à la juridiction
» du recteur & tribunal de l'univerſité, de la
» même manière & pour les mêmes objets,
» que les écoles de théologie, de droit, de
» médecine & des arts, attendu que les quatre
» facultés compoſent également l'univerſité.

» V. Voulant ſuppléer au concours autrefois
» établi par Charles IX pour le choix des pro-
» feſſeurs de notredit Collége, nous déclarons
» que, dans la nomination aux chaires qui vien-
» dront à vaquer, nous donnerons toute préfé-
» rence, ſoit aux profeſſeurs de notre univer-
» ſité qui ſe ſeront diſtingués dans l'exercice de
» leurs fonctions, ſoit aux membres de nos trois
» académies de Paris ; ſi notre choix tomboit
» ſur un ſujet qui ne fût point membre de ladite
» univerſité, il ſera coopté & immatriculé de
» la manière énoncée ci-deſſus.

» VI. Le Collége de nos lecteurs continuera
» d'être compoſé d'un inſpecteur chargé de veil-
» ler à la diſcipline, & d'en rendre compte au
» ſecrétaire d'état de notre maiſon, & de dix-
» neuf profeſſeurs, ſçavoir, un d'hébreu, un
» de ſyriaque, deux d'arabe, deux de grec,
» deux d'éloquence latine, un de mathémati-
» que, un d'aſtronomie, un de phyſique, un
» de philoſophie grecque & latine ; un de mé-
» decine pratique, un d'Anatomie, un de chi-
» mie, un de botanique, deux de droit canon,
» un d'hiſtoire. Leſdites chaires ayant été prin-

» cipalement inftituées pour mettre dans notre
» univerfité les genres d'inftruction qui ne s'y
» trouvoient point , nous nous réfervons de
» changer l'objet de celles qui paroîtroient le
» moins néceffaires, à mefure qu'elles viendront
» à vaquer , fur les mémoires qui pourront nous
» être préfentés.

» VII. Maintenons & confirmons nos lecteurs
» & profeffeurs dans tous les droits , franchifes,
» privilèges & prérogatives donc ils ont joui ou
» dû jouir jufqu'à préfent , & notamment dans
» la qualité d'officiers commenfaux de notre
» maifon , & dans tous les privilèges qui y font
» attachés.

» VIII. Nos lecteurs continueront de jouir
» des gages dont ils ont joui jufqu'à préfent fur
» notre tréfor royal ; lefdits gages montant à la
» fomme de quinze mille neuf cens trente livres,
» toute déduction faite , leur feront payés régu-
» lièrement & fans aucune nouvelle retenue ,
» par le tréforier de nos parties cafuelles.

» IX. Sur la fomme annuelle de trente mille
» livres refervée par arrêt de notre confeil &
» nos lettres patentes du 29 mai 1766 , il fera
» pris & demeurera affecté à perpétuité à notre
» Collége royal celle de quinze mille livres pour
» augmenter les gages des profeffeurs. Voulons
» en conféquence que le receveur des meffa-
» geries de notre univerfité foit tenu de remet-
» tre au fyndic de notre Collége royal la fom-
» me de quinze mille livres fur fa fimple quit-
» tance , dont les payemens fe feront quartier
» par quartier , par avance , & fans aucune re-
» tenue.

» X. A l'égard des arrérages échus de ladite

» rente de trente mille livres que nous avons
» ordonné être dépofés jufqu'à l'emploi, dans le
» coffre de notre univerfité, le recteur & les
» principaux officiers à qui nous en avons confié
» la garde, remettront ès mains de celui qu'il
» nous plaira de nommer à cet effet la fomme
» de cent vingt mille livres, pour être em-
» ployée aux réparations du Collége royal &
» à la conftruction de nouvelles claffes, confor-
» mément aux devis qui nous feront préfentés ;
» le furplus defdits arrérages, enfemble la fom-
» me annuelle de quinze mille livres, reftante
» de celle de trente mille livres par nous ré-
» fervée, feront diftribués par portions égales
» entre tous les membres de notre univerfité
» qui ont droit de participer à la portion nom-
» mée émérite : & pour donner à notre uni-
» verfité de nouvelles marques de notre fatif-
» faction, nous lui cédons & donnons les ter-
» reins & bâtimens du Collége des Cholets,
» pour les revenus en être diftribués aux prin-
» cipaux & profeffeurs des dix collèges de plein
» exercice.

» XI. La fomme de quinze mille neuf cens
» trente livres portée dans l'article VIII, en-
» femble celle de quinze mille livres portée
» dans l'article IX, feront employées au paye-
» ment des gages de nos lecteurs & profeffeurs;
» lefquels gages demeureront fixés à deux mille
» livres pour l'infpecteur, & à mille livres pour
» chaque profeffeur. A l'égard des neuf mille neuf
» cens trente livres reftantes, elles feront par
» nous réparties, chaque année, en forme de
» gratification, entre les dix-neuf profeffeurs,
» à raifon de leur ancienneté, de leur affiduité

» du nombre d'étudians qu'ils attireront à leurs
» leçons , & des autres services qu'ils auront
» rendus, en publiant des ouvrages utiles, cha-
» cun sur l'objet de sa profession.

» XII. Le Collége de nos lecteurs & profes-
» seurs ne participera point aux pensions d'é-
» mérites établies en faveur des professeurs or-
» dinaires de l'université ; & dans le cas , où
» leur âge & leurs infirmités ne leur permet-
» troient plus de remplir leurs fonctions , avec
» l'assiduité requise ; sur le compte qui nous en
» sera rendu par le secrétaire d'état de notre
» maison , & sur la démission pure & simple
» de leur office , nous leur conserverons la jouis-
» sance de huit cens livres sur les mille livres
» attachées à la chaire : & le nouveau professeur
» que nous aurons nommé touchera , outre les
» deux cens livres restantes , telle portion que
» nous jugerons à propos de lui accorder sur
» les neuf mille neuf cens trente livres que nous
» avons réservés pour être distribués par forme
» de gratification.

» XIII. Attendu que les études qui se font
» au Collége royal ont pour objet plutôt de
» perfectionner des connoissances acquises, que
» de donner les élémens des sciences , & que
» toute espèce de contrainte doit être bannie
» de ses exercices , nos lecteurs & professeurs
» ne tiendront point de registres d'inscriptions.

» XIV. Les exercices du Collége royal con-
» tinueront de se partager en deux semestres ,
» le premier commencera à la Toussaint & finira
» le dimanche des Rameaux ; le second ouvrira
» le lendemain de la Quasimodo & ne finira que
» le premier jour d'aout. Pendant toute la durée

» de ces deux fémeftres, nos lecteurs & pro-
» fefleurs donneront très-règulièrement trois
» leçons par femaine, d'une heure & demie cha-
» cune ; en cas de fête ou de congé la leçon fera
» remife au lendemain, dès que les nouvelles
» écoles que nous nous propofons de conftruire
» feront achevées. Et afin que les programmes
» puiffent être affichés huit jours avant l'ouver-
» ture des écoles, le doyen des profeffeurs
» indiquera une affemblée générale, avant la
» clôture du dernier femeftre, où l'on réglera,
» pour le fuivant, les jours, les heures & la
» matière des leçons.

» XV. Au lieu de dicter des cahiers, nos
» lecteurs feront imprimer d'avance, autant que
» la nature de leurs exercices le permettra, un
» précis de leurs leçons. L'explication des pro-
» fefleurs durera une heure : la demi-heure fui-
» vante fera employée en conférences fur la ma-
» tière qui vient d'être expliquée, & à réfou-
» dre les difficultés qui pourront être propofées.

» XVI. Les enfans nés dans le levant, &
» connus fous le nom d'*enfans de langues*, qui
» font nourris & élevés à nos frais dans ledit
» Collége de Louis-le-Grand, & qui feront en
» état de profiter des leçons de nos profeffeurs
» en langue arabe, les fuivront affiduement ;
» & afin qu'ils le puiffent, fans nuire à leurs
» exercices, nofdits profeffeurs choifiront pour
» leurs leçons des heures commodes, & autres
» que celles des claffes de l'univerfité.

» XVII. Nos lecteurs & profeffeurs conti-
» nueront de s'infcrire fur le regiftre des exer-
» cices avant que de commencer leurs leçons ;
» ils ne pourront s'abfenter que pour caufe de

» maladie , ou fur une permiffion par écrit du
» fecrétaire d'état de notre maifon ; dans l'un
» & dans l'autre cas , il feront tenus d'avertir
» d'avance l'infpecteur du Collége royal chargé
» de veiller au maintien de la difcipline , & de
» lui préfenter un fujet qui puiffe les remplacer.

» XVIII. Confirmons en tant que befoin fe-
» roit les autres ufages de notre Collége royal
» de France. Si donnons en mandement , &c. «

Ces lettres patentes ont été enregiftrées au
parlement le 26 mars 1773. L'arrêt d'enregiftrement porte que le compte qui doit être rendu
par l'infpecteur du Collége au fecrétaire d'état
de la maifon du roi fuivant l'article 6 ne pourra
fouftraire les lecteurs & profeffeurs à la juridiction du recteur & du tribunal de l'univerfité.

Le roi s'étant fait rendre compte des mémoires
qui lui avoient été préfentés conformément au
même article 6 touchant les changemens qu'il
convenoit de faire dans la deftination de quelques-unes des chaires du Collége royal , pour
fuppléer à ce qui pouvoit encore manquer à
l'éducation publique , fa majefté reconnut que
fans augmenter & fans retrancher aucune des
branches de littérature ou de fcience qu'on en-
feignoit dans ce Collége , il étoit poffible de
multiplier les gentes d'inftruction en appliquant
à des profeffions nouvelles & d'une utilité re-
connue , le fond de celles de ces chaires qui fe
trouvoient doubles ou qui pouvoient être commodément fuppléées par des profeffions analo-
gues ; que la langue fyriaque ne différant prefque point de l'hébraïque , s'exerçant fur les mêmes objets , & d'ailleurs n'attirant prefque plus
d'auditeurs , n'exigeoit point un profeffeur par-

ticulier , & que les fonds pourroient en être plus utilement employés à doter une chaire de méchanique, qui jointe aux chaires de géométrie & d'astronomie déjà établies dans le Collége royal , compléteroit l'enseignement des sciences mathématiques ; qu'en réservant une seule chaire pour la langue arabe , la seconde pourroit être convertie en une chaire de turc & de persan , en faveur des enfans de langue & de tous ceux qui se destinent à des emplois relatifs au commerce dans les Echelles du levant ; qu'en laissant subsister deux chaires pour le Grec, & en chargeant l'un des professeurs d'expliquer de préférence les ouvrages des anciens philosophes qui ont écrit en cette langue , on pourroit sans inconvénient, appliquer le fond de la chaire de philosophie grecque & latine à l'établissement d'une chaire de littérature françoise , à l'usage des étrangers qui sont attirés dans la capitale par le desir de connoître nos meilleurs écrivains, & de ceux des françois qui veulent perfectionner leur style & acquérir une connoissance raisonnée de leur langue ; que des deux chaires d'éloquence latine , l'une pourroit être spécialement consacrée à l'étude des orateurs , & l'autre à celle des poëtes ; que la chaire de physique deviendroit plus utile , si l'on fournissoit au professeur des machines qui le missent à portée de confirmer ses explications par des expériences ; que des quatre chaires de médecine , deux se trouvant déjà converties, l'une en chaire d'anatomie & l'autre en chaire de chimie , il étoit expédient, que la troisième le fût pareillement en chaire d'histoire naturelle pour enseigner cette science dans les rapports qu'elle qu'elle a avec la pharmacie ; & qu'enfin l'une des deux chaires de droit canon ne pouvoit être plus utilement changée qu'en une chaire de droit de la nature & des gens, formée sur le modèle de celles qui existent en plusieurs universités étrangères, & propre à former ceux qui sont destinés à remplir des fonctions publiques soit dans les négociations soit dans la magistrature.

Sa majesté ordonna en conséquence par arrêt de son conseil du 20 juin 1773, que ces différentes conversions auroient lieu en cas de vacation des chaires soit par mort soit par démission ou avec le consentement des titulaires.

Dès le 17 février 1769, le roi avoit rendu un semblable arrêt pour convertir l'une des deux chaires d'hébreu qui existoient alors en une chaire d'histoire, & l'une des deux chaires de philosophie grecque & latine en une chaire de physique.

Ainsi au moyen de tous ces changemens, il y a dans le Collège royal outre l'inspecteur, un professeur d'Hébreu & de syriaque, un d'arabe, un de turc & de Persan, deux de grec dont l'un est chargé de l'explication des anciens philosophes, un d'éloquence latine, un de poësie, un de littérature françoise, un de géométrie, un d'astronomie, un de méchanique, un de physique expérimentale, un d'histoire naturelle, un de chymie, un d'anatomie, un de médecine pratique, un de droit canon, un de droit de la nature & des gens & un d'histoire.

Du Collège royal de Louis-le-Grand. Ce Collège qui occupoit le premier rang parmi ceux

des jéfuites eft devenu depuis leur fuppreffion
le premier de l'univerfité dont il eft le chef-
lieu.

On y a réuni les bourfes fondées dans divers
autres Collèges qui ne fe trouvoient plus de
plein exercice, tels que les Collèges d'Arras,
d'Autun, des Cholets, &c.

Suivant les lettres patentes du premier juillet
1769, l'adminiftration du temporel du Collège
de Louis-le-Grand & des autres Collèges qui y
ont été réunis appartient au bureau établi par
les lettres-patentes du 20 août 1767. Tout ce
qui regarde l'ordre moral & la difcipline fco-
laftique eft du reffort du principal fous l'infpection du tribunal de l'univerfité.

Le bureau d'adminiftration eft compofé du
grand aumonier du roi, de quatre confeillers du
parlement, d'un fubftitut du procureur général,
de cinq notables, de deux membres de l'univerfité, du principal & du grand maître temporel. Aucun profeffeur ne peut y être admis tant
qu'il poffède fa chaire.

Tout fupérieur majeur eft tenu de nommer
une perfonne fuffifante & capable, réfidente à
Paris, à l'effet de le repréfenter & de prendre
place au bureau toutes les fois que l'invitation
lui en aura été faite : le repréfentant doit être
muni de pouvoirs fuffifans, & tenu dans le délai
d'un mois à compter du jour de fa nomination,
de les repréfenter au grand maître temporel qui
doit en faire lecture au bureau : enfuite ces pouvoirs doivent être tranfcrits fur les regiftres des
délibérations, avec mention de la préfentation
& de la lecture qui en ont été faites. Si le repréfentant venoit à décéder ou à remettre fa

commiffion au fupérieur majeur, celui-ci feroit tenu de le faire favoir au bureau d'adminiftration & de nommer un autre repréfentant dans deux mois à compter du jour auquel auroit ceffé la fonction du premier.

Les repréfentans affiftant au bureau y ont voix délibérative dans les affaires pour lefquel- les ils ont été invités, & ils ont place immédia- tement après le fubftitut du procureur général. Faute par les fupérieurs majeurs d'avoir nommé un repréfentant, ou par les repréfentans de s'être fait connoître au bureau, toutes les délibéra- tions prifes fur les affaires auxquelles ils auroient pu être appelés, ont la même force & vertu que fi elles avoient été prifes en leur préfence.

Toutes les fois qu'il peut être queftion de vendre, aliéner, échanger & hypothéquer quel- ques biens appartenans à l'un des Collèges réu- nis, de faire des emprunts ou des reconftruc- tions de bâtimens, de fufpendre ou de fuppri- mer des bourfes de ces Collèges, & générale- ment dans tous les cas où il s'agit d'objets qui intéreffent en quelque manière que ce foit l'effence de leurs fondations, le roi veut qu'il ne puiffe être pris aucune délibération, fans ap- peler le repréfentant du fupérieur majeur du Collège qui s'y trouve intéreffé : l'intention de fa majefté eft que l'invitation foit ordonnée par délibération du bureau, & qu'elle foit faite en conféquence par une lettre du grand-maître tem- porel, laquelle doit être portée au domicile du repréfentant par le fecrétaire archivifte du Col- lège en perfonne, huitaine au moins avant le jour auquel peut être indiqué le bureau pour dé- libérer fur les objets qui auront donné lieu à l'invitation. Après que le secrétaire archiviste a rendu compte de sa mission, il doit être délibéré au jour indiqué par la lettre d'invitation, tant en la présence qu'en l'absence du représentant, & les délibérations prises en cas d'absence ont la même force & vertu que s'il y eût été présent.

.Au surplus le roi veut qu'il soit envoyé tous les ans à M. le chancelier une balance générale, & l'état de situation du Collège de Louis-le-Grand & des Collèges réunis, & aux supérieurs majeurs, des états particuliers des Collèges qui les concernent.

Le principal du Collège de Louis-le-Grand doit être nommé par le bureau d'administration, & les professeurs par le principal qui ne peut les choisir que parmi les aggrégés.

La nomination des sous-principaux, préfets d'études, maîtres de conférence & sous-maîtres appartient également au principal; il a en outre le droit de choisir & de renvoyer l'infirmier, les portiers & tous les domestiques généralement quelconques; mais le bureau d'administration peut seul nommer & destituer l'économe.

Voyez *le traité de la police ecclésiastique de Chopin ; traité de la police de la Marre ; le recueil de jurisprudence civile, ecclésiastique de Décombes ; le recueil de jurisprudence canonique & bénéficiale de Rousseaud de la Combe ; le dictionnaire des arrêts de Brillon ; le dictionnaire encyclopédique ; l'ordonnance de Blois ; l'édit de 1682, & ceux du mois de février 1763, & du mois de septembre 1768; le bref du pape du 15 février 1773 ; les lettres-patentes données en conséquence le 3 avril suivant, & l'arrêt d'enregistrement du 23 mars 1774; les*

*lettres-patentes du 30 août 1575 & des 2 février,
29 avril, 21 mai, 14 juin, 28 août, 26 octobre,
21 novembre, & 3 décembre 1763, 25 février,
3, 14 & 30 mars, 7 avril, 11 mai, 7 & 19
juillet, 7 & 16 août & 4 septembre 1764, 20 &
21 juin, & 21 juillet 1765, 29 mai & 11 août
1766, 7 avril, 20 août & 28 novembre 1767,
22 avril 1768, premier février, 7 mars, 6 mai,
25 juin, premier juillet & septembre 1769; 25
septembre 1771; 13 janvier, 20 février, 16 mai
& août 1772; 22 avril & 6 juin 1773; les arrêts
du conseil des 13 février 1624; 30 janvier 1764;
5 novembre 1666; 17 février 1769 & 20 juin 1773;
les arrêts & règlemens du parlement des 21 janvier 1562; 10 avril 1607; 29 avril 1621; 26 février 1636; 2 janvier 1646; 27 juin 1703; 15
décembre 1716; 28 mai 1732; 15 & 29 janvier
1765; 9 janvier 1767; 17 mai, premier août &
2 septembre 1768; 28 janvier, 9 mai, 28 août &
4 décembre 1769; 12 février & 27 août 1770; &
le règlement du châtelet du 30 mars 1636.* Voyez
aussi les articles UNIVERSITÉ, ÉCOLE, PRIN-
CIPAL, BOURSE, BÉNÉFICE, &c. (*Article de
M. GILBERT DE MARETTE, avocat au parlement de Bretagne*).

COLLÉGIALE. On appelle ainsi une
église qui n'étant point le siège d'un évêque,
est cependant desservie par des chanoines séculiers qui composent un chapitre. Ainsi l'église
de Saint-Martin de Tours qui n'a point de siège
épiscopal est une église Collégiale. Il seroit su-
perflu d'en rapporter d'autres exemples, n'y
ayant presque pas de diocèse en France, dans
lequel indépendamment de l'église cathédrale,
siège de l'évêque, il n'y ait une ou même plu-

fieurs églifes deffervies par des chanoines féculiers, lefquelles n'ayant ni le titre ni les droits
que donnent aux cathédrales le fiége & la réfidence des évêques, font par cette raifon fimplement Collégiales (*).

Une feule églife en France, & peut-être dans
tout le monde chrétien, eft exceptée de cette
définition ; c'eft l'églife de Forcalquier en provence. Quoi qu'elle ne foit point cathédrale,
puifque le fiége de l'évêque diocéfain eft à Sifteron, elle n'eft pas non plus Collégiale ; mais
elle fe décore du titre d'églife con-cathédrale.
Au refte, ce n'eft pas un vain titre, car en fa
qualité de con-cathédrale, l'églife de Forcalquier partage avec celle de Sifteron tous les
droits utiles & honorifiques de la cathédralité,
tels que la tenue des finodes diocéfains, la
diftribution du faint chrême, la prife de poffeffion des évêques & la preftation de ferment
à leur première entrée, le confentement à l'a-
liénation des biens de la menfe épifcopale, la
collation des ordres, l'exercice de la juftice, la
réfidence d'un vicaire général à Forcalquier,
l'élection des vicaires & officiaux-généraux pendant la vacance du fiége, les frais funéraires,
droits de fépulture, de chappe, de bonnet, la
redevance de l'anniverfaire & la chapelle du
défunt évêque, enfin la chaire épifcopale fixe
& immuable dans le chœur de l'églife de Forcalquier, qui font tout autant de fignes & de
prérogatives propres aux cathédrales, & dont

_____

(*) Nous ne connoiffons que le diocéfe d'Aix en Provence dans l'étendue duquel il n'y ait qu'un feul chapitre de
chanoines féculiers, celui de l'églife métropolitaine.

néanmoins l'églife de Forcalquier a toujours été en poffeffion de jouir en vertu de titres authentiques qui remontent au douzième fiècle & ont été folemnellement reconnus par les arrêts des parlemens de Grenoble & d'Aix à l'occafion des procès que cette églife a foutenus pour défendre fa con-cathédralité, tant contre le chapitre de la cathédrale de Sifteron qui la lui difputa pour la quatrième fois en 1676, que contre feu M. Laffitau fon évêque en 1760 (*).

_____

(*) La prérogative fingulière, ou pour mieux dire, unique de cette églife eft fondée fur ce que dans l'origine les deux églifes de Sifteron & de Forcalquier n'en faifoient qu'une, *ipfa & Siftaricenfis ecclefia una fuerunt ecclefia*, dit une charte de Bertrand, évêque de Sifteron en 1170. Les deux chapitres fondés en même-tems par l'évêque Frondon, furent enfuite féparés fous la réferve expreffe de la con-cathédralité en faveur de l'églife de Forcalquier; *cum utraque fit cathedralis & pro fede epifcopali habita ab anteceforibus meis, nam & hoc in fimul commune habebant, quando una erat ecclefia,* porte la charte de cette féparation faite par l'évêque Gérard Caprérius.

Le Chapitre de Sifteron ayant contefté dans le treizième fiècle à celui de Forcalquier le droit qui lui appartenoit de concourir aux élections des évêques, celui-ci y fut maintenu par trois jugemens confécutifs dont le dernier fut rendu en 1249 par le cardinal d'Hoftie, célèbre canonifte connu fous le nom d'Hoftienfis, & qui lui-même avoit été évêque de Sifteron.

La même queftion s'étant préfentée deux fiècles après, il intervint une tranfaction en 1492, par laquelle l'églife de Sifteron reconnut la con-cathédralité de Forcalquier.

Une nouvelle conteftation s'étant élevée en 1592, l'élection d'un vicaire & official général faite, le fiége vacant, par le chapitre de Sifteron fans le concours de celui de Forcalquier, fut caffée par arrêt & il fut ordonné qu'il feroit procédé à une nouvelle élection, le chapitre de l'églife con-cathédrale de Forcalquier duement appelé.

E iv

Mais les prérogatives particulièrement affec-

Y ayant eu une pareille entreprise de la part du chapitre
cathédral en 1647, l'archevêque d'Aix comme métropoli-
tain, jugea en conformité de l'arrêt dont on vient de parler.
Enfin l'ancienne rivalité des deux églises paroissoit assou-
pie lorsque la mort de M. d'Arbaud leur évêque la réveilla.
Il s'agissoit des frais funéraires, des droits de sépulture, de
chappe, de bonnet, de la redevance de l'anniversaire, de
la chapelle de l'époux commun ; le chapitre de Sisteron prétendoit que tous ces droits n'appartenoient qu'à lui seul :
l'église de Forcalquier soutenoit au contraire qu'elle y devoit participer en qualité de con-cathédrale, de co-épouse,
co-sponsæ : c'étoit ainsi que les évêques de Sisteron la qua-
lifioient dans leur prise de possession. La contestation fut des
plus vives d'abord au parlement d'Aix, ensuite à celui de
Grenoble où elle fut évoquée. Les communautés de Sisteron
& de Forcalquier y intervinrent. Cette célèbre querelle
dura dix ans & finit enfin par le fameux arrêt du 30 mars
1676, qui fut le triomphe de l'église de Forcalquier. Il est
rapporté dans Boniface, tome 3, livre 5, titre 5', chapitre
premier, & d'Héricourt en fait mention dans ses lois ecclésiastiques.
Ce n'est pas tout, après plus de quatre vingts ans de calme
cette con-cathédralité source intarissable de discorde fut attaquée de nouveau, non par le chapitre de Sisteron, l'arrêt
de 1676 l'avoit réduit au silence ; mais par son évêque feu
M. Laffitau. Ce prélat dont tous les prédécesseurs depuis
plus de sept siecles avoient constamment reconnu les prérogatives de cette église & qui les avoit avouées lui même par
des actes réiterés pendant quarante ans d'épiscopat, refusa
en 1760 de nommer un grand vicaire résident à Forcalquier,
& qualifia simplement cette église de paroissiale dans un acte
émané de sa juridiction. La contestation s'engagea au parlement d'Aix, entre l'évêque d'une part, le chapitre & la communauté de Forcalquier intervenante de l'autre. Le chapitre y fit valoir tous ses titres & entr'autres l'arrêt de Grenoble de 1676. Le prélat sans contester à l'église de Forcalquier sa con-cathédralité soutint que l'arrêt de 1676 étoit à
son égard *Res inter alios acta*, n'ayant point été rendu avec

tées aux cathédrales, & dont une seule église
qui ne l'est pas jouit à titre singulier, ne sauroient en général appartenir à celles qui sont
simplement Collégiales ; c'est ce qui distingue
essentiellement les unes des autres, & la conséquence naturelle qui est à tirer de l'énuméra-
tion que nous venons de faire des principaux
droits des cathédrales. Ce n'est pas cependant
qu'il ne puisse y avoir des églises Collégiales qui
aient des priviléges particuliers ; il y en a même
qui ont des droits épiscopaux, ce qui ne souffre
aucune difficulté lorsque ces églises justifient de
leurs droits , cela dépendant absolument des
actes de leur fondation , & des chartes ou autres titres qui leur assurent ces distinctions extraordinaires.

C'est à l'imitation des chapitres des églises
cathédrales , que ceux des Collégiales se sont
formés : on sait que les premiers n'étoient dans
leur origine qu'une communauté de clercs atta-

ses prédécesseurs évêques & ne pouvoit conséquemment lui
imposer l'obligation de reconnoître deux épouses , ce qui
étoit contraire aux canons. Le chapitre lui repliqua que les
titres de son église étoient émanés des évêques eux-mêmes ,
qu'aucun d'eux ne les lui avoit jamais contestés, que tous
& lui-même à leur exemple avoient exécuté l'arrêt de 1676,
circonstance qui ne lui laissoit pas même la voie de la tierce
opposition contre cet arrêt bien loin de l'autoriser à en mé-
priser les dispositions : on ajouta enfin de la part du chapitre
que son église étant associée à l'église cathédrale elle ne faisoit avec elle qu'une seule & même épouse qui donnoit seulement à l'époux deux domiciles. L'arrêt du parlement d'Aix
confirma l'église de Forcalquier dans sa possession de conca-
thédralité envers l'évêque , qui fut même débouté de la
demande en cassation qu'il avoit formée au conseil d'état
contre cet arrêt.

chés au service d'une église & qui avoient l'évêque à leur tête. L'édification que procuroit aux
fidèles la vie que ces ecclésiastiques menoient en
commun, donna l'idée d'établir de pareilles
communautés dans les villes où il n'y avoit pas
d'évêque. Ce fut à-peu-près vers le dixième siècle. On appela ces communautés *Collégiales* ou
Collégiates, parce qu'on les désignoit indifféremment sous le nom de collège ou de congrégation, celui de chapitre que ces corps d'ecclésiastiques ainsi réunis n'ont pris que bien long-
temps après, n'étant pas encore alors en usage.
Lorsqu'ensuite les chanoines des cathédrales
eurent abandonné la vie commune, ceux des
Collégiales firent de même ; mais les uns & les
autres continuèrent cependant toujours à former
un corps, un chapitre, suivant que l'a remarqué
M. Fleuri en ses institutions au droit canonique.
Plusieurs chapitres de Collégiales étoient
même anciennement des abbayes, qui dans la
suite des temps ont été sécularisées & dont les
revenus ont été convertis en prébendes & canonicats. Telle est entr'autres à Dijon l'église
Collégiale ou Collégiate de Saint-Etienne ; c'é-
toit autrefois un célèbre monastère de l'ordre de
Saint-Augustin, dont les religieux ont été sécularisés & sont aujourd'hui des chanoines. Cette
église, malgré ce changement, a même conservé
jusqu'à nos jours le titre d'abbatiale, & le nom
d'abbé est encore attaché à la première dignité
de cette Collégiale. Il y a nombre d'autres
exemples de pareils chapitres de Collégiales
qui dans leur origine étoient des monastères &
dont les moines sécularisés sont aujourd'hui des
chanoines.

S'il furvenoit une conteftation fur la qualité de Collégiale d'une églife, cette qualité pourroit fe prouver à défaut de titres de fondation en juftifiant que l'églife tient des affemblées capitulaires convoquées par un chef & au fon de la cloche, qu'elle a un fceau commun & une menfe commune foit en argent, foit en grains ou autres denrées, qu'elle eft préfidée par un chef ou prélat auquel les membres portent honneur & refpect, qu'enfin les membres font régis & gouvernés par des ftatuts communs. Il ne feroit pas même néceffaire que tous ces fignes concouruffent pour établir la preuve qu'une églife eft Collégiale. Il eft de principe reçu que trois font Collége, & ce nombre peut fuffire pour prouver la collégialité actuelle d'une églife ; fi ce nombre n'y étoit pas, la collégialité ne feroit plus actuelle, mais le titre peut s'en conferver habituellement; l'églife feroit alors Collégiale *habitu, non actu*. Car fuivant qu'il eft porté au canon *hoc quoque* au titre *de confecerat. dift. 1.* il faut au moins trois perfonnes pour former une Collégiale : la raifon en eft fenfible ; il feroit difficile qu'avec un moindre nombre l'office divin put s'y célébrer avec la décence convenable qui doit être le principal objet d'un pareil établiffement; d'où il faut tirer la conféquence qu'on ne pourroit fonder une églife Collégiale fans la doter d'un revenu fuffifant pour l'entretien de trois eccléfiaftiques au moins.

S'il s'agiffoit d'ériger une fimple églife ou chapelle en églife Collégiale, il eft hors de doute qu'on ne le pourroit qu'avec le confentement des patrons & fondateurs de cette églife qu'il feroit indifpenfable d'appeler, &

d'entendre. La raifon en eft que par cette érec=
tion le droit d'élire le prélat fe trouveroit appartenir aux chanoines de la nouvelle Collégiale qu'il s'agiroit de créer. Ce feroit donc
entreprendre fur le droit de préfentation qui
appartient au patron & qu'on ne pourroit
lui faire perdre. Le patron peut dans un cas
pareil, en confentant à ce que l'églife fur
laquelle fon droit de patronage eft affis foit
convertie en églife Collégiale, fe réferver le
droit de préfentation qui fe trouveroit perdu
s'il n'en faifoit expreffément la réferve en
donnant fon confentement. Il n'en feroit cependant pas de même des autres droits tant
honorifiques qu'utiles qu'il peut prétendre en
vertu de fon patronage & qui y font attachés;
les docteurs décident que le confentement donné
par un patron à l'érection de fon églife en Collégiale fans avoir fait la réferve expreffe de fes
droits ne pourroit les lui faire perdre ni lui être
par la fuite oppofé, ce qui doit s'entendre fur-
tout du droit qu'a tout fondateur d'être nourri
& entretenu par l'églife s'il vient à tomber
dans le befoin & l'indigence, parce qu'un pareil
droit fondé fur la reconnoiffance, fur l'humanité
& fur la charité chrétienne dont les miniftres de
l'églife doivent plus particulièrement l'exemple
au refte des fidèles, ne peut jamais être éludé
ou méconnu.

C'eft une queftion de favoir fi les évêques ont
le pouvoir d'ériger une chapelle ou une fimple
églife en Collégiale, ou fi le pape en a exclufivement le droit? L'auteur des loix eccléfiaftiques ne fait pas difficulté de décider que les
évêques ont ce pouvoir, & il fe fonde dans fa

décifion fur un principe qui la rend très-admiffi-ble ; c'eft que l'évêque peut faire en général tout ce qui n'eft point expreffément réfervé au faint fiége par des lois précifes ou par des ufages conftamment reçus dans le royaume : on doit conclure de là que rien n'empêche que les évê-ques en France ne puiffent ériger des églifes ou chapelles en Collégiales, fi l'occafion s'en pré-fente. Il fuffit pour cela que toutes les formali-tés en pareil cas requifes par les lois du royaume aient été préalablement remplies à l'égard des patrons, fondateurs & autres qui peuvent y avoir intérêt & doivent être entendus dans l'in-formation du *commodo* & *incommodo*, faite en pareil cas pour conftater l'utilité, les avantages de l'érection propofée, & qu'elle peut fe faire fans inconvénient & fans préjudicier aux droits d'un tiers.

Lorfque ces fortes d'établiffemens fe font, ils doivent furtout être déterminés par des motifs de néceffité ou d'utilité évidente, tels par exem-ple que le cas où le nombre des fidèles de l'en-droit eft fi grand qu'il faut plufieurs prêtres pour le fervice divin & pour l'adminiftration des fa-cremens : on peut dans de femblables circonf-tances établir un chapitre de chanoines, bien entendu que ce foit avec l'agrément du prince, fans l'approbation duquel aucun corps ne peut s'établir & avoir un état légal dans le royaume.

On diftingue deux fortes d'églifes Collégiales. Il y en a qui font de fondation royale, telles par exemple que les faintes chapelles de Paris, de Vincennes & autres ; le roi à ce titre en confère le prébendes ; les autres font fimplement de fon-dation eccléfiaftique, & les prébendes alors font à la collation, nomination ou préfentation des différens collateurs ou patrons qui en ont le droit aux termes des ftatuts & fondations de ces églifes. Mais les unes comme les autres font fujettes aux mêmes règlemens que les églifes cathédrales pour tout ce qui concerne la célébration de l'office divin, & les obligations des chanoines des Collégiale ne different en rien de celles que les canons & la difcipline impofent aux chanoines des cathédrales.

· Les mêmes règles qui regardent les bénéfices des églifes cathédrales s'appliquent en général à ceux des Collégiales; mais il eft cependant quelques différences légères par rapport à la capacité qui eft requife pour les poff' éder, & nous devons les faire obferver. Ainfi par exemple l'incapacité des bâtards pour poffé der des canonicats a lieu dans les églifes Collégiales comme dans les cathédrales; mais avec cette différence remarquable qu'un bâtard ne peut être pourvu d'un canonicat de cathédrale fans difpenfe du pape, au lieu qu'on tient que les évêques peuvent difpenfer le bâtard lorfqu'il s'agit d'un canonicat dans une églife Collégiale; ce qui ne doit s'entendre néanmoins que dans le cas où le chapitre collégial n'auroit pas des règlemens contraires; car il peut y avoir des églifes dont les ftatuts particuliers portent que ceux dont la naiffance eft illégitime ne pourront obtenir des provifions des canonicats, même avec des difpenfes du pape. Il eft de principe que lorfque de pareils ftatuts font confirmés par des bulles, ou font compris dans l'acte de fondation des égli fes, les papes ne peuvent difpenfer pour les canonicats des cathédrales ni conféquemment les évêque pour ceux des Collégiales. Deux arrêts des parlemens de Paris & de Rouen des 9 juillet 1693 & 22 mars 1708, ont déclaré y avoir abus dans les dispenses du pape en pareil cas.

On ne requiert pas pour les canonicats des Collégiales le même âge que pour ceux des cathédrales, ce qui est fondé sur ce que les premiers ne sont chargés que de la célébration de l'office divin, au lieu que les autres réunissent à ce devoir les fonctions les plus importantes. En effet les chanoines de cathédrale comme conseillers nés de l'évêque, participent à l'administration du diocèse pour le spirituel & pour le temporel & exercent toute la juridiction épiscopale pendant la vacance du siége. Mais quel est l'âge requis pour être pourvu d'un canonicat de Collégiale ? Suivant Panorme, un clerc peut le posséder à sept ans ; Dumoulin sur la règle *de public. resign.* décide qu'on peut en être pourvu avant l'âge de puberté, & Brodeau pour appuyer l'opinion de Dumoulin assure qu'anciennement les chapitres des Collégiales etoient des séminaires de jeunes gens ; mais la dix-septième règle de chancellerie d'Innocent VIII, qui est reçue parmi nous, & que les ordonnanances du royaume ont approuvée a fixé cet âge à dix ans, & la règle à cet égard a été maintenue par un arrêt rendu en la cinquième chambre des enquêtes, le 27 mars 1586, rapporté par Brodeau & par un autre arrêt du 27 août 1588 cité par Bouchel en sa bibliothèque canonique.

A l'égard de la première dignité d'une église Collégiale, elle est soumise pour l'âge qui y est requis aux mêmes règlemens que les dignités des cathédrales, c'est-à-dire que pour en être pourvu canoniquement, il est indispensable d'avoir au moins quelques jours au-delà de vingt-deux ans accomplis, afin d'être en état suivant qu'on y est obligé par les loix du royaume, de se faire promouvoir à la prêtrise dans l'année, à compter du jour de la paisible possession, c'est-à-dire dans les deux ans de la date des provisions qu'on a obtenues.

Pour ce qui est des degrés, la première dignité d'ue Collégiale exige qu'on soit gradué en théologie ou en droit canon, & les provisions de celui qui en seroit pourvu sans avoir le grade requis seroit nulle de plein droit. C'est la disposition précise de l'édit du mois de décembre 1606, qui porte « nul ne pourra à l'avenir être » pourvu des dignités des églises cathédrales ni » des premières dignités des Collegiales s'il n'est » gradué en la faculté de théologie ou de droit » canon, à peine de nullité des provisions ». D'Héricourt rapporte un arrêt du parlement du 10 juillet 1703, qui déclare abusives les provisions obtenues en cour de Rome par Joseph le Blanc du doyenné de l'église Collégiale de Montaigu, non qu'il n'eût pris en droit les degrés requis, mais parce qu'il les avoit pris sans avoir étudié le temps prescrit par les ordonnances, & sans dispense du temps d'étude.

Quoique par le concordat, les seules églises cathédrales soient assujetties à l'affectation d'une prébende pour la subsistance & l'entretien d'un théologal, cependant l'article 8 de l'ordonnance d'Orléans assujettit également les églises Collégiales à la même obligation, ce qui cependant n'a été étendu par l'article 33 de l'ordonnance

de

de Blois, & par les arrêts intervenus fur cet objet, qu'aux églifes Collégiales où il y a plus de dix prébendes non-comprife la principale dignité de l'églife, & qui ne font point fituées dans les villes épifcopales, ajoute Bouchel dans fa bibliothèque canonique.

L'affe'ation d'une prébende préceptoriale ordonnée par l'article 9 de l'ordonnance d'Orléans a également lieu dans les églifes Collégiales, nonobftant l'alternative inférée dans cette ordonnance parlant des églifes cathédrales ou Collégiales; c'eft ce qui a été jugé par arrêt de 1565, contre le chapitre de l'églife Collégiale de Saint-Gaudens, qui fe fondant fur cette alternative portée par l'article de l'ordonnance foutenoit qu'il fuffifoit que cette affe'ation fût faite dans l'une des deux églifes. Mais la prébende préceptoriale n'a pas plus lieu que la théologale dans les églifes Collégiales où il y a moins de dix prébendes indépendamment de la première dignité: c'eft ce qui réfulte de l'article 34 de l'ordonnance de Blois ci-deffus citée: il y a d'ailleurs à ce fujet un arrêt du 13 février 1599, rendu au profit des chapelains de la chapelle royale de Bar fur-Aube, contre les maire & échevins de la même ville; il eft rapporté par Bouchel dans l'addition à fa bibliotheque canonique.

Indépendamment des prébendes théologale & préceptoriale, dans le cas où elles ont lieu à l'égard des Collégiales fuivant les difpofitions des ordonnances, la troifième partie des prébendes eft affe'ée aux gradués dans chaque églife Collégiale de la même manière que dans les Cathédrales.

Une ordonnance de 1696, exemptoit de l'expectative accordée aux gradués (*), la pre-première dignité des Collégiales ; mais cette ordonnance n'a point été vérifiée ; au moyen de quoi toutes les dignités des églises Collégiales sans exception sont sujettes à l'expectative des gradués, à moins qu'elles ne soit électives-confirmatives, car c'est une règle fondée sur la clémentine *si dignitatem* que les mandats pour conférer à quelqu'un une dignité ne sauroient avoir lieu à l'égard des dignités qui sont électives confirmatives.

Les églises Collégiales dont les dignités & prébendes sont à la collation de l'ordinaire du diocèse où elles sont situées, & dans lesquelles il se trouve y avoir moins de dix prébendes outre les dignités, ne sont point sujettes au droit de joyeux avènement suivant une déclaration de Louis XIV, du 15 mars 1646, enregistrée au grand conseil le 2 mai suivant.

Par l'article 7 de l'édit de Melun demandé par le clergé de France assemblé dans cette ville en 1579, les églises Collégiales qui ne sont point de fondation royale ne sont chargées de fournir que deux chantres à la suite de la cour, au lieu de quatre dont sont chargées celles qui sont de fondation royale ; mais si le chapitre étoit composé de quarante chanoines & au-dessus, il pourroit dans ce cas être chargé de fournir six cha-

_____

(*) On entend par l'expectative des gradués le droit qu'ils ont en vertu du concordat de se faire pourvoir par les collateurs ordinaires des bénéfices vacans pendant les mois qui leur sont affectés & qui font le tiers de chaque année. Voyez les mots EXPECTATIVE, GRADUÉS.

noines qui feroient difpenfés de réfider à caufe
du fervice de la chapelle du Roi. Cela a été
ainfi jugé par arrêt du confeil d'érat du 19 juin
1585, rapporté par Chenu.

On fait que les évêques ont le droit de prendre à leur fuite deux chanoines pour les affifter
dans leurs fonctions épifcopales, lors de la vifite
de leur diocèfe, & pour terminer les affaires
qui fe préfentent : ces deux chanoines choifis
par l'évêque & appelés fes commenfaux font
réputés préfens aux offices, étant employés pour
le bien de l'églife. La plupart des canoniftes ont
prétendu que l'évêque ne pouvoit choifir les
deux chanoines commenfaux que parmi ceux de
la cathédrale, & non dans les chapitres des
Collégiales, & ils fe font fondés fur ce que ceux-
ci ne font pas réputés confeillers nés de l'évêque, comme ceux des cathédrales. Malgré cela
nous avons quelques conciles provinciaux qui
autorifent les évêques à prendre des chanoines
dans les Collégiales pour être à leur fuite, &
ces chanoines ainfi employés aux affaires générales du diocèfe, font par conféquent difpenfés
de réfider dans leurs églifes.

Lorfqu'une églife Collégiale n'eft pas en même-
temps paroiffiale, il eft hors de doute que c'eft
au chapitre à faire les réparations en entier. Si
au contraire elle eft paroiffiale, le chapitre doit
fupporter fa part des charges & réparation dont
la fixation eft différente fuivant les églifes, ce
qui dépend abfolument des ufages particuliers
qui y ont lieu, & des ftatuts & règlemens qui
leur font propres. On trouve à ce fujet dans les
cahiers du clergé préfentés au roi & répondus
le 5 mars 1584, articles 11 & 12, qu'à l'égard

F ij

des églises Collégiales les évêques auront soin de limiter la somme que le chapitre sera obligé de fournir pour les réparer ou du moins pour les mettre en tel état que le service divin y puisse être fait commodément.

Une église Collégiale a le droit dans les processions publiques de faire porter sa croix en présence même du chapitre de l'église cathédrale, celle-ci étant suffisamment distinguée par la préséance & la place la plus digne ; c'est ce qui a été décidé par la congrégation des rits le 24 août 1609 ; mais l'église Collégiale ne le cédant qu'à la cathédrale, elle a le pas sur toutes les autres églises qui ne forment point chapitre, même sur les églises paroissiales ; c'est ce que la congrégation des rits a aussi décidé.

Voyez *le dictionnaire canonique ; Rebuffe première partie*, praxis benef. Lotherius de re beneficiaria ; *la bibliothèque canonique de Bouchel ; Chopin*, de sacra politica ; *Garcias ; les lois ecclésiastiques de d'Héricourt ; le dictionnaire des arrêts de Brillon ; Guypape, Chorier.* Voyez aussi les articles ÂGE, BÂTARD, CATHÉDRALE, CHANOINE, CHAPITRE, ÉGLISE, EXPECTATIVE, GRADUÉ, ÉVÊQUE, JOYEUX AVÉNEMENT, PATRON, THÉOLOGAL, CHAPELLE, &c. (*Article de M. ROUBAUD, avocat au parlement*).

COLLOCATION. C'est l'action par laquelle on range des créanciers dans l'ordre suivant lequel ils doivent être payés.

Ce terme signifie aussi l'ordre, le rang dans lequel chaque créancier se trouve colloqué.

Les Collocations les plus ordinaires sont celles qui se poursuivent & se font après les ventes d'immeubles par décret : on en fait aussi après des ventes volontaires & dans les directions.

Comme il est intéressant pour des créanciers de toucher le plutôt qu'il est possible le montant de leurs créances, si celui qui a poursuivi la vente par décret négligeoit de poursuivre l'ordre ou la Collocation, un créancier opposant pourroit faire cette poursuite à sa requête sans même qu'il fût nécessaire d'obtenir une sentence pour cet effet. Tel est l'usage du châtelet de Paris.

Au parlement, la poursuite de l'ordre s'accorde ordinairement à celui des opposans qui obtient le premier ce qu'on nomme *appointement sur l'ordre* ; ensorte que si l'opposant est sur cela plus diligent que le poursuivant, il lui est préféré.

On voit d'après ce qui vient d'être dit qu'à Paris les Collocations ne se font qu'après l'adjudication : mais il y a beaucoup de tribunaux où l'on est dans l'usage de faire l'ordre avant l'adjudication. Cela s'observe ainsi dans le ressort du parlement de Bourgogne. Pour cette raison, on n'y reçoit plus les oppositions à fin de distraire, après la sentence ou arrêt d'ordre & de Collocation. C'est ce qui résulte de l'article 19 du règlement du parlement de Dijon sur les criées.

La même jurisprudence à lieu en Lorraine : l'article 24 du titre 18 de l'ordonnance civile du duc Léopold, du mois de novembre 1707 veut que l'ordre préparatoire soit fait quinzaine au moins avec l'adjudication, sur les oppositions à fin de Collocation, qui ont été formées, & qu'*il vaille pour définitif incontinent après l'adjudication.*

Les Collocations se font aussi avant l'adjudication dans le ressort du parlement de Bordeaux.

Au châtelet de Paris, ce sont les commissaires qui dressent les ordres ou Collocations sur les productions que les parties font entre leurs mains (*). La procédure qu'on observe à ce sujet est fort simple (**) : le poursuivant ayant vu sur le registre quel est le commissaire commis pour l'ordre, prend de lui une ordonnance à l'effet de sommer les opposans de produire entre les mains de cet officier les titres de leurs créances (***). On fait sceller cette ordonnance,

---

(*) Deux arrêts du parlement des 12 janvier & 13 mars 1732 ont maintenu les commissaires au châtelet de Paris dans le droit de faire les ordres sur les décrets volontaires, lorsque les adjudications ont été faites dans ce tribunal.

(**) Elle est aussi très-peu dispendieuse. Les droits des commissaires à cet égard, sont fixés par un édit de 1707, à huit livres par opposition, quand la somme à distribuer excède trois mille livres, & à quatre livres lorsque cette somme est de trois mille livres & au-dessous. Les sommations à faire aux opposans, par le ministère des huissiers audienciers, à domicile ou à procureur, ne se payent que sur le pied de cinq sous chacune.

(***) Formule de l'ordonnance du commissaire.

De l'ordonnance de nous..... conseiller du roi, commissaire, enquêteur, examinateur au châtelet de Paris, commis pour faire l'ordre & distribution du prix d'une maison réellement saisie & vendue par décret au châtelet de Paris, le..... dernier, sur le sieur Pierre à la requête du sieur Paul poursuivant ledit ordre ; au premier huissier ou sergent sur ce requis ; faites commandement & donnez assignation à la requête du sieur Paul, demeurant à..... aux créanciers opposans audit décret, pour apporter & produire par-devant nous & dans huitaine les titres & pièces justificatives des causes de leurs oppositions, à l'effet d'être par nous dressé l'ordre & distribution du prix de ladite maison entre tous

& on la remet aux huissiers audienciers du châtelet avec l'extrait des noms des opposans, délivré par le greffier des décrets : celui de ces huissiers qui se trouve chargé de la commission signifie l'ordonnance à chaque opposant au domicile par lui élu, & la somme de s'y conformer (*).

L'article 361 de la coutume de Paris veut

---

lesdits créanciers; déclarant que faute par eux de produire ils seront rejetés & forclos dudit ordre, suivant la coutume, & ledit ordre exécuté. De ce faire vous donnons pouvoir. Fait en notre hôtel, ce..... signé.

(*) *Formule de sommation de produire à l'ordre.*

L'an &c. le..... en vertu de l'ordonnance de Me..... conseiller du roi, commissaire, enquêteur, examinateur au châtelet de Paris, duement signée & scellée; & à la requête du sieur Paul, ci-devant poursuivant les criées & adjudication par décret d'une maison sise en cette ville de Paris, rue..... réellement saisie & vendue à sa requête sur le sieur Pierre, & à présent l'ordre & distribution du prix de ladite maison, pour lequel domicile est élu à Paris en la maison de Me..... procureur au Châtelet, sise rue..... je Antoine..... huissier, &c. certifie avoir fait commandement au sieur..... opposant au décret de ladite maison, au domicile par lui élu en la maison de Me..... son procureur, demeurant rue..... (*il faut mettre ainsi tous les noms des opposans*) de produire & remettre ès-mains dudit Me..... commissaire, les pièces, procédures & titres justificatifs des créances qu'ils ont à exercer contre ledit sieur Pierre, & des oppositions par eux formées au décret de ladite maison; pour, sur lesdits titres, être procédé par ledit Me..... à l'ordre & distribution du prix de ladite maison entre lesdits créanciers; sinon, & à faute de ce faire, leur ai déclaré qu'il y sera procédé sur les titres & papiers qui se trouveront produits; & que les non-produisans en demeureront forclos; & ai auxdits susnommés, auxdits domiciles élus, en parlant comme dessus, laissé à chacun copie, tant de ladite ordonnance, que du présent.

F iv

que huitaine après cette fommation les oppofans au décret remettent leurs titres entre les
mains du commiffaire nommé pour faire l'ordre ; ou *à tout le moins*, continue la coutume,
*dans un fecond délai qui fera encore de huitaine
pour tout délai :* fi après cette feconde huitaine
expirée, les oppofans ne produifent pas, le commiffaire donne un fecond défaut & renvoie les
parties à l'audience.

Le procureur pourfuivant doit enfuite lever
le procès verbal qui renvoie à l'audience, & le
faire fignifier avec une requête verbale (*), aux
procureurs des créanciers qui n'ont pas produit.

En conféquence les juges rendent une fentence par laquelle ils ordonnent que dans la
huitaine pour toute préfixion & délai, les créan-

(*) *Cette requête fe dreffe felon la formule fuivante :*
A venir plaider au premier jour à l'audience du parc civil
du châtelet de Paris, par..... tous oppofans au décret d'une
maifon, fife à Paris, rue de..... réellement faifie fur le fieur
Pierre.

Sur la requête de Me..... procureur du fieur Paul, pourfuivant l'ordre & diftribution du prix de ladite maifon.

Pour voir dire, qu'en conféquence de l'itératif défaut délivré contre les défendeurs fus-nommés, par Me..... commiffaire en cette cour nommé pour faire l'ordre & diftribution du prix de ladite maifon, & faute par eux de produire
leurs pièces & titres juftificatifs de leurs créances, pour être
par lui procédé audit ordre ; ils feront tenus, dans huitaine
pour toute préfixion & délai, de produire ; finon, en vertu
de la fentence à intervenir & fans qu'il en foit befoin d'autre, qu'ils en demeureront forclos, & qu'il y fera procédé
fur les titres des créanciers qui auront produit ; au furplus,
requérant dépens, dont le demandeur fera rembourfé par
préférence fur les deniers dont il s'agit, comme frais de
pourfuite d'ordre.

ciers qui n'ont pas produit feront tenus de produire, finon que l'ordre fera dreffé par le commiffaire. On fignifie la fentence ; on affigne ceux
qui n'ont pas produit, pour qu'ils aient à produire leurs titres ; & foit qu'ils les produifent
ou non, le commiffaire après avoir donné défaut contre ceux qui n'ont pas produit, dreffe
l'ordre dans lequel il ne colloque que les créanciers qui fe font préfentés.

Lorfqu'un créancier oppofant produit à un
ordre, il adreffe au commiffaire une requête
que l'on appelle *requête de Collocation*, (*) par

_____

(*) *Formule d'une requête de Collocation.*

Le fieur Louis, créancier oppofant par acte du..... enregiftré au greffe des décrets du châtelet de Paris, au décret
d'une maifon fife à.... réellement faifie, à la requête du fieur
Paul, fur le fieur Pierre, adjugée par fentence de décret de
cette cour, du ...

Requiert Me..... confeiller du roi, commiffaire enquêteur
& examinateur au châtelet de Paris, commis pour faire l'ordre & diftribution du prix de ladite maifon, de le colloquer
en icelui, fuivant la nature de fon privilége & la date de fon
hypotheque.

1°. Pour la fomme de 500 livres à lui due par le fieur
Pierre, & contenue dans fon billet du..... au payement de
laquelle il a été condamné par fentence du.....

2°. Pour les intérêts de ladite fomme, à compter du.....
jour de la demande, fur laquelle a été obtenue la fentence
fus datée qui les a adjugés.

3°. Pour les frais faits pour parvenir à ladite fentence, à
fon exécution & à la taxe defdits frais taxés par exécutoire
du..... à la fomme de....

(On énonce ainfi toutes fes créances, tant en principaux, qu'intérêts & frais.)

Item pour juftifier de ladite oppofition & defdites créances, caufes d'icelle, produit devers vous, M. le commiffaire.

1°. L'oppofition fus-énoncée par lui formée audit décret,

2°. Le billet & la fentence fus-datés.

3°. L'éxécutoire fus-énoncé.

laquelle il demande qu'il foit colloqué pour fes créances dont il produit les pièces juftificatives. Le procureur figne cette requête & la remet au commiffaire. Il eft inutile de la fignifier au procureur pourfuivant pour lui donner connoiffances des créances, parceque le commiffaire ne doit pas clorre fon procès verbal avant d'avoir entendu les créanciers oppofans & la partie faifie.

Lorfque l'ordre eft dreffé les créanciers en prennent communication entre les mains du commiffaire & peuvent faire à cet égard telles réquifitions, & obfervations qu'ils jugent à propos : le commiffaire rédige ces réquifitions ou obfervations dans fon procès verbal d'ordre, & il renvoie les parties à l'audience pour y faire ftatuer fur leurs difficultés (*).

Les créanciers oppofans ont le droit de propofer l'un contre l'autre les moyens qui peuvent empêcher la Collocation d'une créance quelconque. C'eft ordinairement le plus ancien des oppofans qui fe charge de ce foin, mais à fon défaut les autres peuvent agir à cet égard, lorfqu'ils font intéreffés à le faire.

Ce droit qu'ont les créanciers d'empêcher la Collocation des créances mal fondées, appartient auffi à plus forte raifon à la partie faifie, puifque les deniers qui reftent après le payement de fes dettes doivent lui revenir.

_____

(*) Suppofez qu'un créancier oppofant demande le payement d'une fomme acquittée en tout ou en partie, le débiteur ou fes créanciers peuvent lui oppofer ce payement : mais comme le commiffaire n'a pas un pouvoir fuffifant pour admettre ni pour rejeter la prétention du créancier il renvoie les parties devant les juges qui ont ce pouvoir.

Lorsqu'il s'élève quelques contestations entre des créanciers, le renvoi que le commissaire en fait à l'audience n'empêche pas que ceux qui font colloqués fans contestation ne touchent ce qui leur eft du, & ils ne doivent pas être compris au nombre de ceux qui font renvoyés à l'audience. C'est ce qui réfulte de l'article 362 de la coutume de Paris (*).

Quand il y a des oppofans qui n'ont pas pris communication de l'ordre, le commissaire donne défaut contre eux & renvoie à l'audience. Sur ce défaut on donne une requête verbale, tant contre eux que contre les produifans, par laquelle on demande l'exécution de l'ordre (**).

_____

(*) *Cet article eft ainfi conçu* : S'il y a différent entre aucuns oppofans pour raifon dudit ordre, fera fait renvoi entre tels oppofans feulement, fans comprendre au renvoi qui fera délivré les oppofitions, dires & remontrances, & ce qui auroit été fait avec les autres oppofans. Et néanmoins on procède à la diftribution entre les autres oppofans, réfervant les deniers appartenans aux oppofans renvoyés, venans en ordre.

(**) *Requête pour demander l'exécution de l'ordre.*
A venir plaider au premier jour à l'audience du parc civil du châtelet, par Me.... procureur du fieur &c. &c.... tous créanciers oppofans au décret d'une maifon, fife à Paris rue de.... faifie réellement fur le fieur Pierre, à la requête du fieur Paul.

Sur la requête de Me.... procureur du fieur Paul, ayant pourfuivi ledit décret, & pourfuivant à préfent l'ordre & diftribution dudit prix, entre tous les créanciers oppofans.

Pour voir dire, que l'ordre & diftribution faits par Me.... commissaire, du prix de ladite maifon, fera exécuté felon fa forme & teneur ; en conféquence, que les créanciers oppofans & produifans fus-nommés feront payés, fur ledit prix, des fommes qui leur reviennent par l'événement

Les juges rendent fur cette requête, une fentence conforme aux conclufions ; enfuite chaque
créancier va prendre chez le commiffaire un
mandement qui n'eft autre chofe qu'un extrait
du procès verbal d'ordre contenant l'énonciation de la fomme pour laquelle il a été colloqué dans les deniers diftribués : ce mandement porte contrainte contre le receveur des
configuations, de payer la fomme y contenue,
à quoi cet officier fatisfait lorfqu'il n'y a d'ailleurs aucune difficulté qui y mette obftacle.

Il importe au créancier colloqué de fe faire
payer immédiatement après la délivrance du
mandement du commiffaire, parce que fi la
fomme qui lui revient produit des intérêts, ils
ceffent de courir quinze jours après que l'ordre a été accordé par les créanciers (*).

---

dudit ordre, tant en principal qu'intérêts & frais, fur mandemens qui leur feront délivrés à cette fin, par ledit Me....
commiffaire; à payer & vider fes mains, de la fomme
de.... prix principal de l'adjudication de ladite maifon,
(à la déduction toute fois des droits de configuation,)
en celles des fus-nommés, jufqu'à concurrence des fommes qui leur reviennent à chacun, fera, le receveur des
configuations, contraint, même par corps, quoi faifant,
déchargé : & aller avant, requérant le remboursement de
fes frais par privilège fur ladite fomme dépofée. Fait au
châtelet de Paris le....

(*) Les créanciers doivent prendre leurs mandemens
dans la quinzaine, fuivant l'article 53 du tarif des droits
& falaires des procureurs au châtelet, du 6 mai 1690.

Mais fi l'ordre n'a point été accordé & qu'il y ait eu
des conteftations, la quinzaine ne court que du jour qu'elles
ont été terminées.

Si l'expédition des mandemens avoit été retardée, faute
par le pourfuivant d'avoir fait régler fes frais dans la quin-

Si le receveur des consignations refuse de payer les créanciers colloqués, il faut constater son refus par un procès verbal, l'assigner pour se voir condamner · & par corps à vider les mains des sommes portées aux mandemens, & ensuite prendre une sentence qu'on doit lui signifier. Huitaine après on lui fait un commandement de payer : mais on ne peut décerner aucune contrainte contre lui que trois jours après ce commandement, à la différence de celles qui s'exercent contre les particuliers : c'est ce qui résulte de l'article 38 de l'édit de 1689.

Telles sont les formalités usitées au châtelet de Paris.

Dans presque tous les autres tribunaux ce sont les magistrats qui jugent les ordres ou Collocations & leurs jugemens sont précédés d'une instruction judiciaire dans laquelle le poursuivant peut contredire les demandes & les productions des créanciers lorsque la matière y est disposée.

Voici comme on procède à ce sujet au parlement de Paris. Quand le décret est délivré, le procureur du poursuivant leve au greffe un extrait du nom des opposans & de celui de leurs procureurs, & il prend un appointement en droit à écrire & produire sur l'ordre. Il faut que le procureur prenne des mesures justes pour n'omettre dans cet appointement aucun des créanciers opposans ; car, s'il en omettoit quelqu'un, il demeureroit responsable en son nom de la dette

_____

zaine en conformité de l'article 58 du tarif cité, les créanciers colloqués auroient un recours contre lui pour les intérêts de leurs créances.

du créancier qui auroit été omis, fuivant l'article 13 du règlement du 23 novembre 1598: ce qui ne doit s'entendre que du cas ou ce créancier auroit été utilement colloqué, fi l'appointement avoit été pris avec lui, car fi la négligence du procureur pourfuivant ne fait aucun tort au créancier, elle ne peut donner lieu à aucun recours en dommages & intérêts.

Quoiqu'il foit d'ufage de ne prendre l'appointement fur l'ordre, qu'après l'adjudication, on a confirmé, par un arrêt du 19 mai 1672, un appointement pris fur l'ordre des terres de la Grange & d'Ieres, dont le décret fe pourfuivoit aux requêtes de l'hôtel, nonobftant l'oppofition formée à cet appointement par M. le duc de Roquelaure, qui fe fondoit fur ce que l'appointement avoit été pris avant l'adjudication. L'arrêt fut rendu conformément aux conclufions de M. Talon, avocat général, qui dit que cet appointement étoit précipité; mais que comme il n'y avoit ni loi, ni règlement qui le défendît, on ne devoit point le déclarer nul. Il ajouta que les créanciers, qu'on doit avoir principalement en vue dans ces procédures, y trouvoient de l'avantage, puifqu'on avoit voulu par-là abréger la procédure pour parvenir à l'ordre. Mais fi l'appointement avoit été ainfi pris avant l'adjudication, & qu'avant que ledécret fût expédié, il fût furvenu quelque nouvelle oppofition à fin de conferver, il auroit fallu prendre un fecond appointement, pour joindre cette oppofition aux précédentes.

Huitaine après la fignification de l'appointement fur l'ordre, tant au procureur de la partie faifie qu'à ceux des oppofans, le pourfuivant doit fournir les caufes & moyens d'oppofition de fa partie ; enfuite il produit les titres & pièces juftificatives de fon oppofition. Il fait fommer les procureurs de la partie faifie & des oppo-fans de produire de leur part dans la huitaine, felon le règlement, & par un fecond acte il les fomme de contredire.

Le plus ancien des procureurs des oppofans qui eft en quelque manière regardé dans cette procédure comme fyndic de tous les oppofans, prend communication de l'inftance, & fournit des contredits, non-feulement contre la pro-duction des oppofans, mais encore contre tou-tes celles qui lui font communiquées. Ce qui n'empêche point que les autres oppofans ne puiffent prendre auffi communication de l'inf-tance, & contredire les moyens d'oppofition des créanciers qui prétendent mal-à-propos être colloqués avant eux.

L'inftance étant en état on procède à l'ordre ou Collocation (*).

_____

(*) *Formule d'un arrêt d'ordre, felon le ftyle du par-lement de Paris.*

Entre.... ci-devant pourfuivant la vente & adjudica-tion par décret de.... faifie réellement à la requête de.... fur.... & à préfent l'ordre & diftribution du prix prove-nant de la vente & adjudication de.... & oppofant fui-vant l'acte d'oppofition par lui formée au greffe de la cour le.... d'une part ; & ledit.... partie faifie, &.... tous oppofans auxdites criées d'autre : vu par la cour l'ex-trait de l'adjudication faite en icelle le.... de.... dont eft queftion, au profit de.... moyennant la fomme de.... arrêt de la cour du.... par lequel fur l'ordre & diftribution de la fomme de.... les parties auroient été appointées à fournir caufes d'oppofition, écrire, produire, & contredire dans le temps de l'ordonnance : acte d'oppofition formé

Il se commettroit autrefois beaucoup de fraudes

au greffe de la cour par ledit.... le.... aux criées de....
causes & moyens d'opposition , à ce qu'il fût payé par privilège & préférence à tous créanciers , de tous les frais
extraordinaires de criées & d'ordre. En second lieu , de la
somme de.... acte d'opposition formée au greffe de la
cour par.... le.... causes & moyens d'opposition , à ce
que sur le prix en question , il fût payé la somme de....
(*il faut enoncer en cet endroit toutes les requêtes qui ont*
été données pendant le cours de l'instance , même les juge-
mens rendus sur défaut faute de comparoir , joint à l'ins-
tance d'ordre.) Requête de M.... procureur en la cour,
en son nom , du.... tendante à ce qu'en jugeant l'instance
d'ordre , il fût ordonné que distraction seroit faite à son
profit des frais extraordinaires des criées & d'ordre & que
l'exécutoire d'iceux seroit délivré en son nom , comme les
ayant fait & avancés ; sur laquelle requête auroit été réservé à faire droit en jugeant. Oui le rapport de M ...
conseiller ; tout considéré : la cour faisant droit sur l'instance d'ordre , a ordonné & ordonne , que sur la somme
de.... prix de la vente & adjudication faite par décret en
icelle de.... sur ledit.... il en sera pris la somme de....
pour les vacations , épices , & coûts des présentes. Après
sera ledit.... poursuivant payé par préférence à tous créanciers , sur ledit prix de la somme à laquelle se trouveront
monter les frais extraordinaires de criées , de ladite poursuite , ensemble de ceux de la présente instance & incidens
y joints , suivant la taxe qui en sera faite avec le procureur de la partie saisie & le procureur plus ancien des créanciers opposans , en la manière accoutumée ; desquels frais,
ayant égard à la requête de.... procureur dudit.... poursuivant , exécutoire sera délivré à son profit , comme les
ayant faits & avancés. Après , sera , (*ici se mettent par*
ordre les créanciers privilégiés , & ensuite les créanciers
hypothécaires , puis les créanciers qui n'ont point d'hypo-
thèque sur les biens décrétés.) Et sur les oppositions desdits.... qui n'ont point produit , a mis & met les parties
hors de cour & de procès. Faisant droit sur le profit des
défauts joints à l'instance faute de comparoir & de défen-

en

en cette matière, par la collusion des procureurs. Pour les prévenir, le parlement de Paris rendit un arrêt le 22 février 1695, qui porte qu'aucun procureur ne pourra, dans les instances d'ordre, occuper directement ni indirectement, sous quelque prétexte que ce soit, sous le nom de son confrère, donner ce pouvoir, le faire donner, ni le recevoir ; que ceux qui seront chargés par les parties, agiront par eux-mêmes, sans qu'ils puissent signer l'un pour l'autre, à peine contre ceux qui se trouveront avoir donné ou reçu le pouvoir de leurs confrères, de perdre leurs frais sans qu'ils puissent les répéter, même contre les parties. L'arrêt ajoute que quand les pouvoirs se trouveront après le décès des procureurs qui les auront reçus, ils seront remis entre les mains de M. le procureur général, pour y être pourvu par la cour, ainsi qu'il appartiendra.

La procédure qu'on suit en Artois pour régler l'ordre de la Collocation des créanciers, a quelque rapport à celle du châtelet de Paris, comme nous l'avons observé à l'article ARTOIS.

Il y a encore des usages différens de ceux qu'on vient d'expliquer qui s'observent dans plusieurs tribunaux pour parvenir à la Collocation des créanciers. Comme l'édit de 1551 &

---

dite, déboute.... de leurs oppositions; ordonne que les créanciers utilement colloqués par la présente sentence seront tenus d'affirmer par-devant le conseiller-rapporteur, que les sommes pour lesquelles ils ont été colloqués tant en principal, qu'arrérages & intérêts, leur sont bien & légitimement dues, & qu'ils n'ont rien reçu sur icelles directement ni indirectement.

les autres lois n'ont rien déterminé là-deſſus ; il faut ſe conformer à ces uſages dans chaque juridiction.

Suivant l'article 553 de la coutume de Normandie, il faut faire deux états, l'un du prix des baux judiciaires, l'autre du prix de l'adjudication. La raiſon que l'on rend de la diſpoſition de cet article, eſt qu'il ſeroit fort inutile de continuer les procédures du décret, ſi le ſaiſiſſant & les autres créanciers pouvoient être payés ſur le prix des baux judiciaires. Cependant on obſerve en Normandie quand les commiſſaires ne repréſentent point les deniers au jour de l'état, de dreſſer celui du prix de l'adjudication, & l'on donne un exécutoire aux derniers créanciers utilement colloqués, pour être payés de ce qui leur eſt dû par les commiſſaires aux ſaiſies-réelles. Mais au parlement de Paris, & dans la plupart des autres juridictions du royaume, on ne fait qu'un ſeul ordre, tant pour les deniers qui proviennent du prix des baux judiciaires, que pour ceux qui proviennent de l'adjudication des biens décrétés.

On colloque au premier rang les créanciers privilégiés, chacun ſuivant l'ordre de ſon privilège ; enſuite les hypothécaires, chacun ſelon l'ordre de ſon hypothéque, & enfin les chirographaires, & ces derniers viennent par contribution entre eux au ſou la livre, lorſque le fonds n'eſt pas ſuffiſant pour les payer.

Au parlement de Paris, pour être colloqué dans un ordre du jour de la créance, il faut en rapporter la première groſſe ; de ſorte que ſi le créancier perd une première groſſe & qu'il en lève une ſeconde, même en vertu d'une ordon-

nance du juge, il n'a d'hypothèque fur les biens
de l'obligé que du jour de la feconde groffe. Au
parlement de Rouen, celui qui a perdu la première groffe de l'obligation, peut fe faire autorifer en juftice à lever un extrait de l'acte fur la
minute, partie préfente ou dûment appelée :
cet extrait a le même effet & donne la même
hypothèque que la première groffe. Dans les
autres parlemens, toutes les expéditions ont la
même hypothèque que la première. L'ufage fin-
gulier du parlement de Paris fur ce point n'a été
introduit que pour prévenir les fraudes des débiteurs qui faifoient revivre des dettes dont on
leur avoit donné des quittances fur les premières
groffes des obligations. Mais il paroît bien dur, remarque M. d'Héricourt d'après qui nous parlons,
de dépouiller une perfonne d'une hypothèque
qui lui eft acquife, & de lui faire perdre par-là
ce qui lui eft dû légitimement, fous prétexte
qu'elle auroit pu donner fur la première groffe
la quittance de l'obligation, & la fupprimer de
concert avec fon débiteur. La fraude ne fe préfume point, il faut la prouver. Il eft fort extraordinaire qu'on dépouille un homme de fon bien,
en jugeant qu'il y a eu de la fraude & de la mauvaife foi, feulement parce qu'il fe peut faire
qu'il y en ait eu. D'ailleurs on ne prévient point
les fraudes en fuivant cette jurifprudence ; car
la quittance fe donne plus fouvent par un acte
fous feing privé, ou par brevet par-devant notaire, que fur la première groffe de l'obligation,
& l'on peut fupprimer également toutes ces
quittances.

Cependant cette jurifprudence eft obfervée fi
rigoureufement au parlement de Paris, que les

juges s'y font trouvés partagés en une des chambres des enquêtes, sur la question si le créancier d'un défunt qui avoit perdu la première grosse de son contrat, devoit être colloqué sur les biens de son premier débiteur, préférablement aux créanciers de l'héritier antérieurs à la date de la seconde grosse de l'obligation. La question fut jugée par arrêt du 20 juillet 1677, en faveur du créancier du défunt, sur le principe que l'hypothèque acquise aux créanciers du défunt sur ses biens, doit être préférée à celle des créanciers hypothécaires de l'héritier.

Un nouveau créancier qui est subrogé à un plus ancien, doit être colloqué dans l'ordre, non du jour qu'il est devenu créancier, mais de la date de l'hypothèque de celui auquel il est subrogé ; car l'effet de la subrogation est de mettre le nouveau créancier à la place de l'ancien pour exercer ses droits, ses privilèges & ses hypothèques. Il y a des cas où cette subrogation se fait de plein droit ; d'autres où il est nécessaire que la subrogation ait été stipulée & faite avec certaines formalités.

Dans la coutume de Senlis, on distingue entre les différentes espèces de créance par rapport à la Collocation des créanciers. L'article 273 de cette coutume porte que si dans un ordre il y a des créanciers qui aient droit d'hypothèque *pour raison de quelque dette particulière ou somme de deniers à une fois payer, ou espèce de chose, comme dette de bled, vin & autrement*, & qu'il y ait en même temps d'autres créanciers pour des rentes constituées, ceux-ci doivent être préférés à ceux-là. La même coutume vouloit que toutes les rentes constituées, de quelque date

qu'elles fuffent, & qui n'étoient ni enfaifinées ni
inféodées, fuffent colloquées par contribution
au fou la livre, fur le prix des biens adjugés par
décret, fans que les anciennes puffent être pré-
férées aux nouvelles. Et fi les rentes conf-
ituées étoient enfaifinées ou inféodées, elles
devoient être colloquées avant celles qui n'a-
voient pas été revêtues de ces formalités. Ainfi
l'ordre de Collocation des rentes fe régloit fur
la date de la faifine ou de l'inféodation, & non
fur celle de la conftitution : c'eft pourquoi le
créancier de la rente créée la dernière, mais
enfaifinée ou inféodée la première, devoit être
colloqué avant le créancier de la rente créée la
première, & qui n'avoit été qu'après l'autre,
revêtue de la formalité de l'enfaifinement ou de
l'inféodation.

Mais cette jurifprudence a été abrogée tant
par l'article 3 5 de l'édit du mois de juin 1771,
que par la déclaration donnée en interprétation
le 23 juin de l'année fuivante (*). Selon ces

(*) *Voici cette déclaration.*
Louis, &c. Salut. Rien n'important plus au bien public
que d'établir des règles certaines qui puiffent concilier la
fûreté des hypotheques avec la ftabilité des propriétaires,
nous avons dans cet objet créé des offices de confervateurs
des hypotheques par notre édit du mois de juin 1771, qui
trace une route fimple & facile, tant aux créanciers pour fe
procurer leur payement par la voie des oppofitions, qu'aux
acquéreurs pour fe libérer valablement par le moyen des
lettres de ratification, & cet établiffement a délivré nos
fujets des formalités longues & difpendieufes des décrets
volontaires. C'eft dans la même vue que par l'article 3 5
dudit édit, nous avons abrogé l'ufage des faifines & nantif-
femens pour acquérir hypotheque & préférence, en dérogeant à cet effet à toutes coutumes contraires. Mais il nous

G iij

lois, les formalités de faisine, de mise de fait, de nantiffement & autres établies par quelque coutume que ce soit, ne font plus néceffaires pour acquérir hypothèque fur les immeubles réels & fictifs : cette hypothèque s'acquiert aujourd'hui tant par jugement que par actes paffés devant notaires comme cela fe pratique dans le refte du royaume.

Outre la Collocation en ordre dont on a

---

a été repréfenté que cette difpofition avoit befoin d'être interprêtée, en ce que les contrats paffés pardevant notaires dans ces coutumes n'y ayant pas produit jufqu'à préfent d'hypotheque, s'ils n'étoient fuivis du nantiffement, ceux qui y contractent fe trouveroient privés de cette fûreté, s'il n'y étoit par nous pourvu : & comme il eft jufte de procurer à ces peuples les mêmes moyens qu'à nos autres fujets, non-feulement de conferver & de purger l'hypotheque, mais auffi de l'acquérir & conftituer par actes authentiques, nous avons réfolu d'expliquer fur ce nos intentions. A ces caufes & autres à ce nous mouvant, de l'avis de notre confeil, & de notre certaine fcience, pleine puiffance & autorité royale, nous avons dit, déclaré & ordonné, & par ces préfentes fignées de notre main, difons, déclarons & ordonnons, voulons & nous plaît ce qui fuit : en interprêtant l'article 35 de notredit édit du mois de juin 1771, déclarons que par ledit article nous avons entendu que les formalités de faifine, de mife de fait, de nantiffement & autres établies par lefdites coutumes, ne feroient point néceffaires pour acquérir hypotheque fur les immeubles réels & fictifs ; & en conféquence, ordonnons & voulons qu'à compter du jour de l'enregiftrement dudit édit & à l'avenir, l'hypotheque s'acquiere dans lefdites coutumes, tant par actes paffes pardevant notaires que par jugement, de la même maniere & ainfi qu'il fe pratique dans les autres coutumes & pays de notre domination, dérogeant en ce point à tout ce que lefdites coutumes de faifine & nantiffement pourroient avoir établi au contraire. Si donnons en mandement, &c.

parlé, il y a la Collocation en fous ordre. Elle confifte en ce qu'elle fe fait au profit des créanciers de celui qui eft oppofant dans l'ordre. On obfervoit autrefois au parlement de Paris, de prendre fur les oppofitions en fous ordre un appointement portant jonction à l'ordre, & les frais pour l'inftruction & le jugement des oppofitions en fous-ordre étoient pris fur les revenus des biens par décret, ou fur le prix de l'immeuble qu'il s'agiffoit de diftribuer entre les créanciers. Ainfi l'on jugeoit aux dépens des derniers créanciers de la partie faifie, des conteftations dans lefquelles ils n'avoient aucun intérêt.

Le parlement de Paris voulant remédier à un pareil inconvénient, fit un arrêté, toutes les chambres affemblées, le 22 août 1691, pour le jugement des oppofitions en fous-ordre. Il porte que l'on ne prendra à l'avenir aucun appointement fur les oppofitions en fous-ordre pour les joindre à l'ordre, & que les oppofitions en fous-ordre feront jugées après qu'on aura prononcé fur l'ordre & par un jugement féparé ; que le juge qui a fait rapport de l'ordre doit auffi faire celui du fous-ordre ; que les frais du fous-ordre doivent être pris fur la fomme adjugée au créancier, fur lequel il y a une oppofition en fous-ordre ; & cependant que les créanciers en fous-ordre peuvent intervenir dans l'ordre pour faire valoir les droits de leur débiteur commun. Quoique la disjonction du fous - ordre ne foit point expreffément ordonnée par l'arrêt de règlement de la cour des aides du 25 feptembre 1691, on y a pourvu à l'inconvénient auquel le parlement a remédié, parce que les oppofans en fous-ordre doivent avancer les vacations em-

G iv

ployées pour juger le fous-ordre, même payer une part des épices & du coût de l'arrêt, finon le jugement du fous-ordre demeure disjoint de celui de l'ordre.

Dans le jugement qui règle la manière dont fe fera la distribution des deniers qui proviennent de la Collocation utile du créancier entre fes créanciers oppofans en fous-ordre, on colloque les créanciers hypothécaires en fous-ordre du jour de leur hypothèque, ou fuivant la nature de leur privilège; c'eft-à-dire, que les Collocations en fous-ordre fe font entre elles dans le même rang que celles de l'ordre.

Mais pour que les créanciers oppofans en fous-ordre puiffent être ainfi colloqués fuivant la date de leur hypothèque fur ce qui doit revenir à leur débiteur, il faut qu'ils aient formé leur oppofition en fous-ordre avant que le décret ait été fcellé & levé; car s'ils ne formoient cette oppofition qu'après la délivrance du décret entre les mains du receveur des confignations, elle ne feroit regardée que comme une faifie & arrêt d'une fomme mobilière, attendu que le créancier lui-même n'a plus de droit fur le fonds; que l'hypothèque qu'il avoit fe trouve purgée par le décret, & qu'il ne lui refte que le droit de fe faire payer d'une fomme purement mobilière qui provient de fa Collocation utile. Il faut, fuivant l'édit du mois de février 1689, que les oppofitions ou faifies fur les deniers confignés foient enregiftrées au bureau & paraphées par le receveur ou par fon commis, à peine de nullité.

Les oppofans en fous-ordre fur le prix d'un office font colloqués, fuivant l'ordre d'hypo-

thèque, sur la Collocation de leur débiteur, de
même que sur les autres immeubles. Mais on a
demandé s'il étoit nécessaire pour qu'ils fussent
ainsi colloqués, qu'ils eussent formé une opposition au sceau, de manière que ceux qui auroient
formé cette opposition dussent être préférés à
ceux qui ne l'auroient pas formée ? On dit d'un
côté, que l'opposition au sceau formée par le
débiteur des créanciers opposans, suffit pour
conserver son droit, & par conséquent celui de
tous les créanciers qui s'étoient opposés sur la
Collocation utile. On soutient d'un autre côté,
que dès qu'il s'agit de la distribution des deniers
provenans du prix d'un office, il faut suivre la
disposition de l'édit du mois de février 1683 &
celle de la déclaration du 17 juin 1703, qui ne
mettent aucune distinction entre les créanciers
opposans en sous-ordre & les créanciers opposans à l'ordre. On a suivi ce dernier parti dans
l'arrêt du 29 août 1684, rendu sur l'ordre du
prix de l'office de correcteur des comptes de
M. Jean Cardinet. Ceux d'entre les créanciers
d'Hélene le Bossu sa veuve, laquelle absorboit
tout le prix de l'office, qui étoient opposans au
sceau, furent colloqués en sous-ordre suivant
la date de leur hypothèque, préférablement aux
créanciers plus anciens non-opposans au sceau.
Ces créanciers plus anciens d'Hélene le Bossu
avoient formé opposition à l'ordre, sur le fondement que dans la Collocation en sous-ordre,
il ne falloit pas avoir d'égard à l'opposition au
sceau. L'arrêt est rapporté par Bruneau.

Lorsque l'ordre est fait, le créancier qui est
utilement colloqué ne peut demander qu'on lui
remette les deniers de la Collocation, qu'il n'ait

affirmé en préfence du juge, que la fomme pour laquelle il a été colloqué, tant à caufe du principal que des intérêts & des frais, lui eft bien & légitimement dûe ; qu'il n'en a rien touché, & qu'il ne prête fon nom ni directement ni indirectement à celui dont le bien a été vendu par décret.

Il y a auffi plufieurs cas où celui qui eft colloqué utilement ne peut toucher les deniers de fa Collocation fans avoir donné caution. On doit remarquer trois cas principaux où la preftation de la caution eft néceffaire ; le premier, quand il y a quelque loi qui l'ordonne, comme le prefcrit l'article 3 de la déclaration du 27 juillet 1703, par rapport à l'ordre du prix des offices fait avant le fceau des provifions ; le fecond, quand les juges prévoyant qu'une conteftation formée au fujet de quelque Collocation pourroit être d'une trop longue difcuffion, ordonnent qu'une partie fera colloquée & pourra toucher par provifion en donnant caution ; le troifième, quand l'ordre eft fait par une fentence portant qu'elle fera exécutée en donnant bonne & fuffifante caution.

L'obligation de donner caution peut avoir lieu par rapport aux créanciers colloqués en fous-ordre, entre eux, comme par rapport aux créanciers colloqués dans l'ordre. Mais quand le fous-ordre de celui qui eft colloqué, à condition de donner caution, abforbe toute fa Collocation, fur qui tombe l'obligation de donner caution ? Il eft certain en ce cas, que les créanciers colloqués en fous-ordre ne peuvent rien toucher que la caution n'ait été donnée & reçue, & qu'ils peuvent préfenter de leur chef une caution s'ils le trouvent à propos. En cas qu'ils ne prennent point ce dernier parti & que le créancier principal ne donne point de caution, ils peuvent le faire condamner perſonnellement à leur payer les ſommes pour leſquelles ils ſont colloqués en ſous-ordre & les intérêts. On l'a ainſi ordonné par un arrêt du 22 décembre 1677 contre la dame de la Boiſſiere ; ce qui eſt fondé ſur ce que le défaut de caution qui empêche les créanciers colloqués en ſous-ordre de toucher, eſt un obſtacle qui vient du fait de leur débiteur & qu'il doit faire lever s'il veut être libéré par la conſignation qui a été faite de ſa part dans le prix du bien décrété.

Il faut dans le plus grand nombre des juridictions, que l'ordre ſoit achevé avant que le créancier utilement colloqué puiſſe ſe faire payer de ſa Collocation. Il y en a d'autres où les créanciers peuvent ſe faire payer à meſure qu'ils ſont colloqués. On le pratique ainſi en Normandie, & c'eſt ſur le fondement de cet uſage qu'il a été arrêté par l'article 142 du réglement de 1666, que les exécutoires ſeroient délivrés, & les ſommes qui y ſeroient contenues payées aux créanciers qui ſe trouveroient en ordre, juſqu'à la concurrence de la ſomme de laquelle il auroit été tenu état, ſans attendre la clôture. Néanmoins en cas de conteſtation pour diſtraction ou défalcation demandée, l'exécutoire n'en peut être donné, & le payement n'en peut être fait qu'après que le créancier colloqué a donné caution de rapporter ce qu'il aura touché ſi cela eſt ainſi ordonné.

Le créancier qui eſt condamné à rendre ce qu'il a touché du receveur des conſignations, doit rapporter non-feulement le principal, mais encore les intérêts, parce que le créancier qui a touché au préjudice d'un autre créancier, a fait tort à ce dernier en le privant de la jouiffance de fon argent. C'eft ce qui a été jugé par un arrêt rendu au mois de janvier 1672. M. Maillard rapporte deux arrêts qui ont jugé la même chofe dans la coutume d'Artois; l'un du 2 feptembre 1690; l'autre du 6 feptembre 1698.

Lorfqu'après la confignation les deniers viennent à fe diffiper ou à diminuer, foit par cas fortuit ou par la banqueroute du receveur, cette perte doit être fupportée par les créanciers qui étoient utilement colloqués. Le parlement de Paris l'a ainfi jugé par deux arrêts des 3 décembre 1594, & 20 juillet 1598. La raifon de ces décifions eft que le débiteur & l'adjudicataire fe trouvent libérés l'un & l'autre par la confignation.

COLLOCATION, fe dit en Provence d'une adjudication faite en juftice foit de la totalité, foit d'une partie des biens du débiteur, felon l'eftimation qui a été faite du fonds, pour acquitter une fomme due au créancier de ce débiteur.

Quoique la Provence fût réunie à la couronne long-temps avant 1551, l'édit des criées n'y a point été enregiftré; on a continué dans cette province à fuivre les anciens ftatuts, qui veulent que les créanciers qui prétendent fe faire payer fur les biens de leurs débiteurs viennent par Collocation fur les mêmes biens, c'eft-à-dire qu'on leur en adjuge pour la valeur des fommes qui leur font dues fur le pied de l'eftimation par des officiers qu'on appelle eftimateurs. Louis XIII a confirmé cet ufage de la Provence, & il a ordonné l'exécution du ftatut, avec défenfe de procéder par décret fur les biens fitués en ce pays-là, même en exécution de jugemens rendus par les autres parlemens du royaume ou dans d'autres tribunaux. Nonobftant une loi fi authentique, quelques particuliers ayant fait mettre en décret des terres fituées en Provence en vertu d'arrêts rendus au parlement de Paris, & de fentence de la confervation de Lyon, les fyndics de la province portèrent leur plainte au roi qui leur accorda une déclaration le 20 mars 1706, laquelle fut envoyée à tous les parlemens du royaume. Elle porte que les exécutions fur les biens immeubles de la Provence ne pourront être faires que par la voie ordinaire de la Collocation. Le roi y défend enfuite à tout créancier de faire aucune exécution au préjudice des ftatuts de la province, à peine de nullité des procédures, & de tous dépens, dommages & intérêts contre les créanciers, & de fufpenfion & d'amendes arbitraires contre les huiffiers qui auront fait les procédures pour les décrets. Enfin le roi déroge par cette déclaration aux édits, déclarations, arrêts, réglemens & autres chofes contraires fur ce fujet aux ftatuts de Provence.

On appelle auffi *Collocation* dans le pays de droit écrit, l'acte ou le jugement par lequel on donne des biens du mari à la femme, par forme d'antichrèfe, jufqu'à ce qu'elle foit payée de fes reprifes & conventions matrimoniales. Les fruits de ces biens lui tiennent lieu de l'intérêt de fes reprifes. Lorfque cette Collocation eft illimitée, & que le mari eft mort, elle emporte aliénation.

Les Collocations dont on vient de parler & qui ont lieu foit à l'égard des créanciers, foit à l'égard de la femme, font affujetties au droit de centième denier.

C'eft d'après cette jurifprudence que par arrêt du 13 décembre 1712, le confeil a caffé deux ordonnances du fubdélégué de l'intendant de Marfeille, & condamné les fieur Jofeph Beauffier, & Efprit-Ignace Beauffier, à payer le centième denier du prix de deux maifons fur lefquelles ils avoient été colloqués & dont ils avoient fait choix dans les biens de leur frère pour les remplir d'une fomme qui leur avoit été léguée par le teftament de leur père pour leur légitime. Par ce teftament, le frère aîné avoit été inftitué héritier univerfel de tous les biens du père, dont les maifons dont il s'agit faifoient partie.

Les créanciers poftérieurs qui n'ont pu être payés, ont le droit de fe mettre en poffeffion des biens fur lefquels les créanciers antérieurs fe font fait colloquer ; mais il faut pour cela qu'ils rembourfent à ces derniers leurs créances & tous leurs frais.

Un arrêt du confeil du 6 feptembre 1736, a jugé que le droit de centième denier de la valeur des biens d'un débiteur, étoit dû par un créancier à l'inftant même où il étoit colloqué fur ces biens ; & qu'en cas d'éviction, il étoit dû de nouveau par le créancier qui l'avoit évincé.

Par un autre arrêt du 16 mars 1743, le confeil a jugé qu'une fille donataire d'une fomme à prendre fur les biens de fa mère après fa mort & qui avoit renoncé à la fucceffion, devoit le centième denier des biens sur lesquels elle s'étoit fait colloquer : la raison de cette décision est qu'ayant renoncé elle n'avoit plus agi que comme créancière.

Enfin par un autre arrêt du 26 novembre 1746, rendu contre la marquise de Saint-Auban, au sujet d'une Collocation faite en 1708 par procès-verbal d'huissier contrôlé aux exploits, laquelle, sous prétexte que les biens étoient chargés d'une substitution, elle disoit avoir été annullée par transaction de 1717, portant compensation des fruits avec les créances, le conseil a jugé que les droits de contrôle & de centième denier étoient dûs, tant de la Collocation que de la rétrocession faite par la transaction. La raison de cette décision a été que la substitution ne paroissoit pas réelle.

Voyez *le style & le praticien du Châtelet de Paris ; l'instruction sur les procédures ; le traité de la vente des immeubles par décret ; le tarif des droits & salaires des procureurs du 6 mai 1690 ; la déclaration du premier octobre 1697 ; l'ordonnance du duc Léopold de Lorraine du mois de novembre 1707 ; le règlement du parlement de Dijon du 16 décembre 1748 ; les arrêts du conseil des 12 janvier & 3 mars 1732 ; les coutumes d'Artois, de Normandie & de Senlis, & les commentaires ; l'ordonnance de Moulins ; l'édit du mois de février 1683 ; la déclaration du 17 juin 1703 ; les coutumes de Clermont, de Picardie & de Vermandois ; le journal du palais ; la coutume d'Artois ; le journal des audiences ; la déclaration du 20 mars 1706 ; la collection de jurisprudence ; le dictionnaire raisonné des domaines ; les arrêts de Brillon ; les décisions de la Peyrère ; les arrêts de Boniface, de*

Maynard & de Baſſet ; Brodeau ſur Louet, &c.
Voyez auſſi les articles OPPOSITION, ADJUDI-
CATION, CRIÉES, DÉCRET, SUBROGATION,
DISTRIBUTION, COMMISSAIRE, PRIVILÈGE,
HYPOTHÈQUE, SAISINE, NANTISSEMENT,
DOUAIRE, REMPLOI, LÉGITIME, DOT, PAR-
TAGE, &c.

COLLUSION. C'eſt un terme de palais con-
ſacré pour déſigner une intelligence ſecrete entre
deux ou pluſieurs perſonnes au préjudice d'un
tiers.

Quand il eſt défendu par exemple à un père
par la loi du pays, d'avantager l'un de ſes enfans au préjudice des autres, & qui prend, on
ſuppoſe, la voie de faire un legs à ſon ami
par teſtament avec convention ſecrete de faire
paſſer par des voies détournées le profit de ce
legs à un fils du teſtateur au préjudice des autres
enfans, ceci s'appelle une Colluſion. Il en eſt
de même des autres actes à la faveur deſquels
on cherche à faire tort à autrui par des perſonnes interpoſées ; de ſorte qu'il y a autant
d'eſpèces de Colluſions qu'on peut imaginer
de moyens différens de concerter la fraude avec
quelqu'un au préjudice d'un tiers.

La Colluſion peut ſe prouver & par écrit &
par témoins : quelquefois auſſi elle peut ſe ma-
nifeſter par le fait même qui en eſt la ſuite.

Entre parens elle ſe préſume facilement : entre étrangers il y a plus de difficulté ; il faut
qu'elle ſoit prouvée ou que les circonſtances
la faſſent regarder comme indubitable. Quand
elle eſt établie, la moindre peine qui puiſſe en
réſulter eſt de voir déclarer nuls & comme non
avenus les actes où elle ſe trouve pratiquée.

Il

Il y a des cas où la loi veut que la Collusion soit regardée comme certaine sans qu'il soit nécessaire d'en faire la moindre preuve : tel est par exemple, celui où un négociant obéré auroit fait à l'inſçu de ſes créanciers une vente ou une ceſſion de ſes biens dix jours avant ſa faillite ; cette circonſtance de la faillite eſt un cas déterminé par la loi (*) pour décider ſans autre examen qu'il y a eu de la Colluſion entre le vendeur & l'acquéreur à deſſein de fruſtrer les créanciers. Mais lorſque la loi n'a point déterminé le cas où la Colluſion doit ſe préſumer d'elle-même, il faut alors comme nous l'avons dit, qu'elle ſoit établie pour être fondé à s'en plaindre. Obſervez que dans tous les cas la Colluſion n'opère rien par elle-même de plein droit, & qu'il faut avoir recours au miniſtère du juge pour faire prononcer la reſciſion ou la nullité des actes auxquels on prétend qu'elle à donné lieu.

En matière bénéficiale il y a une autre eſpèce de Colluſion qui ſe commet auſſi par des perſonnes interpoſées au préjudice des lois de l'égliſe concernant les bénéfices. On verra particulièrement ce que c'eſt que ce genre de Colluſion au mot CONFIDENCE.

Voyez les articles AVANTAGE, CIRCONSTANCE, CONJECTURE, FRAUDE, &c. (*Article de M. DAREAU avocat au parlement.*)

COLOMBAN (ordre de ſaint-) C'eſt un

_____

(*) Voyez l'article 4 du titre 11 de l'ordonnance de 1673, un édit du mois de mai 1609 & la déclaration du 18 novembre 1702. Voyez auſſi les articles BANQUEROUTE, FAILLITE.

ordre qui a exifté autrefois fous une règle particulière dont faint Colomban étoit l'inftituteur. Cet ordre fe trouve aujourd'hui réuni à celui de faint-Benoît.

Saint-Colomban né en Irlande vers l'an 560 entra dans un monaftère de fon pays, d'où il fortit avec douze religieux pour paffer en Angleterre : il vint quelque temps après dans les Gaules. Il s'arrêta au défert de Vauge qui lui parut agréable quoique ftérile & plein de rochers, & fe choifit pour demeure un vieux château ruiné nommé *Annegray*, où il pratiqua avec fes compagnons tous les exercices de la vie religieufe. Plufieurs perfonnes édifiées de fes mœurs s'étant jointes à lui, il forma le deffein de bâtir un nouveau monaftère dans le même défert. Il s'empara pour cet effet d'un autre vieux château nommé *Luxeuil*, où il jeta les fondemens de la fameufe abbaye de ce nom qui exifte encore aujourd'hui dans la Franche-Comté. La communauté devint fi nombreufe que les religieux à l'exemple des Acemetes, fe partageoient par bandes pour chanter fans interruption l'office divin. Peu de temps après on fut encore obligé de bâtir le monaftère de Fontaine à une lieue de Luxeuil.

Quand ces trois monaftères furent bien établis, faint Colomban donna fa règle qui ne contenoit que neuf chapitres, mais qui avoit pour bafe une obéiffance aveugle en toutes chofes de la part des religieux envers leurs fupérieurs. On a remarqué qu'un point de l'inftitut étoit de porter habituellement fur foi la fainte euchariftie.

Saint Colomban fouffrit quelques perfécutions

qui l'obligèrent de quitter la France ; mais il y revint quelque temps après (*). Il eut grand nombre de disciples parmi lesquels étoit saint Romaric qui fonda l'abbaye de Remiremont.

Sa règle fut vivement attaquée par un nommé Agrestin dans un concile qui se tint à Mâcon l'an 623 ; cependant elle eut dans la suite pour partisans tous les évêques de France. C'est sous cette règle que furent fondés les monastères de Solignac près de Limoges , de Corbie , de Sales & plusieurs autres dans le Berri.

Les religieux de saint Colomban étoient habillés de blanc.

Voyez *l'histoire de l'ordre de saint-Benoît par Bulteau ; les annales bénédictines par le père Mabillon ; l'histoire ecclésiastique par l'abbé Fleuri , &c.* (*Article de* M. L'ABBÉ DOURNEAU , *gradué en droit.*)

COLOMBIER. C'est un bâtiment en forme de tour ronde ou carrée , qui a des boulins ou des trous dans toute sa hauteur pour les pigeons qu'on y élève. Ces boulins ne sont autre chose que de petites loges qui servent de nids aux pigeons , & qui entourent intérieurement les murs du Colombier : les uns sont ronds & les autres carrés.

On ne donne pas indifféremment le nom de Colombier à tous les endroits où l'on retire les pigeons : on appelle *volets* ou *fuyes* ceux dont les boulins ne règnent pas depuis le sommet jusqu'au rez-de-chaussée.

Les lois Romaines ont peu de dispositions re-

_____

(*) C'est lui qui le premier, dit-on , ait été exilé en vertu de lettre de cachet.

latives aux Colombiers ; mais il n'en eſt pas de même parmi nous. Les légiſlateurs ont déterminé les perſonnes auxquelles il eſt permis d'avoir des colombiers, ont fixé le nombre de pigeons que chacun a droit de nourrir, & ont fait pluſieurs autres diſpoſitions que nous allons parcourir ſuccinctement.

Il eſt d'abord défendu à toutes ſortes de perſonnes d'élever dans les villes des pigeons, ſoit privés, ſoit fuyards, de peur qu'ils n'altèrent la ſalubrité de l'air. Charles V fit ſpécialement cette défenſe à l'égard de la ville de Paris, par lettres patentes du 29 août 1368, & le prévôt de Paris la réitéra par ſon ordonnance du 4 avril 1502.

Dans les campagnes chacun a le droit d'élever des pigeons privés, pourvu qu'ils n'aillent pas aux champs & qu'ils ne cauſent préjudice à perſonne.

Quant aux pigeons bizets ou fuyards qui vont aux champs, quelques-uns ont prétendu que ſuivant le droit naturel qui autoriſe chacun à uſer de ſes biens à ſa volonté, on étoit libre de conſtruire ſur ſon fonds tel Colombier que l'on jugeoit à propos. Ils ont fondé cette opinion ſur ce que la nourrirure des pigeons ne fait, ſuivant eux, aucun tort aux biens de la terre ; qu'au ſurplus c'eſt une ſervitude auſſi ancienne que néceſſaire pour la campagne ; & que le dommage qu'ils peuvent cauſer par la nourriture qu'ils prennent dans les champs, eſt compenſé par l'utilité de leur fiente qui fertiliſe les terres.

Mais ces raiſons ſont plus ſpécieuſes que ſolides ; car il eſt certain que la nourriture que les pigeons prennent dans les champs eſt une charge,

fur-tout pour ceux qui n'en ont point & pour
lefquels le bénéfice qu'on tire de ces animaux
n'eft pas réciproque. C'eft particulièrement dans
le temps des femailles qu'ils caufent du dommage parce qu'ils enlèvent le grain , & que
même ils l'arrachent lorfqu'il commence à pouf-
fer. Auffi remarque-t-on que chez les Romains
mêmes , où la liberté d'avoir des Colombiers
n'étoit pas reftreinte , on penfoit néanmoins que
la nourriture des pigeons prife aux champs ,
pouvoit être à charge au public. Lampride dit
dans la vie d'Alexandre Sévère, qu'il mettoit
fon plaifir à nourrir des pigeons dans fon palais ;
qu'il en avoit jufqu'à vingt mille ; mais qu'il les
faifoit nourrir à fes dépens de peur qu'ils ne fuffent à charge.

Cette confidération eft principalement ce qui
a fait reftreindre parmi nous la liberté d'avoir
des Colombiers. Au furplus cette liberté eft
encore beaucoup plus étendue dans les pays de
droit écrit que dans les pays coutumiers : les
différens parlemens de droit écrit ont chacun
leurs ufages particuliers à cet égard.

Salvaing établit pour principe général dans
fon traité de l'ufage des fiefs , que chacun peut
bâtir des Colombiers fur fon fonds fans la permiffion du haut-jufticier , à moins qu'il n'y ait
un ufage ou convention contraire. Cette opinion,
a été adoptée par divers auteurs tant des pays
de droit écrit que des pays coutumiers.

Il ne faut toutefois pas croire qu'il foit permis
à toutes fortes de perfonnes indiftinctement ,
même en pays de droit écrit , d'avoir des colombiers à pied ; la liberté dont parlent les au-

H iij

teurs qu'on vient de citer ne peut concerner que les fimples volets ou fuyes.

En Dauphiné on diftingue entre les nobles & les roturiers : les nobles peuvent y faire bâtir Colombier à pied ou fur pilier, comme bon leur femble, fans la permiffion du feigneur haut-jufticier. Les roturiers au contraire ne peuvent y avoir ni Colombier à pied, ni fur folive fans la permiffion du haut-jufticier. Celui-ci pourroit les obliger de détruire les trous & boulins de leurs Colombiers & de faire noircir la cage. C'eft ce qui réfulte d'un arrêt du 13 mars 1663, rapporté par Baffet, & Salvaing en cite un autre du mois de mars 1667, par lequel le parlement de Grenoble a condamné un habitant de Mont-rigaud à noircir le Colombier qu'il avoit conf-truit.

En Languedoc & en Provence, c'eft tout le contraire. Le feigneur ne peut empêcher un ro-turier de conftruire un Colombier quel qu'il foit, à moins qu'il n'en ait le droit ou la poffef-fion, & pourvu que le Colombier conftruit par le roturier n'ait ni les crénaux, ni les meurtrières qui annoncent la nobleffe.

Au parlement de Bordeaux, dans le Lyonnois & dans les pays de droit écrit du reffort du par-lement de Paris, chacun peut conftruire librement des pigeonniers élevés fur quatre piliers; mais il faut le confentement du feigneur pour élever un Colombier à pied.

Quant aux pays coutumiers, différentes cou-tumes ont des difpofitions relatives aux Colom-biers; mais elles ne font pas uniformes fur cer-tains points; d'autres font abfolument muettes sur cette matière & l'on y suit le droit commun du pays coutumier.

Dans l'usage le plus général, on distingue trois sortes de personnes qui peuvent avoir des Colombiers, mais différens & sous différentes conditions; savoir, les seigneurs hauts-justiciers, les seigneurs féodaux qui n'ont que la seigneurie foncière, & les particuliers propriétaires de terres en censive.

Voici ce qu'on lit dans la collection de jurisprudence & dans le grand vocabulaire françois sur la matière dont il s'agit:

« Dans la coutume de Paris (*), le seigneur » haut-justicier qui a censive peut avoir Colom- » bier à pied ayant boulins jusqu'au rez-de-chauf- » sée; c'est la disposition de l'article 69 de la cou- » tume de Paris, qui sur cela forme le droit » commun.

» Les autres seigneurs de fiefs ont le même » droit, parce que le droit d'avoir un Colom- » bier est moins dépendant de la justice que du » fief; mais il faut qu'ils aient censive, & que le » domaine de leur fief soit composé de cinquante » arpens de terre; il faut d'ailleurs que le Co- » lombier soit bâti sur le fief.

» A l'égard des particuliers nobles ou roturiers » qui n'ont ni fief ni censive, ils ne peuvent pas » avoir de Colombier; mais seulement une vo-

---

(*) *Article 69.* Le seigneur haut-justicier qui a censive peut avoir Colombier à pied, ayant boulins jusqu'au rez de chauffée.

Article 70. Aussi le seigneur non haut-justicier ayant fief, censive & terres en domaine jusqu'à cinquante arpens, peut avoir Colombier à pied.

» lière ou fuye, pourvu qu'ils foient propriétaires
» de cinquante arpens de terres labourables, fi-
» tués aux environs de leurs maifons & fur le ter-
» ritoire où eft la volière. Telle eft la jurifpru-
» dence des arrêts ; elle eft fondée fur un ancien
» ufage conftaté par le procès-verbal dreffé lors
» de la réformation de la coutume de Paris.

» Quant au nombre de boulins que doit con-
» tenir la volière, Langlois dans les principes
» généraux de la coutume de Paris en fixe le
» nombre à cinq cens.

» L'article 168 de la coutume d'Orléans poret
» que celui qui a cent arpens de terres, peut faire
» faire en fes héritages aux champs, une volière
» à pigeons, jufqu'à deux cens boulins & fans
» trape.

» En conformité de cette difpofition, la cour a
» jugé par arrêt rendu en la quatrième chambre
» des enquêtes le 2 feptembre 1739, contre les
» fieurs Tabouret, Crefpi des Noyers & Senant,
» propriétaires chacun de plus de cent cinquante
» arpens de terres, dans les paroiffes de la Fauche
» & Liffolpetit, régies par la coutume de Chau-
» mont en Baffigny, que dans cette coutume qui
» eft muette fur ce point, le droit de volière
» devoit être reftraint à deux boulins par arpent.

» Lacombe rapporte dans fes arrêts notables
» un arrêt rendu entre le marquis de Givry & le
» nommé Varoquier, le 5 juin 1739, par lequel
» la cour a jugé que dans la coutume de Vitry,
» muette auffi fur ce point, Varoquier qui avoit
» été admis à prouver qu'il poffédoit cinquante
» arpens de terres, & qui n'avoit pu faire cette
» preuve, feroit tenu de démolir dans la quin-
» zaine le volet qu'il avoit fait conftruire, finon

» qu'il feroit permis au marquis de Givry , de le
» faire abattre aux frais de Varoquier.

» Par un autre arrêt du premier juillet 1739
» rendu entre le fieur des Petits-monts & quel-
» ques autres propriétaires de terres fituées fur la
» paroiffe de Bezu-Saint-Germain , près de Châ-
» teau-Thiéri , régie par la coutume de Vitry , &
» le prieur-curé de cette paroiffe , le grand con-
» feil a fait défenfe à ce prieur d'avoir dans fon
» presbytère des pigeons fuyards & lui a enjoint
» de boucher les boulins qui étoient alors dans fa
» volière.

» Le prieur prétendoit avoir ce droit de vo-
» lière & fe fondoit 1°. fur fa poffeffion, 2°. fur le
» filence de la coutume , 3°. fur ce que quoi qu'il
» n'eût que dix arpens de terre dépendans de fa
» cure , il poffédoit les dîmes de la paroiffe qui
» fuppléoient & au-delà les cinquante arpens de
» terres qu'il faut poffédер pour avoir une volière
» fuivant le droit commun.

» Tous ces moyens étoient fubfidiaires à une
» fin de non-recevoir que le curé oppofoit au
» fieur des Petits-monts & confors , réfultant de
» ce qu'ils n'étoient ni habitans , ni feigneurs ,
» mais feulement propriétaires de terres & héri-
» tages fitués à Bézu-Saint-Germain. L'arrêt n'eut
» aucun égard à la fin de non recevoir , ni aux
» autres moyens du curé.

» Par un autre arrêt du 29 août 1749 rendu
» pour la coutume d'Amiens , le parlement de
» Paris a jugé que le propriétaire de cinquante
» arpens de terre en roture pouvoit avoir une
» volière.

» Dans cette efpèce le chapitre d'Amiens fou-
» tenoit que la jurifprudence fuivie dans la cou-

» tume de Paris ne pouvoit être admife dans celle
» d'Amiens, muette fur ce point, & qu'au con-
» traire quelque quantité de terre qu'eût un ro-
» turier il ne pouvoit avoir de pigeons fuyards
» fans la permiffion du feigneur. L'arrêt a jugé au
» contraire que celui qui avoit cinquante arpens
» de terre pourroit avoir une fuye ou volière.

  » Enfin par arrêt du 19 mai 1761 rendu pour
» la coutume de Crépy en Valois, qui ne con-
» tient fur le droit de Colombier aucune difpo-
» fition, le parlement de Paris a jugé qu'un par-
» ticulier fermier de plus de cinquante arpens
» de terre qu'il tenoit de différens propriétaires,
» mais dont aucun n'avoit affermé feul cinquante
» arpens de terre, ne pouvoit point avoir de fuye
» ou volière ».

  La coutume de Tours ne donne au feigneur
féodal que le droit d'avoir une fuie ou volière à
pigeons (*).

  Suivant celle du Boulonnois le feigneur féodal
peut avoir un Colombier ; mais cette coutume
n'explique pas fi c'eft à pied ou autrement (**).

  L'article 139 du chapitre 21 de la coutume
de Blois porte qu'aucun ne peut avoir le droit
de Colombier à pied s'il n'en a le droit ou une
ancienne poffeffion.

  L'article 82 du titre 4 de la coutume de Ponthieu eft ainfi conçu : *peuvent les demeurans fur
chef-lieu de fief, fuppofé que leur fief n'eut que juftice foncière, tenir en leur chef-lieu Colombier.*

  Voici en quels termes s'exprime à ce fujet là

(*) Peut le feigneur de fief, *dit l'article 37 du titre
premier* faire en fon fief fuie fi bon lui femble.

(**) Un chacun feigneur féodal, *porte l'article 44 du
titre 10*, peut en fon ténement avoir Colombier.

coûtume de Calais : » n'eſt loiſible, porte l'arti-
»cle 19 du titre 2, à aucun tenant en cenſive
»d'avoir Colombier à pied ayant boulins, mannes
»& trous juſqu'au rez-de-chauſſée, s'il n'en a
»titre & permiſſion du roi, & tienne terre en
»domaine juſqu'à cent cinquante meſures ; mais
»il eſt bien loiſible à toutes perſonnes avoir
»volières en ſon héritage, non-excédant toute-
»fois la quantité de cinquante boulins, mannes
»& trous lequel nombre de boulins, mannes &
»trous ne peut être outrepaſſé & augmenté,
»ſinon par ceux qui ont & poſſèdent cinquante
»meſures de terre & au-deſſus ».

L'article 152 du chapitre 23 de la coutume
de Château-neuf porte qu'*on ne peut faire nouveau Colombier, ni trie où il afflue multitude de
pigeons, en la juſtice d'autrui ſans le congé du
ſeigneur châtelain.*

Et l'article 19 du chapitre 8 de la coutume de
Vaſtang eſt ainſi conçue : «n'eſt loiſible ni permis
»à aucun de faire & avoir fuie ni Colombier
»mouvant de pied eſdites terres & ſeigneuries,
»outre ceux qui d'ancienneté ſont fait ſans le
»vouloir & conſentement du ſeigneur ».

* L'article 341 du titre 25 de la coutume de
Melun défend à toute perſonne de nourrir des
pigeons pattés dans la ville de Melun.

Et ſuivant l'article 192 du chapitre 15 de la coutume d'Etampes, «aucune perſonne de quelque
»état & qualité qu'elle ſoit, faiſant ſa demeu-
»rance dans la ville d'Etampes, ne peut nourrir
»pigeons privés ou autres, pattés ou non pattés,
»ſous peine de cent ſous pariſis d'amende ; ne
»peut auſſi aucune perſonne de la condition que
»deſſus y tenir Colombier ou volière pour quel-

»que laps de temps qu'il en ait joui, s'il n'eſt
»fondé en titre par écrit ».

L'article 389 de la coutume de Bretagne défend à tout particulier d'avoir des Colombier
ſoit à pied ou ſur piliers, à moins qu'il n'ait en
ſa faveur une poſſeſſion immémoriale ou qu'il ne
ſoit propriétaire de trois cens journaux de terre
en fief ou domaine noble aux environs du lieu
où il veut faire bâtir le Colombier (*).

———————————————————————————

(*) *Voici cet article :*

Il n'eſt permis à aucun de faire fuie ou Colombier, s'il
n'en avoit anciennement par pied ou ſur pilliers, ayant
fondemens enclavés dans la terre ; ou s'il n'a trois cens
journaux de terre pour le moins en fief ou domaine noble
aux environs de la maiſon en laquelle il veut faire faire
le Colombier ou la fuie, & ores qu'aucun eut ladite étendue, il n'en peut toute fois faire bâtir de nouveau s'il
n'eſt noble ; & n'eſt loiſible à autres perſonnes, de quelque qualité qu'elles ſoient, d'avoir ni de faire tries, trapes
ou autres refuges, pour retirer, tenir & nourrir pigeons
aux maiſons des champs, ſur peine d'être démolies par la
juſtice du ſeigneur du fief ou ſupérieur, & d'amende arbitraire.

Et l'article 392 de la même coutume eſt ainſi conçu :
quand aucun fait édifice en ſa terre au préjudice d'autrui ;
ſi celui édifice eſt fait publiquement, & en vu & ſçu de
ceux à qui il pourroit porter préjudice, ils doivent s'oppoſer auparavant la perfection dudit édifice ; & par après
n'y pourroient venir par oppoſition, mais pourront dedans
l'an & jour après celui édifice parfait, demander par action,
démolition dudit édifice, payant les miſes & coutages d'i-
celui ; & après ledit an & jour, ſi ledit édifice leur portoit préjudice, peuvent demander ſeulement être dédom-
magés dedans ſix ans à compter depuis la perfection dudit
édifice : ce qui ne ſera entendu des Colombiers, retraites à
pigeons & moulins, deſquels on pourra demander la démolition dedans quinze ans.

Suivant le dernier article de la coutume de Bourgogne, *on ne peut faire Colombier en pied de nouveau en juftice d'autrui fans licence du feigneur.*

Cette coutume ainfi que celles de Nivernois, de Lorraine, de Bar, &c. regardent le droit d'élever un Colombier à pied comme un droit de haute juftice (*).

_____

(*) L'ordonnance du 31 août 1613, rendue par les archiducs Albert & Ifabelle pour les pays bas, contient plufieurs difpofitions très-fages relativement aux Colombiers : l'article 88 eft conçu en ces termes.

» Et pour ce que journellement y a diverfes plaintes à
» caufe des Colombiers, nous avons defendu & défendons
» que perfonne n'ait Colombier, ou tienne colombs cham-
» pêtres, ne foit qu'il ait trois bonniers de terres labou-
» rables à la roye en propriété ou en louage, à peine de
» fourfaire quarante royaux & les colombs, & que ledit
» Colombier fera démoli & mis par terre ne fût que par
» poffeffion immémoriale il eût acquis le droit de pou-
» voir avoir un Colombier, ores quoiqu'il n'auroit ladite
» quantité de terres labourable, où que de ce il eût ob-
» tenu notre permiffion, ou de nos commis, fans préju-
» dice des ftatuts & coutumes des lieux qui requièrent à
» cet effet plus grande quantité de terre, auxquelles nous
» n'entendons déroger. »

Un bonnier eft compofé de quatre rafières : la rafière doit avoir cent vingt à cent trente verges, fuivant les différens ufages des pays-bas. Pour avoir une rafière *labourable a la roye*, il faut en avoir trois, dont l'une foit en bled, la feconde en grains de mars, & la troifième en jachere. De forte que les trois bonniers qu'exige l'ordonnance doivent contenir non douze mencaudées, comme le croit Maillart en fon commentaire fur la coutume d'Artois, mais trente fix rafières.

Il ne faut pas que les terres foient toutes fituées fur la paroiffe où eft bâti le Colombier. Il fuffit qu'elles fe trouvent fur les terroirs contigus ; parce que les pigeons ne bornent pas les ravages qu'ils font aux terres en-

On ne connoît aucune disposition coutumière

semencées, ou prêtes à être dépouillées, au terroir d'une seule paroisse, ils se répandent aussi sur les terroirs voisins. C'est d'après ce principe que le parlement de Paris par arrêt du 30 avril 1705 rendu au rapport de M. Lucas à la cinquième chambre des enquêtes conserva des particuliers dans la possession d'un Colombier non seigneurial qu'ils avoient fait bâtir à Opy en Artois, à la charge d'en reduire les boulins à deux cens seulement. Ils ne possédoient dans leur paroisse que neuf mencaudées & demie, mais ils en avoient à Wamin, paroisse voisine, plus que n'en exige l'ordonnance.

. Les articles suivans prononcent diverses peines contre ceux qui tuent les pigeons d'autrui ou s'en emparent. .

-Article 89. » Item défendons, à tous de prendre pi- » geons, avec fausses trapes, ou autres instrumens pareils, ni » d'en avoir en leur maison, à peine de fourfaire lesdites tra- » pes ou autres instrumens & de dix royaux d'amende. ..

-Article 90. » Item que personne ne s'advance de tirer » aucuns pigeons sur les Colombiers ou près d'iceux, à » peine de fourfaire dix royaux d'amende, & les harque- » buses ou instrumens avec lesquelles ils seront tirés ou » prins, ni aussi prendre ou tirer lesdits pigeons aux » champs, à peine de fourfaire six royaux d'amende, & » des harquebuses ou instrumens, comme dessus est dit.

Article 91. » Item que personne ne s'advance de pren- » dre pigeons d'autrui par mansards, gasteaux ou autres » engins par lesquels ils pourroient être allichés, à peine » de fourfaire tels mansars, gasteaux & engins, & dix » royaux d'amende, & outre ce dix royaux d'amende » pour chaque pigeon que l'on saura montrer avoir ainsi » été attrapé.

: Article 92. » A laquelle fin les officiers de nos commis » pourront toutes & quantes fois qu'ils auront soupçon de » mésus, entrer en tous Colombiers, comme ils ont fait » & pu faire du passé, pour voir ce qu'ils penseront y » être fait au contraire de cette notre ordonnance.

. Article 93. » Sans que les propriétaires venant avec » les officiers èsdits Colombiers, pourront en chasser leurs

qui ait interdit aux seigneurs la liberté de faire
bâtir plusieurs Colombiers dans une même seigneurie ; aussi a-t-on divers exemples de seigneurs qui ont plus d'un Colombier dans le
même lieu. La seule coutume de Normandie
paroît avoir restreint ce droit par l'article
137 (*). Cet article veut qu'en cas de division
de fief, le droit de Colombier demeure à l'un
des héritiers sans que les autres puissent en user,
quoique la jouissance des autres droits appartenans aux fiefs nobles leur soit attribuée. Cependant si les co-héritiers ou paragers ont fait construire un Colombier sur la portion de fief qui
leur appartient, & qu'ils en aient joui paisiblement pendant quarante ans on ne peut plus les
obliger à le démolir.

» pigeons, ou donner aucun empêchement à nosdits com-
» mis, à peine de correction arbitraire.

Article 108. » Item pour ce que du passé aucuns ont
» voulu faire difficulté en la valeur des royaux d'amende,
» statués par les précédentes ordonnances, pour mulctes
» & amendes, nous avons par certain notre placard du
» 28 d'aout 1606, déclaré & déclarons de rechef qu'un
» royal d'amende sera payé à la valeur de vingt-six sous
» & deux placces de notre duché de Brabant ; faisant vingt
» six parars & deux tiers. » (*Note de M. MERLIN avocat
au parlement de Flandres.*)

(*) *En voici les termes :*

En cas de division de fief le droit de Colombier doit
demeurer à l'un des héritiers, sans que les autres le puissent avoir, encores que chacune part prenne titre & qualité de fief avec les autres droits appartenans à fief noble
par la coutume : néanmoins si les paragers ont bâti un
Colombier en leur portion de fief, & joui d'icelui par quarante ans paisiblement, ils ne pourront être contraints de
le démolir.

M. le préfident Bouhier obferve néanmoins à ce fujet dans fes obfervations fur la coutume de Bourgogne, que fi le nombre des pigeons qu'on élève eft exceffif, les habitans du lieu ont droit de s'y oppofer. « L'article 33 des anciennes cou- »tumes de Bourgogne, dit cet auteur, l'avoit »déja réglé ainfi, & cette action eft même re- »gardée en France comme appartenante non- »feulement au corps des communautés, mais »même à tout particulier intéreffé à caufe du »dommage qu'il en peut fouffrir : ce qui a lieu »auffi bien pour les volières que pour les Co- »lombiers en pied.

Suivant l'article 20 des placités de 1666, le droit de Colombier bâti fur une roture, ne peut en Normandie s'acquérir par prefcription.

Par arrêt du 7 janvier 1580, il a été enjoint aux baillis de la province de Normandie de faire abattre les Colombiers ou volières conftruits fans que les propriétaires aient eu aucun droit pour cet effet.

Par un autre arrêt du 19 juillet 1599, la cour a ordonné fur les requifitions du procureur-gé- néral, que les *fuies* & *tries* que l'on avoit bâties au grand & au petit Andely, ainfi que dans les autres lieux de ce bailliage feroient abattues & démolies, & que les pigeons en feroient ven- dus au profit des pauvres.

Deux arrêts rendus par le parlement de Metz les 12 juillet & 3 feptembre 1725 ont ordonné que les particuliers qui avoient des Colombiers dans les lieux défignés par ces arrêts, feroient tenus de les démolir dans trois jours.

Les officiers, même ceux des hauts-jufticiers doivent veiller à ce que les Colombiers & volières

lière situés dans leur reſſort ne contiennent pas
une quantité plus conſidérable de pigeons que
celle qui eſt permiſe par les ordonnances : ils
doivent auſſi lorſqu'il y a des blés ou autres
grains couchés faire fermer les Colombiers ou
volières pour empêcher le dégat des pigeons.
Dans ce cas, ils ſont tenus de rendre compte
au parlement de ce qu'ils auront ordonné à cet
égard. C'eſt ce qui réſulte particulièrement
d'un arrêt du parlement de Paris du 24 juillet
1725 (*).

(*) *Voici cet arrêt.*

Vu par la cour la requête à elle préſentée par le procureur général du roi, contenant que Dieu ayant accordé
aux veux & aux prières de ſon peuple la ceſſation des pluies
qui faiſoient craindre pour la récolte ; le temps favorable
à diſſipé toute inquiétude ; & les nouvelles qu'on reçoit de
toutes les provinces du reſſort, promettent la récolte la
plus abondante qui ait paru depuis un très-grand nombre
d'années ; mais raſſurés par-là ſur l'intérêt général, le
procureur général du roi ne peut négliger l'intérêt particulier de quelques propriétaires & laboureurs qui lui ont
porté depuis peu de jours leurs plaintes ſur le dégât que
cauſent actuellement les pigeons dans certains lieux, ſur-
tout dans les environs de cette ville, où quelques bleds ayant
été couchés, ſont en proie aux pigeons qui ſe répandent
dans les campagnes, & qui pourroient faire perdre à ces
particuliers une partie de la récolte la plus abondante ;
qu'il n'eſt pas poſſible que la cour puiſſe faire un règlement
général ſur un mal qui n'a affligé que très-peu de lieux,
& qui dépend des circonſtances qu'on ne pourroit connoître qu'après en avoir demandé aux officiers leurs avis ſur
le remède qu'on y pourroit apporter, mais que le délai
rendroit peut être les remèdes inutiles ; & quainſi dans un
temps où les momens ſont ſi précieux, il n'a pas cru pouvoir propoſer à la cour une voie plus ſûre, plus prompte
& plus efficace que celle d'enjoindre aux officiers de veiller en général à faire exécuter les ordonnances & les

Les pigeons qui font dans un Colombier à

arrêts fur le fait des Colombiers , & de leur permettre de
pourvoir dans les cas particuliers au mal préfent , ainfi
qu'ils le croiront convenable , chacun dans fon reffort. A
ces caufes , requéroit le procureur général du roi, qu'il
plût à la cour enjoindre à tous les officiers du reffort, tant
à ceux des bailliages & fénéchauffées , qu'aux juges ordinaires , même à ceux des fieurs hauts-jufticiers, de veiller
chacun dans l'étendue de fon reffort, à ce que les ordonnances & déclarations , arrêts & règlemens de la cour au
fujet des Colombiers & volières , foient exactement ob-
fervés , & que chacun foit tenu de les réduire aux termes
defdites ordonnances , déclarations , arrêts & des coutumes des lieux ; même qu'il foit permis auxdits officiers
dans les lieux où il y auroit quelques bleds ou autres grains
couchés, qui pourroient être en proie aux pigeons , & où
il y auroit quelque dégât à craindre , d'y pourvoir par
tel règlement qu'ils jugeront plus convenables , chacun dans
l'étendue de fon reffort, dont ils informeront la cour inceffamment. Ladite requête fignée du procureur général du
roi. Oui le rapport de maître Philippe-Charles Gaultier
du bois , confeiller : tout confidéré. La cour ayant égard
à ladite requête , enjoint à tous les officiers du reffort, tant
à ceux des bailliages & fénéchauffées , qu'aux juges ordinaires , même à ceux des fieurs hauts-jufticiers de veiller
chacun dans l'étendue de fon reffort , à ce que les ordonnances , déclarations , arrêts & règlemens de la cour au
fujet des Colombiers & volières foient exactement obfer-
vés , & que chacun foit tenu de les réduire aux termes
defdites ordonnances, déclarations & arrêts & des coutumes
des lieux ; même permet auxdits officiers dans les lieux
où il y aura quelques bleds & autres grains couchés , qui
pourroient être en proie aux pigeons , & où il y auroit
quelque dégât à craindre , d'y pourvoir par tel règlement
qu'ils jugeront plus convenable , chacun dans l'étendue
de fon reffort, dont ils informeront la cour inceffamment.
Fait en parlement le 24 juillet 1725. *Signé*, du Franc.
Depuis cette arrêt de règlement la cour en a encore rendu
deux autres qui y font conformes : l'un eft du 26 juillet
1758 , & l'autre du 7 juin 1761.

pied font réputés immeubles, parce qu'ils font regardés comme faifant partie du Colombier; mais les pigeons de volière font meubles.

Il eft défendu de dérober les pigeons d'autrui, foit en les attirant par des odeurs qu'ils aiment, ou par d'autres appâts, foit en les prenant avec des filets ou autrement.

Il eft pareillement défendu à tout particulier de tirer fur des pigeons, même fur les fiens, parce que fous prétexte de tirer fur fes propres pigeons qu'il eft fort difficile de reconnoître, on pourroit tirer fur ceux d'autrui. L'article 12 de l'ordonnance de Henri IV du mois de juillet 1607, veut que ce délit foit puni de vingt livres parifis d'amende (*).

On a agité la queftion de favoir fi une veuve qui a droit d'habitation dans un château, a auffi le droit de jouir du Colombier & des poiffons des foffés. Les héritiers du mari qui conteftoient ce dernier droit à la veuve, prétendoient que les pigeons du Colombier & les poiffons des foffés étoient des fruits qu'on ne devoit point comprendre avec l'habitation que le contrat de mariage de cette veuve lui avoit attribué dans le château; mais l'arrêt qui intervint & qui eft rapporté par Montholon, jugea en faveur de la veuve.

Voyez *les coutumes de Paris, d'Orléans, de Tours, de Melun, de Boulonnois, de Calais, de Ponthieu, de Nivernois, de Bar, de Lor-*

(*) Défendons, *dit cet article*, à toutes perfonnes de quelque état, condition qu'elles foient, de tirer de l'arquebufe fur les pigeons, à peine de vingt livres parifis d'amende.

raine, de *Bretagne*, de *Bourgogne*, de *Norman-die*, d'*Etampes*, de *Vaslang*, de *Blois*, & de *Châteauneuf*; le traité de la police par le commiſſaire *Lamarre*; *Salvaing*, de l'uſage des fiefs; la *Rocheſlavin*, traité des droits ſeigneuriaux; *Dupleſſis*, traité des fiefs; les déciſions de la *Peyrère*; *Auzanet* & *Ferrière*, ſur *Paris*; *Chaſſeneuz*, *Taiſãnd*, & le *Préſident Bouhier* ſur la coutume de *Bourgogne*; *Dunod*, traité des preſcriptions; le code rural & celui des ſeigneurs; l'ordonnance de *Henri IV* du mois de juillet 1607; d'*Argentré*, ſur la coutume de *Bretagne*; la collection de juriſprudence; la pratique des terriers; les arrêts de *Baſſet*; la bibliothèque du droit françois; les arrêts d'*Augeard*, & ceux de *Montholon*; le dictionnaire des arrêts, &c. *Voyez* auſſi les articles FIEF, JUSTICE, SEIGNEUR, &c.

COLONEL. C'eſt en général le titre d'un officier qui commande un régiment ſoit d'infanterie, ſoit de cavalerie. Cependant dans nos armées le titre de Colonel eſt particulièrement affecté aux officiers qui commandent les régimens d'infanterie : on qualifie de meſtre-de-camp, l'officier qui commande un régiment de cavalerie.

Par l'ordonnance du 25 mars 1776 concernant l'infanterie françoiſe & étrangère, le roi a réglé qu'il y auroit à l'avenir dans chaque régiment d'infanterie françoiſe, allemande, irlandoiſe, italienne & corſe, un Colonel-commandant, & un Colonel en ſecond : il doit d'ailleurs y avoir dans chaque régiment d'infanterie allemande un Colonel propriétaire ſans appointemens.

Les Colonels-commandans de tous les régimens d'infanterie, ni les Colonels propriétaires des régimens d'infanterie allemande n'ont point de compagnies, mais les Colonels en second en ont chacun une.

Suivant l'article premier du titre 10 d'une autre ordonnance du même jour, portant règlement fur l'adminiſtration des différens corps de troupes, aucun officier, quand même il feroit de la naiſſance la plus diſtinguée, ne peut parvenir au grade de Colonel-commandant qu'il n'ait auparavant fervi dans l'infanterie, la cavalerie, les dragons ou les huſſards, pendant quatorze ans, dont fix en qualité de Colonel en ſecond, & qu'il n'ait donné dans les divers emplois qu'il aura remplis, des preuves conſtantes de zèle, d'intelligence, d'application & de bonne conduite.

Le roi veut par l'article 2 que les places de Colonel en ſecond deſtinées aux jeunes gens de qualité qui les auront méritées par leur zèle & leur attachement au ſervice de ſa majeſté, ne puiſſent être propoſées que pour ceux qui auront ſervi pendant huit ans, dont trois en qualité de ſous-lieutenant ou de lieutenant, & cinq en qualité de capitaine dans un régiment ſoit d'infanterie, de cavalerie, de dragons ou de huſſards.

L'article 3 porte que pour exciter l'émulation & récompenſer les ſervices diſtingués des officiers ſupérieurs des corps, le roi élèvera au grade de Colonel-commandant des régimens, les lieutenans-Colonels & les majors de ſes troupes qui ſe feront rendus dignes de cette grâce, ſans les aſſujettir à paſſer par le grade de Colonel en ſecond.

Suivant l'article 4, le Colonel en ſecond d'un régiment ne peut dans aucun cas ni ſous quelque prétexte que ce ſoit, être propoſé pour Colonel-commandant de ce régiment.

L'intention du roi étant que les Colonels-commandans, les Colonels en ſecond & en général tous les officiers de ſes troupes ſoient aſſujettis à un ſervice réglé & aſſidu, ſans qu'ils puiſſent en être diſpenſés dans aucune circonſtance, ſa majeſté veut qu'il ne lui ſoit jamais propoſé pour un emploi actif, aucun officier qu'elle aura jugé à propos d'employer dans les négociations, ou à qui elle aura accordé une place qui exige une réſidence non interrompue. C'eſt ce qui réſulte de l'article 5.

Par l'article 6, le roi veut que les diſpoſitions de l'article 18 de ſon ordonnance du 26 avril 1775, (*) concernant les commiſſions de Co-

_____

(*) *Cet article eſt ainſi conçu:*

La multiplicité des commiſſions de Colonel, qui en rendant cec grade plus commun qu'il ne devroit l'être, contribue à diminuer l'opinion que l'on doit avoir des grades qui lui ſont inférieurs, détermine ſa majeſté à régler qu'à l'exception des Colonels par commiſſion dans les compagnies d'ordonnance du corps de la gendarmerie de France ſervant à ſa garde, & dans les autres compagnies d'ordonnance de ce corps de la gendarmerie, dans les régimens des gardes-françoiſes & ſuiſſes, & dans ſon régimens d'infanterie, tous les Colonels ou meſtres-de-camp qui ſe trouveront attachés, avec troupe ou ſans troupe, & par ſimples commiſſions, à la ſuite de l'infanterie, de la cavalerie, des dragons ou des troupes légères, ne pourront concourir aux promotions, ni faire uſage de l'ancienneté de leur date de commiſſion, qu'après être parvenus aux charges de Colonels, lieutenans-Colonels ou majors titulaires, & les avoir exercées pendant ſix ans

lonel, foient maintenues dans toute leur étendue, foit que ces commiffions aient été accordées purement & fimplement, foit qu'elles l'aient
été en vertu des prérogatives attachées aux
charges des états majors. L'intention de fa majefté eft que ceux qui ont obtenu de pareilles
commiffions ne datent de leur rang de Colonel,
pour participer aux promotions, que du jour
qu'il leur aura été accordé des places de Colonel en fecond, de lieutenant-Colonel ou de major
en activité.

Par l'article 7, le roi a déclaré qu'il n'accor-

---

en temps de paix, ou pendant trois ans en temps de guerre,
ou enfin après avoir rempli pendant le même temps une
des places des états-majors des armées : fe réfervant cependant fa majefté d'avancer ceux defdits Colonels ou
meftres-de-camp par commiffion, qui, ayant troupe, auront
mérité particulièrement cette grâce.

A l'égard des Colonels réformés qui exiftent actuellement, foit qu'ils aient eu des régimens, foit qu'ils aient
été compris dans la réforme du corps des grénadiers de
France, foit qu'ils aient obtenu la commiffion de Colonel, par une fuite de leurs fervices dans les états-majors
des armées pendant la dernière guerre, fa majefté veut
bien qu'ils puiffent concourir avec égalité dans les promotions avec les Colonels qui font actuellement titulaires ;
mais elle attend de leur zèle, que, pour continuer à s'inftruire, & ne point perdre de vue le fervice, ils fe rendent
dans une grande garnifon, à leur choix, pour y faire le
fervice d'officiers fupérieurs, pendant les mois de juillet,
août & feptembre, en y portant l'uniforme réglé pour
les Colonels réformés. Enjoint fa majefté aux commandans pour fon fervice dans lefdites places, de donner régulièrement avis au fecrétaire d'état ayant le département
de la guerre, de l'arrivée & du départ defdits Colonels,
afin qu'elle foit informée de ceux qui auront donné cette
preuve de leur zèle.

deroit plus à l'avenir de commiffion de Colonel; finon dans le cas prévu par l'article 4 du titre des récompenfes militaires (*).

L'article 9 porte que les princes du fang continueront de jouir du droit de préfentation aux emplois qui viendront à vaquer dans leurs régimens, à l'exception néanmoins des places de Colonels, de Colonels en fecond, de lieutenans-Colonels & de majors, dont fa majefté s'eft réfervé à elle feule la difpofition dans tous les corps.

Les appointemens de chaque Colonel-commandant font fixés à quatre mille livres par an dans l'infanterie françoife, & à douze mille livres, auffi par an, dans l'infanterie étrangère.

Les Colonels en fecond ont dix-huit cens livres par an dans l'infanterie françoife, & fix mille livres dans l'infanterie étrangère.

C'eft ce qui réfulte de l'article 20 de l'ordonnance concernant l'infanterie françoife & étrangère.

Suivant l'article 2 du titre 7 de l'ordonnance portant règlement fur l'adminiftration des différens corps de troupes, le Colonel en fecond doit

---

(*) *Voici cet article :*
Les officiers qui favorifés par des circonftances heureufes, auront eu le bonheur de faire quelque action d'éclat, ou de rendre un fervice important, n'obtiendront point une récompenfe pécunaire, qui ne pourroit être qu'infuffifante, mais feront recompenfés par des avancemens qui fe trouveront liés au bien du fervice : fa majefté leur accordera un grade fupérieur ; & s'il ne fe trouve aucun emploi vacant dans le nouveau grade qu'ils auront obtenu, ils jouiront à la fuite d'un régiment, jufqu'à la première vacance, des appointemens attachés à ce nouveau grade.

obéir en tout ce qui peut concerner le ſervice,
au Colonel-commandant, & celui-ci doit obéir
au maréchal de camp.

L'article 4 porte que les Colonels ou ceux
qui commanderont en leur abſence, rendront
compte tous les mois, & extraordinairement,
lorſque les évènemens & les circonſtances l'exi-
geront, de tout ce qui concernera le régiment
à leurs ordres, aux officiers généraux de la diviſion.

L'article 5 attribue au Colonel-commandant
toute l'autorité militaire pour faire exécuter
dans ſon régiment tout ce que preſcrivent les
ordonnances & ce qui peut être ordonné par
les officiers généraux de la diviſion : il a en conſéquence le droit de faire les règlemens qu'il
juge néceſſaires pour établir ſolidement la ſu-
bordination, maintenir la diſcipline & aſſurer
l'exactitude du ſervice.

Il eſt défendu par l'article 6, au Colonel en
ſecond & à tout autre officier commandant le
régiment en ſon abſence, de rien changer aux
règlemens faits par le Colonel; à moins qu'il n'y
ait conſenti.

Cependant ſi des circonſtances extraordinaires
& imprévues paroiſſoient exiger en l'abſence du
Colonel quelques changemens, additions ou
modifications aux réglemens qu'il auroit faits,
l'officier commandant le régiment ſeroit libre de
faire ces changemens, mais à la charge d'en
rendre compte ſur le champ au Colonel, & de
demeurer reſponſable des inconvéniens auxquels
les mêmes changemens auroient pu donner lieu
s'ils étoient jugés n'avoir point été néceſſaires.
Telles ſont les diſpoſitions de l'article 7.

Dans les régimens où il y a trois Colonels ; l'autorité supérieure appartient au Colonel titulaire ; & lorsqu'il est absent au Colonel-commandant, & en l'absence de celui-ci au Colonel en second. C'est ce que porte l'article 8.

Le service des Colonels-commandans & des Colonels en second doit commencer le premier mai & finir le dernier septembre. Ils sont libres le premier octobre d'aller où leurs affaires les appellent ; mais il leur est expressément défendu de quitter leurs drapeaux pendant le temps de leur service, ne fut-ce que pour vingt-quatre heures, sans la permission de l'officier général.

. Observez néanmoins que les Colonels-commandans & les Colonels en second qui ont des affaires importantes peuvent demander au roi & obtenir un congé pour s'absenter pendant les mois de juillet & d'août ; mais sa majesté a déclaré que de tels congés ne seroient accordés que sous la condition expresse que ceux qui les auroient obtenus remplaceroient après leur retour, ces deux mois d'absence par un mois de prolongation de service. C'est ce qui résulte des articles 4 & 5 du titre 12 de l'ordonnance d'administration.

Par l'article 6, le roi dispense du service dont on vient de parler les Colonels des régimens suisses, allemands ou étrangers qui sont officiers généraux. Sa majesté veut qu'il soient toujours passés présens dans les revues des commissaires des guerres, jusqu'à ce qu'il lui ait plu d'en ordonner autrement.

Le roi voulant bannir de ses armées toute espèce de luxe, a déclaré par l'article 5 du titre 6 de la même ordonnance, vouloir que les tables des officiers généraux & des commandans des corps fussent servies militairement, c'est-à-dire, sans ostentation & sans profusion; que le lieutenant-général commandant en chef dans une province, ne pût jamais avoir que vingt couverts, & que celui qui ne commanderoit qu'une division n'en eût que quinze; que le maréchal-de-camp se réduisît à douze couverts, & que le Colonel n'en eût que huit. Sa majesté a pareillement déclaré qu'elle cesseroit d'employer pour son service les officiers-généraux, & qu'elle interdiroir les chefs des corps qui s'écarteroient de cette loi.

L'article 6 défend sous les mêmes peines aux officiers généraux, aux Colonels, aux officiers supérieurs & particuliers des corps, tout souper d'appareil, toute fête & toute dépense extraordinaire, sans que la présence des femmes des officiers généraux, des Colonels ou autres officiers supérieurs puisse servir de prétexte à l'exception.

Le Colonel commandant de chaque régiment, ou celui qui commande en son absence doit répondre de l'instruction générale des officiers, bas officiers, grenadiers, chasseurs, soldats & tambours.

Il peut exercer ou faire exercer les officiers par un officier supérieur toutes les fois qu'il le juge à propos.

Le Colonel en second, le lieutenant-Colonel & le major sont chargés de l'instruction générale du régiment, sous les ordres du Colonel-commandant : celui-ci peut les employer par-tout où il juge leur présence utile au bien du service, & il doit particulièrement employer le Colonel en second & le lieutenant-Colonel à l'instruction & au commandement de leur bataillon, dont ils sont spécialement chargés. C'est ce qui résulte de l'artice premier du titre 2 de l'ordonnance du premier juin 1776.

Lorsque dans une place fermée ou dans une garnison il se trouve un Colonel, c'est lui qui y commande, à moins qu'il n'y ait un gouverneur, un lieutenant de roi ou quelqu'autre officier qui ait commission de commandant de la place.

Dans la formation des régimens en bataille, le Colonel-commandant doit être à cheval à vingt pas derrière le centre du régiment, pour se porter partout où sa présence est nécessaire.

Le Colonel en second doit être à pied, six pas en avant du centre du premier bataillon, lorsque le bataillon est de pied ferme, & à deux pas en avant du drapeau en marchant en bataille. Cela est ainsi réglé par l'article 9 du titre 4 de l'ordonnance du premier juin 1776.

Suivant le titre premier de la même ordonnance, les Colonels-commandans & les Colonels en second ne peuvent avoir pour armes que des épées qu'ils doivent mettre à la main toutes les fois qu'ils sont sous les armes.

COLONEL GÉNÉRAL DE L'INFANTERIE FRANÇOISE. C'est le titre que portoit autrefois le premier officier de l'infanterie. L'office en fut érigé en charge de la couronne par le roi Henri III, au mois de décembre 1584, en faveur du duc d'Epernon.

Ce monarque attribua à cet officier le pouvoir de nommer à toutes les charges qui viendroient à vaquer dans l'infanterie françoise; il lui attribua aussi une juridiction particulière

pour juger de la vie & de l'honneur des gens
de guerre, sans être obligé d'appeler au jugement d'autres officiers que les siens. Cette charge
dont le pouvoir étoit exorbitant fut supprimée
par Louis XIV, en 1661.

Louis XV la rétablit en 1721 (*) en faveur

(*) *On voit par les provisions de cette charge que nous
allons rapporter, jusqu'ou s'étendoient les prérogatives que
le souverain y avoit attribuées.*

Louis, par la grace de Dieu, roi de France & de Navarre : à tous ceux qui ces présentes lettres verront, salut.
Depuis notre avénement à la couronne, nous avons, à
l'exemple des rois nos prédécesseurs, regardé le corps de
notre infanterie comme le soutien le plus solide de cette
monarchie ; & pour ne rien négliger de tout ce qui pouvoit en relever la force, nous avons toujours eu une attention singulière à y maintenir l'ordre & la discipline :
mais après avoir rendu plusieurs ordonnances, dans lesquelles nous avons rassemblé tout ce qui nous a paru le
plus convenable pour remplir un objet aussi important,
nous avons remarqué que le moyen le plus sûr pour y
parvenir, étoit de réunir le commandement de ce corps
sous un chef, qui joignant l'autorité à une naissance &
des qualités supérieures, eût un caractère tel qu'il convient
pour y conserver le concert & la subordination ; & qui
pût par une application suivie à connoître le mérite, les
talens & les services des sujets dont il est composé, nous
mettre en état de leur distribuer les grâces dans un esprit
de justice & d'équité ; sans lequel l'expérience ne fait que
trop connoître que l'émulation ne peut pas se soutenir.
Les avantages que notre cavalerie, nos dragons, & les
suisses & grisons employés à notre service, ont retirés
jusqu'à présent de l'établissement des Colonels généraux,
auxquels ils sont subordonnés, sont même une preuve sen-
sible de la nécessité dont il est d'en établir un sur notre
dite infanterie. Après avoir mûrement examiné sur qui
nous pouvions nous reposer de l'exercice d'un emploi aussi
important, nous nous sommes déterminés en faveur de

de Philippe d'Orléans, fils du régent de France

notre très-cher & très-amé oncle le duc de Chartres, per
suadés que les liens de parenté qui l'attachent à notre per
sonne l'affection singulière que sa naissance lui inspire pou
le bien de l'état, & la valeur & le courage héréditair
dans le sang dont il a l'honneur d'être issu, sont de si
garans de la conduite que nous jugerons à propos de l
charger. Sçavoir faisons que pour ces causes & autres bo
nes considérations à ce nous mouvant, de l'avis de not
très-cher & très-amé oncle le duc d'Orléans régent, & c
notre pleine puissance & autorité royale, nous avons p
ces présentes signées de notre main, fait, constitué, o
donné, établi notre dit oncle le duc de Chartres; faison
constituons, ordonnons & établissons Colonel général c
tous les régimens & compagnies de gens de pied, Fra
çois & étrangers, étant de présent & qui seront ci-apr
à notre solde, à l'exception toute fois du régiment de n
gardes françoises, qui continuera d'être commandé dire
tement sous notre autorité par le Colonel qui en est actue
lement pourvû; à l'égard duquel nous n'entendons ri
innover, soit dans les lieux de notre séjour, ou dans ce
ou il pourroit être en quartier; voulons cependant q
lorsque notredit oncle le duc de Chartres se trouvera da
nos armées, ledit régiment ou les bataillons détachés d'ic
lui qui auront ordre d'y servir, lui soient sans difficu
subordonnés. N'entendons pareillement rien innover à l'a
torité du Colonel général des suisses & grisons entreten
à notre service, lequel continuera de l'exercer ainsi &
la même manière que par le passé. Avons donné & do
nons à notredit oncle plein pouvoir & autorité spécia
pour conduire & exploiter en notre nom lesdits régime
& compagnies; commander aux chefs, capitaines, lie
tenans, enseignes, & autres officiers & soldats d'iceu
ce qu'il jugera convenable pour notre service; nous re
dre compte des sujets qu'il croira les plus propres à remp
ceux desdits emplois qui se trouveront vacans, pour, f
son avis, y être par nous pourvu ainsi que nous le jug
rons à propos; nous présenter des états & mémoires
ceux à qui il conviendra d'accorder des congés, reliefs c

qui pria le roi en 1730, d'en accepter sa dé-

---

récompenses , soit utiles ou honorables, & généralement
nous proposer ce qu'il estimera utile & nécessaire pour le
plus grand avantage dudit corps d'infanterie, & pour le
bien de notre service.

Voulons que tous les officiers généralement & sans exception, qui ont été jusqu'à présent ou qui seront à l'avenir
pourvus de quelque charge que ce soit dans notredite infanterie, soient tenus de prendre des lettres d'attache de
notredit oncle, pour être en vertu d'icelles reconnus à l'a-
venir en leurs qualités dans les régimens où ils sont employés. Voulons pareillement qu'à commencer de ce jour-
d'hui, les Colonels desdits régimens, comme subordonnés
au Colonel général, ne prennent plus d'autre qualité que
de celle de mestre-de-camp; que la compagnie colonelle
de chaque régiment soit appelée compagnie mestre-de-
camp; qu'elle ne soit réputée que la seconde compagnie,
& celle commandée par le lieutenant-colonel devienne la
premiere; que le drapeau blanc y soit attaché, & qu'elle
continue à être commandée par ledit lieutenant-colonel
sous les ordres de notredit oncle, que nous voulons être
reconnu comme chef & premier capitaine de toutes lesdites
compagnies Colonelles; sans cependant qu'il soit rien in-
nové à l'égard du commandement desdits régimens, lesquels en l'absence de notredit oncle seront commandés,
comme par le passé, par les mestres-de-camp, & à leur
défaut seulement par lesdits lieutenans-colonels, le tout
tant qu'il nous plaira, & sans que sous prétexte des présentes il puisse être rien changé dans la justice militaire,
qui continuera d'être rendue en notre nom , & la forme &
maniere prescrites par nos ordonnances. Si donnons en
mandement à nos très-chers & biens-amés cousins les maréchaux de France, comme aussi à tous gouverneurs & nos
lieutenans généraux en nos provinces & armées, & à tous
autres qu'il appartiendra ; que notredit oncle le duc de
Chartres, duquel nous avons pris & reçu le serment requis
de Colonel général de notre infanterie françoise & étran-
gere, ils fassent, souffrent, & laissent jouir & user pleinement & paisiblement des honneurs, autorités, prérogatives,

miſſion; & depuis ce temps elle eſt demeurée ſupprimée.

Lorſque cette charge ſubſiſtoit, les Colonels particuliers d'infanterie étoient qualifiés de meſtre de camp. Le titre de Colonel leur fut rendu le 8 décembre 1730 par l'ordonnance portant ſuppreſſion de la commiſſion de Colonel général de l'infanterie (*).

---

prééminences & facultés ſuſdites , & à tous meſtres-de-camp, lieutenans-colonels, capitaines, lieutenans, chefs & conducteurs de noſdits gens de guerre & autres que beſoin ſera, qu'ils aient à lui obéir & entendre bien diligemment ès choſes concernant les fonctions de Colonel général, comme ils feroient à notre propre perſonne : car tel eſt notre plaiſir. En témoin de quoi nous avons fait mettre notre ſcel à ceſdites préſentes. Donné à Paris le onzième jour de mai, l'an de grace mil ſept cent vingt-un, & de notre règne le ſixième. *Signé*, LOUIS, & plus, par le roi, le Duc D'ORLÉANS, régent préſent, le Blanc.

(*) *Cette ordonnance eſt ainſi conçue :*

Sa majeſté ayant , ſur les inſtances de M. le duc d'Orléans, accepté la démiſſion qu'il a fait en ſes mains de la commiſſion de Colonel général de ſon infanterie françoiſe & étrangère , qu'elle lui avoit confiée par ſes lettres-patentes du 11 mai 1721, & jugeant convenable au bien de ſon ſervice de remettre les choſes au même état où elles étoient avant l'expédition deſdites lettres & de l'ordonnance donnée en conſéquence le 30 dudit mois ; elle a ordonné & ordonne que le titre & les fonctions de Colonel général de ſon infanterie françoiſe & étrangère ſeront & demeureront dorénavant ſupprimés ,,conformément à l'édit du mois de juillet 1661, ſans pouvoir être ci après rétablis, ſoit par commiſſion ou autrement, pour quelque raiſon ou ſous quelque prétexte que ce puiſſe être.

Que les meſtres-de-camp de ſes régimens d'infanterie françoiſe & étrangère prendront à l'avenir, & à commencer du jour de la publication de la préſente ordonnance, la qualité de Colonels, ſans que pour raiſon de ce chan-

COLONEL GÉNÉRAL DES SUISSES ET GRISONS.
C'eſt un officier dont la charge fut érigée en
titre d'office par Charles IX en 1571. Par cette
inſtitution, la compagnie des cent ſuiſſes de
la garde fut exemptée du commandement attribué à cet officier ſur toutes les troupes de la
même nation.

Il eſt chef d'une compagnie que l'on appelle
la générale qui marche à la tête du régiment des
gardes ſuiſſes ; mais quoiqu'elle ſoit comme unie
à ce corps, elle en forme néanmoins un particulier ayant un état-major & ſon conſeil ſéparé de
celui du régiment. Le drapeau blanc eſt dans
cette compagnie, & les autres drapeaux du régiment ſont compoſés de la couleur de la livrée
du général.

Quand le Colonel-général eſt à l'armée, &
qu'il y a des régimens ſuiſſes, une compagnie
doit monter la garde chez lui avec le drapeau

_____

gement ils ſoient tenus de prendre de nouvelles commiſſions de ſa majeſté ; laquelle veut & entend, qu'au moyen
de celles qui leur ont été ci-devant expédiées, ils continuent de commander leſdits régimens en qualité de Colonels, ſous l'autorité de ſa majeſté.

Que le drapeau blanc ſe a remis le jour de ladite publication, à la ſuite de la compagnie commandée par le Colonel de chaque régiment, laquelle ſera dorénavant la
première ; que celle du lieutenant-Colonel ceſſera d'être
appelée Colonelle générale, qu'elle ne ſera que la ſeconde
compagnie, & ſera ſubordonnée ſans difficulté au Colonel
du régiment.

Qu'au ſurplus, l'ordre & le commandement ſeront rétablis dans leſdits régimens d'infanterie françoiſe & étrangère, ſur le même pied qu'ils étoient avant l'ordonnance
du 30 mai 1721, à laquelle ſa majeſté a dérogé & déroge
expreſſément par la préſente.

indépendamment de la garde qu'il doit avoir à cause de sa naissance ou de son caractère d'officier général de l'armée.

Il a le droit de donner grâce, même pour crime digne de mort, aux soldats & officiers de sa compagnie : c'est lui qui décide souverainement de toutes les querelles entre les officiers de la nation. Il a une garde entretenue aux dépens du roi composée de douze trabans ou halebardiers. Il porte pour marque de sa dignité six drapeaux du régiment des gardes, passés en sautoir derrière l'écusson de ses armes.

Monseigneur le comte d'Artois, fils de France & frère du roi, est aujourd'hui (en 1777) Colonel général des suisses & grisons.

COLONEL-GÉNÉRAL DE LA CAVALERIE. C'est le titre d'un officier qui commande à toute la cavalerie.

L'origine de la charge de Colonel général de la cavalerie est ancienne. Si l'on en croit Titelive, elle fut créée par Romulus qui en pourvut *Celer*, son premier commandant. Les généraux de la cavalerie romaine avoient sur la milice la même autorité que les rois & les dictateurs avoient sur le peuple.

Les empereurs dans leurs constitutions traitoient ces généraux, de seigneurs très-hauts, très-éminens, très-magnifiques & très-illustres.

On voit qu'il y avoit sous Henri II un Colonel & un mestre-de-camp général de la cavalerie. Mais ce n'étoit que des commissions, & ce ne fut que sous Charles IX que l'emploi de Colonel général de la cavalerie fut érigé en titre d'office.

La charge de Colonel général de la cavalerie

a été en différens temps divisée entre deux officiers : il y avoit le Colonel général en-deçà des monts, & le Colonel général en-delà des monts.

Il y avoit sous Louis XIII un Colonel général de la cavalerie françoise, & un Colonel général de la cavalerie Allemande.

Aujourd'hui il n'y a plus qu'un seul officier de ce nom. Les priviléges attachés à sa charge sont considérables. Lorsqu'il est à l'armée, il est en droit d'exiger de la cavalerie un escadron pour la garde de sa personne.

Le maréchal des logis de la cavalerie doit lui donner immédiatement après son arrivée, un état de l'ancienneté de chaque brigadier, de chaque mestre-de-camp, de chaque lieutenant-Colonel, de chaque capitaine & de tout autre officier de cavalerie.

Le même maréchal des logis de la cavalerie est tenu de porter journellement l'ordre au Colonel général, & de lui demander s'il n'a rien de particulier à lui ordonner.

Tous les officiers de cavalerie sont obligés de prendre l'attache du Colonel général sur leurs commissions ou brevets, avant de pouvoir être reçus à exercer les charges dont le roi les a pourvus. C'est ce qu'ont réglé deux ordonnances, l'une du 15 juin 1701, rendue en faveur du comte d'Auvergne, & l'autre du 25 juin 1714, rendue en faveur du comte d'Evreux.

Deux autres ordonnances des 28 août 1746 & premier janvier 1749 ont renouvelé les mêmes dispositions.

Il est en conséquence défendu à tout mestre-de-camp, lieutenant-Colonel ou autre commandant d'une troupe de cavalerie, d'y recevoir aucun officier qu'il n'ait l'attache du Colonel général, à peine d'interdiction.

Observez néanmoins que si les commissions ou brevets des officiers leur étoient envoyés à leurs régimens étant en pays étrangers ou dans une armée à laquelle ne se trouveroit pas le Colonel général, ces officiers pourroient être reçus dans leurs charges, mais à condition que la campagne étant finie & dans un mois après la séparation de l'armée ou le retour du régiment des pays étrangers, les mêmes officiers seroient tenus de se rendre auprès du Colonel général pour recevoir son attache, à peine d'être interdits de leurs fonctions.

COLONEL GÉNÉRAL DES DRAGONS. C'est le titre d'un officier qui commande à tous les dragons.

La charge de Colonel général des dragons a été créée par Louis XIV en 1668 en faveur du duc de Lausun.

Les officiers de dragons sont tenus de prendre l'attache du Colonel général des dragons de la même manière que nous avons dit que cela se pratiquoit dans la cavalerie à l'égard du Colonel général de ce corps.

Le Colonel général des dragons a d'ailleurs dans son corps les mêmes prérogatives que le Colonel général de la cavalerie a dans le sien.

Voyez *les lois citées ; le code militaire ; le grand vocabulaire françois*, &c. Voyez aussi les articles CAVALERIE, INFANTERIE, DRAGONS, MESTRE-DE-CAMP, CONSEIL D'ADMINISTRATION, RÉGIMENT, CONSEIL DE GUERRE, REVUE, &c.

COLONIE. Réunion d'hommes fortis d'un pays pour en peupler un autre.

Tyr & Carthage ont fondé différentes Colonies où les vaisseaux fatigués d'une longue navigation faisoient réciproquement leurs échanges : Rome en établit pour assujettir les peuples qu'elle conquéroit & pour récompenser ses soldats ; les Barbares envahirent plusieurs contrées où ils s'établirent ; mais toutes ces anciennes Colonies différoient de celles que la découverte de l'Amérique a fait naître.

Les établissemens des Européens dans le nouveau monde ont pour base la culture & le commerce des denrées., que la métropole acheteroit désavantageusement chez les nations étrangères, & quoique ces Colonies soient dépendantes de l'état qui les fonde, leur éloignement, la différence de leur climat, la facilité de les envahir n'ont pu y faire adopter entièrement le gouvernement de la métropole ; ainsi nous traiterons dans cet article des loix particulières 1°. à l'administration militaire, civile & ecclésiastique : 2°. aux finances, à la culture & au commerce des Colonies.

Administration militaire, civile & ecclésiastique des Colonies.

Les premiers colons des îles de l'Amérique furent des avanturiers exilés de leur patrie par l'inquiétude que font naître l'ambition ou la misère : d'abord soldats & navigateurs heureux, ils devinrent bientôt des dévastateurs redoutables. Après avoir saccagé les hutes des sauvages, ils se jurèrent entr'eux des haines implacables.

qui furent fuivies des plus grandes atrocités; ils fe divifèrent en bandes fous le nom de Flibuf-tiers & ne connurent plus d'autre frein que la fubordination infpirée par l'intrépidité de leur chef. La feule loi convenue & obfervée fut le partage égal du butin.

Soumifes en même tems à des compagnies commerçantes qui fans faire des avances fuffi-fantes, vouloient retirer beaucoup & prompte-ment, les îles de l'Amérique furent longtemps victimes des priviléges exclufifs.

- Lors de la révocation de la dernière de ces compagnies en 1674, toute la puiffance de l'adminiftration fe trouvoit entre les mains des deux gouverneurs lieutenans-généraux que le roi envoie l'un dans les *îles du vent*, l'autre dans les *îles fous le vent* (*). Les premiers de ces

---

(*) Les Colonies françoifes de l'Amérique font éta-blies dans une partie des îles Antilles fituées entre le deux cent quatre vingt treizième degrés & le cent trente fixième de longitude. Les vents qui foufflent prefque toujours de la partie de l'eft ont fait appeler celles qui font le plus à l'Orient *îles du vent*, & les autres *îles fous le vent*.
'. Les îles françoifes du vent font *fainte Lucie la Marti-nique*, *la Guadeloupe*, *la Défirade*, *Marie Galante*, *faint Bartelemi* & *les Saintes*. On met encore de ce nom-bre la Guyanne quoiqu'elle faffe partie du continent de l'Amérique méridionale.
Les îles françoifes *fous le vent*, font *la Tortue*, *la Goave*, *l'île à Vaches*, & cent quatre-vingt lieues de long fur la largeur moyenne de trois à quatre lieues dans *l'île de faint Domingue* dont plus des trois quarts appartien-nent à l'Efpagne.
La population des *îles du vent* eft d'environ 27630 blancs,

chefs militaires furent des citoyens vertueux qui n'employèrent leur autorité que pour la prospérité des établissemens naissans ; mais les abus que quelques-uns de leurs successeurs ont fait de cette autorité ont obligé le roi à la limiter aux troupes réglées en garnison dans les Colonies ; aux escadres françoises qui naviguent dans les mers de l'Amérique ; aux habitans classés en compagnies de gardes-côtes ou de milice, & aux vaisseaux marchands qui abordent dans les ports des Colonies : l'arrêt du conseil d'état du 21 mai 1762, & l'ordonnance du premier février 1766 prescrivent à ces chefs de prêter main-forte pour l'exécution des jugemens civils & leur défend de connoître de l'administration de la justice.

Les gouverneurs lieutenans-généraux ont sous leurs ordres des commandans en second, à Saint-Domingue, à la Martinique, à la Guadeloupe & à Cayenne, qui doivent y faire exécuter les ordonnances du roi & les ordres du lieutenant-général ; mais qui n'ont aucune autorité sur les habitans, & qui ne doivent se mêler du gouvernement que quand le gouverneur le leur permet, ou qu'il est hors d'état de remplir ses fonctions.

A ces commandans en second sont subordonnés des commandans de quartiers pour veiller plus particulièrement à l'exécution des ordres du gouverneur lieutenant-général & lui rendre

de 3229 noirs ou mulâtres libres & de 164156 esclaves. Celle des îles sous le-vent de 8786 blancs, de 4117 négres ou mulâtres libres & de 206000 esclaves.

compte de tout ce qui intéresse la sûreté & la tranquilité de leur commandement.

Les commandans des Colonies exercent les fonctions municipales relatives aux chemins, aux corvées, aux recensemens &c. quoique l'article 96 de l'ordonnance du roi du 24 Mars 1763 suppose qu'il existe des officiers municipaux dans les Colonies.

Il est vrai qu'il en a été établi à Saint-Domingue sous le nom de sindics par l'ordonnance du gouverneur-lieutenant-général & de l'intendant enregistrée le 27 juin 1763, dans les deux conseils souverains de Léogane & du Port-au-Prince; mais ces syndics ont été remplacés par les commandans & par d'autres officiers, lors du rétablissement des milices en 1768, sans cependant avoir été supprimés par une déclaration du roi, & quoique l'ordonnance des milices ne contienne aucune disposition générale ou particulière qui attribue aux commandans les fonctions municipales.

Les milices avoient été réformées en 1764 comme peu propres à servir utilement à la défense extérieure de la Colonie, attendu que de simples milices ne peuvent être bien disciplinées, ni formées aux exercices militaires sans ruiner entièrement la culture des terres, & que la prodigieuse étendue & le facile abord des côtes des Colonies ne permettent pas même d'espérer qu'on puisse jamais empêcher l'ennemi de s'y introduire, quelques mesures que l'on prenne à l'intérieur, si on ne lui opose des troupes réglées & si les Colonies ne sont protégées au dehors par des forces maritimes qui éloignent les vaisseaux ennemis. Mais les milices ont été rétablies en 1768, afin de maintenir la police intérieure, de prévenir la révolte des esclaves, d'arrêter les courses des nègres fugitifs, d'éloigner les nègres marons, d'empêcher les attroupemens, de protéger le cabotage & de garantir les côtes contre les corsaires.

Ces milices font divisées en compagnies d'infanterie & en compagnies de cavalerie; le nombre des compagnies de cavalerie est relatif à la facilité que l'on a dans chaque île de se procurer & d'entretenir des chevaux; celui des compagnies d'infanterie est proportionné à la population de chaque Colonie.

Tous les colons depuis quinze jusqu'à cinquante-cinq ans font assujettis au service des milices, excepté les officiers de guerre & de justice ayant commission, brevet, ou ordres de sa majesté. Dans les Colonies sous le vent la noblesse n'est point exempte de la milice; mais elle ne peut être assemblée qu'en cas de guerre ou d'attaque: les ordonnances veulent qu'il soit établi dans chacune des îles du vent une compagnie composée de gentilshommes qui s'assemblent en temps de paix tous les ans une fois, & pendant la guerre lorsque le gouverneur le juge à propos. Mais les articles 23, 24 & 28 de l'ordonnance de 1768, obligent les miliciens roturiers des Colonies à passer en temps de paix huit revues par an, dont quatre particulières ou de paroisse doivent être faites de trois en trois mois par les capitaines-commandans; deux générales ou de quartier, de six en six mois par les commandans de quartiers; & deux autres aussi de six en six mois par le gouverneur-lieute-

nant-général ou l'un des commandans en second.

Les milices ne font aucun exercice, mais les
gardes-côtes se rassemblent de temps en temps
pour s'exercer à tirer au blanc ; les autres miliciens montent la garde chacun à leur tour à
moins qu'ils ne s'en rachètent en fournissant deux
hommes pour chaque nombre de vingt noirs
qu'ils possèdent : enfin par l'article 39 de la même
ordonnance, il a été créé des compagnies de
milice de mulâtres & nègres libres, pour la
chasse des nègres marons & des déserteurs, &
pour la police des quartiers. Leur service est
très-analogue à celui de la maréchaussée des
Colonies.

La première maréchaussée des Colonies fut
établie par l'arrêt du mois de mars 1705. Il ordonnoit qu'il seroit entretenu 6 hommes dans
chaque quartier pour faire la recherche des
nègres fugitifs ; qu'il seroit payé annuellement
trois cens livres à chacun par les maîtres des esclaves qu'ils ramèneroient ; que le prix des nègres
qui seroient tués dans ces chasses seroit remboursé à leurs maîtres, & qu'enfin les fonds nécessaires au payement des appointemens & au
remboursement du prix des nègres tués se feroient
par une capitation sur les esclaves, dont chaque
habitant fourniroit le dénombrement. Ces dispositions ont été confirmées par un règlement
de 1743, qui en augmentant le nombre des
brigades de la maréchaussée, la charge particulièrement de poursuivre les nègres marons &
de veiller à la sûreté des grands chemins.

Les gouverneurs-lieutenans-généraux & les
intendans ont ensemble le pouvoir de faire punir

à bord des vaisseaux de sa majesté, les hommes
de l'équipage, qui étant à terre y commettent
des désordres ; ils doivent veiller à la sûreté des
grands chemins, des rues & carrefours des
villes ; ils règlent ce qu'ils jugent à propos sur le
port d'armes ; ils peuvent ordonner d'arrêter
les malfaiteurs, mais ils doivent les livrer dans
vingt-quatre heures aux procureurs-généraux,
pour poursuivre leur procès, ainsi que les contrevenans à leurs ordonnances.

Autrefois le gouverneur-lieutenant-général
devoit seul ordonner les corvées, la construction des nouvelles fortifications & la réparation
des anciennes. Les vexations & les abus auxquels ce pouvoir a souvent donné lieu l'ont fait
restreindre : les chefs militaires ne peuvent pas
même à présent proposer au gouvernement l'entreprise de travaux publics quelconques sans y
être autorisés par une délibération des principaux habitans, & ils ne peuvent les faire commencer avant l'arrivée des ordres de sa majesté,
sinon par l'avis d'un conseil de guerre composé
des commandans des troupes réglées & des
commandans de quartiers.

Mais le gouvernement n'a pu encore tempé-
rer dans toutes les Colonies les inconvéniens
attachés aux corvées exigées forcément & sans
salaires ; ils sont plus funestes dans les îles de
l'Amérique qu'ailleurs ; la nature du climat &
des productions fait que les terres souffrent plus
de l'absence du cultivateur occupé à des ouvrages publics : l'éloignement de la métropole fa-
cilite des exemptions injustes & la multiplication
des corvées inutiles. A Saint-Domingue, l'administration a été à cet égard pour la prospérité

des colons, au-delà de ce qu'ils ofoient efpérer; en autorifant en 1764 une affemblée nationale qui a aboli les corvées & a affuré l'indemnité de celles auxquelles des circonftances imprévues pourroient forcer.

Après que la culture eût fait des progrès, ou que la fociété eût pris uñ forme durable dans les Colonies, le befoin de lois & de magiftrats s'y fit fentir : Louis XIV y pourvut par la publication de l'édit connu fous le nom de *code noir*, & par la création des confeils fouverains & de différens fiéges royaux (*).

L'établiffement de ces tribunaux n'apporta pas un changement fenfible au gouvernement des Colonies. Des officiers de milice avoient jugé dans les temps qu'il n'y avoient point encore de juges inftitués (**). Ils furent pourvus des charges du confeil fouverain & des juridictions.

Ces juridictions doivent faire exécuter tous les règlemens de police, & juger en première inftance de toutes les caufes qui ne font pas attribuées aux amirautés.

(·) Ce roi établit deux confeils fouverains dans les îles du vent par l'édit du 11 octobre 1664 ; l'un pour la Guadeloupe, l'autre pour la Martinique.

Les confeils fouverains de *faint Domingue* pour le gouvernement des îles fous le vent furent établis le premier par l'édit du mois d'août 1685 au petit Goave ; fes féances ont été enfuite transportées à Léogane & fe tiennent aujourd'hui au Port au Prince : le fecond fut établi au cap François en vertu de l'édit du 8 juin 1701.

(**) Il y a dans les regiftres du confeil fouverain du Port au Prince un arrêt rendu le 26 juin 1693 fur l'appel d'une fentence du confeil des Milices du petit Goave.

Selon l'édit du mois de janvier 1717, les
amirautés des Colonies connoissent, ainsi que
les autres amirautés du royaume, de tous les
actes passés pour le commerce de mer & pour
la navigation.

On appelle des jugemens des unes & des autres de ces juridictions aux conseils souverains,
excepté cependant de ceux qui concernent les
clauses de concessions, les réunions de domaine,
la distribution des eaux pour l'arrosement des
terres, les servitudes, les chemins, les ponts,
les aqueducs, les barques, les passages de rivières, la chasse & la pêche dont la connoissance
appartient sur l'appel au tribunal terrier.

Ce tribunal est composé du gouverneur-lieutenant-général, de l'intendant & de trois conseillers du conseil souverain nommés par le conseil même; les contestations y sont portées par
des requêtes addressées au gouverneur-lieutenant-général & à l'intendant, au bas desquelles
l'un & l'autre donnent acte de la demande, &
en ordonnent la signification.

Selon l'article 2 de l'édit du 18 mars 1761,
l'ordonnance de soit signifié vaut un appointement dont les délais courent du jour de la signification: le juge des lieux est commissaire du tribunal terrier, c'est par-devant lui que l'on doit
procéder contradictoirement avec le procureur
du roi partie nécessaire dans ces contestations.

Si l'on ordonne une instruction quelconque,
les parties doivent être renvoyées devant les juges
des lieux comme commissaires, & leurs sentences
peuvent être attaquées par la voie de l'opposition dans la forme ordinaire : en cas d'appointement, il est fait droit sur les productions de la

partie la plus diligente. Si l'affaire n'est pas en état de paroître après deux mois de délai, on doit exécuter par provision les ordonnances préparatoires & émanées des juges des lieux comme commissaires du tribunal terrier, ainsi que les jugemens rendus par le tribunal terrier, nonobstant toute opposition & appellation, sans que les impétrans de ces jugemens soient tenus de donner caution. Les appellations interjetées des jugemens du tribunal terrier se font par de simples actes, & sont portées au conseil des dépêches en la maniere accoutumée, en joignant aux piéces d'appellation l'expédition, tant des conclusions des procureurs des lieux, que de l'avis des premiers officiers des siéges.

Par l'édit de 1664, & par un règlement de 1671, le roi a ordonné de juger dans les Colonies suivant les lois & les ordonnances du royaume, & conformément à la coutume de Paris (*).

Les édits de création des conseils souverains

(*) Article 34 de l'édit portant établissement de la compagnie des indes occidentales du 28 mai 1664.

« Seront les juges, établis en tous lesdits lieux, tenus » de juger suivant les lois & ordonnances du royaume & » les officiers de suivre & de se conformer à la coutume » de la prévôté & vicomté de Paris, suivant laquelle les » habitans pourront contracter, sans que l'on y puisse in- » troduire aucune autre coutume, pour éviter la diversité

Article 11 d'un règlement du roi du 4 novembre 1671 sur le commandement des armes, la justice & la police dans les Colonies.

« Sa majesté veut que les premiers juges & les consuls » souverains, suivent & se conforment à la coutume de » Paris, & aux ordonnances du royaume, pour la justice » qu'ils doivent rendre à ses sujets.

de faint-Domingue, veulent que la juftice foit adminiftrée *en la même maniere, dans les mêmes termes & fous les mêmes loix que celles qui s'obfervent pour les autres fujets du roi.*

· Les commiffions des intendans des Colonies portent qu'en rempliffant les fonctions de premiers préfidens, ils tiendront la main à ce que les confeils fouverains jugent en matiere civile & criminelle, conformément à la coutume de la ville de Paris, aux édits & aux ordonnances du roi.

Les deux confeils fouverains de faint-Domingue ont, conféquemment à ces loix, ordonné que l'on fe conformeroit dans les jugemens & dans les actes aux ordonnances du royaume & à la coutume de Paris (*).

Mais le confeil de la Martinique n'a pas preferit de même l'obfervation générale des lois & ordonnances du royaume ; il s'eft contenté d'ordonner le 3 novembre 1681, par un arrêt en forme de règlement, l'enregiftrement de la coutume de Paris, de l'ordonnance du mois d'avril 1667 pour les procédures civiles, de celle du mois d'août 1670 pour les procédures criminelles & de celles de 1673 pour le commerce.

Les motifs qui ont déterminé ce confeil fouverain à n'enregiftrer que quelques-unes des lois du royaume, font fans doute l'impoffibilité de s'y conformer dans les Colonies, puifqu'il n'en a pas été adreffé aux juges de recueils autorifés, &

(*) Le confeil fiegeant à Léogane par un arrêt en forme de règlement du 6 mars 1687.

Le confeil fiegeant au cap François par un femblable arrêt du 11 novembre 1706.

qu'en prononçant conféquemment à quelques-unes, ils peuvent ignorer s'il n'y a pas été dérogé par d'autres; il eſt de plus evident que pluſieurs lois françoiſes ne fons pas applicables aux Colonies, & que les juges en prétendant s'y conformer, feroient les maîtres de juger contre ces lois en les interprétant, ou pourroient s'égarer en les obfervant dans les cas où elles ne font pas applicables.

Il ne paroît pas d'ailleurs que le roi ait regardé l'enregiſtrement de la coutume de Paris par le conſeil ſouverain de la Martinique comme ſuffiſant pour faire paſſer en loi cette coutume au point d'annuller les actes où elle n'auroit pas été obſervée : c'eſt ce qui réfulte de la déclaration du 14 août 1726 qui s'énonce ainſi : « quoique » la coutume de notre bonne ville de Paris, ait » été publiée dans nos ifles, & enregiſtrée au » greffe du conſeil ſupérieur de la Martinique » dès le 3 novembre 1681, néanmoins nous » avons été informés que la plupart des articles » de cette coutume n'ont point été fuivis, en- » tr'autres l'article 132. Voulons que tous les » immeubles vendus aux ifles du vent, avant » l'enregiſtrement des préfentes ne foient plus » fujets à retraits quoique les contrats d'acquiſi- » tion n'aient pas été publiés conformément » à l'article 132. Voulons néanmoins que ledit » article 132 ait lieu à l'avenir auxdites ifles.

Le roi s'eſt expliqué plus formellement à l'égard de l'obſervation de la coutume de Paris & des ordonnances du royaume dans les Colonies, en confirmant par les déclarations du 13 & du 24 août des actes paſſés, *fans qu'on y eût obfervé les formalités preſcrites par la coutume de Paris*

&

& par les ordonnances du royaume, fur le motif, dit le légiflateur, *que la coutume de Paris, nos ordonnances, celles des rois nos prédécéffeurs étoient la plûpart ignorées.*

Enfin par une déclaration du 24 août 1726, il eft permis de demander le déguerpiffement des acquéreurs de terres en retard de payer ; *à caufe*, eft-il dit, *de la difficulté d'obferver les formalités prefcrites par les ordonnances & par la coutume de Paris, dont la plupart font ignorées aux îles.*

Plufieurs autres lois prouvent de même, que l'intention du légiflateur n'eft pas de punir de nullité les actes qui auroient été paffés dans les îles contre les difpofitions des lois du royaume & de la coutume de Paris, mais qu'il fuffit de févir contre la mauvaife foi.

« *Dans cet état de légiflation,* dit M. *Petit* (*), »*chaque tribunal, chaque juge a fon fyftéme fur* »*l'obfervation des lois du royaume, dans une* »*même Colonie.* A la Martinique, par exemple »le confeil fupérieur fe conforme aux lois du »royaume antérieures à fon établiffement en 1667 »autant que la différence des lieux n'y fait point »d'obftacle ; mais quant aux lois promulguées »après fa création, il ne regarde comme lois »que les ordonnances de 1667, 1669, 1670, »1673, parce qu'il les a enregiftrées en 1681. »Ce confeil infirme les fentences des premiers »juges rendues en contravention à ces lois ; »quoique ces jugemens foient rendus en exécu-»tion de lois poftérieures, mais non enregif-»trées. Ce confeil & celui de la Guadeloupe,

_____

(*) Droit public des Colonies, tome 2 page 178.

» ont tout récemment par des arrêts des 8 juillet
» & 16 novembre 1769, renouvelé la demande
» en communication des lois publiées en France
» depuis leur établiffement, en défignant celles
» de ces lois que ces compagnies croient con-
» venir à leurs Colonies ».

Les confeils fouverains de Saint-Domingue
ont fouvent réitéré la même demande : elle a
été un des principaux objets des repréfentations
faites en forme d'arrêt en 1762.

Le roi déférant à ces repréfentations, & de-
firant de fixer la jurifprudence des Colonies par
des principes plus certains, a ordonné de travailler fous les ordres & la direction du fecrétaire d'état ayant le département de la marine,
à un code général des Colonies ; un magiftrat
dont les lumières font connues du public, a été
choifi comme député des confeils fupérieurs,
non-feulement pour rédiger les mémoires & les
projets de règlemens néceffaires, mais encore
pour donner des renfeignemens aux perfonnes
que fa majefté chargeroit à l'avenir de travailler
à quelque loi pour les Colonies ; c'eft au zèle de
ce refpectable citoyen que l'on eft redevable du
droit public des Colonies Françoifes, publié
en 1771.

En attendant la publication d'un code, le roi
a renouvelé par une déclaration du 18 mars
1766, les défenfes déja faites aux confeils fouverains des Colonies, d'enregiftrer fans les ordres du roi les lois anciennes & nouvelles du
royaume ; c'eft conféquemment à ces principes
que le parlement de Paris juge de l'exécution
des actes paffés dans les Colonies, quand la réfidence des parties intéreffées dans fon reffort
met cette cour dans le cas d'en connoître.

Un testament olographe fait sans date à Saint-Domingue, a été attaqué en 1704, à la faveur de la nullité prononcée par l'ordonnance de 1735 sur les testamens. Les parens légataires ont opposé à cette ordonnance le défaut de publication & d'enregistrement dans les deux conseils de Saint-Domingue, attesté par le ministre & le député des conseils des Colonies. Le Châtelet de Paris avoit déclaré le testament nul ; mais le parlement a infirmé cette sentence & a ordonné l'exécution du testament.

L'article 10 de l'édit de mars 1685 pour la police des îles Françoises, subordonne les Colonies aux lois alors observées dans le royaume pour la légitimité des mariages ; & comme les lois de cette espèce postérieures à 1685, n'ont été ni envoyées, ni enregistrées, ni publiées dans les Colonies, l'édit de 1697 n'est pas commun aux Colonies, quoique l'exécution y en eût été facile : la disposition qui détermine le temps du domicile nécessaire pour qualifier propre curé des parties celui qui publie les bans, qui en délivre les certificats & qui marie ceux qui résident dans la paroisse, y préjudicieroit à la population : la raison en est que ce temps est fixé à un domicile de six mois dans une paroisse de même évêché, & d'une année si la nouvelle paroisse est d'un autre évêché ; or, la température généralement dangereuse des îles ne laisse aux honnêtes familles que peu de ressources pour les mariages sortables, si ce n'est avec des européens appelés dans les Colonies pour des emplois ou par le commerce.

Deux règlemens bien postérieurs à l'édit de 1697 prouvent que l'intention du roi est qu'on

s'en rapporte dans les Colonies à l'ordonnance
de Blois & à la déclaration du 26 novembre
1739, qui n'exige pour qualifier le propre curé,
que la résidence actuelle des parties dans sa paroisse, pourvu qu'elles n'aient pas d'autre domicile dans la Colonie.

Le premier de ces réglemens permet aux
officiers d'épée ou de justice, de contracter des
mariages, quoiqu'ils n'aient pas fait dans une
paroisse le domicile prescrit par l'édit de 1697.
L'autre réglement est un édit de mars 1724 pour
la police des noirs, qui en fait de mariages des
libres & des esclaves, prescrit pour lois l'ordonnance de Blois & la déclaration du 26 novembre 1739.

La jurisprudence est conforme à ces lois. Le
conseil par arrêt du 23 février 1767, a cassé
celui qu'avoit rendu en 1765 la grand'chambre
du parlement de Paris, qui annulloit le mariage
du sieur Panchaud, pour avoir été contracté
malgré des défenses faites par les juges de passer
outre. Le 10 septembre 1765, le conseil du
Port-au-Prince avoit sur un appel comme d'abus,
confirmé le mariage du sieur Castra avec la
dame Bydonne; il y eut demande en cassation
motivée sur ce que le sieur Castra n'avoit pas
une année de domicile dans la Colonie, & ne
résidoit que depuis deux mois dans la paroisse
de la dame Bydonne où ils s'étoient mariés : la
requête en cassation fut admise par arrêt du 10
août 1769, qui en ordonna la communication
& l'apport des motifs ; mais un arrêt contradictoire du 17 août 1769 a débouté de la demande
en cassation. Enfin les plus riches mariages se
font journellement dans les Colonies sans attendre les six mois ni l'année de domicile.

La différence des biens de l'Amérique & de ceux de l'Europe apporte encore des modifications à l'exécution des lois Françoises dans les Colonies : cette différence ne permet pas d'y exercer rigoureusement les formalités prescrites en France pour la satisfaction des créanciers ; aucune loi n'autorise dans les îles les saisies réelles quoique quelques-unes les supposent possibles ; & si selon le règlement du 12 janvier 1717 & la déclaration du 12 juin 1745 , la contrainte par corps est permise, elle ne s'étend pas à toutes sortes de dettes. Enfin pour prévenir l'inconvénient qu'il y auroit ou de saisir les esclaves d'un débiteur , ce qui ruineroit entièrement ses plantations, ou de saisir les terres & de priver le débiteur des moyens d'occuper les esclaves , les lois qui permettent dans les Colonies de saisir les jardins , veulent que le créancier fasse en même-temps saisir les esclaves qui y sont attachés.

Il n'y a dans les Colonies aucune loi qui permette de demander la cassation des arrêts civils des conseils souverains des îles ; cette voie juridique est supposée par le règlement du 28 juin 1738 , dont l'article premier du titre 4 règle la manière de former les demandes en cassation, & dont l'article 12 supporte l'usage de cette loi contre les arrêts rendus par les conseils souverains. L'ordonnance de 1667 ouvre un grand nombre d'autres voies contre les arrêts en matière civile. Le premier , le second & le troisième article permettent d'attaquer par requête civile les arrêts & jugemens en dernier ressort, rendus contradictoirement ou par défaut, ou qui sont préjudiciables à des tiers non-appelés.

En matière criminelle il n'y a que deux voies
de se pourvoir : la demande en cassation , & la
requête en révision du procès ; mais l'ordonnance de 1670 voulant que les jugemens soient
exécutés le même jour qu'ils ont été prononcés,
ces voies de restitution ne peuvent s'employer
par les accusés ; & pour y obvier dans les îles,
le roi a ordonné que dans les cas d'homicides
involontaires ou forcés , il seroit sursis aux
jugemens des procès jusqu'à la réception des
ordres que sa majesté jugeroit à propos de donner , sur le compte qui lui seroit rendu par informations , à remettre , par les procureurs généraux , aux administrateurs qui les enverroient
au secrétaire d'état du département de la marine;
& l'ordonnance du premier février 1766 veut
que lorsqu'un accusé se fera pourvu par-devant
le gouverneur-lieutenant-général pour obtenir
sa grace du roi , il en soit délibéré entre ce
officier , l'intendant & le procureur - général
& que s'ils décident à la pluralité des voix que
l'accusé est dans le cas d'espérer sa grâce , il sera
sursis à la lecture & à l'exécution de l'arrêt
jusqu'à ce que sur le vu de leur avis & des charges & informations, il ait été par sa majesté statué
ce qu'il appartiendra.

Enfin selon le règlement du 24 mars 176
concernant le service & l'administration des intendans dans les Colonies , ces officiers peuvent
surseoir à l'exécution d'un jugement du conseil
souverain lorsqu'ils pensent qu'il contient de
dispositions contraires au service du roi & a
bien public. Les intendans ont même le pouvoir
d'évoquer par-devant eux les affaires civiles ou
criminelles, soit que la justice n'en ait pas en

core pris connoiſſance, ſoit qu'elles aient été portées aux tribunaux même ſupérieurs : pour juger avec eux les affaires évoquées, ils peuvent former des commiſſions compoſées de ſix conſeillers & du procureur-général.

L'adminiſtration générale de la police eſt dirigée dans les Colonies par des principes qui proſcrivent l'autorité abſolue que les gouverneurs & les intendans ſe ſont quelquefois arrogée (*).

La police & la diſcipline des corps armés pour la conſervation du pays appartient entièrement au gouverneur lieutenant-général ; mais il lui eſt défendu de juger des habitans au conſeil de guerre ſous prétexte qu'ils ſont du corps de la milice ; ſa commiſſion & pluſieurs lois lui preſcrivent de ne ſe mêler des matières de juſtice, de police & de finances, que pour rendre compte au roi de la manière dont les lois & les ordonnances s'exécutent ; il ne peut ſous aucun prétexte s'oppoſer aux procédures, & il doit prêter main-forte pour l'exécution des ar-

---

(*) Ces excès furent tels qu'en 1717, les habitans de la Martinique ſans commettre aucun déſordre, arrêtèrent l'intendant & le gouverneur général, les envoyèrent en France & allèrent inviter l'officier ſupérieur en grade à continuer d'exercer l'autorité. Le gouvernement pardonna cette entrepriſe que les circonſtances excuſoient.

A ſaint Domingue le gouverneur fit embarquer le 18 mai 1764, le procureur général, exila pluſieurs conſeillers du cap François & érigea des tribunaux d'une eſpèce nouvelle ſous le nom de chambre de conciliation & de bureau de haute police. Un autre gouverneur fit arrêter quelques années après par des ſoldats tout le conſeil du port au Prince, &c. &c. &c.

rêts chaque fois qu'elle lui eft demandée (*).

L'article 3 du règlement général fur le commandement, la juftice & les finances des Colonies du 4 novembre 1671, porte, « que la po- » lice générale & tout ce qui en dépend, fui- » vant l'ufage & les ordonnances du royaume, » fera faite par le confeil fouverain en chaque » île ».

Par l'article 4 de la même loi, « tous les » règlemens & ordonnances de juftice & de » police, de quelque nature qu'ils puiffent être » fans exception, doivent être propofés dans » les confeils fouverains par les procureurs de » fa majefté, & y être délibérés & réfolus avec » liberté de fuffrages & à la pluralité des voix».

(*) Article 15 du règlement du 24 mars 1763 fur le fervice & l'adminiftration des îles du vent.

» Le gouverneur..... ne pourra fe meler en rien de l'ad- » miniftration de la juftice, & encore moins s'oppofer aux » procédures, ni à l'exécution des arrêts, à laquelle il fera » tenu de prêter main forte toutes les fois qu'il en fera » requis. «.

Article 2 de l'ordonnance du mois de février 1766 pour le gouvernement civil des îles fous le vent.

» Le gouverneur lieutenant général contiendra les gens » de guerre en bon ordre & difcipline, & les habitans » dans la fidelité & l'obéiffance qu'ils doivent à fa ma- » jefté; fans toutefois que fous ce prétexte, il puiffe en- » treprendre fur les fonctions attribuées par les ordonnances » aux juges ordinaires en matière de police ou autre, ni » s'entremettre, fous quelque prétexte que ce puiffe être, » dans les affaires qui auront été portées devant eux, ou qui » feront de nature à y être portées & en général en toute » matière contentieufe; ni citer devant lui aucun defdits » manans & habitans, à l'occafion de leurs conteftations, » foit en matière civile, foit en matière criminelle.

Deux lettres du roi ont prefcrit aux gouverneurs-lieutenans-généraux , de laiffer agir librement les cours fouveraines fur toute matière
de juftice & de police , & de conférer avec
l'intendant fur les règlemens qu'ils jugeroient
néceffaires , pour enfuite les propofer aux confeils fouverains.

Par une ordonnance du 23 feptembre 1683 ,
le roi donna aux gouverneurs-lieutenans-généraux un pouvoir plus étendu ; il leur permit de
faire dans les occafions importantes & preffées,
de nouveaux règlemens pour la police générale,
& de les porter eux-mêmes aux confeils fouverains pour être lus & examinés. Le roi régla
encore que fi les confeils fouverains s'oppofoient
à l'enregiftrement & à l'exécution de ces réglemens , il feroit dreffé procès-verbal des raifons
qu'ils allégueroient , & cependant que les règlemens feroient exécutés par provifion jufqu'à ce
que fa majefté en eût autrement ordonné.

Mais les gouverneurs, lieutenans-généraux &
les intendans, ayant fait envifager comme preffans tous les cas de police , le roi par fes ordonnances des 24 avril 1763 & premier février
1766, expliqua fur quels objets ces chefs avoient
le droit de faire des règlemens de police.

- L'article 34 de l'ordonnance de 1766 déclare
qu'il appartient aux gouvernemens & intendans
de faire des règlemens néceffaires pour empêcher les affemblées qui pourroient troubler la
fûreté & la tranquillité publiques. L'article 37
leur attribue le droit de faire des règlemens fur
les approvifionnemens en bois, vivres & beftiaux, fur la chaffe, fur la pêche des rivières &
fur ce qui fe règle par le tribunal terrier : L'ar-

ticle 38, fur tout ce qui concerne les affranchif-
femens, l'ouverture des chemins & l'introduc-
tion des vaiffeaux étrangers : l'article 45, fur
les droits, falaires & vacations des officiers de
juftice : l'article 41 porte que les règlemens faits
par les gouverneurs & intendans, feront préfentés aux confeils fupérieurs pour y être enregiftrés & exécutés, jufqu'à ce qu'il en ait été
ordonné autrement par fa majefté, fur les repréfentations que les confeils pourront lui faire.

Mais l'intendant & le gouverneur connoiffent
feuls de tout ce qui concerne les affaires de religion & la police du culte, parce que l'intention
du roi eft que les eccléfiaftiques ne foient pas
repris avec éclat dans les Colonies, & que s'ils
y commettent des fautes graves ils foient renvoyés en France pour y être punis.

La difcipline régulière eft dans lcs mains des
fupérieurs réguliers envoyés dans les îles à la
tête des religieux de leur ordre, qui deffervent
les paroiffes ou qui font des miffions pour la converfion des infidelles. Ces fupérieurs reçoivent
de leurs chapitres, avant de s'embarquer pour
l'Amérique, le titre de vicaire-général.

Ce fut la compagnie formée en 1626 pour
l'établiffement des îles, qui y envoya les premiers eccléfiaftiques, conformément aux engagemens qu'elle avoit contraĉtés, d'entretenir dans
chaque île au moins deux ou trois prêtres pour
y adminiftrer les facremens aux catholiques &
pour inftruire les fauvages.

Des lettres-patentes autoriférent enfuite fucceffivement les Carmes de la province de Tou-
raine en 1650, les Jéfuites en 1651, les Capucins en 1700, & les Dominicains en 1721, à

s'établir dans les îles pour y célébrer le service divin, prêcher, confesser, administrer les sacremens, du consentement toutefois des évèques, prélats, gouverneurs & principaux habitans des lieux. .

Depuis la suppression des Jésuites, les Carmes, les Dominicains & les Capucins desservent les paroisses des Colonies & y font seuls des missions. Les religieux desservans ont un casuel & des pensions payées par les habitans.

A l'égard des missionnaires, Louis XIV régla, en 1703, que les religieux établis dans les îles ne pourroient y étendre leurs habitations au-delà de ce qu'il faudroit de terre pour employer cent nègres : ce seroit à présent cent arpens, dont la culture produiroit cinquante mille livres de revenu.

Ce règlement n'ayant pas été exécuté, Louis XV ordonna, par lettres - patentes du mois d'août 1721, que les religieux établis dans les Colonies ne pourroient à l'avenir faire aucune acquisition soit de terre ou de maison sans la permission expresse & par écrit de sa majesté, à peine de réunion au domaine ; mais selon la déclaration du 25 novembre 1743, l'état des Colonies exigeant des dispositions encore plus étendues sur cette matière, le roi fit défense par l'article 10 de cette loi, à toutes les communautés religieuses établies dans les Colonies, d'acquérir ni de posséder des biens immeubles, maisons, habitations ou héritages situés dans les Colonies, sinon en vertu d'une permission expresse portée par lettres - patentes enregistrées dans les conseils souverains pour les biens situés aux Colonies, & dans les parlemens pour les biens situés dans l'intérieur du royaume.

Toutes ces lois n'ont pas été exécutées ; les Dominicains possèdent à la Martinique deux cens quatre-vingt-quatre mille livres de revenu, deux cens mille livres à la Guadeloupe, & ils ont depuis peu acheté une nouvelle sucrerie à saint Domingue : les Carmes ont fait une semblable acquisition à la Guadeloupe ; enfin la vente des biens des Jésuites faite en 1763 au profit du roi, doit s'évaluer à un million deux cens mille livres.

La police ecclésiastique est confiée dans les Colonies à des préfets ecclésiastiques, & non à des évêques comme dans tout le royaume : ces préfets ne peuvent censurer, ni suspendre, ni interdire ; mais en vertu des pouvoirs ou facultés que leur donne le pape, qui, selon les lettres-patentes du 31 juillet 1763 (*), doivent être enregistrés dans les conseils souverains, ils

_____

(*) *Voici le dispositif de ces lettres-patentes :*

ARTICLE PREMIER. Les fonctions de préfet apostolique ne pourront être exercées dans nos colonies que par un ecclésiastique séculier ou régulier, né françois & domicilié dans nos états.

Article II. Ceux desdits ecclésiastiques qui auront été commis par le saint siége pour exercer lesdites fonctions, seront tenus de prendre nos lettres d'attache sur les pouvoirs à eux donnés à cet effet; & elles seront enregistrées sur leur requête en nos conseils supérieurs, dans le ressort desquels ils doivent exercer leurs dites fonctions.

Article III. Permettrons néanmoins aux préfets apostoliques qui sont actuellement établis dans lesdites Colonies, d'y continuer l'exercice de leurs fonctions comme par le passé; à la charge toutefois de faire enregistrer leurs pouvoirs en nosdits conseils supérieurs aussitôt après l'enregistrement & publication de nos présentes, lesquels pouvoirs y seront enregistrés sur leur simple requête, sans qu'ils ont l'autorité de dispenser de toute irrégulari-

foient obligés de prendre des lettres d'attache fur iceux, dont nous les difpenfons pour cette fois feulement & fans tirer à conféquence.

Article IV. Les vice-préfets apoftoliques que lefdits préfets apoftoliques auront fubftitués à leur place pour remplir leurs fonctions dans toute l'étendue de la miffion, ou dans une partie feulement, ne pourront les exercer qu'en faifant enregiftrer dans nofdits confeils fupérieurs, en la forme portée par l'article précédent, les commiffions qui leur auront été données par les préfets apoftoliques.

Article V. Les pouvoirs aux fupérieurs ou vicaires généraux des miffions des Colonies, ou à ceux qui leur font fubftitués en cas d'abfence ou de décès, feront enregiftrés en la forme prefcrite par l'article 3 de notre préfente déclaration avant qu'ils en puiffent faire aucune fonction.

Article VI. Les enregiftremens portés par les articles précédens feront faits fur les conclufions de nos procureurs-généraux & fans frais; & il fera délivré gratuitement par le greffier du confeil fupérieur une expédition en forme à ceux qui les auront requis.

Article VII. Le fupérieur ou vicaire général fera tenu de donner aux réguliers qu'il choifira pour la defferte des églifes paroiffiales ou fuccurfales fituées dans le diftrict de la miffion, ainfi qu'à ceux qu'il jugera néceffaire de choifir pour faire auprès d'eux les fonctions de vicaires, une commiffion en bonne forme pour remplir lefdites fonctions, fauf à lui à nommer en cas de neceffité des eccléfiaftiques féculiers en fa qualité de préfet apoftolique.

Article VIII. Ledit fupérieur général fera tenu d'avoir un regiftre coté & paraphé par le juge du lieu où il fera établi, à l'effet d'y tranfcrire lefdites commiffions avant de les délivrer.

Article IX. Lefdits defservans feront tenus avant qu'ils puiffent exercer leurs fonctions, de fe faire inftaller par le premier officier de juftice ou notaire à ce requis, & ce en préfence des marguilliers en charge & des paroiffiens qui feront affemblés à cet effet en la manière accoutumée; & fera l'acte d'inftallation figné, tant par ledit officier ou noté, excepté celles qu'on a encourues pour une véritable bigamie ou pour un homicide volontaire, & même dans ces cas si la disette d'ouvriers l'exige, pourvu cependant, quant à l'homicide, que cette dispense ne cause point de scandale. Ils peuvent absoudre & dispenser de toute simonie, à la charge de quitter les bénéfices & de faire quelques aumônes des fruits mal perçus; ou même en permettant de retenir les bénéfices, s'ils font des cures & s'il n'y a point de sujets pour les desservir.

Les préfets apostoliques dispensent dans le troisième & le quatrième degré de consanguinité & affinité seulement simple & mixte, & dans le second, troisième & quatrième degrés mixtes; mais non dans le second degré non mixte, si ce n'est quant aux mariages contractés, ou même à contracter, pourvu que ce second degré ne tienne d'aucune manière au premier degré. A l'égard des hérétiques ou infidèles qui se convertissent à la foi catholique, & dans les cas portés ci-devant ils peuvent déclarer légitimes les enfans nés. Ces préfets dispensent aussi de l'empêchement d'honnêteté publique, résultant des fiançailles légitimes, des empêchemens pour cri-

---

taire, que par les marguilliers en charge, & inscrit sur les registres des baptêmes, mariages & sépultures de ladite paroisse, ainsi que la commission portée par l'article précédent.

Article X. Lesdits desservans & vicaires continueront d'être amovibles & pourront être révoqués par lesdits supérieurs ou vicaires généraux, ainsi qu'il s'est pratiqué jusqu'à présent, sans qu'il puisse leur être apporté aucun empêchement à cet égard.

mes, pourvu que l'un & l'autre des deux époux n'en foient pas coupables ; de l'empêchement réfultant de la parenté fpirituelle, excepté cependant entre le parrein & la filleule, la marreine & le filleul. Ces difpenfes ne peuvent être accordées qu'avec la claufe que la femme n'ait pas été enlevée, ou ne fe trouve pas dans la puiffance du raviffeur ; elles ne peuvent pas être accordées pour l'un & l'autre for en même-temps dans les lieux où il y a des évêques, mais feulement pour le for de la confcience, & l'on doit inférer la nature de cette forte de pouvoirs dans l'expédition de ces difpenfes en exprimant le temps pour lequel elles font accordées. Ils difpenfent les gentils & les infidèles ayant plufieurs femmes, pour qu'ils puiffent, après leur converfion & leur baptême, retenir celle qu'ils préféreront, fi elle eft fidelle, à moins que la première n'ait voulu fe convertir. Ces préfets peuvent adminiftrer tous les facremens, excepté ceux de l'ordre & de la confirmation.

Nous n'omettrons pas qu'il a été propofé au gouvernement plufieurs projets pour fubftituer dans les Colonies des évêques aux préfets apoftoliques : ils n'ont pas été adoptés, parce qu'il n'a pas paru convenable d'augmenter les revenus eccléfiaftiques déjà portés, comme nous l'avons précédemmet obfervé, au-delà de ce que le permettent les lois, & parce qu'en ôtant aux eccléfiaftiques poffeffeurs actuels une partie des biens qu'ils ont acquis, de quelque manière que ce foit, pour en former des menfes épifcopales, il auroit été à craindre de prévenir les eccléfiaftiques contre un chef dont il falloit leur rendre l'établiffement agréable ; on a d'ailleurs dû confidérer que ce changement nuiroit aux cultures & diminueroit néceffairement les revenus de ces biens, puifque quand même un évêque pourroit décemment s'adonner aux détails que les cultures des Colonies exigent, il n'auroit pas la faculté de le faire avec l'activité de plufieurs eccléfiaftiques diftribués fur les lieux.

Finances, culture & commerce des Colonies.

Les finances ou les revenus publics font réglés dans les îles françaifes felon un fyftême qui a eu pour objet de faire fupporter au luxe tout le poids de l'impôt, & qui préfente un équilibre conftant entre les revenus & les charges publiques.

Les principes de finances ne font pas les mêmes dans toutes les Colonies. Les intendans y font les juges des conteftations & des demandes en fur-taxe ; mais dans les îles du vent ils prépofent à la recette, au lieu que dans celles fous le vent, ce font les confeils fouverains de Saint-Domingue qui nomment les prépofés. On appelle *impofitions, droits du domaine*, les levées de deniers qui fe font aux îles du vent, parce que, felon les édits de 1664 & 1674, le roi ayant acquis ces Colonies de différentes compagnies qui y avoient fait les premiers établiffemens, elles font regardées comme pays de découverte & de conquête. Le roi s'y eft réfervé le pouvoir d'y établir tel impôt qu'il jugeroit néceffaire. On appelle *oðrois* les taxes & impofitions des îles fous le vent, parce que les premiers cultivateurs s'y étant foumis volontairement à la domination françaife, le roi a laiffé aux habitans le droit

droit de s'impofer eux-mêmes par là voie des confeils & de régler les impofitions.

Après que le roi eut réuni à la couronne le domaine & la juftice des îles du vent, par la révocation de la compagnie des indes occidentales en 1674, les finances y furent régies de même que dans les autres parties du royaume : les droits de capitation, ceux d'entrée, ceux de fortie, les amendes, les épaves, les aubaines, les bâtardifes, les confifcations, les deshérences & les fucceffions vacantes, furent affermés pour trois cens cinquante mille livres aux adjudicataires des fermes générales du royaume, qui verfoient le prix de leurs baux dans les caiffes des tréforiers généraux de la marine.

On percevoit encore dans les îles du vent un droit d'ancrage de cinquante livres de poudre à canon par vaiffeau armé de canons, & un droit de cabaret fixé, par les arrêts de 1680 & de 1683, à trois mille livres de fucre par cabaret ; mais le produit de ces droits ne faifoit pas partie du bail des fermés, parce qu'il étoit deftiné au fervice des fortifications.

En 1715 & en 1732, le confeil de la Martinique fupplia le roi, par des remontrances, de confidérer que malgré le progrès de la Colonie de la Martinique, les fermiers ne remettoient que trente-fix mille livres au tréforier pour la ferme générale de cette Colonie, quoique là fous-ferme rendît foixante mille livres : que le produit de ces droits étant deftiné aux dépenfes qu'occafionnoit le gouvernement du pays, & que l'impofition en devant être calculée fur l'étendue des frais néceffaires à cet objet, on ne pouvoit avec exactitude, ni même avec justice, affermer les impositions ; & le conseil offrit au nom des habitans de se charger de toutes les dépenses de la Colonie assignées sur le domaine, qui montoient à soixante-six mille livres ; & des frais extraordinaires pour lesquels se levoient des impôts particuliers sous le nom d'octrois.

Le 5 août 1732, le roi déférant à ces représentations, ordonna de distraire du bail des fermes générales les droits du domaine d'occident, qui se percevoient aux îles du vent ; & voulut qu'à commencer du premier janvier 1733, la regie des droits du domaine d'Occident se fît par les préposés sous les ordres de l'intendant.

La comptabilité de ces droits est réglée par l'article 3 de l'arrêt du 4 mars 1744 ; il prescrit que l'arrêté des comptes dressé sur les lieux, signé des intendans ou du contrôleur de la marine, sera présenté par les trésoriers-généraux de la marine à la chambre des comptes, pour être admis purement & simplement, « sans que la chambre des comptes puisse, sous aucun prétexte, » le forcer, augmenter ou tenir indécis. »

Un autre inconvénient pour la reddition des comptes des recettes de ces Colonies, c'est que le roi n'a prescrit aucune règle pour la comptabilité des droits, tels que ceux d'ancrage, de cabaret, &c. qui ne faisoient pas partie du domaine d'Occident.

Il est cependant à remarquer que selon l'ancien régime aboli par l'edit du 5 août 1732, le fermier prélevoit à son profit au moins la moitié de l'imposition, au lieu que les frais de la régie actuelle n'absorbent que le tiers de la recette, quoiqu'il existe encore dans la forme de perdevoir beaucoup d'abus introduits par les anciens fermiers.

La régie économique des impôts est plus avantageuse dans les îles sous le vent. Les habitans s'y sont toujours empressés à mériter la confiance que le roi leur témoigne en les maintenant dans le privilége de s'impoter eux-mêmes. Les conseils souverains de Saint-Domingue y ont réglé les impositions avec tant de zèle & de sagesse, que les frais de perception de quatre millions dont ils ont ordonné la levée en 1764, n'ont pas été portés à un pour cent.

Pour régler cet impôt, les deux conseils s'assemblerent le 9 mars 1764, & par le procès-verbal de leur séance ils supprimèrent tous les droits d'octroi perçus jusqu'alors dans la Colonie.

Ils ordonnèrent que les indigos qui sortiroient de la Colonie payeroient six sous six deniers par livre net; les sucres, douze livres par chaque barique de sucre brut, & vingt-quatre livres par chaque barique de sucre blanc; les cafés, huit deniers par livre; les cotons, dix-huit deniers par livre; les cuirs en poils, deux livres par chaque bannete, & quinze sous par chaque pièce de cuir tanné; les gros sirops, trois livres par chaque barique, & les tafias quatre livres dix sous.

Ils réglèrent que chaque habitant cultivant des légumes payeroit annuellement par chaque tête de nègre la somme de quatre livres; que chaque habitant propriétaire de manufacture de poteries, tuilleries, four à chaux, & ceux qui résident dans les bourgs, payeroient an-

nuellement par chaque tête de nègres attach
aux manufactures ou à leur service la somme
douze livres ; que les habitans des villes du Ca
Fort-Dauphin, Port-de-Paix, Saint-Marc, Po
au-Prince, Leogane, les Cayes-du-Fond
Saint-Louis, payeroient annuellement par cha
que tête de nègres à eux appartenans dans le
villes, la somme de vingt-quatre livres : enfin
que les propriétaires des maisons des villes paye
roient un droit de sept pour cent sur le produ
annuel de leur maison.

Ces conseils déterminèrent dans la même séa
ce que les droits de tenir cabaret, café & bou
cheries, continueroient d'être laissés à bail da
chaque juridiction : ils réunirent à la caisse d
l'octroi le produit annuel des postes ; ils établi
rent un droit de deux pour cent sur le produ
des ventes de nègres qui se feroient dans le
Colonies ; ils ordonnèrent que les droits d'ame
des, d'épaves, de confiscations, de bâtardis
de deshérence, de biens vacans abandonn
par le roi selon l'ordonnance du 8 avril 172
pour être employés aux besoins de la Colonie
continueroient d'être régis & administrés da
la même forme & sous la direction de l'intendan

Ce règlement passe pour un des plus sages q
existe en matière de finances.

Le luxe des particuliers qui fréquentent l
cafés & les cabarets ou qui ont des maisons da
les villes, paye la plus forte partie de l'impô

Les taxes sur les denrées peuvent bien l
renchérir ; mais ce renchérissement ne les priv
pas de débouchés par la concurrence, puisqu
la France ne peut tirer que de nos Colonies c
denrées de l'Amérique. Ces taxes font d'ailleur

par la facilité de les percevoir, les moins à charge pour les Colonies.

La comptabilité a aussi quelque chose de moins imparfait dans les îles sous le vent que dans celles du vent. L'intendant doit être assisté de deux commissaires lorsqu'il arrête les comptes des préposés par le conseil souverain ; mais plusieurs recettes n'entrent pas dans les arrêtés des comptes.

Encore un mot sur les impôts des Colonies : les levées des deniers ne suffisant pas aux dépenses nécessaires à leur gouvernement, le roi y supplée par des sommes qui sortent de son trésor.

La métropole est dédommagée de ce sacrifice par l'assujétissement où sont les Colonies de ne cultiver que les denrées qui lui sont nécessaires.

Ce n'est pas la seule condition à laquelle le roi accorde des concessions dans les îles. Si après trois ans le tiers de la concession n'est pas cultivé, toute personne quelconque peut en poursuivre la réunion au domaine de sa majesté ; elle a même la faculté de se pourvoir au conseil du roi si sa demande est rejetée par le tribunal terrier. Il faut cependant remarquer que les mineurs n'éprouvent jamais de réunion sous prétexte qu'il ne leur est pas possible de former l'établissement & de veiller au défrichement, pourvu que les tuteurs en aient fait la déclaration ; & même en cas qu'ils aient négligé de la faire, le recours est ouvert aux mineurs contre eux (*).

_____

(*) Arrêt du conseil du 12 octobre 1683, ordonnance du 6 octobre 1713, & du 3 août 1622, déclaration du 24 août 1626 & du 6 août 1744.

Tous les conceſſionnaires ont encore été aſſujettis par un règlement du roi du 6 décembre
à planter cinq cens foſſes par chaque eſclave
qu'ils auroient ſur leurs habitations, afin de
pourvoir dans les tems de diſette à la nourriture des nègres.

Le même motif a encore fait preſcrire de planter vingt-cinq pieds de bannaniers & un quarré de
patates par tête de nègre (*). Afin néanmoins
que les particuliers ne ſacrifient pas à la culture
de ces productions des terreins qui pourroient
en rapporter de plus riches, l'habitant a le choix
de les planter ſur les terreins qu'il veut : il eſt
le maître de réſerver les bonnes terres pour les
plantations de grande valeur & de ſe pourvoir
de petites places pour ſatisfaire aux ordonnances.

Pour améliorer & étendre la culture dans les
Colonies, le roi a établi par arrêt du 9 avril
1763, à la Martinique & à la Guadeloupe, des
chambres d'agriculture compoſées de huit membres choiſis entre les habitans, & préſidées par
l'intendant ou un commiſſaire ordonnateur : ces
chambres délibèrent ſur tout ce qui peut être
relatif à la culture des terres ; elles envoient
l'extrait de leur délibération au ſecrétaire d'état
ayant le département de la marine, après en
avoir remis le double à l'intendant ou au commiſſaire ordonnateur ; les membres d'un avis dif-

_____

(*) Ordonnances du gouverneur-lieutenant-général & des
intendans des iſles du Vent enregiſtrées dans les conſeils ſouverains le premier ſeptembre 1736 & le 10 mars 1740.

Ordonnance du gouverneur-lieutenant général & de l'intendant des iſles ſous le Vent enregiſtrée dans les deux conſeils ſouverains de ſaint-Domingue le 12 juin 1744.

férent de celui qui a paffé à la pluralité des voix, peuvent exiger que leurs motifs foient auffi adreffés au fecrétaire d'état : tous les deux ans on change deux des membres ; & l'ordonnance de 1768 leur accorde, pendant qu'ils font en fonction, l'exemption de la capitation pour douze nègres.

Autrefois ces chambres s'occupoient auffi des moyens d'étendre & de favorifer le commerce ; mais il leur eft actuellement prefcrit de ne traiter dans leurs délibérations que de l'agriculture. Ce font les gouverneurs & les intendans des Colonies qui doivent feuls éclairer le gouvernement fur le commerce.

Relativement à cette partie deux arrêts du 12 juin 1769 & du 30 décembre 1670, réglèrent qu'il ne feroit reçu dans les îles aucun bâtiment, même français, fans un paffeport de fa majefté. Par une ordonnance du 10 juin 1670 il fut ordonné que les vaiffeaux étrangers qui mouilleroient dans les îles ou qui navigueroient fur les côtes des mêmes îles, feroient confifqués, & que les colons qui recevroient des marchandifes des vaiffeaux étrangers payeroient cinq cens livres d'amende pour la première fois, & qu'en cas de récidive ils feroient punis corporellement, outre la confifcation des marchandifes.

Après la révocation de la compagnie des indes occidentales en 1674, la dernière qui commerça dans les îles françaifes, un règlement du 10 août 1698 renouvela les difpofitions des précédens ; & par l'article 5 ordonna que les capitaines & les équipages des bâtimens étrangers confifqués pour avoir fréquenté les Colo-

nies, feroient mis pendant fix mois en prifon;
& que les habitans des Colonies condamnés à
l'amende pour avoir commercé avec eux fubi-
roient en outre trois ans de galères, ainfi que
ceux qui aideroient à transporter de ces marchandifes ou qui les cacheroient en fraude.

Ces lois ne fuffirent pas pour interdire aux
Colonies le commerce étranger : c'eft pourquoi
une ordonnance du 23 juillet 1720 permit à tout
françois d'arrêter les bâtimens étrangers qui ne
fe conformeroient pas à ces règlemens, & ordonna aux officiers des vaiffeaux du roi de les
pourfuivre. Des lettres-patentes en forme d'é-
dit du 27 octobre 1727, confirmèrent toutes
les loix précédentes, proferivirent les différentes manières de les éluder & pourvurent à la
punition de chaque forte de contravention.

Ces lettres-patentes ajoutèrent aux difpofitions des anciennes lois, que les vaiffeaux étrangers foit de guerre ou marchands, obligés par la
tempête ou par d'autres befoins preffans de relâcher dans les Colonies, ne pourroient à peine
de confifcation mouiller ailleurs que dans les
ports ou rades des lieux où fa majefté tient garnifon ; favoir, dans l'île de la Martinique, au
Fort-Royal, au bourg Saint-Pierre & à la Trinité ; dans l'île de la Guadeloupe à la rade de la
Baffe-Terre, au petit cul-de-fac & au fort Saint-
Louis ; à la Grenade, dans le principal port,
auffi bien qu'à Marie-Galante ; & dans l'île de
Saint-Domingue, au Petit Goave, au Port-de-
Paix, à Saint-Louis, à Saint-Marc & au Cap
françois ; à auxquels lieux, dit le légiflateur,
» ils ne pourront être arrêtés, pourvu qu'ils juf-
» tifient que leur deftination ni leur chargement

» n'étoient pas pour nos Colonies ; & il leur
» fera en ce cas donné tous les fecours & l'affif-
» tance dont ils pourront avoir befoin. »

L'article 3 du titre premier défend même aux
bâtimens étrangers de naviguer à une lieue autour des îles françoifes habitées ou non habitées.
L'article premier du titre fecond veut que
les nègres, effets, denrées & marchandifes
trouvés fur les grêves, ports & havres, apportés par des navires appartenans à des françois faifant le commerce étranger, foient confifqués ainfi que le bâtiment dont ils auront été
débarqués. Il veut de plus que le capitaine foit
condamné à mille livres d'amende & à trois ans
de galères. Par l'article 3 du titre troifième, le
roi veut que « ceux chez qui il fe trouvera des
» nègres, effets, denrées & marchandifes pro-
» venant ou des navires françois faifant le com-
» merce étranger, ou des navires étrangers,
» foient condamnés à quinze cens livres d'a-
» mende & à trois ans de galères. »

L'article 6 du quatrième titre n'eft pas moins
févère. Il veut que les contraventions puiffent
être pourfuivies pendant cinq ans après qu'elles
auront été commifes, & que pendant ce temps
la preuve par témoins ou toute autre foit admife.
Enfin le titre 6 défend aux étrangers établis dans
les Colonies, & même à ceux qui pourroient
s'y établir à l'avenir, d'y commercer de quelque manière que ce foit, excepté les productions des terres qu'ils cultivent eux-mêmes.

Mais fur ce qui a été repréfenté que les îles &
Colonies françoifes formoient la branche la plus
importante du commerce du royaume, & qu'il
étoit devenu indifpenfable de procurer à ces Co-

lonies les moyens d'avoir quelques marchandifes de première néceffité, que le commerce de France ne leur fournit pas, & de procurer des débouchés à plufieurs denrées inutiles à ce même commerce, le roi a permis, par un arrêt du conseil d'état du 17 juillet 1767, aux navires étrangers uniquement chargés de bois, d'animaux & de beftiaux vivans, de cuirs verts, en poils ou tannés, de pelleteries, de réfine & goudron, d'aller aux îles du vent ; & aux îles fous le vent dans le feul port du Môle de Saint-Nicolas fitué en l'île Saint-Domingue, d'y décharger & commercer ces marchandifes. Le roi a auffi permis aux navires étrangers qui viennent dans les îles chargés des marchandifes permifes ou qui y viennent à vide, d'y charger pour l'étranger feulement des firops & taffiats, & des marchandifes apportées d'Europe.

Enfin cet arrêt a plufieurs difpofitions relatives aux îles du vent, qui ont été modifiées par deux arrêts du confeil du premier avril 1768. L'un admet les bâtimens étrangers dans tous les ports de Sainte-Lucie, & leur donne la faculté d'y vendre leurs cargaifons de quelque nature & qualité qu'elles foient : le fecond permet aux navires françois allant des Colonies françoifes à Sainte-Lucie, d'arriver dans les ports où il y aura bureau du domaine avec des bâtimens d'une grandeur quelconque, & de rapporter de Sainte-Lucie toutes les denrées du crû de cette île.

Enfin le port de Cayenne a été ouvert par lettres-patentes du premier mai 1768, pendant douze années, aux armateurs étrangers, avec liberté d'y conduire leurs cargaifons de quelque nature qu'elles foient, & de les y commercer ou échanger tant avec les denrées du crû de Cayenne & de la Guyanne françoife qu'avec toute autre denrée ou marchandife d'Europe.

Telles font les lois du royaume relatives au commerce des étrangers avec les Colonies : faifons maintenant connoître les règlemens depuis la révocation de la compagnie des indes occidentales, pour favorifer le commerce national en Amérique.

Louis XIV permit non-feulement par l'édit de 1674 à tous fes fujets de trafiquer librement en Amérique, mais il les excita encore à rendre le commerce floriffant en leur accordant différentes grâces, en exemptant de tout droit de fortie les marchandifes du crû ou des manufactures du royaume deftinées pour les Colonies françoifes (*), & en accordant la faculté d'entrepofer dans les ports du royaume les marchandifes venant des Colonies (**). Mais différentes circonftances ayant donné occafion à une multitude d'arrêts dont les difpofitions abfolument contraires ou difficiles à concilier faifoient naître de fréquentes conteftations entre les négocians & les commis prépofés par l'adjudicataire des fermes du roi, Louis XV y pourvut d'une manière fixe & certaine par les lettres-patentes du mois d'avril 1717, portant règlement pour le commerce des Colonies françoifes,

_____

(*) Arrêts des 4 juin & 25 novembre 1671; du 15 juillet 1673; du premier décembre 1674; du 10 mai 1677, & 27 août 1701.

(**) Arrêts du 10 feptembre 1668; du 19 mai 1670, & du 12 août 1671.

Cette loi ordonne, par l'article premier, que les armemens des vaisseaux destinés pour les îles & Colonies françoises seront faits dans les ports de Calais, de Dieppe, du Havre, de Rouen, d'Honfleur, de Saint-Malo, de Morlaix, de Brest, de Nantes, de la Rochelle, de Bordeaux, de Bayonne & de Cette. L'article second porte que les négocians qui armeront dans ces ports feront au greffe de l'amirauté leur soumission, & qu'ils s'obligeront, sous peine de mille livres d'amende, de faire revenir leur vaisseau directement dans le port de leur départ; excepté cependant en cas de relâche forcé, de naufrage ou autre accident imprévu qui sera justifié par des procès-verbaux, & que les négocians fourniront une expédition de leur soumission au bureau des fermes.

L'article 3 exempte, sans exception, les marchandises du crû ou des manufactures du royaume destinées pour les Colonies françoises, de tout droit de sortie & d'entrée, tant des provinces des cinq grosses fermes que de celles qui sont réputées étrangères, de même que de tous les droits locaux en passant d'une province à une autre, & généralement de tous ceux qui se perçoivent au profit du roi, à l'exception de ceux qui dépendent de la ferme générale des aides & domaines ou qui y sont unis.

Il est dit par l'article 5 que les denrées & marchandises du royaume destinées pour les îles & Colonies françoises & venant par mer d'un port du royaume à un autre, seront à leur arrivée dans le port où elles devront être embarquées pour les mêmes îles & Colonies, renfermées dans un magasin d'entrepôt, & ne pourront être

verſées de bord à bord ſous peine de confiſcation & de mille livres d'amende : & par l'article 6, que les négocians qui feront conduire
des denrées & des marchandiſes du royaume
dans le port deſtiné pour l'embarquement, ſeront tenus de déclarer au bureau du lieu de
l'enlèvement ; les quantités, qualités, poids &
meſures des denrées & marchandiſes du royaume deſtinées pour les îles & Colonies françoiſes, de les faire viſiter & plomber par les commis des fermes, d'y prendre un acquit à caution & de faire leur ſoumiſſion de rapporter
dans trois mois un certificat de leur déchargement dans le magaſin d'entrepôt, ou de l'embarquement dans le port pour lequel il les auront déclarées.

L'article 7 preſcrit aux voituriers de repréſenter & de faire viſer leurs acquits à caution
par les commis des bureaux dans les villes où il
y en a d'établis & qui ſe trouveront ſur la route
de ces marchandiſes; & ſi par la viſite il paroît
quelque fraude, les marchandiſes doivent être
confiſquées & les contrevenans condamnés à
cinq cens livres d'amende.

L'article 8 ordonne aux commis des fermes
de viſiter & de peſer les marchandiſes avant
qu'elles ſoient embarquées & d'être préſens à
leur chargement : par l'article 9, les négocians
doivent faire « au bureau des fermes de l'embar-
» quement leur ſoumiſſion de rapporter dans un
» an au plus tard un certificat de déchargement
» de ces marchandiſes dans les îles & Colonies
» françoiſes. »

L'article 10 ſoumet les denrées & marchandiſes provenant des pays étrangers, & dont la

confommation eſt permiſe dans le royaume ;
aux droits d'entrée dûs au premier bureau par
lequel elles entreront dans le royaume, quoiqu'elles ſoient déclarées pour les îles & Colonies françoiſes ; mais lorſqu'elles ſortent du
royaume pour être tranſportées aux îles, elles
doivent jouir des exemptions portées par l'article 3.

« Les négocians du royaume (dit l'article 12)
» ne pourront charger pour les îles & Colo-
» nies françoiſes aucune marchandiſe étrangère
» dont l'entrée & la conſommation ſont défen-
» dues dans le royaume, à peine de confiſcation
» & de trois mille livres d'amende qui ſera pro-
» noncée par les officiers de l'amirauté. »

Selon l'article 15 les marchandiſes & denrées
de toutes ſortes, du crû des îles & Colonies
françoiſes, peuvent être entrepoſées dans les
ports déſignés par le premier article ; au
moyen de quoi lorſqu'elles ſortent de l'entrepôt pour être tranſportées en pays étranger, elles jouiſſent de l'exemption des droits
d'entrée & de ſortie, même de ceux qui appartiennent au fermier du domaine d'occident, à
la réſerve des trois pour cent auxquels elles
ſont ſujettes. L'article 16 preſcrit encore aux
négocians des villes dénommées par le premier
article qui feront ſortir par mer des marchandiſes provenant des Colonies, de faire au bureau établi dans le port duquel elles partent une
déclaration du lieu de leur deſtination en pays
étrangers, & une ſoumiſſion de rapporter dans
ſix mois au plus tard un certificat en bonne forme de leur déchargement, ſigné du conſul françois s'il y en a, ou à ſon défaut par les juges des

lieux ou autres perfonnes publiques, à peine de payer le quadruple des droits.

Par l'article 21 le roi veut que toutes les marchandifes provenant des îles & Colonies françoifes payent à leur arrivée dans les ports de Saint-Malo, Morlaix, Breft & Nantes, outre & par-deffus les droits qui s'y lèvent fuivant l'ufage accoutumé, les droits de prevôté tels qu'ils font perçus à Nantes, fans aucune reftitution de ces droits, lorfque les marchandifes feront tranfportées en pays étrangers.

Enfin, par l'article 25 le roi veut que toutes les marchandifes du cru des îles & Colonies françoifes payent au fermier du domaine d'Occident, à leur arrivée dans tous les ports du royaume, même dans les ports francs & dans ceux des provinces réputées étrangères, une fois feulement, trois pour cent en nature, ou de leur valeur quand même elles feroient déclarées pour être tranfportées en pays étrangers.

Les autres articles ordonnent des augmentations ou des diminutions de droits fur plufieurs efpèces particulières de marchandifes provenant des Colonies; nous n'en rapportons pas ici la teneur, parce qu'il en a été autrement ordonné, & que dans les articles particuliers de chacune de ces marchandifes on rapporte les droits auxquels elles font affujetties.

Depuis la publication des lettres-patentes du mois d'avril 1717, il a été rendu en interprétation plufieurs lois très-importantes. Un arrêt du 11 janvier 1719 rendu fur la requête de la chambre du commerce de Normandie, a ordonné qu'en conféquence des articles 3 & 5 des lettres-patentes de 1717 « les vins & eaux-de-vie,

» de Guyenne & toutes autres fortes de mar-
» chandifes du crû & fabrique du royaume, def-
» tinés pour le commerce des îles françoifes de
» l'Amérique qui arriveroient dans les ports de
» Normandie & autres défignés pour fervir aut
» embarquemens des marchandifes deftinées
» pour ces îles , & qui feroient entrepofés
» dans ces ports , jouiroient de l'affranchiffe-
» ment de tout droit d'entrée & de fortie fou
» quelque titre que ce fût ; » & en conféquence l'arrêt ordonne la reftitution des fommes
qui auroient été reçues par les commis des fer-
miers-généraux fous le nom *des grandes entrées*
dans les ports du Havre & de Honfleur.

Par l'article 26 des lettres-patentes de 1717,
les capitaines des vaiffeaux françois font tenus
de repréfenter à leur arrivée en France un état
figné du commis du domaine d'Occident des
marchandifes qu'ils ont chargées dans les Colonies ; mais ces capitaines négligeant de rapporter ces états dans la forme prefcrite, & les
commis des fermes dans les ports de France ne
pouvant les y affujettir parce que le règlement
de 1717 ne prononçoit aucune peine contre
eux, le roi déclara, le 14 mars 1722, que
les peines prononcées contre les maîtres des
bâtimens qui feroient le commerce étranger feroient auffi encourues par ceux qui ne rapporte-
roient pas leur état de chargement figné des
commis des îles & Colonies françoifes.

Sur la plainte des négocians qui font le commerce de Guinée & de l'Amérique , le roi ordonna que conformément à l'article 15 des lettres-patentes de 1717, les marchandifes du crû
des îles & Colonies françoifes provenant de la
traite

traite des noirs, payeroient au fermier du domaine d'Occident, à leur arrivée dans tous les ports du royaume, même dans les ports francs & dans ceux des provinces réputées étrangères, une fois feulement, trois pour cent en nature ou de leur valeur, nonobftant les difpofitions de l'article 5 des lettres-patentes du mois de janvier 1716, felon lequel ces marchandifes devoient être exemptes de la moitié des droits d'entrée.

Plufieurs arrêts ont encore accordé à d'autres ports que ceux que défigne l'article premier des lettres-patentes de 1717, la permiffion d'armer les vaifſeaux deftinés pour l'Amérique, ainfi que la jouiſſance de l'entrepôt & d'autres priviléges & exemptions, en fe conformant aux conditions qui y font prefcrites.

Ces priviléges ont été acordés par l'arrêt du confeil du mois de juillet 1756 aux ports de *Libourne* & de *Cherbourg*.

. Par l'arrêt du 11 avril 1763, au port de *Fécamp*.

· Par l'arrêt du 17 décembre 1763, au port des *Sables d'Olonne*.

Par arrêt du 29 décembre de la même année, au port de *Grainville*.

Sur ce qui a été repréfenté à fa majefté par les officiers municipaux des villes de Rochefort, d'Angoulême, de Cognac, de Saint-Jean d'Angely, de Jarnac, de Saintes & de Tonnay-Charentes, elle a permis, par arrêt du 22 décembre 1775, aux négocians de faire directement par le port de Rochefort le commerce des îles & Colonies françoifes, conformément aux difpofitions des lettres-patentes du mois d'avril 1717.

Sa majefté a donné, par arrêt du 14 mars 1776, aux négocians des ports de Saint-Brieuc, de Binic & de Porterieux une femblable permiffion de faire directement par ces trois ports le commerce des îles & Colonies françoifes de l'Amérique ; mais fa majefté ayant été informée que le port de Saint-Brieuc eft le feul de ces trois ports qui foit en état de recevoir des bâtimens propres à faire le commerce des îles, & que ce feroit, fans aucun objet réel, donner lieu à une infinité d'abus & occafionner des frais inutiles, que d'établir dans chacun de ces ports un bureau auquel il faudroit donner la même confiftance qu'à celui de Saint-Brieuc, elle a ordonné par arrêt du confeil d'état du 30 octobre 1776, que les négocians des ports de Saint-Brieuc, Binic & Porterieux, ne pourroient faire directement le commerce des îles & Colonies françoifes de l'Amérique, que par le port de Saint-Brieuc, dans lequel feul ils pourroient jouir des priviléges accordés par l'arrêt du 14 mars 1776, en fe conformant aux conditions qui y font prefcrites.

Voyez *l'hiftoire générale des îles antilles, par le père Dutertre ; l'hiftoire des îles antilles du père Labat ; le droit public des Colonies françoifes, par M. Pelis ; l'hiftoire de Saint - Domingue, par Charlevoix ; les remontrances des confeils fouverains de Saint - Domingue, faites en 1762, en 1763, en 1764 ; celles du confeil fouverain du Port-au-Prince en 1768 ; les remontrances des confeils fouverains de la Guadeloupe faites en 1769;*

le code noir, & les lois citées dans le cours de l'arti-
cle. Voyez auffi les articles INTENDANT, Es-
CLAVE, COMMERCE, COMPAGNIE, MAR-
CHANDISES, SUCRE, TAFFIAS, &c. (*Cet arti-*
cle eft de M. HENRY DE RICHEPREY, ingénieur
& commis des finances.)

COLPORTEUR. On appelle de ce nom
les merciers ou petits marchands qui portent
fur le dos ou devant eux diverfes marchandifes
dans des malles pendues à leur cou avec une
fangle ou une large courroie de cuir.

On donne le même nom à ceux qui vont dans
les maifons y acheter ou revendre de vieilles
marchandifes en habits, en linges, &c.

On entend auffi par *Colporteurs* ceux qui pro-
mènent un certain nombre de livres dans les
rues, ou qui crient, vendent & affichent des
édits, des ordonnances, des arrêts & d'autres
papiers imprimés avec permiffion.

Comme les règlemens qui concernent ce dernier genre de colportage font les plus étendus,
nous parlerons d'abord des Colporteurs en fait
de livres ou de papiers publics, & nous dirons
deux mots des Colporteurs des autres efpèces
de marchandifes.

Colporteurs de livres & d'imprimés. Le règlement du 28 février 1723 qu'on nomme autrement le code de la librairie a réglé les devoirs
& les qualités des Colporteurs.

Pour être reçu Colporteur, il faut favoir lire
& écrire. Le nombre des perfonnes de cet état
eft fixé à cent vingt pour Paris & les huit plus
anciens reçus ont leur département dans les
cours & falles du palais où les autres ne peuvent

aller vendre que par succession à la place de ceux qui sont décédés.

On doit préférer entre ceux qui se destinent à cet état les maîtres imprimeurs, libraires, fondeurs de caractères ou relieurs, leurs fils, compagnons & apprentis qui par pauvreté, infirmité d'âge ou de maladie, ne peuvent exercer leur profession.

C'est au syndic & aux adjoints de la librairie à les présenter au lieutenant-général de police pour leur réception qui se fait devant lui & sans frais, sur les conclusions du procureur du roi au châtelet.

Trois jours après leur réception, les Colporteurs sont tenus de faire enregistrer leur nom & leur demeure au livre de la communauté, avec soumission d'y venir déclarer les maisons où ils iront loger, dans le cas de changement de domicile. Ils sont tenus de faire une pareille déclaration aux commissaires des quartiers où ils doivent demeurer, à peine d'interdiction & de cinquante livres d'amende.

Il leur est défendu de colporter, vendre & débiter aucun livre, *factum*, mémoire, feuille ou libelle sur quelque matière ou de quelque volume que ce soit, à l'exception des édits, déclarations, ordonnances, arrêts ou autres mandemens de justice dont la publication a été permise ou ordonnée, à l'exception aussi des almanachs, des tarifs & des petits livres qui ne passent pas huit feuilles, brochés & reliés à la corde, mais toutefois imprimés (*) avec privilége ou

_____

(*) Le réglement veut que les Colporteurs de Paris ne se chargent que de ce qui a été imprimé par les imprimeurs seuls de Paris, avec le nom du libraire.

avec permiſſion, à peine de priſon, de confiſcation & de punition corporelle ſuivant l'exigence
des cas.

Les Colporteurs ne peuvent tenir boutique
ou magazin ni faire rien imprimer pour leur
compte. Ils ſont obligés de porter au-devant de
leur habit un écuſſon de cuivre où eſt écrit le
mot *Colporteur*, & perſonne autre qu'eux ne
peut colporter, expoſer en vente, crier par les
rues & débiter à Paris quelque imprimé que ce
ſoit, à peine de priſon & de punition corporelle.

Voilà en ſubſtance ce que porte le titre 10 du
code de la librairie concernant les Colporteurs.
Cependant il y a eu à leur ſujet des règlemens
antérieurs qui n'ont point été nommément abro-
gés, & qui par conſéquent ſubſiſtent dans tout
ce qui n'eſt point contraire aux nouvelles diſpoſitions du code. Ainſi par exemple il eſt dit
par l'article 47 de l'édit du mois d'août 1686,
qu'aucun ne pourra être reçu Colporteur s'il n'a
fait l'apprentiſſage de libraire, d'imprimeur, de
fondeur de caractères ou de relieur : il eſt évident que dès que la nouvelle loi ne diſpenſe pas
de cet exercice préliminaire, il eſt encore d'obligation comme il l'étoit auparavant.

C'eſt par une ſuite de cette obſervation que
nous ajouterons que les Colporteurs ne peuvent
point employer leurs femmes ou leurs enfans à
vendre par la ville ; ceci leur eſt défendu ſous les
peines portées contre ceux qui ne ſont pas reçus ;
il y a à ce ſujet une ſentence du lieutenant civil
du 5 mai 1645.

Un libraire, un imprimeur, un relieur ne
peuvent devenir Colporteurs qu'autant que le

fyndic & les adjoints de la communauté atteftent
que celui qui veut exercer le colportage ne fait
rien de fon état, & qu'il a befoin de cette ref-
fource pour fubfifter : c'eft ce que porte l'article
28 d'un règlement de 1618.

Les règlemens pour les Colporteurs font communs aux afficheurs dont le nombre a été fixé
quarante pour Paris par un arrêt du confeil du
13 feptembre 1722. Cette arrêt veut que les
afficheurs ainfi que les Colporteurs fachent lire
& écrire, qu'ils foient préfentés & reçus de la
même manière, que leur domicile foit déclaré &
qu'au-deffus foit une affiche imprimée indiquant
leur nom & leur fonction ; qu'ils portent pareillement un écuffon au-devant de leur habit avec
le mot *afficheur* ou *Colporteur*, à peine d'interdiction & de cinquante livres d'amende.

Les afficheurs ne peuvent rien afficher, pas
même des billets de fpectacle excepté les pièces
dont la publication a été ordonnée, qu'il n'y ait
une permiffion du magiftrat de police, & ils font
tenus de porter à la chambre des libraires, les
mardis & vendredis de chaque femaine, une
copie des affiches qui leur ont été remifes au bas
defquelles ils doivent écrire leur nom.

Le même règlement fait défenfes aux hôte-
liers, cabaretiers & limonadiers de fouffrir qu'il
foit rien expofé en vente chez eux par d'autres
perfonnes que des Colporteurs en titre, à peine
de déchéance de maîtrife ou d'autre punition
fuivant l'exigence des cas. Il eft défendu en
même-temps de s'oppofer à ceux qui font des
recherches contre ceux qui fe trouvent colporter ou afficher fans qualité, ou qui font en faute

dans leurs fonctions, à peine de défobéiffance &
d'être punis comme rebelles & perturbateurs de
l'ordre public.

Une ordonnance du roi rendue le 29 octobre
1732 au fujet des Colporteurs, leur défend de
crier & débiter aucun imprimé dont la permiffion eft de plus ancienne date que d'un mois, à
moins que cette permiffion n'ait été renouvelée,
& cela fous peine d'emprifonnement & de cinquante livres d'amende. Il leur eft défendu fous
les mêmes peines de crier, vendre ni débiter
aucun ouvrage de quelque nature qu'il foit,
même aucune fentence rendue par des juges
hors du reffort de la ville de Paris, ni aucun
arrêt du confeil que préalablement ils n'en aient
obtenu la permiffion du magiftrat de police, &
ils ne peuvent fous les mêmes peines publier &
crier les fentences & arrêts plus de quatre jours
après la permiffion obtenue.

A l'égard des pièces imprimées ailleurs qu'à
Paris ou pour Paris, outre les permiffions ou
les priviléges dont ces pièces peuvent être revêtues, il faut encore l'attache du magiftrat de
police pour les colporter dans Paris ; & dans
tous les cas il eft défendu d'en crier aucune fous
un autre titre que celui qu'elle porte naturellement.

Les Colporteurs entr'eux ne font point de
communauté ; ils dépendent de celle des libraires fans en faire partie : ils ne peuvent tenir apprentis, magafins ni boutique, ni faire imprimer en leur nom ; cela leur eft défendu par l'article 26 du règlement de 1618. Ils voulurent
en 1703 faire des officiers entr'eux ; mais ceci

leur fut auſſi défendu par une ſentence du bailliage du palais du 22 août de la même année.

Si les Colporteurs débitoient des écrits contre l'état, contre les mœurs ou la religion, ils
n'en ſeroient point quittes pour les peines pécuniaires dont nous venons de parler, ils ſeroient
dans le cas de ſubir celles qui ſont portées par
les ordonnances contre les auteurs, les imprimeurs, les libraires & les diſtributeurs d'écrits
de cette ſorte, & ces peines pourroient être
capitales ſuivant l'exigence des cas & les circonſtances. Les Colporteurs en titre ſeroient
regardés encore comme beaucoup plus coupables que d'autres particuliers, par la connoiſſance plus ſpéciale qu'ils doivent avoir des règlemens. C'eſt auſſi pour qu'ils n'aient point de
fauſſe excuſe à propoſer en diſant qu'ils ont été
trompés, & qu'ils ne ſavoient point de quelle
nature étoit l'écrit ou l'imprimé qu'on leur donnoit à afficher ou à colporter, qu'on exige d'eux
qu'ils ſachent lire & écrire. Voyez les articles
IMPRIMEUR, LIBELLE, LIBRAIRIE, &c.

Colporteurs de marchandiſes. Le colportage en
ce genre n'eſt pas auſſi libre qu'on pourroit ſe
l'imaginer; il n'eſt point permis dans les villes
pour les objets qui appartiennent aux maîtriſes
formant des communautés; les maîtres eux-
mêmes ne peuvent ni colporter ni faire colporter; ils doivent ſe reſtreindre à l'étalage dans
leur boutique, de crainte que le colportage entr'eux n'excite des jalouſies & des manœuvres
pour ſe nuire les uns aux autres. Cette police
s'obſerve particulièrement à Paris: la dernière
ordonnance rendue à ce ſujet eſt du 3 décembre

1776. Elle défend aux marchands, aux artifans & autres perfonnes quelconques le colportage dont il s'agit, dans les rues ou de maifons en maifons, à peine de faifie des marchandifes, de confifcation, & de trois cens livres d'amende pour chaque contravention. Elle rend les maîtrifes refponfables de leurs garçons, apprentis & domeftiques ; elle veut même que les gens fans qualité puiffent être emprifonnés fur le champ.

Lorfque les marchands & artifans font mandés pour apporter des objets de leur commerce ou de leur induftrie dans des maifons particulières, ils font tenus pour écarter tout foupçon de colportage, de les apporter eux-mêmes ou de faire accompagner ceux qui les apportent pour eux, par leurs apprentis, garçons, compagnons ou domeftiques demeurant chez eux à leurs gages, en leur remettant le mandat qu'ils ont reçu ou l'adreffe de ceux auxquels ils envoient ce qu'on leur demande.

Les particuliers fur lefquels on faifit des marchandifes pour raifon de colportage font tenus de déclarer leur nom, leur qualité & leur demeure à la première interpellation ; s'ils refufent de le faire ou qu'il foit vérifié qu'ils en ont impofé par leur déclaration, ils peuvent être envoyés en prifon par le commiffaire préfent à la faifie.

Il eft défendu de favorifer le colportage foit en donnant retraite aux Colporteurs, foit en recevant chez foi leurs marchandifes, ou en s'oppofant aux faifies que les gardes, fyndics & adjoints veulent faire, & cela à peine de cinq cens livres d'amende dont les maîtres font ref. ponfables pour leurs enfans , ferviteurs & do. meftiques ,& même en cas de violence ou de rebellion , les domeftiques peuvent être empri- fonnés fur le champ de même que les Colpor- teurs non domiciliés.

Dans les villes où il n'y a point de jurande, le colportage n'eft défendu que des marchandi- fes prohibées , & celui qui auroit la témérité de s'en charger feroit expofé à toutes les peine auxquelles s'expofent les contrebandiers. Voye l'article CONTREBANDE.

Colporteurs de vieilles hardes. Ce colportag qui appartient particulièrement aux revendeu eft affez toléré par-tout excepté dans les ville où il y a des fripiers en communauté. Obferve cependant que lorfqu'il y a des maladies conta gieufes dans un endroit , la police doit avo attention de défendre de colporter les harde qui ont fervi aux malades ; & même pou prévenir tout inconvénient , on défend alo pour le plus fouvent d'en colporter ou revendi aucune, foit qu'elle ait fervi ou non aux malade afin que fous le prétexte que ce font des harde provenant de gens en fanté , le public ne fo point expofé à contracter la contagion ou l'ép démie contre laquelle on prend des précaution Il y a des occafions où l'on publie ces fortes d défenfes même à peine de la vie contre ceux qu y contreviennent.

Voyez *l'édit de 1686 ; le règlement de 1618 l'arrêt du confeil du 13 feptembre 1722 ; le règl ment du 28 février 1723 ; l'ordonnance du roi a 29 octobre 1732 ; l'ordonnance de police du 3 d cembre* 1776. Voyez auffi les articles IMPRIMEUR, LIBRAIRE, MARCHANDISE, &c. (*Article de M. DAREAU, Avocat, &c.*)

COMBAT. C'eft en général l'action d'attaquer un ennemi ou d'en foutenir ou repouffer l'attaque.

Et l'on appelle *Combat naval*, l'action des armées navales & des efcadres qui fe livrent un Combat.

Le titre 47 de l'ordonnance de la marine du 25 mars 1765 a réglé ce qui doit être obfervé par les commandans des vaiffeaux du roi dans le cas d'un Combat naval.

Suivant cette loi, les vaiffeaux qui chaffent l'ennemi doivent faire toujours branlebas & fe tenir prêts à combattre pour éviter les furprifes.

Il eft ordonné à tous les vaiffeaux de ligne de fe tenir dans les eaux les uns des autres à la diftance que le général a réglée : ceux qui font en avant du général doivent obferver de régler leur diftance d'arrière en avant , & ceux de l'arrière du général doivent la régler de l'avant à l'arrière , afin de ne pas étendre la ligne & de fe refferrer au contraire fi quelque vaiffeau eft obligé de la quitter, ceux de l'avant du général fe laiffant culer, & ceux de l'arrière faifant plus de voile.

Lorfque l'armée eft en préfence des ennemis, le major doit porter une attention particulière à leurs fignaux & mouvemens pour en rendre compte au général afin qu'il puiffe ordonner la manœuvre la plus avantageufe à faire fuivant la pofition des armées & les circonftances du Combat.

Le chef de file & le ferre-file de la ligne de Combat doivent particulièrement prendre garde aux fignaux du général & obferver de ne pas donner à l'armée plus d'étendue que le général ne l'aura ordonné : il leur eft fur-tout recommandé d'avoir une très-grande attention à la manœuvre de l'ennemi & à ne fe point laiffer doubler. L'article 1170 de l'ordonnance citée veut que le général ne commence le Combat que quand il eft affez près pour que tous fes coups portent à bord de l'ennemi, & fa ligne doit approcher de l'ennemi autant qu'il eft poffible, pour le combattre à portée du fufil & vergue à vergue.

Suivant l'article 1171, aucun capitaine de la ligne ne peut commencer le Combat avant que le général n'en ait donné le fignal, à moins toutefois qu'il ne foit à portée & que l'ennemi n'ait commencé fon feu.

Lorfqu'un capitaine juge qu'il peut enlever à l'abordage le vaiffeau qu'il Combat, il doit tâcher d'y réuffir & en faire en même temps le fignal au général.

Le roi veut par l'article 1173 que les capitaines des vaiffeaux s'occupent plus de la défenfe du pavillon des généraux dont ils font les matelots, que de la confervation de leurs propres vaiffeaux; & l'intention de fa majefté eft qu'ils fe faffent plutôt couler bas que d'abandonner le pavillon.

Si l'ennemi vouloit traverfer la ligne dans un endroit où elle ne fut pas auffi ferrée qu'elle auroit du l'être, foit que le vaiffeau qui occupoit ce pofte eût été défemparé, ou parce que le vaisseau de l'arrière n'auroit pas assez serré la ligne, ce dernier vaisseau seroit tenu de manœuvrer pour aborder l'ennemi, ou pour se faire aborder plutôt que de permettre que l'ennemi pénétrât dans la ligne ; & si cet évènement avoit lieu, le capitaine qui auroit dû l'empêcher seroit dans le cas d'être mis au conseil de guerre pour y être jugé sur sa manœuvre. C'est ce qui résulte de l'article 1174.

Aucun capitaine ne doit cesser de combattre tant qu'il est à portée de le faire, à moins que ce ne soit pour obéir au signal du commandant, ou qu'il ne soit obligé de sortir de la ligne pour remédier à un accident qu'il ne pourroit pas réparer en combattant. Telles sont les dispositions de l'article 1175.

Suivant l'article 1176, le capitaine qui vient à s'emparer d'un vaisseau ennemi, doit veiller particulièrement à ce que son équipage traite les prisonniers avec douceur & humanité & qu'ils ne soient point dépouillés.

L'article 1177 défend à tout capitaine de vaisseau d'amener son pavillon & de se rendre tant qu'il y a la moindre possibilité de conserver son vaisseau, l'intention du roi étant qu'il le défende jusqu'à l'extrémité. Mais lorsqu'il n'y a plus aucune possibilité de résister, ni de moyens de sauver l'équipage en brûlant ou coulant bas son vaisseau, le capitaine qui aura été forcé de se rendre doit passer au conseil de guerre pour être loué sur sa défense ou être condamné à mort s'il n'a pas combattu avec la plus grande bravoure.

Lorsqu'un capitaine se trouve forcé de se ren-

dre, il doit avoir attention de jeter lui-même à
la mer ses instructions, les signaux & tous les
papiers qui pourroient donner à l'ennemi quelque
connoissance des projets de la campagne;
il ne doit réserver que l'ordre qu'il a du roi
pour commander. C'est ce que prescrit l'article
1178.

Aucun capitaine ne peut pour quelque raison
que ce soit, quitter son poste dans la ligne, à
moins que son vaisseau ne soit extrêmement in-
commodé, désemparé & absolument hors d'état
de combattre, ce qu'il doit justifier au conseil
de guerre.

Il ne peut pareillement pendant le Combat
quitter la ligne pour secourir un vaisseau incom-
modé, à moins que le général ne lui en fasse le
signal, les frégates devant être chargées de ce
soin, mais il peut lui envoyer son canot & sa
chaloupe pour le remorquer & l'éloigner du
feu; & si le vaisseau désemparé vient à être
ragréé avant la fin du Combat, il doit reprendre
poste dans la ligne. Telles sont les dispositions
des articles 1179 & 1180.

Si par la suite du Combat un vaisseau est tellement désemparé qu'il ne puisse suivre l'armée ni
relâcher sans courir risque d'être enlevé par
l'ennemi, le capitaine après en avoir rendu
compte au général & reçu ses ordres, doit
faire passer son équipage sur les autres vaisseaux, & mettre ensuite le feu au sien ou le faire
couler à fond. C'est ce qui résulte de l'article
1181.

Si quelque vaisseau de l'ennemi vient à fuir
avant le Combat, aucun vaisseau de la ligne ne

peut rompre l'ordre pour le pourſuivre , à moins
que le général n'en ait fait le ſignal. C'eſt ce que
porte l'article 1182.

Suivant l'article 1183 , aucun vaiſſeau ne peut
tirer ſur l'ennemi qui a amené ſon pavillon. C'eſt
aux frégates qu'eſt confié le ſoin d'amariner ce
vaiſſeau ſi le Combat continue , & celui qui la
fait amener doit attaquer un autre vaiſſeau ou
donner du ſecours au vaiſſeau qui eſt devant lui
ou à celui qui le ſuit.

Après le Combat , le premier ſoin du capitaine
doit être de ragréer ſon vaiſſeau & de le mettre
en état. Il doit être fait un recenſement des munitions de guerre qui lui reſtent & de ſes rechan-
ges pour être remis au général , avec un extrait
du nombre des gens de l'équipage exiſtant après
le Combat , & au bas la note nom par nom,
des tués & des bleſſés. Ce ſont les diſpoſitions
de l'article 1184.

L'article ſuivant charge le capitaine de vaiſſeau de faire une relation particulière de ſon
Combat , de la remettre au général , & de lui
rendre compte de la bravoure & conduite de
chaque officier , en faiſant connoître en même-
temps ceux de ſon équipage qui ſe ſont le plus
diſtingués.

L'ordonnance veut par l'article 1186 que les
canots & chaloupes qui ſont à la mer pendant
le Combat , ſe tiennent avec une amarre à bord
du vaiſſeau , du côté d'où l'on ne tire pas.

Le devoir particulier de ces canots & chaloupes eſt , autant que l'état du vent & de la
mer le permettent , d'eſcorter & conduire les
brûlots de l'armée , de détourner ceux de l'en-

nemi, & de remorquer les vaiffeaux défemparés
C'eft ce que porte l'article 1187.

Le capitaine de brûlot doit être très-attentif
à garder fon pofte & à obferver les fignaux dans
le Combat. Il doit ufer de la plus grande dili-
gence & de la plus grande précaution pour l'exécution certaine du brûlot qu'il commande. Il
doit pareillement faire tous fes efforts pour
aborder l'ennemi au vent, & auffitôt qu'il eft
accroché il doit faire defcendre dans fa chaloupe
les gens qu'il a confervés à bord pour la manœuvre du brûlot, s'embarquer le dernier & mettre lui-même le feu au brûlot en le quittant, fi
toutefois le vaiffeau accroché n'a pas auparavant
amené fon pavillon. Telles font les difpofitions
de l'article 1188.

Lorfqu'un capitaine de brûlot a été obligé
par quelque accident dangereux d'abandonner
fon brûlot dans le Combat, il doit y mettre le
feu, en manœuvrant toutefois auparavant de
manière que le brûlot ne caufe point de défordre dans la ligne, & il doit rendre compte de fa
conduite au confeil de guerre. C'eft ce que prefcrit l'article 1189.

L'article 1190 veut que pendant le Combat
le capitaine de frégate fe tienne exactement dans
le pofte que le général lui a marqué pour la
répétition des fignaux s'il y eft deftiné, ou pour
recevoir & porter fes ordres.

Et s'il n'eft point répétiteur, fon principal
devoir eft felon l'article 1191, de fecourir les
vaiffeaux défemparés & de les remorquer pour
fortir de la ligne : il doit auffi efcorter les brûlots.

Le

Le même capitaine doit obferver les vaiffeaux ennemis qui ont amené leur pavillon ; les amariner le plûtôt qu'il lui eft poffible ; prendre le capitaine & les officiers à fon bord ; s'emparer de tous les papiers, ordres & inftructions ; mettre fur le vaiffeau pris un officier capable de le commander, jufqu'à ce que le général y' ait nommé ; prévenir tous les accidens & remorquer le vaiffeau s'il eft néceffaire. C'eft ce qui réfulte de l'article 1192.

L'article fuivant veut que quand il y a quelque galiote à la fuite de l'armée, le capitaine qui la commande fe conduife pour les fecours & les prifes comme le capitaine de frégate. ✱

COMBAT JUDICIAIRE. C'eft une manière de procéder qui étoit autrefois fort ufitée, tant en matière civile qu'en matière criminelle, & qui confiftoit à prouver la juftice de la caufe que l'on foutenoit en mettant fa partie adverfe hors de Combat.

Cette pratique étoit fondée fur la préfomption que Dieu accorderoit la victoire à celui qui auroit le meilleur droit.

Voici quelques détails fur les règles établies dans l'exercice de cette étrange jurifprudence.

Lorfqu'il y avoit plufieurs accufateurs ; dit M. de Montefquieu, il falloit qu'ils s'accordaffent pour que l'affaire fût pourfuivie par un feul ; & s'ils ne pouvoient convenir, celui devant lequel fe faifoit le plaid nommoit un d'entr'eux qui pourfuivoit la querelle.

Quand un gentilhomme appeloit un vilain, il devoit fe préfenter à pied & avec l'écu & le bâton ; & s'il venoit à cheval & avec les armes d'un gentilhomme, on lui ôtoit fon cheval &

fes armes ; il reftoit en chemife & étoit oblig
de combattre en cet état contre le vilain.

Avant le combat, la juftice faifoit publi
trois bans ; par l'un, il étoit ordonné aux parer
des parties de fe retirer ; par l'autre, on ave
tiffoit le peuple de garder le filence : par l
troifième, il étoit défendu de donner du fecou
à l'une des parties, fous de groffes peines, ⟨
même fous celle de mort, fi par ce fecours u
des combattans avoit été vaincu.

Les gens de juftice gardoient le parc ; & dar
le cas où l'une des parties auroit parlé de paix
ils avoient grande attention à l'état actuel ⟨
elles fe trouvoient toutes les deux dans ce mo
ment, pour qu'elles fuffent remifes dans la mêm
fituation fi la paix ne fe faifoit pas.

Quand les gages étoient reçus pour crime o
pour faux jugement, la paix ne pouvoit fe fair
fans le confentement du feigneur ; & quand l'ur
des parties avoit été vaincue, il ne pouvoit plu
y avoir de paix que de l'aveu du comte ; ce qu
avoit du rapport à nos lettres de grâce.

Mais fi le crime étoit capital, & que le fei
gneur corrompu par des préfens confentît à l
paix, il payoit une amende de foixante livres
& le droit qu'il avoit de faire punir le malfaiteu
étoit dévolu au comte.

Il y avoit bien des gens qui n'étoient pas er
état d'offrir le Combat ni de le recevoir ; mai
on permettoit en connoiffance de caufe de pren
dre un champion ; & pour qu'il eût le plu
grand intérêt à défendre fa partie, il avoit l
poing coupé s'il étoit vaincu.

Lorfque dans un crime capital le Combat fe
faifoit par champions, on mettoit les partie

dans un lieu d'où elles ne pouvoient voir le
champ de bataille : chacune d'elles étoit ceinte
de la corde qui devoit servir à son supplice si
son champion étoit vaincu.

Celui qui succomboit dans le Combat, ne
perdoit pas toujours la chose contestée ; si par
exemple, on combattoit sur un interlocutoire,
on ne perdoit que l'interlocutoire.

Quand les gages de bataille avoient été reçus
sur une affaire civile de peu d'importance, le
seigneur obligeoit les parties à les retirer.

Si un fait étoit notoire ; par exemple, si un
homme avoit été assassiné en plein marché, on
n'ordonnoit ni la preuve par témoins ni la preuve
par le Combat, le juge prononçoit sur la publi-
cité.

Quand dans la cour du seigneur on avoit souvent jugé de la même manière, & qu'ainsi l'usage
étoit connu, le seigneur refusoit le combat aux
parties, afin que les coutumes ne fussent pas
changées par les divers événemens des Combats.

On ne pouvoit demander le Combat que pour
soi, ou pour quelqu'un de son lignage, ou pour
son seigneur lige.

Quand un accusé avoit été absous, un autre
parent ne pouvoit demander le Combat ; autrement les affaires n'auroient point eu de fin.

Si celui dont les parens vouloient venger la
mort venoit à reparoître, il n'étoit plus question
de Combat : il en étoit de même si par une absence notoire le fait se trouvoit impossible.

Si un homme qui avoit été tué avoit, avant
de mourir, disculpé celui qui étoit accusé, &
qu'il eût nommé un autre, on ne procédoit

O ij

point au Combat ; mais s'il n'avoit nommé per
fonne , on ne regardoit fa déclaration que comm
un pardon de fa mort : on continuoit les pou
fuites, & même entre gentilshommes on pouvoi
faire la guerre.

Quand il y avoit une guerre , & qu'un de
parens donnoit ou recevoit les gages de bataille,
le droit de la guerre ceffoit ; on penfoit que le
parties vouloient fuivre le cours ordinaire de l
juftice , & celle qui auroit continué la guerr
auroit été condamnée à réparer les dommages.

Ainfi la pratique du Combat judiciaire avoi
cet avantage , qu'elle pouvoit changer une que
relle générale en une querelle particulière
rendre la force aux tribunaux, & remettre dan
l'état civil ceux qui n'étoient plus gouvernés qu
par le droit des gens.

Comme il y a une infinité de chofes fage
qui font menées d'une manière très-folle, il y
auffi des folies qui font conduites d'une maniér
très-fage.

Quand un homme appelé pour un crime mon
troit vifiblement que c'étoit l'appelant mêm
qui l'avoit commis, il n'y avoit plus de gage
de bataille : car il n'y a point de coupable qu
n'eût préféré un combat douteux à une punitio
certaine.

Il n'y avoit point de Combat dans les affaire
qui fe décidoient par des arbitres ou par le
cours eccléfiaftiques ; il n'y en avoit pas no
plus lorfqu'il s'agiffoit du douaire des femmes.

Femme , dit Beaumanoir, *ne fe peut combattr*
Si une femme appeloit quelqu'un fans nomme
un champion, on ne recevoit point les gages d
bataille. Il falloit encore qu'une femme fût au

torifée par fon baron, c'eft-à-dire, fon mari, pour appeler ; mais fans cette autorité elle pouvoit être appelée.

Si l'appelant ou l'appelé avoit moins de quinze ans, il n'y avoit point de Combat. On pouvoit pourtant l'ordonner dans les affaires de pupilles, lorfque le tuteur ou celui qui avoit la baillie vouloit courir les rifques de cette procédure.

Le ferf pouvoit combattre contre un autre ferf; il le pouvoit encore contre une perfonne franche, & même contre un gentilhomme s'il étoit appelé ; mais s'il l'appeloit, celui-ci pouvoit refufer le Combat, & même le feigneur du ferf étoit en droit de le retirer de la cour. Le ferf pouvoit, par une chartre du feigneur ou par un ufage, combattre contre toutes fortes de perfonnes franches ; & l'églife prétendoit ce même droit pour fes ferfs, comme une marque de refpect pour elle.

Beaumanoir dit qu'un homme qui voyoit qu'un témoin alloit dépofer contre lui, pouvoit éluder le fecond, en difant aux juges que fa partie produifoit un témoin faux & calomniateur ; & fi le témoin vouloit foutenir la querelle, il donnoit les gages de bataille. Il n'étoit plus queftion de l'enquête ; car fi le témoin étoit vaincu, il étoit décidé que la partie avoit un faux témoin, & elle perdoit fon procès.

Il ne falloit pas laiffer jurer le fecond témoin ; car il auroit prononcé fon témoignage, & l'affaire auroit été finie par la dépofition de deux témoins. Mais en arrêtant le fecond, la dépofition du premier devenoit inutile.

Le fecond témoin étant ainfi rejeté, la partie ne pouvoit en faire ouir d'autres, & elle perdoit son procès ; mais dans le cas où il n'y avoit point de gages de bataille, on pouvoit produire d'autres témoins.

Beaümanoir dit que le témoin pouvoit dire à sa partie avant de déposer : « Je ne me bée pas » à combattre pour votre querelle, ne à entrer » en plet au mien ; mais se vous me voulez dé- » fendre, volontiers dirai ma vérité ». La partie se trouvoit obligée à combattre pour le témoin ; & si elle étoit vaincue, elle ne perdoit point le corps ; mais le témoin étoit rejeté.

M. de Montesquieu regarde ceci comme une modification de l'ancienne coutume ; car l'usage d'appeler les témoins se trouve établi dans la loi des Bavarois & dans celle des Bourguignons.

« Quand l'accusé, dit le roi Gondebaud, pré- » sente des témoins pour jurer qu'il n'a pas » commis le crime, l'accusateur pourra appeler » au Combat un des témoins ; car il est juste que » celui qui a offert de jurer & qui a déclaré qu'il » savoit la vérité, ne fasse point de difficulté de » combattre pour la soutenir ». Ce roi ne laissoit aux témoins aucun subterfuge pour éviter le Combat.

La nature de la décision par le Combat étant de terminer l'affaire pour toujours, & n'étant point compatible avec un nouveau jugement & de nouvelles poursuites, l'appel tel qu'il est établi par les lois canoniques, c'est-à-dire, à un tribunal supérieur pour faire réformer le juge- ment d'un autre, étoit inconnu en France.

L'appel y étoit un défi à un Combat par ar- mes qui devoit se terminer par le sang ; mais quoique le seigneur eût établi & réglé le tribunal, ce n'étoit pas lui qu'on appeloit pour faux jugement, parce que ç'eût été commettre une forte de crime de félonie ; on appeloit les pairs du tribunal même.

On s'expofoit beaucoup en fauffant le jugement des pairs. Si l'on attendoit que le jugement fût fait & prononcé, on étoit obligé de les combattre tous lorfqu'ils offroient de faire le jugement bon. Si l'on appeloit avant que tous les juges euffent donné leur avis, il falloit combattre tous ceux qui étoient convenus du même avis. Pour éviter ce danger, on fupplioit le feigneur d'ordonner que chaque pair dît tout haut fon avis ; & lorfque le premier avoit prononcé, & que le fecond alloit en faire de même, on lui difoit qu'il étoit faux, méchant & calomniateur, & ce n'étoit plus que contre lui qu'on devoit fe battre.

Lorfqu'un des pairs ou hommes de fief avoit déclaré qu'il foutiendroit le jugement, le juge faifoit donner les gages de bataille ; & de plus, prenoit fûreté de l'appelant qu'il foutiendroit fon appel. Mais le pair qui étoit appelé ne donnoit point de fûreté, parce qu'il étoit homme du feigneur, & devoit défendre l'appel ou payer au feigneur une amende de foixante livres.

Si celui qui appeloit ne prouvoit pas que le jugement fût mauvais, il payoit au feigneur une amende de foixante livres ; la même amende au pair qu'il avoit appelé, & autant à chacun de ceux qui avoient ouvertement confenti au jugement.

Quand un homme violemment foupçonné d'un crime qui méritoit la mort, avoit été pris

& condamné, il ne pouvoit appeler de faux jugement ? car il auroit toujours appelé ou pour prolonger sa vie ou pour faire la paix.

Si quelqu'un disoit que le jugement étoit faux & mauvais, & n'offroit pas de le faire tel, c'est-à-dire de combattre, il étoit condamné dix sous d'amende s'il étoit gentilhomme, & cinq sous s'il étoit serf, *pour les vilaines paroles qu'il avoit dites.*

Les juges ou pairs qui avoient été vaincus ne devoient perdre ni la vie ni les membres; mais celui qui les appeloit étoit puni de mort lorsque l'affaire étoit capitale.

Cette manière d'appeler les hommes de fief pour faux jugement étoit pour éviter d'appeler le seigneur même. Si le seigneur n'avoit point de pairs, ou n'en avoit pas assez, il pouvoit à ses frais emprunter des pairs de son seigneur suzerain : mais ces pairs n'étoient point obligés de juger s'ils ne le vouloient; ils pouvoient déclarer qu'ils n'étoient venus que pour donner leur conseil : & dans ce cas particulier, le seigneur jugeant & prononçant lui-même le jugement, si l'on appeloit contre lui de faux jugement, c'étoit à lui à soutenir l'appel.

Philippe-le-Bel défendit ces Combats en 1303; mais cette défense n'empêcha pas que le roi Henri II n'en permît un entre Jarnac & la Châtaigneraye : celui-ci est le dernier de cette espèce en France, & depuis l'usage en a été aboli.

Le dernier que l'on ait admis en Angleterre se passa dans la chambre peinte, la sixième année du règne de Charles I, entre le lord Rey & David Ramsey, écuyer.

COMBAT DE FIEF. C'eſt une conteſtation qui s'élève entre deux ou pluſieurs ſeigneurs qui réclament reſpectivement la mouvance d'un même héritage.

Quand il y a combat de fief, le vaſſal ne peut être obligé de reconnoître un ſeigneur par préférence à l'autre ; mais comme chacune des parties litigantes pourroit faire ſaiſir féodalement & mettre le vaſſal dans le cas d'une perte de fruits, il peut ſe mettre à l'abri de cet inconvénient en ſe faiſant recevoir par main ſouveraine.

C'eſt ce qui réſulte de l'article 60 de la coutume de Paris & de l'article 87 de celle d'Orléans.

L'effet de cette réception eſt d'empêcher les ſaiſies féodales & même d'opérer la main-levée de celles qui auroient pu être faites précédemment, en conſignant néanmoins par le vaſſal les droits dus à cauſe de ſon fief, & ſans que cette main-levée l'autoriſe à retirer des mains du commiſſaire à la ſaiſie, les fruits & revenus échus juſqu'au jour de la réception par main ſouveraine.

Suivant Dumoulin, il y a lieu à la diſpoſition des articles cités, non-ſeulement quand le procès eſt déja intenté entre les deux ſeigneurs, mais encore lorſqu'il eſt près d'être intenté. Ainſi quoiqu'il n'y ait encore aucune inſtance entr'eux, mais ſeulement une apparence de conteſtation, le vaſſal peut les aſſigner pour qu'ils aient à faire régler entr'eux lequel des deux eſt le ſeigneur.

Lorſqu'après avoir porté la foi à un ſeigneur le vaſſal eſt interpelé par un autre ſeigneur de la lui porter encore, il doit pareillement affigner les deux feigneurs pour faire juger auquel le fief appartient, & cependant fe faire recevoir en foi par main fouveraine ; autrement il pourroit encourir les peines portées par les coutumes, fi le feigneur auquel il n'auroit point porté la foi fe trouvoit être le véritable feigneur.

Si l'un des deux feigneurs juftifioit être en poffeffion de la mouvance par la repréfentation des derniers aveux que lui en auroient porté les derniers poffeffeurs, pourroit-il en confé-quence prétendre que la foi dût lui être portée provifoirement par le vaffal ? M. Pothier qui propofe cette queftion, répond fort bien que non : la raifon de cette décifion eft que la foi portée à l'un des deux ne peut couvrir le fief à l'égard de l'autre, s'il vient à être reconnu pour le vrai feigneur : c'eft pourquoi dans ce cas-là même, le vaffal doit être reçu en foi par main fouveraine, cette réception tenant lieu de celle qu'il doit à l'un ou à l'autre. Tel eft le fondement de la maxime que la matière du Combat de fief n'eft pas fujette à provifion.

Cette maxime reçoit néanmoins une excep-tion à l'égard du roi , & la provifion lui eft tou-jours due lorfqu'il eft en conteftation fur quelque mouvance avec des feigneurs particuliers. C'eft pourquoi lorfqu'un vaffal après avoir porté la foi à un feigneur particulier eft interpellé de la porter au roi, il eft obligé de la lui porter , & en conféquence il doit affigner le feigneur à qui il l'a déja portée pour qu'il ait à faire décider la queftion avec le roi. Si au contraire le vaffal a d'abord porté la foi au roi, & qu'un feigneur particulier faffe faifir fon fief, il doit obtenir main-levée de la faisie, en repréfentant la copie de l'acte de foi & hommage qu'il a porté au roi.

.Quand le Combat de fief eft terminé, le vaffal doit rendre foi & hommage au feigneur qui a obtenu gain de caufe, dans quarante jours après la fignification de la fentence, tranfaction ou arrêt intervenu fur la conteftation.

On demande s'il y a Combat de fief & s'il y a lieu à la réception par main fouveraine quand on ne contefte pas que le fief relève d'une certaine feigneurie, mais que la propriété de cette feigneurie eft conteftée entre deux perfonnes qui chacune de leur côté font une faifie féodale fur le vaffal afin qu'il leur porte la foi ? Il faut répondre avec Dumoulin & Pothier qu'il n'y a là nul combat de fief. En effet, l'article 80 de la coutume de Paris dit, *quand entre plufieurs feigneurs, &c.* : & l'article 87 de la coutume d'Orléans, porte : *quand deux feigneurs contendent, &c.* Ces coutumes ne difent pas : *quand entre plufieurs perfonnes, &c. quand plufieurs perfonnes contendent, &c.* Il faut par conféquent pour qu'il y ait Combat de fief, que la conteftation foit entre deux feigneurs de diverfes feigneuries : car comme le remarque Dumoulin, quand le fief dominant eft certain, & qu'il s'agit feulement de favoir à qui appartient ce fief dominant, la conteftation n'eft que *de patrimonio*. Ainfi le vaffal ne doit point dans ce cas demander d'être reçu par main fouveraine : il doit au contraire rendre foi & hommage à celle des parties litigantes qui eft en poffeffion du fief dominant. Par ce moyen il couvre le fief fervant, quand même on viendroit à juger que la propriété du fief dominant appartient à l'autre partie. La raison en est que les droit féodaux font réels, & que le posseseur du fief dominant est fondé les exercer tant que sa possession dure ; il peu par conséquent investir valablement les vassau qui en relèvent.

Voyez *l'ordonnance de la marine du 25 man 1765, l'esprit des lois ; le traité des fiefs de Du- moulin, & les notes de M. Henrion de Penfey ; la coutume de Paris & celle d'Orléans ; le traité d fiefs de Guyot & celui de Pothier*, &c. Voye auffi les articles FOI ET HOMMAGE, FIEF, MAI SOUVERAINE, &c.

COMBLE. C'est le faîte d'un bâtiment.

Les statuts des maîtres charpentiers confirmé par lettres-patentes du 11 août 1649, veulen que la solidité des Combles soit garantie pen- dant dix ans par les entrepreneurs qui les on construits.

L'article 216 de la coutume d'Auxerre, veut « que si le bas d'une maison appartient à un par- » ticulier & le haut à un autre, celui à qui ap- » partient le bas est tenu de construire & entre- » tenir tous les murs de cette maison jusqu'à » l'étage qui appartient à l'autre & fournir les » poutres, folives & aires du plancher fupérieur » de sa dépendance ; & le propriétaire du haut » est tenu seulement du carreau au-dessus dudit » plancher & du restant des murs, ainsi que de » la couverture de ladite maison ».

On retrouve les mêmes dispositions dans la coutume de Montargis article 13 ; dans celle de Nivernois, article 3 ; dans celle de Bourbonnois, article 517 & 518 ; dans celle d'Orléans, arti-

cle 257 ; dans celle de Berry , article 15 & 16 ;
& dans celle de Bretagne , article 714.

Voyez *les statuts des maîtres charpentiers ;
l'architecture de Bulet ; les lois des bâtimens,
avec les notes de Goupy.* Voyez aussi les articles RÉPARATIONS , BATIMENS. (*Article de M.*
HENRY DE RICHEPREY , *ingénieur & commis des finances.*)

COMÉDIEN. C'est une personne qui
fait profession de réprésenter des pièces de
théâtre.

On donne en général le nom de Comédien
aux acteurs & aux actrices qui montent sur le
théâtre & qui y jouent des rôles tant dans le
comique que dans le tragique.

Les troubadours ont été les premiers Comédiens de la France. Ils sont connus dans notre
histoire sous le nom *de trouveurs & de jongleurs.*
Ils réunissoient la qualité d'auteurs à celle d'acteurs.

Si l'on consulte les anciennes *chroniques ,* on
y voit que Charles V , Charles VI , Charles VII
& Louis XI , malgré les guerres qu'ils étoient
obligés de soutenir , avoient des baladins qui
étoient attachés à leur cour & qui exécutoient
différens divertissemens , tels que des ballets ,
des pantomimes & des concerts.

Après les croisades , les pélérinages devinrent
fréquens ; les pelerins à leur retour , pour augmenter l'espèce de vénération qu'on avoit pour
eux , & surtout pour exciter la charité du peuple , représentèrent les mystères de la religion ,
le martyre & les miracles des saints , & les
avantures les plus remarquables qui étoient arri-
vées aux croisés. Quelque grossières & quel-

que burlesques que dussent être ces représentations, elles fixèrent l'attention de la cour & des
grands. Felibien rapporte en effet qu'en 1378,
Charles V, roi de France, ayant donné le jour
des rois un grand festin à l'empereur Charles IV
& à son fils Venceslas, roi des Romains, on
joua la prise de Jérusalem par Godefroi de
Bouillon.

Il paroît qu'alors les sociétés qui faisoient ces
réprésentations n'étoient point autorisées par
les magistrats ; car on trouve que quelques bourgeois de Paris s'étant assemblés plusieurs fois à
Saint-Maur au-dessus de Vincennes, pour y représenter la passion de Notre-Seigneur, le prévôt
de Paris rendit une ordonnance le 3 juin 1398,
par laquelle il leur fit défenses de continuer
leurs représentations ; mais ils se pourvurent à
la cour ; & pour se rendre favorables, ils éri-
gèrent leur société sous le titre *de confrairie de la*
passion de Notre-Seigneur.

Charles VI assista à plusieurs de leurs représentations ; & pour leur marquer son consentement, (disent les historiens), il leur accorda
des lettres-patentes le 4 décembre 1402, par
lesquelles il leur permit de s'établir dans la ville
de Paris, d'y continuer publiquement les représentations de *leurs comédies pieuses*, & d'aller
& venir dans la ville avec l'habillement conforme au sujet & aux mystères qu'ils devoient
représenter.

Les confrères, en conséquence de ces lettres-
patentes, affermèrent un hôpital de pélerins,
& ils fondèrent dans la chapelle de la Trinité
le service de la confrairie. La maison qu'ils des-
tinèrent pour leurs exercices avoit été bâtie

hors la porte de Paris, du côté de Saint-Denis, par deux gentilshommes Allemands, pour recevoir les pélerins & les pauvres voyageurs. Les confrères construisirent dans une grande salle de cette maison un théâtre, & ils y jouèrent leurs pièces. On appela d'abord ces pièces, *moralités*; on leur donna ensuite le nom *de mystères*. On voit en effet plusieurs de leurs pièces qui portoient les titres suivans : *Le mystère de la passion; le mystère de l'apocalypse; le mystère des actes des apôtres*, &c.

Il se forma dans la suite différentes confrairies dans plusieurs villes du royaume. Il y en avoit une en 1486 à Lyon, puisqu'à cette époque le chapitre de l'église de cette ville accorda une somme de soixante livres aux confrères qui avoient joué le mystère de la passion de Jesus-Christ. Ce fait est consigné dans les actes capitulaires de ce chapitre. Un historien de la ville de Lyon rapporte encore qu'en 1540 il y avoit un théâtre public sur lequel «on jouoit les di-» manches & jours de fêtes après le dîner, & » on représentoit la plupart des histoires du vieux » & du nouveau testament, avec la farce au bout » pour recréer les assistans ». Ce théâtre (suivant cet auteur) s'appeloit *le paradis*.

L'usage s'introduisit alors de joindre aux *moralités* & aux *pièces pieuses*, des farces & des folies. Froissard rapporte que les spectateurs loin de faire un crime aux confrères de ce mêlange bisarre de morale & de bouffonnerie, se rendirent au contraire avec plus d'empressement à ces représentations. Le chapitre de Notre-Dame pour y assister, ordonna qu'on diroit les vêpres à trois heures immédiatement après les nones.

François I protégeoit les confrères, & honoroit souvent leurs représentations de sa présence. Il leur avoit même accordé des lettres patentes en 1518 ; mais le parlement ayant reconnu que ce mêlange de religion & de bouffonnerie étoit contraire aux règles de l'honnêteté & de la décence, s'opposa en 1541 à ce que l'on continuât ces sortes de représentations.

Ce genre de spectacle a existé en France pendant plus d'un siècle. Les gens instruits ouvrirent enfin les yeux sur le ridicule qui le caractérisoit, & en 1545 la maison de la Trinité qui servoit de théâtre aux confrères, fut de nouveau convertie par un arrêt du parlement du 30 juillet 1547, en un hôpital destiné, suivant la fondation, au logement des pélerins & des pauvres voyageurs.

Les confrères se voyant forcés de quitter leur théâtre, choisirent un autre emplacement. Quoique le parlement se fût opposé à la continuation de leurs représentations, ils parvinrent à force de sollicitations & avec le crédit qu'ils avoient, à obtenir la permission d'acheter l'ancien hôtel des ducs de Bourgogne & d'y élever un théâtre.

Le parlement confirma cette permission par un arrêt du 12 novembre 1548 ; « mais à con-
» dition (porte cet arrêt) que les confrères ne
» pourront jouer que des sujets profanes, licites
» & honnêtes, & avec défense expresse de
» représenter les mystères de la passion ni aucun
» autre mystère de la religion ».

Par le même arrêt, le parlement confirma les confrères dans tous leurs privilèges, & fit défense à toutes autres personnes qu'aux confrères de la passion, de jouer ni de représenter aucune

pièce,

pièces, tant dans la ville, que dans la banlieue de Paris, sinon sous le nom & au profit de la confrairie.

Henri II par des lettres-patentes du mois de mars 1559, confirma tous les privilèges que ses prédécesseurs avoient accordés aux confrères.

Ces derniers ayant un privilège exclusif & étant possesseurs de richesses considérables, résolurent de ne plus monter eux-mêmes sur le théâtre. Ils trouvèrent d'ailleurs que les pièces profanes qu'ils avoient le droit de jouer ne convenoient point aux titres religieux qui caractérisoient leur société. Une troupe de Comédiens se forma pour la première fois & prit à loyer des confrères l'hôtel de Bourgogne & leur privilège. La société de la passion se réserva seulement deux loges pour ses membres & pour ses amis ; c'étoient les plus proches du théâtre. Elles étoient distinguées par des barreaux, & on leur donnoit le nom *de loges des maîtres*.

Henri II assista à plusieurs représentations de cette nouvelle troupe de Comédiens, & ce monarque lui accorda une protection particulière.

Sous le règne de Henri III, le royaume fut rempli de farceurs. Ce prince fit venir d'Italie des Comédiens qui furent nommés *li gelosi*. Ces Comédiens, suivant le journal de l'étoile, commencerent leurs représentations dans l'hôtel de Bourbon le dimanche 29 mai 1577 ; ils prenoient quatre sous par personne. Ce nouveau spectacle attira la curiosité de la capitale, & il étoit rempli d'une foule de personnes de tout rang. Le parlement ayant été instruit que ces

Comédiens ne respectoient pas la décence
rendit un arrêt aux mercuriales du 26 juin 1577,
par lequel il leur défendit « de plus jouer leurs
» comédies, parce qu'elles n'enseignoient que
» paillardises ». On trouve encore dans le journal
de l'étoile, que « le samedi 27 juillet suivant, les
Gelosi, après avoir présenté à la cour les lettres
» patentes par eux obtenues du roi, afin qu'il
» leur fût permis de jouer leurs comédies,
» nonobstant les défenses, de la cour, furent
» renvoyés par fin de non-recevoir, & défense
» leur furent faites de plus obtenir & présenter
» à la cour de semblables lettres, sous peine de
» 10000 livres parisis d'amende, applicables à la
» boîte des pauvres ».

Les Comédiens eurent recours au roi, & lui
portèrent leurs plaintes contre l'arrêt du parlement. Henri III leur accorda des lettres expresses de jussion, en vertu desquelles ils recommencèrent leurs représentations au mois de
septembre suivant, & leur théâtre continua
d'être ouvert dans l'hôtel de Bourgogne.

Les mêmes motifs qui avoient déterminé le
parlement à refuser d'enregistrer les lettres
patentes que le roi avoient accordées aux *Gelosi*, le portèrent également à faire le même
refus aux troupes de Comédiens qui étoient répandues dans les provinces. Il permit seulement
par arrêt rendu en 1596, à ces Comédiens, de
jouer à la foire Saint-Germain, « à charge par
» eux de payer par chacune année qu'ils joue-
» roient, deux écus aux administrateurs de la
» confrairie de la passion ».

On voit par cet arrêt, que le privilége des
confrères subsistoit encore; il ne fut en effet

anéanti qu'en 1676, par la réunion qui fut faite des revenus de la confrairie à l'hôpital général.

Les accroiffemens de Paris avoient déterminé les Comédiens à jouer fur deux théâtres, dont l'un étoit à l'hôtel de Bourgogne, & l'autre à l'hôtel d'argent au marais.

On ne jouoit fur ces théâtres que des pièces informes & des farces groffières, lorfque Corneille donna fà Mélite & le menteur. Quoique ces pièces ne foient pas fans défauts, elles dévoilèrent les fecrets d'un art qui étoit alors inconnu en France. Molière parut enfuite & donna à notre théâtre une grande fupériorité fur celui des autres nations.

En 1680 Louis XIV réunit en une feule troupe les deux qui exiftoient alors. Il adreffa pour cet effet, le 22 octobre de cette année, une lettre de cachet au lieutenant général de police. Comme cette lettre de cachet eft le premier titre de la révolution qui a été faite parmi les Comédiens, & qu'elle a fervi de bafe à l'établiffement actuel du théâtre François, nous croyons devoir en rapporter les termes.

« Sa majefté (y eft-il dit) ayant eftimé à »propos de réunir les deux troupes de Comé-»diens établis à l'hôtel de Bourgogne & dans »la rue Guénégaud à Paris, pour n'en faire »qu'une feule, afin de rendre les repréfentations »des comédies plus parfaites par le moyen des »acteurs & des actrices auxquels elle a donné »place dans ladite troupe, fa majefté a ordonné, »& ordonne qu'à l'avenir lefdites troupes de »Comédiens François feront réunies pour ne »faire qu'une feule & même troupe, & fera »compofée des acteurs & actrices dont la lifte

» fera arrêtée par fa majefté. Pour leur donner
» moyen de fe perfectionner de plus en plus,
» fa majefté veut que ladite feule troupe puiffe
» repréfenter les comédies dans Paris, faifant
» défenfes à tous autres Comédiens François de
» s'établir dans la ville & fauxbourgs de Paris
» fans ordre exprès de fa majefté. Enjoint fa
» majefté au fieur de la Reynie, lieutenant gé-
» néral de police, de tenir la main à l'exécution
» de la préfente ordonnance ; fait à Verfailles le
» 22 octobre 1680. Signé Louis. Et plus bas
» Colbert, & fcellé ».

En vertu de cet ordre du roi, les Comédiens
furent autorifés à former une fociété & à paffer
entr'eux des actes d'union. En conféquence ils
firent un contrat de fociété devant notaires le
janvier 1681, dans lequel ils arrêterent les claufes fuivantes : « favoir, 1°. que les acteurs &
» actrices qu'il avoit plu au roi de renvoyer des
» deux troupes avant leur réunion, & d'ad-
» mettre à la penfion, commenceroient à jouir,
» à compter du 28 août 1680, époque de la
» première repréfentation des deux troupes réu-
» nies.

» 2°. Que lorfqu'un acteur ou une actrice
» viendroit à mourir ou à quitter la troupe,
» celui ou celle qui les remplaceroit, payeroit
» mille livres de penfion à toute la troupe.

» 3°. Que les acteurs ou actrices qui feroient
» dans la fuite admis penfionnaires, auroient
» mille livres de penfion par chacun an, foit
» qu'ils fuffent reçus à part entière, à demi part,
» ou à un quart de part ».

Louis XIV voulant favorifer les progrès du
théâtre François, accorda à fes Comédiens

une pénsion de douze mille livres par an ; & le brevet de sa majesté fut expédié le 24 août 1682.

Le 23 avril 1685, M. le duc de Saint-Agnan, pair de France, & l'un des quatre premiers gentilshommes de la chambre du roi, donna aux Comédiens François un règlement de discipline intérieure, conformément aux ordres qu'il en avoit reçus de madame la dauphine. Ce règlement fut déposé chez un notaire, & il fut passé un acte le 4 mars 1686, par lequel les Comédiens s'obligèrent de s'y conformer.

En 1687 les Comédiens passèrent un nouveau contrat de société devant notaires pour acheter un emplacement afin de faire construire leur théâtre ; & le roi confirma ce contrat par un arrêt du conseil du premier mars 1688.

Le 23 juin 1692, les Comédiens firent un nouveau traité de société entr'eux, dans lequel ils règlèrent les sommes qu'ils avoient dépensées pour leur nouvel établissement, la manière dont les remboursemens devoient être faits aux acteurs & actrices qui se retireroient, ou à leurs héritiers, la contribution que chaque nouvel acteur ou actrice payeroit en entrant, & la préférence que la société auroit sur les créanciers de ses membres pour le payement de cette contribution.

En 1699, par acte passé devant notaires le 27 avril, les Comédiens ratifièrent tous les anciens traités qu'ils avoient faits entr'eux, & ils s'obligèrent de les exécuter.

Toutes les dépenses que le nouvel établissement de la comédie Françoise avoit occasionnées, étant acquittées, les Comédiens règlèrent la portion que chacun d'eux devoit avoir dans la propriété du fond de l'hôtel de la comédie. Il fut arrêté que chaque Comédien qui auroit part entière auroit treize mille cent trente livres quinze sous.

Depuis ce traité les Comédiens ont fait entr'eux différens actes, dans lesquels ils ont ratifié les contrats qu'ils avoient précédemment faits. Louis XV voulant qu'il ne fût fait aucun changement dans l'établissement de ses Comédiens, adressa deux ordres à M. le duc de Mortemart, premier gentilhomme de la chambre du roi, les 15 avril & 15 juillet 1725 (*), en exécution desquels les Comédiens François firent entr'eux un nouveau contrat le 17 mai 1728, dans lequel ils arrêtèrent les clauses suivantes ; « savoir, » 1°. que conformément au traité du 5 janvier » 1681, tout acteur ou actrice qui succéderoit » à un autre payeroit mille livres de pension » pour une part, & à proportion pour une demi- » part & autres portions inférieures.

» 2°. Qu'aucun acteur ou actrice ne pourroit » être déchargé de cette pension que par droit » d'ancienneté, lequel seroit réglé suivant l'ordre » & la date des réceptions des acteurs & actrices.

» 3°. Qu'aucun acteur ne pourroit être chargé

_____

(*) Ce seroit ici le lieu en suivant l'ordre chronologique de parler des Comédiens Italiens ; puisqu'ils ont été établis en 1716 sous le titre de Comédiens de S. A. R. M. le duc d'Orléans régent ; & qu'après la mort de ce prince arrivée le 2 décembre 1723 ils ont pris le titre de Comédiens Italiens ordinaires du roi ; mais comme ces deux théâtres ont des règles & des usages particuliers, pour éviter toute confusion, nous parlerons d'abord de ce qui concerne les François, & nous finirons par rapporter les lois, les usages & les règlemens des Italiens.

» de payer une penſion plus forte que celle de
» mille livres.

» 4°. Que conformément aux traités de 1681
» & de 1686, les acteurs ou actrices qui ſe re-
» tireroient jouiroient à l'avenir d'une penſion
» viagère de mille livres, ſoit qu'ils euſſent une
» part entière, une demi-part, ou même un
» quart de part.

» 5°. Que les Comédiens & Comédiennes ne
» pourroient ſous aucun prétexte, ſe diſpenſer de
» payer les penſions accordées aux membres re-
» tirés ».

Par un acte paſſé devant notaires le 5 ſeptembre 1735, les Comédiens arrêtèrent entr'eux qu'il ſeroit payé à chaque acteur ou actrice
qui ſe retireroit, ou à leurs héritiers ou ayant
cauſe, la ſomme de douze cent livres pour chaque part entière, & à proportion pour demi-part
& autre portion inférieure, par forme d'indemnité pour l'entretien des décorations du théâtre
& de la ſalle de ſpectacle.

Telles ſont les différentes conventions qui ont
été faites entre les Comédiens François juſqu'en
1757, que ſa majeſté par un arrêt du conſeil
du 18 juin, a fixé d'une maniere irrévocable
leurs droits & leurs obligations. Il convient de
rapporter ici cet arrêt.

« Le roi s'étant fait rendre compte de
» l'état des affaires de la troupe de ſes Co-
» médiens François ordinaires, & voulant
» donner des marques de ſa protection pour
» ce ſpectacle formé en France par les talens des
» plus grands auteurs qu'elle ait produits, à
» l'exemple duquel il en a été établi de ſembla-
» bles dans les principales cours de l'europe, &

P iv

» qui, à juste titre, a été honoré de la protec-
» tion particulière du feu roi, sa majesté se seroi
» fait représenter les arrêts & règlemens rendus
» au sujet tant de l'établissement de ladite trou
» pe, que de son administration, police & dis-
» cipline, depuis l'année 1680 qu'il plut au feu
» roi de réunir les deux troupes de ses Comé-
» diens François, ensemble les traités successive-
» ment passés entr'eux, & particulièrement ceux
» des 5 janvier 1681, 29 octobre 1685, 2
» septembre 1687, 23 juin 1692, 23 mars 1705,
» & 5 septembre 1735, lesdits arrêts, règlemens
» & actes de société, ne pouvant avoir leur en-
» tière exécution : ouï le rapport; le roi en son
» conseil, dérogeant en tant que de besoin, &
» révoquant & annullant lesdits arrêts, règle-
» mens & traités, sa majesté a ordonné & or-
» donne ce qui suit :

ARTICLE PREMIER.

« Le fond de l'établissement de l'hôtel sera &
» demeurera fixé à la somme de deux cens mille
» huit cens six livres seize sous six deniers seu-
» lement ; savoir, cent quatre - vingt - dix - huit
» mille deux cens trente-deux livres seize sous
» six deniers à quoi ont été fixés par le traité
» de 1692, les dépenses faites tant pour l'ac-
» quisition des fonds, sur lesquels les Comé-
» diens prédécesseurs ont fait bâtir ledit hôtel;
» la construction du théâtre, que pour l'achat
» des décorations & autres objets formant ledit
» établissement, & deux mille cinq cens soi-
» xante-quatorze livres payées par lesdits Comé-
» diens, pour le rachat de la taxe des boues &

» lanternes à caufe dudit hôtel, dérogeant à cet
» égard audit traité de 1705.

Article II. « Le fond ci-deſſus ſera comme ci-
» devant diviſé en vingt-trois parts égales, dont
» chacune ſera de huit mille ſept cens trente
» livres quinze ſous ſept deniers ſeulement, au
» lieu de treize mille cent trente livres quinze
» ſous à quoi avoit été fixé le fond de chaque
» part par le traité de 1705 ; ſavoir, huit mille
» ſix cens dix-huit livres dix-ſept ſous deux de-
» niers pour chaque part dans le fond de l'hô-
» tel ; cent onze livres dix-ſept ſous dix deniers
» pour le rachat des boues & lanternes, & qua-
» tre mille quatre cens livres ſous le titre de
» récompenſe aux acteurs ou actrices retirés ou
» à leurs héritiers. Leſquelles quatre mille quatre
» cens livres ne pourront être à l'avenir préten-
» dues par les acteurs ou actrices, ni leurs ſuc-
» ceſſeurs ou héritiers ſous quelque prétexte
» que ce ſoit ; non plus que les mille deux cens
» livres pour prétendue indemnité à caufe de
» l'entretien des décorations, ſuivant le traité
» de 1735.

Article III. « Et voulant ſa majeſté procurer
» à ladite troupe les moyens de ſe ſoutenir, or-
» donne que pour rembourſer les acteurs ou
» actrices qui ont fait ledit fond, ou portion d'i-
» celui au fur & meſure de la retraite ou décès
» deſdits acteurs ou actrices, il ſera fait fonds
» dans les états de dépenſes extrordinaires des
» menus, des ſommes qu'ils ſe trouveront avoir
» payées au jour de la cloture de théâtre de la
» préſente année : à l'effet dequoi il en ſera dreſſé
» état par les ſieurs intendans des menus, dont un
» double ſigné d'eux ſera annexé à l'acte de ſociété

» mentionné en l'article 38 ci-après ; entendant
» néanmoins fa majesté, que les intérêts desdits
» fonds ou portions de fonds, foyent payés par
» la troupe jufqu'au jour du remboursement ac-
» tuel aux acteurs & actrices, ou à leurs héri-
» tiers ou repréfentans, à raifon de cinq pour
» cent, francs & quittes de toutes charges & im-
» positions, à compter du jour de la clôture du
» théâtre de la préfente année. Comme aussi
« qu'après l'entière extinction des fommes qui
» fe trouveront audit jour avoir été payées,
» pour ledit fond ou portion de fonds, confor-
» mément audit état, le remboursement desdites
» huit mille fept cens trente livres quinze
» fous cinq deniers aux acteurs ou actrices reti-
» rés, & aux repréfentants ou héritiers de ceux
» qui feroient décédés, demeurera à la charge
» de ladite troupe.

Article IV. « Chaque part fera fufceptible de
» division en demi part ou autre portion de part
» comme ci-devant.

Article V. « Le fond dudit établiffement ne
» pourra être aliéné ni engagé fous quelque pré-
» texte que ce puiffe être, pour les befoins d'un
» ou de plufieurs particuliers, mais feulement
» pour le befoin commun de la troupe en géné-
» ral, & en vertu des délibérations prifes en la
» forme qui fera prefcrite ci-après.

Article VI. « Aucun des acteurs ni actrices ne
» pourra prétendre le remboursement du fond
» de fa part, fi ce n'eft dans le cas de retraite,
» & ledit remboursement, dans le cas de décès
» d'aucuns d'eux, fera fait à leurs héritiers ou
» ayant droit dans la forme défignée par l'arti-
» cle III ci-deffus.

Article VII. « Aucun desdits acteurs ou actri-
»ces ne pourra pareillement engager ni aliéner
»son fond de part, ou portion de part dans le-
»dit établissement, ni aucuns de leurs créan-
»ciers poursuivre le payement de leurs créan-
»ces par saisies réelles, mais seulement par sai-
»sies mobiliaires desdites parts ou portions de
»parts, dont les fonds seront, s'il y échoit,
»contribués entre lesdits créanciers ; lesquels
»ne pourront procéder par la saisie mobiliaire
»desdites parts ou portions de parts, que dans
»le cas de retraite ou de décès des débiteurs.

Article VIII. « Les acteurs ou actrices qui
»seront à l'avenir admis dans la troupe, seront
»tenus de payer, sans intérêts néanmoins, la
»somme de huit mille sept cens trente livres
»quinze sous pour une part, ainsi à proportion,
»pour une demie part ou portion de part, entre
»les mains du caissier de la troupe, qui sera
»tenu de s'en charger en recette, & d'en faire
»emploi comme il sera ordonné par l'article
»XXV ci-après.

Article IX. « Pour faciliter aux nouveaux ac-
»teurs ou actrices, le payement des huit mille
»sept cens trente livres quinze sous, il leur sera
»retenu, à moins que de leurs deniers ils ne
»veulent faire le payement des huit mille sept
»cens trente livres quinze sous, par chaque an-
»née, jusqu'à la concurrence de mille livres par
»part, & ainsi par proportion, & ce par privi-
»lége & préférence à tous leurs créanciers par-
»ticuliers, de laquelle retenue les intérêts leur
»seront payés par la troupe à la clôture du
»théâtre de chaque année, conformément à
»l'article III ci-dessus.

Article X. « Tous les acteurs & actrices
» seront renvoyés apres quinze années accom
» plies de service, jouiront de mille livres de
» pension viagere, laquelle leur sera payée par
» la troupe, sans aucune retenue ni imposition
» présente ou à venir, de six mois en six mois,
» à compter des jours & dates des ordres du pre-
» mier gentilhomme de la chambre lors en exer-
» cice, sur lesquels seront expédiés les contrat
» de constitution desdites rentes aux acteurs ou
» actrices ainsi retirés.

Article XI. « Il sera libre auxdits acteurs ou
» actrices, de se retirer après vingt ans de ser-
» vice, & audit cas, ils jouiront de la pension
» de mille livres, laquelle sera constituée à leur
» profit, conformément au précédent article,
» sauf néanmoins que les acteurs ou actrices qui
» seront jugés nécessaires après lesdites vingt
» années de service ne pourront se retirer, mais
» auront quinze cens livres de rente, en conti-
» nuant le service pendant dix autres années.

Article XII. « Et néanmoins s'il survenoit à
» quelques acteurs ou actrices avant ledit terme
» de quinze années, des accidens ou infirmités
» habituelles qui les missent hors d'état de con-
» tinuer leurs services, lesdites pensions de mille
» livres seront constituées à leur profit, en con-
» séquence d'une délibération signée de tous
» ceux qui composeront alors ladite troupe,
» pour leur être payée comme il est dit à l'arti-
» cle X, à compter des jours & dates des ordres
» du premier gentilhomme de la chambre lors
» en exercice.

Article XIII. « A l'égard des pensions actuel-
» lement subsistantes, ordonne sa majesté, qu'il

» en fera inceſſamment fait un état, ſur lequel à
» elle rapporté, elle ſe réſerve d'ordonner ce
» qu'il appartiendra.

Article XIV. « Toutes les penſions telles
» qu'elles ont été règlées par leſdits articles X,
» XI & XII ou qui ſeront conſervées par ſa ma-
» jeſté entre celles qui ſubſiſtent actuellement,
» ſeront dorénavant à la charge de la troupe,
» enſorte que tous ceux ou celles qui ſuccede-
» ront aux acteurs ou actrices qui viendront à
» décéder ou à ſe retirer, n'en ſoient aucune-
» ment tenus : comme auſſi ceux ou celles qui
» doivent actuellement aucunes deſdites pen-
» ſions au terme dudit acte de 1692, & autres
» ſubſéquents, en ſeront & demeureront dé-
» chargés, à compter du jour de la clôture du
» théâtre de la préſente année.

Article XV. « L'hôtel où ſe font les repré-
» ſentations de la Comédie & ſes dépendances,
» & généralement tout ce qui compoſe ledit
» établiſſement, ſeront affectés ſpécialement &
» par privilége auxdites penſions, leſquelles
» comme penſions alimentaires, ne pourront être
» ſaiſies par aucun créancier des penſionnaires.

Article XVI. « Il y aura trois ſemainiers qui
» ſerviront ſuivant l'ordre de leur réception, &
» dont le plus ancien chaque ſemaine ſortira de
» fonction, & ſera remplacé par le plus ancien
» des deux reſtants, & ainſi de ſemaine en ſe-
» maine. Les fonctions deſdits ſemainiers con-
» ſiſteront dans l'adminiſtration, police inté-
» rieure & diſcipline de la troupe, qui ſe fera
» pour le ſurplus par les premiers gentilshommes
» de la chambre de ſa majeſté.

Article XVII. « Arrivant le cas de décès d'au-

» cuns defdits acteurs ou actrices, ou bien
» cas de retraite, ceux qui fe retireront &
» plus ancien femainier à l'égard de ceux qui
» viendront à décéder, feront tenus de fe reti-
» rer pardevers le premier gentilhomme de
» chambre alors en exercice, pour fur le rap-
» port par lui fait à fa majefté, ordonner des
» parts ou portions vacantes par brevets parti-
» culiers, expédiés par les fieurs intendans des
» menus.

Article XVIII. « La recette générale fera faite
» par un feul caiffier, auquel les receveurs par-
» ticuliers des différens bureaux feront tenus de
» compter chaque jour après le fpectacle, ainfi
» que le contrôleur, de remettre l'état des cré-
» dits de chaque jour : en conféquence le caif-
» fier tiendra regiftre de ladite recette effective,
» enfemble defdits crédits jour par jour, duquel
» regiftre un double pour le contrôle de ladite
» caiffe, fera tenu par le plus ancien femainier
» en exercice ; & chacun defdits regiftres fera
» figné en premiere & derniere feuille, & pa-
» raphé fur chaque feuillet par un des fieurs in-
» tendans des menus, & ordonne fa majefté au-
» dit caiffier de veiller avec la plus fcrupuleufe
» attention à l'ordre des regiftres, fous peine de
» radiation de fes appointemens, ou de plus
» grande peine fi le cas y échoit.

Article XIX. « Les deniers de ladite recette
» effective, ainfi que ledit regiftre de caiffe, fe-
» ront renfermés dans le coffre-fort qui eft dans
» l'hôtel, lequel fermera à deux clefs, dont
» l'une reftera ès mains du plus ancien femainier
» & l'autre en celles dudit caiffier.

Article XX. Ledit caiffier fera chargé de la

» dépenfe, & ne pourra faire de payement que
» fur des mandemens fignés des trois femainiers
» & de fix perfonnes au moins, acteurs ou ac-
» trices ; & tiendra pareillement ledit caiffier re-
» giftre de fa dépenfe, jour par jour, duquel re-
» giftre fera tenu un double pour fervir de con-
» trôle. Lefdits deux regiftres dans la forme
» prefcrite aux articles XVIII & XIX, & celui du
» caiffier, fera, comme dit eft, renfermé dans
» le coffre-fort, fuivant l'article précédent.

Article XXI. « A l'égard des regiftres de con-
» trôle defdires recettes & dépenfes, le femai-
» nier le plus ancien fera tenu de les enfermer
» chaque jour dans une des armoires étant dans
» la Chambre d'affemblée.

Article XXII. « Pour éviter la multiplicité
» des quittances, le caiffier dreffera des états
» des gages & appointemens des gagiftes & au-
» tres employés au fervice de la troupe, à la
» fin de chaque mois, lefquels états feront émar-
» gés par chacun defdits gagiftes & autres, après
» avoir été arrêtés par les trois femainiers.

Article XXIII. « S'il arrive que les mémoires
» des ouvriers & fourniffeurs ne puiffent être
» acquités en entier fur le produit de la recette
» du mois, il en fera dreffé un état double,
» dont l'un reftera ès mains des fieurs intendans
» des menus, l'autre en celles du plus ancien fe-
» mainier en exercice ; & fera le montant def-
» dits mémoires, acquitté autant que faire fe
» pourra, fur les premiers deniers du mois
» fuivant.

Article XXIV. « A la fin de chaque mois, les
» regiftres de recette & de dépenfe, ainfi que
» ceux de contrôle, feront repréfentés à l'un des

» fieurs intendans des menus, pour par lui les
» vifer & arrêter.

Article XXV. « Sur le produit de la totalité
» de la recette feront prélevés,

» 1°. Les trois cinquièmes du quart ou le neu-
» vième au total, fans aucune déduction quel-
» conque pour l'hôpital général.

» 2°. Le dixième en faveur de l'Hôtel-Dieu,
» déduction faite de trois cens livres, dont la
» retenue a été ordonnée par fa majefté pour
» les frais de chaque jour de repréfentation.

» 3°. La rente annuelle de deux cens cin-
» quante livres due à la menfe abbatiale de faint
» Germain-Defprés par la tranfaction de 1695.

» 4°. Les penfions viàgères dont la troupe fera
» chargée.

» 5°. Les intérêts des fonds ou portions de
» fonds, ainfi qu'il eft portée par les articles III
» & IX ci-deffus.

» 6°. Les fommes payées pour fonds ou por-
» tions de fonds, dans les cas prévus pat l'ar-
» ticle III.

» 7°. Les appointemens du Caiffier, des rece-
» veurs particuliers, gagiftes & autres employés
» par la troupe, & finalement feront payés ou
» acquités tous les frais ordinaires & extraordi-
» naires à la charge commune de la troupe.

» Et quant au furplus du produit des repré-
» fentations journalières, il fera divifé en vingt-
» trois portions égales, & diftribué aux acteurs &
» aux actrices à proportion de leurs parts ou por-
» tions de parts, dans le fond dudit établiffe-
» ment. Entendant fa majefté, que les fonds pro-
» venant des payemens faits par les nouveaux
» acteurs ou actrices pour leurs fonds ou portion

» de

»de fonds, ne puiſſent être employés qu'au
»payement des créanciers de la troupe.

Article XXVI. « A l'égard de la penſion de
»douze mille livres par chaque année accordée
»à ladite troupe par brevet du 24 août 1682,
»elle ſera pareillement partagée en vingt-trois
»portions égales, conformément à l'article pré-
»cédent, & chacune deſdites portions ſera &
»demeurera comme par le paſſé non-ſaiſiſſable
»par aucun créancier deſdits acteurs ou ac-
»trices.

Article XXVII. « La part de chacun deſdits
»acteurs ou actrices dans le produit des repré-
»ſentations journalières ſera diviſée en trois
»portions égales ; ſavoir, deux tiers libres &
»non-ſaiſiſſables par les créanciers pour être ap-
»pliqués, l'un aux alimens, l'autre à l'habille-
»ment de chacun d'eux ; & quant au dernier
»tiers, il ſera affecté aux créanciers des acteurs
»ou actrices ſur leſquels il ſurviendra des ſaiſies,
»enſorte qu'après le rembourſement & entier
»payement du fond de la part ou portion de
»part de chaque acteur ou actrice, leſdites ſai-
»ſies vaudront & auront leur effet, ſans qu'il
»ſoit beſoin de les renouveler ſur le tiers de la
»portion entière, à lui appartenante dans le
»produit deſdites répréſentations.

Article XXVIII. « Les deniers qui compoſe-
»ront le tiers deſtiné aux créanciers ſeront re-
»tenus par le caiſſier pour être par lui remis à
»la clôture de chaque année ès mains du no-
»taire de la troupe, par lequel ils ſeront payés
»ou contribués s'il y échoit entre les créan-
»ciers ſaiſiſſans, & feront les contributions ar-
»rêtées par les débiteurs, en préſence de deux

» anciens Comédiens stipulans pour la troup
» comme il s'est pratiqué jusqu'à présent.

Article XXIX. « Les exploits des saisies q
» seront faites seront portées par le caissier s
» deux registres, dont l'un restera en ses mains
» l'autre en ce les du notaire de la troupe ; le
» mains - levées seront pareillement transcrite
» sur les mêmes registres, & les exploits de
» saisies & expéditions des mains - levées m
» dans l'armoire fermant à clef qui est dans
» chambre d'assemblée.

Article XXX. « S'il étoit nécessaire d'occup
» ou de défendre sur lesdites saisies, elles sero
» remises par le receveur ès mains du procureu
» de la troupe au châtelet ou de son procureu
» au parlement.

Article XXXI. « Chaque année à la clôtu
» du théâtre, il sera dressé par le caissier tro
» états : le premier contiendra les parts ou po
» tions de part de chaque acteur ou actrice da
» le fond dudit établissement, ce qui en au
» été acquitté & restera à acquitter : le secon
» contiendra les dettes passives de la troupe
» le troisième les pensions viagères dont elle
» trouvera alors chargées, lesquels états seron
» reconnus approuvés & arrêtés par tous le
» acteurs & actrices, & ensuite rendus au cai
» sier après avoir été transcrits sur un registre
» sur lequel on portera toutes les délibérations
» & qui sera renfermé par le plus ancien semai
» nier dans l'armoire étant dans la chambre
» d'assemblée, & de la conservation duquel
» ledit semainier demeurera personnellement
» garant.

Article XXXII. « Il ne pourra dorénavant

»être fait aucun emprunt que pour dépenses
»forcées, ainsi qu'il est porté par l'article V,
»& non par billets particuliers, mais par con-
»trats de constitutions autant que faire se
»pourra ou par obligations, qui seront signées
»par tous les acteurs & actrices, & ne pour-
»ront être passées que par-devant le notaire
»de la troupe, qui en gardera minute, le tout
»en vertu des délibérations qui seront remises
»aux sieurs intendans des menus, pour être
»présentées au premier gentilhomme de la
»chambre alors en exercice, & être donnés les
»ordres nécessaires, après néanmoins avoir pris
»l'avis des avocats composant le conseil de la
»troupe : déclarons nuls tous contrats, obliga-
»tions ou billets qui ne seroient pas faits dans
»la forme ci-dessus prescrite.

Article XXXIII. » Néanmoins les obligations
»& billets subsistans actuellement, après que les
»sommes, les dates & même les noms des
»créanciers, autant que faire se pourra, auront
»été constatés à la clôture du théâtre de la pré-
»sente année, & ainsi successivement, par une
»délibération signée des six plus anciens acteurs
»suivant l'ordre de leur réception, seront con-
»vertis en contrats de constitution ou renou-
»velés au plus long délai qu'il sera possible par
»lesdits six plus anciens acteurs, à l'effet de
»procurer à la troupe la facilité de faire des
»emprunts à constitution de rente pour rem-
»bourser le montant desdites obligations & bil-
»lets.

Article XXXIV. » Il sera fait incessamment
» par le notaire de la troupe, un inventaire
»double par bref état, des titres & papiers des

Q ij

» archives, lefquels feront remis dans des boît
» étiquetées chacune des cottes qu'elles co
» tiendront, & feront lefdites boîtes, ainfi qu
» le double dudit inventaire, renfermés dan
» une des armoires de la chambre d'affemblée
» laquelle fera fermée à deux clefs, dont l'un
» demeurera dans les mains du plus ancien fe
» màinier, l'autre entre les mains du notaire d
» la troupe, qui gardera auffi par-devers lui l
» double dudit inventaire.

Article XXXV. » Il ne pourra être retiré au
» cun titre ni papier de ladite armoire, qu'e
» vertu de délibération de trois femainiers &
» de trois autres anciens acteurs, & fur le réce
» piffé de ceux qui retireront lefdits papiers
» lefquels récépiffés demeureront à leur lieu &
» place jufqu'à ce qu'ils aient été rapportés, &
» le rapport en fera conftaté en marge defdite
» délibérations, par la mention qui en fera fait
» & fignée des trois femainiers & des trois ac
» teurs.

Article XXXVI. » Veut & ordonne fa majeft
» que fefdits Comédiens ordinaires foient tenu
» de repréfenter chaque jour, fans que fou
» aucun prétexte ils puiffent s'en difpenfer.

Article XXXVII. » Ordonne pareillement qu
» le confeil de la troupe fera compofé de deu
» anciens avocats au parlement & d'un avoca
» en fes confeils.

Article XXXVIII. » Il fera inceffammen
» pourvu au furplus de l'adminiftration, polic
» & difcipline intérieure de ladite troupe, pa
» un réglement des premiers gentilshommes d
» la chambre de fa majefté, & qu'elle enten
» être exécuté comme s'il étoit contenu au pré
» fent arrêt.

Article XXXIX. » Ordonne en outre fa ma-
» jefté, qu'auffitôt qu'il aura été fait lecture
» dudit arrêt dans une affemblée générale defdits
» acteurs ou actrices, ils feront tenus de paffer
» un acte de fociété entr'eux par-devant le no-
» taire de la troupe ; lequel acte repréfenté à fa
» majefté, fera par elle approuvé & confirmé
» s'il y échoit.

Article XL. » Veut & entend fa majefté,
» que le contenu au préfent arrêt foit exécuté
» fuivant fa forme & teneur, & que tout ce qui
» y feroit contraire foit regardé comme nul &
» non avenu, ainfi qu'elle l'a déclaré & déclare
» dès à préfent. Mande fa majefté aux premiers
» gentilshommes de fa chambre, aux intendans
» des menus, de tenir la main chacun en droit
» foi à l'exécution du préfent arrêt. Fait au con-
» feil d'état du roi, fa majefté y étant, tenu
» à Verfailles le dix-huit juin mil fept cens cin-
» quante-fept. PHELYPEAUX.

En exécution de cet arrêt, les Comédiens
François ont paffé entr'eux un nouveau traité le
9 juin 1758 (*) ; & fur cet acte il eft intervenu

_____

(*) Le traité de fociété que les Comédiens ont fait en
conféquence de l'arrêt du confeil du 18 juin 1757, eft un
acte qui intéreffe également le public & les Comédiens. Ainfi
nous croyons qu'il eft effentiel de tranfcrire toutes les difpofitions de ce traité.

Il a été paffé devant les notaires du châtelet de Paris le
9 juin 1758, par les fieurs de la Thorilliere, Armand,
Huguet, Sarrazin, Racot, Grandval, Botot d'Angeville,
Dubois, Gimat de Bonneval, Paulin, le Kain, Belcourt,
Dubut Préville, Brifard & les demoifelles de la Motte,
Botot, Dangeville, Gauffin, Dupré, Dumefnil, Dumons

un arrêt du conseil le 12 janvier 1759, par le

la Voye, Gautier, de la Tude Clairon, Maignen Brillant,
Hus, Guéant & Droum qui composoient alors la troupe
des Comédiens françois ordinaires du roi, assemblés par
ordre de sa majesté dans leur hôtel.

Les Comédiens après avoir rappelé dans le préambule de
cet acte, leurs anciens traités, ont déclaré que pour obéir
aux ordres de sa majesté portés dans l'arrêt de son conseil
du 18 juin 1757, ils renouveloient leur société sous les
articles qui suivent :

ARTICLE PREMIER. » Le fond de la société & établisse-
» ment sera & demeurera fixé à la somme de 700806 livres
» 16 sous 6 deniers seulement, & composé, savoir de 198231
» livres 16 sous 6 deniers, à quoi en conséquence du traité
» & acte de société du 22 septembre 1680 a été fixé par
» celui du 23 juin 1692, l'état de dépense faite tant pour
» l'acquisition de l'emplacement & maisons, construction
» de l'hôtel & salle de spectacle que pour l'achat des
» décorations & autres objets formant ledit établisse-
» ment, & 2574 livres payés par lesdits Comédiens prédé-
» cesseurs desdits comparans pour le rachat de la taxe des
» boues & lanternes suivant ledit traité du 23 mars 1705.

Article II. » Le fond de ladite société & établissement sera
» comme ci-devant divisé en 23 partis égales, & chaque
» part intégrale sera & demeurera fixée à 8730 livres 15 sous
» 5 deniers seulement, au lieu de 13130 livres 15 sous
» 5 deniers à quoi elle avoit été fixée par ledit traité du
» 23 mars 1705, savoir 8618 livres 17 sous 2 deniers
» pour le vingt-troisième au total de la dépense pour ledit
» établissement & 111 livres 18 sous 3 deniers aussi pour
» le vingt troisième de ladite somme financée pour le rachat
» des boues & lanternes, au moyen de quoi les acteurs &
» actrices qui viendront à se retirer & les héritiers & ayant
» droit de ceux qui viendront à décéder ne pourront pré-
» tendre sous quelque prétexte que ce puisse être les 4400
» livres attribuées à chaque part sous le titre de récompense
» par ledit traité de 1705 non plus que les 1200 livres attri-
» bués aussi à chaque part à titre d'indemnité à cause de
» l'entretien du théâtre & des décorations suivant ledit traité

quel fa majefté a fait plufieurs modifications aux

du 5 septembre 1735 auxquels dits traités lefdits comparans ont dérogé à cet égard.

Article III. » Sa majefté par un effet de fa bonté & de la
»protection fingulière dont elle veut bien honorer ledit
»établiffement ayant ordonné par l'article 3 dudit arrêt de
»fon confeil, afin de procurer à la troupe les moyens de fe
»foutenir, que pour rembourfer les acteurs & actrices qui
»avoient fait les fonds de leurs parts ou portions d'iceux fur
»le pied de 13130 livres 15 fous 5 deniers conformément
»aux anciens traités au fur & à mefure de retraite ou décès
»defdits acteurs & actrices, il feroit fait fond dans l'état de
»dépenfe extraordinaire des menus, des fommes qu'ils fe
»trouveroient avoir acquittées au jour de la clôture du
»théâtre premier avril 1757, & qu'à cet effet les fieurs in-
»tendans des menus drefferoient état defdites fommes ; il a
»été convenu fous le bon plaifir de fa majefté pour l'ar-
»rangement des affaires defdits acteurs & actrices retirés ou
»de leurs fucceffeurs, en cas de décès, que la troupe fera
»l'avance & le rembourfement defdits fonds ou portions
»de fonds dans le cours de deux mois, à compter de la date
»des ordres de retraite ou du jour du décès defdits acteurs
»& actrices fans aucun intérêt pendant ledit temps, con-
»formément aux anciens règlemens & traités, fauf à la
»troupe à fe procurer la rentrée & le rembourfement def-
»dites fommes qu'elle aura ainfi avancées & rembourfées
»par emploi d'icelles dans lefdits états de dépenfes extraor-
»dinaires des menus en conformité dudit arrêt du confeil,
»& pour fatisfaire audit arrêt du confeil, lefdits com-
»parans ont repréfenté audit Me. de Savigny l'état def-
»dites fommes acquittées audit jour premier avril 1757
»montant à celles de 276023 livres 6 fous 5 deniers,
»lequel daté du 27 juin 1757, *Signés*, de Font-Pertuis,
»de la Touche & de la Ferté, a été annexé à la minute
»des préfentes après avoir été figné & paraphé defdits
»comparans, en préfence defdits notaires fouffignés.

»En conféquence de l'article ci-deffus, la troupe eft &
»demeure déchargée des fommes portées audit état & pa-
»reillement chacun des acteurs & actrices déchargés des
»fommes dont aucuns d'eux étoient redevables envers la

clauses de ce traité ; & au surplus elle l'a ap-

> » troupe au premier avril 1757 , aux termes des anciens rè-
> » glemens pour l'entier payement de leur part & portion de
> » part sur le pied de 13130 livres 15 sous 5 deniers sans pré-
> » judice des sommes dont aucuns des acteurs & actrices
> » étoient redevables audit jour pour le restant des fonds de
> » leur part, demi-part ou portions de part suivant la nou-
> » velle fixation.
>
> » Mais ladite troupe sera chargée à l'avenir du payement
> » & remboursement des 8730 livres 15 sous 5 deniers pour
> » une part & à proportion pour une demi-part ou autre
> » portion de part qui lui seront payés par la suite par les
> » successeurs desdits Comédiens. Néanmoins la troupe ne
> » sera tenue de rembourser ceux desdits acteurs & actrices
> » qui n'avoient acquités leurs fonds audit jour premier avril
> » 1757 que les sommes qu'ils se trouveront avoir payé
> » depuis ledit jour pour entier payement de leurs fonds
> » suivant ladite nouvelle fixation.
>
> Article IV. » Chaque part sera comme ci-devant suscep-
> » tible de divisions en demi-part ou autre portion de part.
>
> Article V. » Le fond dudit établissement ne pourra être
> » ni aliéné ni engagé sous quelque prétexte que ce soit
> » pour le besoin d'un ou de plusieurs particuliers, mais seu-
> » lement pour l'utilité & besoin commun de la troupe en
> » général en vertu de délibération prise dans la forme ci-
> » après.
>
> Article VI. » Aucun des acteurs & actrices ne pourra
> » prétendre le remboursement du fond de sa part, si ce n'est
> » dans le cas de retraite, & ledit remboursement dans le
> » cas de décès d'aucun d'eux sera fait à leurs héritiers ou
> » ayant droit, le tout dans la forme prescrite par l'article 3
> » ci-dessus.
>
> Article VII. » Aucun acteur ou actrice ne pourra pareil-
> » lement engager ni aliéner le fond de sa part ou aucune
> » portion de part dans ledit établissement.
>
> » Ne pourront pareillement leurs créanciers particuliers
> » poursuivre leur payement par saisie réelle conformément
> » audit arrêt du parlement du 2 juin 1693, mais seulement
> » par saisies mobilières desdites parts & portions d'icelles

prouvé, autorifé & confirmé. Sa majefté par

»dont les fonds feront s'il y échoit contribués entre les
»créanciers, lefquels ne pourront procéder par ladite voie
»de faifie mobilière defdits fonds de part, que dans le cas
»de retraite ou décès defdits acteurs ou actrices leurs dé-
»biteurs.

Article VIII. »Les acteurs ou actrices qui feront à
»l'avenir admis dans la troupe feront tenus de payer, (fans
»intérêt néanmoins) la fomme de 8730 livres 15 fous
»5 deniers pour une part, & auffi à proportion pour une
»demi-part ou portion de part entre les mains du caiffier
»de la troupe qui fera tenu de s'en charger en recette,
»defquels fonds il fera fait un emploi ainfi qu'il fera arrêté
»par l'article 25 ci-deffous.

Article IX. »Pour faciliter auxdits nouveaux acteurs
»ou actrices le payement des 8730 livres 15 fous 5 deniers,
»il leur fera retenu fur le produit des émolumens à moins
»qu'ils ne veuillent faire le payement de ladite fomme, de
»leurs deniers par chaque année, jufqu'à la concurrence
»de 1000 livres par part, & ainfi à proportion pour une
»demi-part ou autre portion de part, & ce par privilége
»& préférence à tous leurs créanciers particuliers, de
»laquelle fomme les intérêts leurs feront payés par la
»troupe à la clôture du théâtre de chaque année.

Article X. »Tous les acteurs ou actrices qui feront ren-
»voyés après quinze années de fervice, jouiront de 1000
»livres de penfion viagère, laquelle leur fera payée annuel-
»lement par la troupe fans aucune retenue ni diminution
»quelconque préfentes ou à venir de fix en fix mois, à
»compter du jour & date des ordres de monfieur le premier
»gentilhomme de la chambre, lors en exercice, fur lefquels
»feront expédiés les contrats de conftitutions defdites ren-
»tes, auxdits acteurs & actrices ainfi retirés.

Article XI. »Il fera libre auxdits acteurs & actrices de
»fe retirer après vingt années de fervices, & audit cas ils
»jouiront de la penfion de 1000 livres, laquelle fera conf-
»tituée à leur profit, conformément au précédent article.
»Néanmoins ceux defdits acteurs ou actrices qui feront
»jugés néceffaires après les vingt années de fervice ne
»pourront fe retirer; mais ils auront 1500 livres de pen-

une disposition particulière de cet arrêt, en dé

» sion en continuant le service pendant dix autres années.

Article XII. » Et néanmoins s'il survient à quelque ac
» teur ou actrice avant ledit terme de quinze années des
» accidens ou infirmités habituelles qui les mettent hors
» d'état de continuer le service, lesdites pensions de 1000 li-
» vres seront constituées à leur profit en conséquence d'une
» délibération signée de tous ceux qui composeront alors
» ladite troupe pour leur être payée ainsi qu'il est porté en
» l'article 10 ci-dessus, à compter du jour & datte des
» ordres de M. le premier gentilhomme de la chambre lors
» en exercice.

Article XIII. » A l'égard des pensions actuellement sub-
» sistantes, sa majesté ayant ordonné par l'article 13 dudit
» arrêt de son conseil qu'il en seroit fait état, sur lequel
» elle rapporté, sa majesté s'est réservée d'ordonner ce qu'il
» appartiendroit ; ledit état a été dressé & annexé à la mi-
» nute des présentes après avoir été certifié véritable par lesdits
» comparans en présence des notaires soussignés pour être
» transcrit ensuite de l'expédition d'icelles & être fait men-
» tion sur icelui de ce qui aura été ordonné par sa majesté,
» pour par lesdits comparans s'y conformer.

Article XIV. » Toutes les pensions telles qu'elles ont
» été réglées par lesdits articles 10, 11 & 12 ci-dessus, &
» celles qui seront conservées par sa majesté entre celles qui
» subsistent seront dorénavant à la charge de la troupe, en
» sorte que tous ceux ou celles qui succéderont aux acteurs
» ou actrices qui viendront à décéder ou à se retirer, n'en
» soient aucunement tenus.

» Comme aussi ceux ou celles qui doivent actuellement
» aucunes desdites pensions aux termes dudit acte du 27
» juin 1692 & autres subséquens en seront & demeureront
» déchargés, à compter du jour de la clôture du théâtre de
» l'année 1757.

Article XV. » L'hôtel où se font les représentations de
» la Comédie & ses dépendances, & généralement tout ce
» qui compose ledit établissement, seront & demeureront
» affectés spécialement & par privilège, au remboursement
» desdits fonds & parts, & au payement desdites pensions,

rogeant à tous édits, arrêts & réglemens con-

»lesquelles comme pensions alimentaires ne pourront être
»saisies par aucuns créanciers des pensionnaires.

Article XVI. »Il y aura trois semainiers qui serviront
»suivant l'ordre de leur réception, & dont le plus ancien
»de chaque semaine sortira de fonction, & sera remplacé
»par le plus ancien des deux restans & ainsi successivement
»de semaine en semaine.

»Les fonctions desdits semainiers consisteront dans l'ad-
»ministration, police intérieure & discipline de la troupe
»en la manière ci-après expliquée, & suivant le règlement
»qui a été fait en conformité des ordres de sa majesté porté
»par l'article 16 dudit arrêt du conseil, duquel règlement il
»sera ci-après fait mention.

Article XVII. »Arrivant le cas de décès ou de retraite
»d'aucuns desdits acteurs ou actrices, ceux qui se retireront,
»& le plus ancien semainier à l'égard de ceux qui viendront
»à décéder seront tenus de se retirer par devant M. le pre-
»mier gentilhomme de la chambre alors en exercice, pour
»sur le rapport qui sera par lui fait à sa majesté ordonner
»des parts & portions vacantes par brevets particuliers qui
»seront expédiés par les sieurs intendans des menus.

Article XVIII. »La recette générale sera faite par un
»seul caissier auquel les receveurs particuliers des différens
»bureaux seront tenus de compter chaque jour après le
»spectacle, ainsi que le contrôleur de remettre aussi audit
»caissier l'état des crédits de chaque jour. En conséquence
»le caissier tiendra registre de ladite recette effective, ensem-
»ble desdits crédits jour par jour, duquel registre un double
»pour le contrôle de la caisse, sera tenu par le plus ancien
»des semainiers en exercice, & chacun desdits registres sera
»signé en première & dernière feuille, paraphé sur chacune
»desdites feuilles par un des sieurs intendans des menus.

»Ledit caissier sera tenu de veiller avec la plus scrupu-
»leuse attention à l'exactitude desdits registres, sous peine
»de radiation de ses appointemens & de plus grande peine
»si le cas y échoit.

Article XIX. »Les deniers de la recette effective ainsi
»que le registre de caisse seront renfermés dans le coffre

traires, a ordonné qu'on ne pourroit faire au

» fort qui eſt dans l'hôtel, lequel fermera à deux clefs, do...
» une demeurera ès-mains du plus ancien ſemainier e...
» exercice, & l'autre ès-mains dudit caiſſier.

Article XX. » Ledit caiſſier ſera ſeul chargé de la dé...
» penſe & ne pourra faire aucun payement que ſur les ma...
» demens ſignés des trois ſemainiers & de ſix perſonn...
» au moins tant acteurs qu'actrices.

» Ledit caiſſier tiendra pareillement regiſtre de la dépen...
» jour par jour, duquel regiſtre il ſera tenu un double pou...
» ſervir de contrôle, leſdits deux regiſtres en la forme...
» ainſi qu'il a été réglé pour la recette par les articles...
» & 19 ci-deſſus, & celui du caiſſier ſera comme dit eſt...
» renfermé dans ledit coffre-fort comme il eſt ordonné pa...
» l'article précédent.

Article XXI. » A l'égard des regiſtres du contrôle de...
» recettes & dépenſes, le ſemainier le plus ancien en exer...
» cice ſera tenu de le renfermer chaque jour dans une de...
» armoires de la chambre d'aſſemblée.

Article XXII. » Pour éviter la multiplicité des quittance...
» le caiſſier dreſſera des états de gages & appointemens de...
» gagiſtes & autres employés au ſervice de la troupe à l...
» fin de chaque mois, leſquels états ſeront émargés pou...
» chacun deſdits gagiſtes & autres, après néanmoins qu'il...
» auront été arrêtés par les trois ſemainiers.

Article XXIII. » S'il arrivoit que les mémoires des ou...
» vriers ou fourniſſeurs, ne puſſent être acquittés en entie...
» ſur la recette du mois, il en ſera dreſſé un état doubl...
» dont un ſera remis ès-mains d'un des ſieurs intendans de...
» menus, l'autre en celles du plus ancien ſemainier en exer...
» cice, & ſera le montant deſdits mémoires autant que...
» faire ſe pourra acquitté des premiers deniers de la recett...
» du mois ſubſéquent.

Article XXIV. » A la fin de chaque mois les regiſtres des...
» recettes & dépenſes ainſi que ceux de contrôle ſeront...
» repréſentés à l'un des ſieurs intendans des menus pour par...
» lui les viſer & arrêter.

Article XXV. » Sur le produit de la recette ſeront pré...
» levés,

cune confignation des deniers qui feroient faifis

» 1°. Les trois cinquièmes du quart fans aucune déduc-
»tion pour l'hôpital général.

» 2°. Le dixième en faveur de l'hôtel-Dieu, déduction
»faite de 300 livres dont la retenue a été ordonnée par fa
»majesté pour les frais par chaque jour de représentation.

» 3°. La rente annuelle de 250 livres due à la menfe
»abbatiale de S. Germain des prés.

» 4°. Les penfions viagères dont la troupe fera chargée.

» 5°. Les intérêts des fonds & portions de fonds ainfi qu'il
»eft porté par les articles 3 & 9.

» 6°. Les fommes payées pour fonds ou portion de fonds,
»dans les cas prévus de l'article 3.

» 7°. Les appointemens du caiffier, des receveurs particu-
»liers, des gagiftes & autres employés au fervice de la
»troupe.

» 8°. Et finalement feront payés & acquittés tous les
»frais ordinaires & extraordinaires à la charge commune
»de la troupe, & quant au furplus du produit des repréfen-
»tations journalières, il fera divifé & partagé en vingt-
»trois portions égales & diftribués aux acteurs & actrices à
»proportion des parts & portions de part appartenant à
»chacun d'eux dans le fond dudit établiffement.

» A l'égard des deniers qui proviendront des payemens
»qui feront faits par les nouveaux acteurs ou actrices pour
»leurs fonds ou portion de fonds ils ne pourront être em-
»ployés qu'au payement des créanciers de la troupe. A
»cet effet, il feront remis par le caiffier ès-mains du no-
»taire de la troupe à chaque clôture du théâtre, & feront
»lefdits payemens faits dans la forme qui fera ci-après
»prefcrite par l'article 40.

» Les deniers qui rentreront à la troupe pour rembour-
»fement des fonds qu'elle aura avancés aux acteurs ou ac-
»trices retirés ou décédés en conféquence de l'article 3,
»feront pareillement employés à l'extinction des dettes de
»la troupe, & à cet effet ils feront auffi remis ès-mains de
»fon notaire à fur & à mefure de ladite rentrée.

» Il fera néanmoins obfervé de rembourfer par préférence
»les billets & obligations.

provenans, foit du tiers du produit des repré

Article XXVI. » La penfion de 12000 livres par ch
» que année accordée à ladite troupe par brevet du 24 ao
» 1682, feia pareillement partagée en vingt-trois pa
» égales, conformément à l'article precèdent, & chacu
» defdites portions fera & demeurera comme par le pa
» non faififfable par aucuns créanciers particuliers defa
» acteurs & actrices.

Article XXVII. » La part de chacun defdits acteurs o
» actrices dans le produit des représentations journalièr
» fera divifé en trois portions égales ; favoir, deux tiers libr
» & non faififfables par les créanciers, pour être appliqu
» l'un aux alimens, l'autre à l'habillement & entretien
» chacun d'eux Quant à l'autre dernier tiers, il fera affe
» aux créanciers des acteurs ou actrices fur lefquels il fui
» viendra des faifies, en forte qu'ap.ès le remboursement
» entier payement du fond de la part ou portion de part d
» chaque acteur ou actrice lefdites faifies vaudront & au
» ront leur effet au profit des créanciers defdits acteurs o
» actrices, fans qu'il foit befoin de les renouveler fur l
» tiers de la portion entière a eux appartenante dans le pro
» duit des représentations ordinaires.

Article XXVIII. » Les deniers qui compoferont le tie
» deftiné aux créanciers feront retenus par le caiffier por
» être remis à la clôture de chaque année, ès-mains du no
» taire de la troupe, par lequel ils feront payés ou contri
» bués, s'il y échoit, entre les créanciers faififfans, &
» feront les contributions arrêtées par les débiteurs en pré
» fence de deux Comédiens ftipulans pour la troupe, ainfi
» qu'il s'eft pratiqué jufqu'à préfent.

Article XXIX. » Les exploits des faifies qui feront
» faites feront portés par le caiffier fur deux regiftres dou
» l'un reftera entre fes mains & l'autre dans celles du notaire
» de la troupe. Les mains levées feront pareillement tranf-
» crites fur les mêmes regiftres, & les exploits de faifies &
» expéditions des mains levées mis dans l'armoire fermante
» à clef qui eft dans la chambre d'affemblée.

Article XXX. » S'il étoit néceffaire d'occuper ou de

fentations, foit du rembourfement des fonds,

»défendre fur lefdites faifies, elles feront remifes par le
»caiffier ès-mains des procureurs de la troupe au parlement
»ou au châtelet.

Article XXXI. » Chaque année à la clôture du théâtre,
»il fera dreffé par le caiffier trois états.

»Le premier contiendra les parts ou portions de part de
»chaque acteur ou actrice, dans le fond de l'établiffement,
»ce qui en aura été acquitté & reftera à acquitter.

»Le fecond contiendra les dettes paffives de la troupe
»avec défignation du nom des créanciers, des contrats,
»obligations, avec leur datte ainfi que les termes d'échéan-
»ce defdites obligations.

»Le troifième les penfions viagères dont elle fe trouvera
»alors chargée.

»Lefquels états feront arrêtés, approuvés, & reconnus
»par tous les acteurs & actrices, enfuite rendus au caiffier
»après avoir été tranfcrits fur le regiftre fur lequel feront
»portées toutes les délibérations & qui fera renfermé par
»le plus ancien femainier dans l'armoire de la chambre d'af-
»femblée; & de la confervation duquel ledit femainier de-
»meurera garant.

Article XXXII. » Il ne pourra dorénavant être fait au-
»cun emprunt, que pour dépenfe forcée, ainfi qu'il eft
»porté par l'article 5, & non par billets particuliers, mais
»par contrat de conftitution autant que faire fe pourra,
»ou par obligation, lefquels contrats ou obligations feront
»fignés par tous les acteurs & actrices, & ne pourront
»être paffés que par-devant le notaire de la troupe qui en
»gardera minute, le tout en vertu de délibérations qui
»feront remifes aux fieurs intendans des menus pour être
»préfentés à M. le premier gentilhomme de la chambre en
»exercice, & être donnés les ordres néceffaires, après
»avoir néanmoins pris l'avis des avocats compofant le
»confeil de la troupe, à peine de nullité defdits contrats &
»obligations qui ne feroient pas fais dans la forme ci-
»deffus prefcrites, conformément à l'article 22 dudit arrêt
»du confeil.

Article XXXIII. » Néanmoins les obligations & billets

dans le cas de retraite ou décès, & générale

» subsistans actuellement, après que les sommes, les dattes
» & même les noms des créanciers autant que faire se
» pourra, auront été constatés à la clôture du théâtre de la
» présente année, & ainsi successivement par une délibéra-
» tion signée des six plus anciens acteurs suivant l'ordre de
» réception, seront convertis en contrats de constitution,
» ou renouvelés au plus long délai possible par lesdits six
» plus anciens acteurs, à l'effet de procurer à la troupe la
» facilité de faire des emprunts à constitution de rentes,
» pour rembourser le montant desdites obligations ou
» billets.

» Dans le cas où les rentiers viendroient à faire transmet-
» tre à d'autres la propriété de leurs rentes, lesdits six plus
» anciens acteurs pourront passer les nouveaux contrats au
» profit de ceux qui se présenteront pour être subrogés aux
» premiers ou subséquens; & vaudront lesdits contrats com-
» me s'ils avoient été signés de toute la troupe.

Article XXXIV. » Il sera fait incessament par le no-
» taire de la troupe un inventaire double par bref état des
» titres & papiers des archives, lesquels seront remis dans
» des boîtes étiquetées chacune des cottes qu'elles contien-
» dront & seront lesdites boîtes ainsi que l'un des doubles
» dudit inventaire renfermés dans une des armoires de la
» chambre d'assemblée, laquelle sera fermante à deux clefs,
» dont une demeurera entre les mains du plus ancien des
» semainiers, l'autre en celles du notaire de la troupe qui
» gardera par devers lui l'autre double dudit inventaire.

Article XXXV. » Il ne pourra être retiré aucun titre
» ni papier de ladite armoire qu'en vertu de délibération
» signée des trois semainiers & de trois autres anciens ac-
» teurs, & sur les récépissés de ceux qui auront retirés les-
» dits titres & papiers, lesquels récépissés demeureront au
» lieu & place desdits titres & papiers jusqu'à ce qu'ils aient
» été rapportés, & le rapport en sera constaté en marge
» desdites délibérations par la mention qui en sera faite par
» lesdits semainiers & anciens acteurs.

Article XXXVI. » Lesdits Comédiens pour se confor-
ment

ment de toutes les sommes qui doivent être

»mer aux ordres de sa majesté seront tenus de représenter
»chaque jour sans que sous aucun prétexte ils puissent s'en
»dispenser.

Article XXXVII. »Le conseil de la troupe sera tou-
»jours composé de deux anciens avocats au parlement, &
»d'un avocat aux Conseils nommant à cet effet Mes. Béasse
»de la Brosse & Simon de Mozar, anciens avocats au par-
»lement & Me. Brunet, avocat au conseil, & dans le cas
»de décès de l'un desdits sieurs, il y sera pourvu par déli-
»bération à la pluralité des voix.

Article XXXVIII. »Pour constater l'état actuel des
»affaires de la troupe en conformité des articles 3 & 31
»dudit arrêt du conseil, il a été dressé un état général des
»affaires de la troupe au premier avril dernier qui fixe &
»constate :

»1°. Les sommes acquittées audit jour premier avril
»1757 par chacun des acteurs & actrices sur les fonds de
»leurs parts sur le pied de 15130 livres 15 sous 5 deniers
»chaque part dans les 302700 livres 5 sous, qui compo-
»soient ci-devant le fond desdites sociétés, montant à la
»somme de 276023 livres 6 sous 5 deniers, suivant l'état
»énoncé en l'article 3 du présent contrat.

»2°. Les différentes parts ou portions de parts apparte-
»nantes à chacun des acteurs ou actrices dans ledit fonds
»fixé & réduit par l'article premier de l'arrêt du conseil à la
»somme de 200806 livres, 16 sous, 6 deniers, chaque
»part de 8730 livres, 15 sous, 5 deniers.

»3°. Les sommes qui restoient dues & à acquitter audit
»jour premier avril dernier à la troupe par les acteurs ou
»actrices pour les fonds de leurs parts sur le pied de la nou-
»velle fixation, lesquelles sommes montent à celle de
»31849 livres, 2 sous, 1 denier.

»4°. Les dettes de la troupe par contrats, obligations
»& billets, montant à la somme de 486930 livres.

»5°. Les pensions viagères dues aux acteurs & actrices
»retirés.

»6°. Celles dont la troupe est chargée envers différents
»employés retirés, à titre de récompense de leurs services.

dépofées dans les mains du notaire de la troupe

» Cet état général contenant en outre les charges an-
» nuelles.

» Le détail des appointemens annuels des employés & des
» frais de dépenfes, tant fixes que cafuelles, dont la troup
» eft chargée actuellement.

» Il réfulte de cet état que les dettes de la troupe p
» contrats, billets, obligations, au premier avril 175
» montoient à la fomme de . . . . . 486,930 l. " f. "

» fur lefquelles, déductions faites de
» celle de 276023 livres, 6 fous, 5
» deniers, au payement de laquelle il
» a été pourvu à la décharge de la
» troupe par l'article 3 dudit arrêt
» du confeil fuivant l'article 3 du
» préfent contrat, ci . . . . 276,023 l. 6 f. 5

» Il refte la fomme de deux cent dix
» mille neuf cent fix livres, treize
» fous, fept deniers, ci . . . . 210,906 l. 13 f. 7
» Mais fur cette dite fomme, il con-
» vient encore de déduire celle de
» 31849 livres, 2 fous, 1 denier due
» à la troupe pour le reftant des fonds
» à acquitter, ci . . . . 31,849 l. 2 f. 1
» Au moyen de laquelle déduction les
» dettes audit jour premier avril der-
» nier, demeurent fixées à la fomme
» de . . . . 179,057 l. 11 f. 6

» Et finalement lefdits Comédiens ont repréfenté le regl
» ment rendu par MM. les gentilshommes de la chamb
» le 23 décembre dernier, en conformité de l'article 38 d
» dit arrêt du confeil pour l'adminiftration & police int
» rieure de la troupe, enfemble l'état de fixation defdits en
» plois, appointemens & gages d'iceux dreffés par lefdits Co
» médiens en conformité de l'article 67 dudit règlement.

» Lefquels états & règlemens ont été, en exécution du
» arrêt du confeil, annexés à la minute des préfentes, apr

& pour affurer l'exécution tant de cet arrêt que

»avoir été certifiés véritables, fignés & paraphés par lefdits
»Comédiens en préfence des notaires fouffignés.

Article XXXIX. » Le produit des portions ou portions
»de part qui font actuellement vacantes ou qui viendront à
»vaquer par la fuite par la retraite ou le décès des acteurs
»ou actrices, demeurera en féqueftre fuivant l'ancien ufage
»ès-mains du receveur, jufqu'à ce qu'il ait plu à fa majefté
»d'ordonner des diftributions defdites parts ou portions de
»parts pour être ledit produit employé au payement des
»dettes de la troupe à la clôture du théâtre en chaque
»année fans qu'il en puiffe être diverti, ni appliqué à autre
»ufage aucune partie, fous quelque prétexte que ce
»puiffe être, nonobftant toutes délibérations contraires,
»qui à cet égard demeurent interdites auxdits Comédiens &
»à leurs fucceffeurs.

Article XL. » Lefdits Comédiens confidérant l'intérêt
»qu'ils ont d'accélérer le payement des dettes de la troupe,
»& opérer leur entière libération, après avoir examiné les
»différens moyens qui ont été propofés & mis en délibéra-
»tion dans leur affemblée, ont adopté par préférence
»comme le moyen le plus avantageux & le moins onéreux,
»l'abonnement d'un certain nombre de places ou droits
»d'entrée au fpectacle, moyennant une fomme une fois
»payée, le produit defquels abonnemens fera employé au
»payement des dettes de la troupe.

»En conféquence & fous le bon plaifir de fa majefté,
»lefdits Comédiens ont arrêté & font convenus qu'il fera
»abonné le nombre de cinquante places ou droit d'entrée
»audit fpectacle, à raifon de 3000 livres pour chaque place
»dont chaque abonné jouira fa vie durant fans pouvoir
»céder, ni fubroger audit droit qui que ce foit, finon à
»forfait & toujours fur la tête & la vie durant dudit pre-
»mier abonné ; defquels abbonnemens il fera paffé acte
»devant tous les Comédiens & tenu un regiftre particulier.

Article XLI. »Les Comédiens confirment, approuvent
»& ratifient autant que befoin feroit ladite tranfaction
»paffée entre ledit feigneur abbé de Saint-Germain des
»Prés & leurs prédéceffeurs dudit jour 24 août 1695 ; en

de celui du 18 juin 1757, sa majesté a ordonn:
qu'il seroit expédié toutes lettres nécessaires.

En conséquence de cette disposition, les Comédiens François ont obtenu des lettres-patente:
le 22 août 1761, qui ont été enregistrées pa
le parlement de Paris le 7 septembre de la mêm
année, pour être exécutées selon leur forme &
teneur, « à la charge seulement (porte l'arrêt)
» qu'en cas de saisies, lesdites saisies tiendron:

» conséquence promettent & s'obligent, tant pour eux qu
» pour leurs successeurs de payer & continuer lesdits 250.
» vies de rente & de redevance, suivant & ainsi qu'il e
» porté audit acte.

Article XLII. » Les nouveaux acteurs ou actrices qu
» seront admis dans la troupe seront tenus de ratifier ce
» présentes par acte ensuite d'icelles, & ne seront admis a
» partage des émolumens qu'après avoir justifié desdits acte
» de ratification au premier semainier lors en exercice.

Article XLIII. » En conformité des ordres de sa ma
» jesté portés par l'article 39 dudit arrêt du conseil, MM
» les gentilshommes de la chambre seront priés de fair
» leur rapport à sa majesté du présent traité & la supplie
» de l'agréer & confirmer.

» Car ainsi a été arrêté & convenu promettant, &c. obli-
» geant, &c. énonçant, &c. fait & passé à Paris, audit hôte
» en l'assemblée desdits acteurs & actrices, le 9 juin 175
» après midi, & ont signé; la minute des présentes demeurée
» audit Me. de Savigny l'un des notaires soussignés. Signé
Sauvaige & de Savigny.

» Registré, ouï le procureur-général du roi, pour jouir
» par lesdits impétrans & leurs successeurs, de l'effet & con-
» tenu en icelui, & être exécuté selon sa forme & teneur,
» à la charge qu'en cas de saisies, lesdites saisies tiendron:
» entre les mains du notaire de la troupe dépositaire, lequel
» ne pourra s'en dessaisir qu'entre les mains de qui & ainsi
» qu'il sera par justice ordonné suivant l'arrêt de ce jour. A
» Paris en parlement, le 7 septembre 1761. Signé Du-
» FRANC.

» entre les mains du notaire de la troupe dépo-
» fitaire, lequel ne pourra s'en défaifir qu'entre
» les mains de qui & ainfi qu'il fera par juftice
» ordonné ».

Depuis l'enregiftrement de ces lettres-patentes, les Comédiens François forment une fociété
légalement établie dans la capitale. Auparavant
ils n'exiftoient qu'en vertu d'ordres du roi &
de traités particuliers. Maintenant leur exiftence
eft appuyée fur les titres que les lois exigent
pour donner à un corps ou à une communauté,
un état légal.

Après avoir fait l'hiftorique de l'établiffement
de la comédie en France, nous allons maintenant confidérer les Comédiens dans les différens
rapports qu'ils ont avec le public. Afin d'éviter
toute confufion, nous commencerons par rapporter les monumens de la jurifprudence qui les
concerne. Nous rappellerons enfuite les différentes difpofitions de leurs réglemens intérieurs
qui regardent les auteurs. Enfin nous termine-
rons cet article par la difcipline & l'adminiftration intérieure des Comédiens François.

Jurifprudence concernant les Comédiens.

On diftingue en France deux fortes de Comédiens : ceux qui font fédentaires, comme les
Comédiens François & Italiens établis à Paris,
ou ambulans, comme les Comédiens de campagne, qui féjournent tantôt dans une ville,
tantôt dans une autre.

La profeffion de Comédien eft honorée en
Angleterre. Mademoifelle Olfields partage dans
l'églife de Weftminfter la fépulture des rois. Son
tombeau eft à côté de celui de Newton.

En France cette profession est moins honorée. Cependant si l'on fait attention aux talens qu'elle exige, ceux qui l'embrassent devroient jouir sans doute de la considération que les arts nobles & agréables méritent; le préjugé national qui s'est élevé contre eux, a pris sa source dans la conduite des premiers Comédiens. S'il y a des exemples qui le justifient encore, il faut avouer qu'ils sont rares aujourd'hui, & qu'il y a beaucoup de Comédiens dont les mœurs & l'honnêteté font desirer la destruction de ce préjugé. Aussi l'estime & la considération personnelles dont ces derniers jouissent, les dédommagent de l'injustice du préjugé, & cette récompense de leurs talens est peut-être plus flatteuse par les difficultés qu'ils ont eu à vaincre pour l'obtenir. Au reste cette dissertation littéraire n'entre point dans le plan que nous nous sommes proposé : nous devons nous borner à montrer de quelle manière ils sont traités par notre jurisprudence.

Plusieurs anciens conciles, tels que celui d'Elvire, tenu en 305; celui d'Arles, tenu en 314; ceux de Mayence, de Tours, de Reims, & de Châlons-sur-Saône, tenus dans le commencement du neuvième siècle, prononcent des peines contre les Comédiens qui existoient alors, c'est-à-dire contre des histrions & des farceurs publics. L'église en prononçant ces peines, a voulu détruire une source de débauches & d'obscénités qui se répandoit dans la société de ces spectacles grossiers, & contraires à la décence.

Mais il faut avouer que nos spectacles, tels qu'ils existent aujourd'hui, n'ont rien de com-

mun avec ceux qui exiſtoient avant le neuvième ſiècle; les leçons de vertu, d'humanité
& de morale que les organes des plus grands
auteurs que la France ait produits, donnent ſur
laſcène, aſſurent une diſtinction méritée à notre
ſpectacle ſur celui des anciens, & même ſur
ceux des autres nations de l'Europe. Ce ne ſont
plus aujourd'hui des farces monſtrueuſes & obſ-
cènes, que nos pièces de théâtres, ni les acteurs, des baladins faits pour amuſer une popu-
lace groſſière. Nous avons relégué cette claſſe
d'hommes mépriſables ſur les tréteaux qui s'é-
lèvent ſur les boulevards de la capitale, & dans
les places publiques. Par les précautions que le
gouvernement a priſes pour perfectionner la comédie en France, & par les effets de la protection
dont nos rois ont honoré depuis un ſiècle, le
théâtre François, nos ſpectacles n'offrent plus
les dangers qu'ils préſentoient dans l'enfance &
la barbarie d'un art que le dernier ſiècle a vu
naître. D'après ces obſervations puiſées dans
notre hiſtoire, ne peut-on pas dire que la plûpart des peines qui ont été prononcées avant le
dix-ſeptième ſiècle contre les Comédiens, regardent bien moins les Comédiens véritables,
que les farceurs publics & les baladins qui exiſtoient avant eux.

Cette vérité nous paroît démontrée par les
diſpoſitions même de nos ordonnances. En effet
celle d'Orléans, *article 4*, défend « à tous joueurs
»de farce, batteleurs & autres ſemblables, de
»jouer aux jours de dimanches & fêtes pendant
» les heures du ſervice divin & de ſe vêtir d'ha-
»bits eccléſiaſtiques, de jouer choſes diſſolues

» & de mauvais exemple, à peine de prison &
» de punition ».

Il résulte de cette loi, que les théâtres étoient
bien éloignés d'être alors des écoles de morale
& d'humanité, puisque le législateur étoit obligé
de prononcer des peines sévères contre la licence
qui y règnoit. On ne peut donc faire aucune
comparaison entre les spectacles des baladins &
des farceurs qui ont précédé les véritables Comédiens en France, & notre théâtre national
tel qu'il existe depuis un siècle.

Aussi Louis XIII par sa déclaration du 4 avril
1641 (*en renouvellant les défenses prononcées par
ses prédécesseurs contre les Comédiens, de représenter aucunes actions malhonnêtes, & d'user de
paroles lascives & qui puissent blesser l'honnêteté
publique, sous peine d'être déclarés infâmes, d'a-
mende & même de banissement*), a t-il dit, qu'il
entendoit que les Comédiens qui se conformeroient à cette loi, *ne seroient point exposés au
blâme qui couvroit avant leur profession, & que
leur exercice ne pourroit préjudicier à leur réputation dans le commerce public.*

Cette loi prouve d'une manière évidente, que
nos rois ont voulu que les Comédiens fussent
distingués des farceurs qui les avoient précédés,
& qu'ils ne fussent pas exposés au blâme dont
ces farceurs étoient couverts.

Nous avons dit que le gouvernement a pris des
précautions pour empêcher que la décence &
l'honnêteté ne fussent blessées dans les pièces de
théâtre. Le commissaire de la Mare rapporte en
effet une ordonnance de police rendue en 1609,
« qui défend aux Comédiens de jouer aucunes co-

»médies ou farces, avant de les avoir commu-
»niquées au procureur du roi ».

On ne fuit plus aujourd'hui il est vrai cette
ordonnance ; mais on y a fubftitué la formalité
de l'approbation que le magiftrat donne fur celle
du cenfeur de la police. Ainfi c'eft une règle
invariable, que les Comédiens ne peuvent
jouer aucune pièce, qu'après qu'elle a été approuvée par le cenfeur de la police & par le
magiftrat. Par cette précaution fage, le théâtre
des François eft le fpectacle le plus décent &
le plus honnête de l'Europe.

Les Comédiens François ont un privilége exclufif. Il n'appartient qu'à eux feuls de jouer des
comédies dans la capitale & d'y repréfenter des
tragédies. Auffi toutes les fois que d'autres Comédiens, ou même des farceurs ont voulu s'é-
tablir & jouer dans Paris, les tribunaux fe font
empreffés de maintenir les Comédiens François
dans leur droit exclufif. C'eft ce qui a été jugé
par plufieurs fentences de police, & par plufieurs
arrêts du parlement.

On fe rappelle que les Comédiens réunis par
Louis XIV en 1680, furent autorifés par un
arrêt du confeil du premier mars 1688, a acheter le jeu de paume de l'Etoile, pour y faire
conftruire une nouvelle falle de fpectacle. Cette
falle n'étoit pas encore achevée, qu'on effaya
de porter atteinte au privilége exclufif des Comédiens François. La demoifelle Villiers fit conftruire un théâtre à Paris, & y fit repréfenter
des comédies par des enfans, fous le titre *de
petits Comédiens François*. Les Comédiens dé-
noncèrent au roi cette entreprife, & par un
ordre exprès de fa majefté, le théâtre de la de-

moifelle de Villiers fut fermé fur le cham

En 1707 on forma une nouvelle entreprife contre le privilége des Comédiens François. Les danfeurs de corde de la foire faint-Germain prétendirent avoir le droit de jouer des comédies fur leur théâtres, & ils en jouèrent en effet. Ils fondoient leur prétention fur les franchifes de la foire. Le cardinal d'Eftrées, alors abbé de faint-Germain, les appuya de fon crédit ; mais les Comédiens François s'adreffèrent au parlement, & réclamèrent l'exercice de leur privilége exclufif. Par arrêt du parlement rendu le 11 février 1707, fur les conclufions de M. l'avocat général Portail, il fut « fait défenfes aux dan-» feurs de corde & à tous autres, de repré-» fenter, foit dans l'enclos des foires, foit dans » tout autre endroit de Paris, aucune comédie, » farce, dialogue ou autre divertiffement, » ayant rapport à la comédie ».

Des défenfes auffi formelles auroient dû fans doute mettre les Comédiens à l'abri de nouvelles entreprifes ; cependant les danfeurs de corde recommencèrent à jouer des comédies l'année fuivante ; mais cette entreprife n'eut pas un fuccès plus heureux que la première ; car par un fecond arrêt du parlement rendu le 11 mars 1708, il leur fut défendu de récidiver, fous peine d'une amende de cent livres.

Deux arrêts auffi précis en faveur des Comédiens François, devoient fans doute leur affu-rer l'exercice paifible de leurs droits : mais foit que les danfeurs de corde fuffent déterminés par quelque motif particulier, ou qu'ils euf-fent conçu le deffein de fatiguer les Comédiens par des conteftations fans ceffe renaifantes, on les vit encore donner des comédies fur leur théâtre. Les Comédiens François portèrent auffitôt leurs plaintes au parlement contre une pareille entreprife. Leurs droits ayant été de nouveau difcutés & approfondis, il intervint un troifième arrêt le 2 janvier 1709, fur les conclufions de M. l'avocat général Joly de Fleury, « qui ordonna l'exécution des deux »arrêt précédens, fit défenfes aux danfeurs de »corde de faire fervir leur théâtre à d'autres »ufages qu'à ceux de leur profeffion, déclara l'a-»mende prononcée contre eux par les précédens »arrêts encourue, les condamna en outre en »trois cens livres de dommages-intérêts, & en »cas de nouvelle contravention, permit de dé-»molir leur théâtre».

Cette derniere difpofition força enfin les danfeurs de corde à refpecter les arrêts du parlement, & ils renoncèrent au projet qu'ils avoient formé de donner des comédies fur leur théâtre. Depuis ces arrêts; toutes les fois que les danfeurs de corde ont voulu entreprendre fur le fpectacle des François & même fur les autres théâtres, leurs entreprifes ont été févèrement réprimées par les tribunaux (*).

_____

(*) *Les défenfes faites aux fauteurs, danfeurs de corde, bateleurs, joueurs de marionette, ont été renouvelées par une ordonnances du 14 avril 1768, qui eft conçue en ces termes :*

» Sur ce qui nous a été remontré par le procureur du »roi que de temps immémorial il eft venu aux foires faint » Germain & faint Laurent des troupes paffagères de fau- »teuis-danfeurs de corde, bateleurs, joueurs de marion- »nettes & autres pièces, que dans la fuite quelques-uns »d'entre eux font reftés de temps en temps par notre

Cependant les Comédiens François aya

» permiſſion en divers endroits de cette ville & qu'ils o
» été tolérés pour procurer au peuple un délaſſement
» ſes travaux & le diſtraire des mauvaiſes ſuites que l'o
» veté & la débauche entraînent après elles, que mal
» l'attention que nous avons ſans ceſſe apportée à ce q
» ces ſauteurs-bateleurs & danſeurs euſſent à ſe conte
» dans les bornes à eux preſcrites, il s'eſt apperçu q
» depuis quelques années ils les ont franchies & ont e
» piété ſur les ſpectacles réglés de cette ville; que ces ſo
» de contraventions ont été en divers temps reprimées
» des ſentences de police & arrêts de la cour qui ont déte
» miné ſuivant les circonſtances ce qui devoit leur ê
» permis ou défendu; qu'il eſtime qu'il eſt à propos de r
» primer de nouveau par une ordonnance les abus que c
» ſauteurs & bateleurs ont commis & de prévenir cc
» qu'ils pourroient commettre par la ſuite, enrepréſentant
» pièces appartenantes au théatre François ou Italien ſous le
» véritables titres ou ſous des titres ſuppoſés, ſoit en entrepr
» nant de jouer ſur leur théâtre, des pièces d'un caractère a
» deſſus de celui qui leur eſt propre, ou enfin en augmenta
» arbitrairement le prix de leurs places de manière que
» peuple pour qui ces amuſemens ſont tolérés ne peut pl
» y prendre part; que pour les contenir dans de juſt
» bornes, il ne nous propoſera pas de rappeler la ſévéri
» des ſentences précédentes par leſquelles il leur étoit dé
» fendu de jouer ſur leur théâtre aucune pièce à intrigu
» & dialogue, mais de tenir les bateleurs, ſauteurs
» autres dans l'état où ils doivent-être ſuivant les temp
» & les circonſtances, & de les aſtreindre à ne prendre q
» des prix modiques & proportionnés aux facultés du peupl
» pourquoi il requiert qu'il y ſoit par nous pourvu.

    » Nous faiſant droit ſur le requiſitoire du procureur d
» roi, défendons à tous ſauteurs, bateleurs, danſeurs d
» corde, &c. de faire repréſenter ſur leurs théâtres ſo
» aux foires ſaint Germain, ſaint Laurent & ſaint Ovide,
» ſur les boulevards ou dans quelqu'autre lieu que ce ſoit,
» aucunes pièces appartenantes aux comédiens Italiens &
» François; ſoit ſous leurs véritables titres ou ſous de

prétendu que les danseurs de corde ne pouvoient avoir un *giles* sur leur théâtre, il s'éleva
entr'eux un nouveau procès qui fut jugé par un
arrêt rendu le 23 janvier 1710, sur les conclusions de M. l'avocat général Joly de Fleury,
& par cet arrêt, les danseurs de corde furent
autorisés à avoir sur leur théâtre un *giles*; mais
il leur fut défendu de faire aucun dialogue ni
monologue.

Deux suisses de M. le duc d'Orléans suivirent
l'exemple des danseurs de corde. Ils prétendirent
qu'étant propriétaires de deux loges dans la
foire de saint-Germain, ils avoient droit de
faire jouer des monologues dans les loges qui
leur appartenoient : les Comédiens s'opposèrent
à cette entreprise. Les suisses les assignèrent à
la prévôté de l'hôtel, où il intervint une sentence qui proscrivit leur prétention. Les suisses
interjetèrent appel de cette sentence au grand
conseil ; mais leur prétention fut également rejetée par arrêt du 14 mars 1709.

» titres déguisés, même aucunes scènes détachées, tirées des-
» dites pièces ; leur défendons pareillement de jouer sur
» leurs théâtres d'autres pièces que des bouffonneries ou
» parades & après en avoir pris notre permission expresse;
» leur défendons en outre de prendre & exiger plus de
» trois livres aux premières places, vingt-quatre-sous
» pour les secondes, & douze sous pour les dernières
» sauf néanmoins en cas de spectacles d'un genre différent
» & par nous approuvé, à être pourvu à telle augmenta-
» tion de prix qu'il sera par nous ordonné, le tout sous
» peine de mille livres d'amende & de plus grande, même
» de démolition de leur théâtre s'il y échoit ; & sera la pré-
» sente ordonnance publiée, &c.

Si les Comédiens s'étoient bornés à réclamer leur privilége, ils auroient eu un succès complet; mais plusieurs d'entr'eux s'étoient fait justice eux-même, en détruisant pendant la nuit les loges des suisses. Cette violence donna lieu à une procédure criminelle, dont l'évènement ne fut pas favorable aux Comédiens; car par arrêt du grand conseil, ils furent condamnés à six mille livres de dommages & intérêts envers les suisses, & Dancourt, Poisson & du Fay, qui avoient été présens à la destruction nocturne du théâtre des suisses, furent condamnés à une amende de trois cens livres chacun.

Les Comédiens se pourvurent en cassation contre cet arrêt. Il fut en effet cassé & les suisses furent condamnés à restituer aux Comédiens les six mille livres de dommages & intérêts qu'ils avoient obtenus contre eux.

L'établissement de l'opéra comique donna lieu à de nouvelles entreprises contre le privilége exclusif des Comédiens François. Les entrepreneurs de ce spectacle, au lieu de se borner à faire chanter des vaudevilles, firent déclamer des dialogues en prose & en vers. En 1744 ils firent sur-tout éclater leur projet dans l'opéra comique d'*Acajou*. Cette pièce contenoit une longue scène de déclamation, dans laquelle on parodioit le jeu des plus célèbres acteurs du théâtre François. Les Comédiens portèrent leurs plaintes au roi contre cette entreprise, & par un ordre exprès de sa majesté, il fut défendu aux acteurs de l'opéra comique de jouer aucune scène qui ne fut chantée.

Les entrepreneurs de l'opéra comique, prirent alors le parti de mettre en vaudevilles, la scène qui avoit donné lieu à la réclamation des Comédiens François; & si ces derniers réussirent à faire confirmer leur privilége, ils n'en furent pas moins exposés à la critique & aux sarcasmes qui furent chantés par les acteurs de l'opéra comique, au lieu d'être déclamés.

On a fait depuis de nouvelles tentatives pour entreprendre sur le privilége des Comédiens François; mais toutes ont été proscrites, & leur droit exclusif a été confirmé lorsqu'ils l'ont réclamé dans les tribunaux. On doit donc regarder comme un principe certain, que les Comédiens François ont seuls le droit de représenter des comédies & des tragédies Françoises dans la capitale. Ce privilége est fondé sur les ordres précis du roi & sur les lettres patentes qui ont été enregistrées par le parlement. Ainsi il n'est pas douteux que si un entrepreneur de spectacle vouloit élever un théâtre dans Paris, les Comédiens François seroient fondés à s'y opposer & les tribunaux ne feroient aucune difficulté de confirmer leur privilége.

C'est aussi une maxime certaine qu'aucune troupe de Comédiens ne peut s'établir dans les villes du royaume, qu'après avoir obtenu la permission du lieutenant général de police de chaque ville. Cette règle est fondée sur la disposition précise de l'article 20 de l'édit de 1706; qui attribue exclusivement aux lieutenans généraux de police la juridiction sur les spectacles. Elle a été confirmée par un arrêt du conseil du 29 août 1708, rendu en faveur du lieutenant général de police de la ville de Grenoble, & cet arrêt veut que ceux qui contreviendront à l'article 20 de l'édit de 1706, soient condamnés à une amende de cinq cens livres.

Les Comédiens François sont propriétaires en commun, de l'hôtel de la comédie. Il ne peut par cette raison être saisi par les créanciers d'un Comédien ; c'est ce qui a été formellement jugé par un arrêt de la grand'chambre de parlement de Paris du 2 juin 1693 ; mais par cet arrêt, le parlement ordonna que les Comédiens seroient tenus d'avoir des registres de leur recette, & il permit aux créanciers de chaque Comédien, de saisir sa part dans les profits.

Le roi par l'arrêt de son conseil de 1757, fixé la maniere dont les registres de recette & de dépense des Comédiens devoient être tenus. Ainsi la disposition de l'arrêt de 1693 n'est plus suivie. Quant à la permission accordée aux créanciers par cet arrêt, elle a été restreinte par l'arrêt du conseil de 1757, au tiers de la part de chaque Comédien, & les deux autres tiers sont libres, & affranchis de toutes saisies, comme pensions alimentaires.

Par une ordonnance du 16 novembre 1720, le roi a fait défense à toute personne, même aux officiers de sa maison, gardes, gendarmes, chevaux-légers, mousquetaires & autres, d'entrer à l'opéra & à la comédie sans payer, d'interrompre les acteurs, & de s'arrêter dans les coulisses du théâtre.

La même ordonnance défend à tout domestique portant livrée, sans aucune exception, d'entrer à la comédie & à l'opéra, même en payant, & de commettre aucun désordre à l'entrée l'entrée des falles de fpectacles & même dans les environs, fous peine de prifon (*).

(*) *Ordonnance du roi concernant les fpectacles du 24 décembre 1769.*

DE PAR LE ROI.

Sa majefté voulant que les défenfes qui ont été faites & qu'elle a renouvelées, à l'exemple du feu roi, d'entrer à l'opéra, ou aux comédies Italienne & Françoife fans payer, & d'interrompre le fpectacle fous aucun prétexte, foient régulièrement obfervées, de même que les difpofitions de l'ordonnance de fa majefté du 18 janvier 1745, pour l'arrangement des caroffes aux entrées & forties des fpectacles, & étant informée que quelques perfonnes ne s'y conforment pas auffi exactement qu'elle le défire; fa majefté a fait très-expreffes inhibitions & défenfes à toutes perfonnes de quelque qualité & condition qu'elles foient, même aux officiers de fa maifon, gardes, gens d'armes, chevaux légers, moufquetaires, pages de fa majefté, à ceux des princes & princeffes du fang, des ambaffadeurs, & à tous autres d'entrer à l'opéra ni aux comédies Françoife & Italienne fans payer, veut même que les pages en payant ne puiffent fe placer qu'au parterre & aux troifièmes loges; défend fa majefté à tous ceux qui affiftent à ces fpectacles & particulièrement à ceux qui fe placent au parterre, d'y commettre aucun défordre, foit en entrant foit en fortant; de crier & de faire du bruit avant que le fpectacle commence, & dans les entre actes, de fiffler, faire des huées, avoir le chapeau fur la tête & d'interrompre les acteurs pendant les repréfentations de quelque manière & fous quelque prétexte que ce puiffe être, fous peine de défobéiffance. Fait pareillement défenfes fous les mêmes peines à toutes perfonnes de s'arrêter dans les couliffes qui fervent d'entrée aux théâtres des deux comédies & hors l'enceinte des baluftrades qui y font pofées. Défend fa majefté à tout domeftique portant livrée, fans aucune réferve, exception, ni diftinction, d'entrer à l'opéra ou aux deux comédies même en payant, d'y commettre aucune violence ou indécence aux entrées ou environs des falles où fe font les repréfentations, fous telles

Il eſt défendu aux Comédiens ambulans de s'établir dans les places où il y a garniſon ſans prévenir le commandant de la place, afin qu'il puiſſe prendre les précautions néceſſaires pour empêcher les déſordres auxquels de jeunes gens militaires ne ſe livrent que trop ſouvent.

Nous avons dit ci-devant que ſi notre juriſprudence traitoit les Comédiens d'une manière très-rigoureuſe, la plupart des peines qu'elle prononce n'ont eu pour objet que de flétrir de miſérables hiſtrions & de vils farceurs qui n'ont rien de commun avec les véritables Comédiens qui compoſent aujourd'hui nos ſpectacles. Cependant on regarde comme une règle certaine

peines qu'elle jugera convenable. Veut & entend ſa majeſté qu'il n'y ait aucune place marquée pour les caròſſes & qu'ils aient tous ſans aucune exception ni diſtinction à ſe placer à la file les uns des autres au fur & meſure qu'ils arriveront à l'entrée des ſpectacles, ſans pouvoir même doubler, ni embarraſſer le devant deſdits ſpectacles qui ſera réſervé libre pour la facilité du défilé, de façon que la voie publique ne puiſſe être embarraſſée, & qu'à l'entrée ou ſortie deſdits ſpectacles les cochers ſoient tenus de prendre la file ſans en former pluſieurs, ni ſe couper les uns les autres pour quelque cauſe que ce ſoit. Ordonne ſa majeſté d'empriſonner les contrevenans ; défendant expreſſément à toutes perſonnes quelles qu'elles puiſſent être, officiers de ſa majeſté & autres de s'oppoſer directement ou indirectement à ce qui eſt ci-deſſus ordonné, d'empêcher par la force ou autrement que ceux qui y contreviendront ne ſoient arrêtés & conduits en priſon.

Enjoint ſa majeſté au ſieur de Sartine conſeiller d'état, lieutenant général de police, de tenir exactement la main à l'exécution de la préſente ordonnance, qui ſera imprimée, lue, affichée par-tout où beſoin ſera. Fait à Verſailles le vingt-quatre décembre mil-ſept cent ſoixante-neuf. *Signé*, Louis, & plus bas, Phelyppeaux.

que les Comédiens dérogent ; mais les Comédiens François ordinaires du roi font exceptés de cette règle. Ils confervent les priviléges de la nobleffe, en exerçant leur profeffion fur le théâtre François. Cette exception leur a été accordée par la déclaration de Louis XIII du 16 avril 1641, & elle leur a été confirmée par un arrêt du confeil du 10 feptembre 1668, rendu en faveur de Floridor, Comédien du roi, qui étoit gentilhomme. Par cet arrêt, il fut accordé à ce Comedien un an pour rapporter fes titres de nobleffe, & il fut fait défenfe au traitant de l'inquiéter pendant ce temps.

Les acteurs & les actrices de l'opéra ne dérogent point, parce que ce fpectacle eft établi fous le titre d'académie royale de mufique.

Les Comédiens François & les Comédiens Italiens font foumis pour leur adminiftration & leur difcipline intérieure, à une commiffion du confeil, qui eft compofée de meffieurs les premiers gentilshommes de la chambre du roi. Sa majefté leur a donné par l'arrêt de fon confeil de 1757, le droit de donner des réglemens de difcipline aux Comédiens ; & c'eft en vertu de cet arrêt qui a été revêtu de lettres-patentes qui ont été enregiftrées au parlement, que meffieurs les premiers gentilshommes de la chambre ont fait les réglemens dont nous allons rendre compte fuivant l'ordre que nous nous fommes prefcrit.

RÉGLEMENS INTÉRIEURS des Comédiens François concernant les auteurs.

Cette partie de l'article que nous traitons eft d'autant plus importante, qu'il s'eft élevé depuis

peu plufieurs conteftations qui ont fixé l'attention du public & piqué fa curiofité.

Par le réglement de 1697, la lecture de toute
pièce nouvelle devoit être faite dans une affemblée générale des Comédiens en préfence de
l'auteur. La lecture étant finie, l'auteur étoit
obligé de fe retirer de la falle d'affemblée pendant la délibération. Alors les Comédiens donnoient leurs fuffrages pour l'acceptation ou le
refus de la pièce. La pluralité faifoit la loi ; &
pour éviter les préventions & les cabales, chaque
acteur & chaque actrice donnoit fa voix, en
mettant dans une efpèce d'urne un billet blanc
ou un billet noir. Le premier étoit la marque de
l'acceptation, & le fecond le figne du refus de la
pièce.

Lorfqu'une pièce étoit acceptée, aucun acteur
n'étoit admis à propofer des difficultés pour en
empêcher la repréfentation : l'auteur avoit le
droit de diftribuer les rôles de fa pièce aux acteurs & aux actrices qu'il vouloit, c'eft-à-dire
fuivant l'emploi & le caractère de chaque acteur
Les acteurs choifis par l'auteur étoient obligés
de jouer les rôles qu'il leur avoit diftribués.

Si la lecture de la pièce étoit faite en l'abfence
de l'auteur, l'acteur qui l'avoit lue à l'affemblée
devoit nommer l'auteur avant que la pièce fût
acceptée.

Les auteurs *externes* avoient la préférence fur
les auteurs Comédiens pour la repréfentation de
leurs pièces. Les pièces nouvelles de ces derniers ne pouvoient être jouées que pendant l'été
& celles des premiers devoient être repréfentée
pendant l'hiver, c'eft-à-dire, depuis la Touffain
jufqu'à Pâques.

Les pièces nouvelles devoient être repréfentées alternativement de jour en jour avec d'anciennes, pour éviter l'uniformité du fpectacle & le rendre plus intéreffant par la variété.

La durée des repréfentations des pièces nouvelles dépendoit du produit de la recette comme elle en dépend encore aujourd'hui. Lorfqu'elles étoient jouées depuis la Touffaint jufqu'à Pâques, on continuoit de les donner jufqu'à ce qu'on eût fait deux recettes de fuite de cinq cens cinquante livres & au-deffous. Dans ce cas, *on quittoit la pièce fans retour pour l'auteur.*

Quant aux pièces jouées depuis Pâques jufqu'à la Touffaint, il falloit pour les abandonner, deux recettes de fuite de trois cens cinquante livres & au-deffous.

Lorfqu'une pièce nouvelle commencée à la fin de l'été continuoit d'être jouée dans l'hiver, c'eft-à-dire après la Touffaint, elle étoit alors regardée comme une pièce *d'hiver*, & par conféquent fujette aux règles des pièces *d'hiver*. On fuivoit le même ufage pour les pièces commencées en hiver, & dont les repréfentations fe prolongeoient dans l'été, c'eft-à-dire, après Pâques.

L'auteur d'une grande pièce férieufe avoit le droit de demander telle *petite comédie* qu'il jugeoit à propos ; les Comédiens étoient obligés de déférer à fon choix, pourvu que la pièce ne fût qu'en un acte.

On ne comptoit (comme cela fe pratique encore aujourd'hui) le produit de la recette qui devoit décider la ceffation des repréfentations des pièces nouvelles ou leur continuation, qu'a-

près avoir fait déduction des frais journaliers &
extraordinaires du spectable.

Le produit de la recette des pièces nouvelles
étoit divisé en dix-huit parts. L'auteur en avoit
deux pour les pièces de cinq actes, tant sérieuses
que comiques, & les seize autres parts appartenoient aux Comédiens. Quant aux pièces en trois
ou en un acte, les auteurs n'avoient qu'une part,
c'est-à-dire un dix-huitième.

Les auteurs n'ont part que dans le produit net
de la recette ; tous les frais du spectacle, tant
ordinaires qu'extraordinaires, doivent être prélevés.

L'auteur d'une petite pièce avoit le droit de
demander deux pièces nouvelles afin d'en choisir
une pour la faire jouer avec sa pièce.

Les petites comédies ne pouvoient être reçues
pendant l'hiver.

Pour éviter toutes les contestations qui pouvoient s'élever entre les auteurs & les Comédiens, les derniers étoient obligés de communiquer à ceux qui donnoient des pièces nouvelles, les règles que nous venons de rappeler
avant la lecture de leurs pièces.

Ce règlement a été suivi depuis 1697 jusqu'au 23 décembre 1757, que les premiers
gentilshommes de la chambre du roi en ont fait
un nouveau en vertu du pouvoir qui leur en
avoit été donné par sa majesté dans l'arrêt du
conseil du 18 juin précédent.

Ce règlement contient les dispositions qui
suivent.

L'auteur d'une pièce nouvelle est obligé de
donner sa pièce au second semainier. Ce Comédien doit annoncer à la première assemblée du

lundi fuivant qu'il lui a été remis une pièce nouvelle. Lorfque le répertoire a été réglé, les Comédiens doivent convenir à la pluralité des voix, du jour (autre cependant qu'un lundi) où ils en entendront la lecture ; & le fecond femainier doit prévenir l'auteur ou la perfonne qui a préfenté la pièce du jour choifi par l'affemblée.

Chaque acteur & chaque actrice qui eft préfent à la lecture d'une pièce nouvelle, a un jeton de la valeur de trois livres, qui lui eft donné par le caiffier.

L'auteur feul, ou la perfonne qui a remis la pièce, a le droit d'être préfent à l'affemblée, & il eft défendu aux Comédiens d'y laiffer entrer qui que ce foit, fous peine de trois cens livres d'amende, à moins qu'il n'ait une permiffion expreffe & par écrit de meffieurs les gentilshommes de la chambre, ou d'un des intendans des menus.

Après la lecture de la pièce, l'auteur a le droit de répondre aux objections qui lui font faites par les Comédiens ; mais il doit fe retirer pendant la délibération.

Le premier femainier étoit tenu de fournir à chaque acteur & à chaque actrice trois feves ; l'une blanche, pour l'acceptation fimple des pièces ; une marbrée, pour l'acceptation avec des changemens, & une noire pour le refus abfolu.

Cette forme des fuffrages n'a plus lieu aujourd'hui, comme on le verra dans la fuite.

Le fecond femainier eft chargé de mander à l'auteur le vœu de l'affemblée. S'il s'agit de faire des changemens, il doit communiquer à l'auteur

les obſervations qui ont été faites dans l'aſſemblée. Si l'auteur ſe ſoumet à faire des correc-
tions, il peut demander une ſeconde leêure, qui
doit lui être accordée dans la même forme que
la première.

Les aêeurs & les aêrices ſont obligés de
garder un ſecret inviolable ſur tout ce qui s'eſ
paſſé dans les aſſemblées relatives aux pièces
nouvelles, ſous peine d'être privés de leur
voix délibérative, & de leur droit de préſence.

Lorſqu'une pièce nouvelle eſt reçue, l'auteur
doit obtenir l'approbation de la police. Cette
formalité remplie, il convient avec les Comédiens du temps où ſa pièce ſera repréſentée, &
l'époque doit être inſcrite ſur le regiſtre des
délibérations.

Aucune pièce nouvelle ne peut être jouée
qu'après avoir été préſentée par l'auteur au premier gentilhomme ordinaire de la chambre du
roi en exercice.

L'auteur a la faculté de diſtribuer les rôles
de ſa pièce aux aêeurs qu'il juge à propos de
choiſir, & aucun aêeur ne peut refuſer de
jouer, ſous peine de cinquante livres d'amende,
& de plus grande peine ſuivant les circonſtances; & en cas de conteſtation à cet égard,
l'auteur & les Comédiens doivent ſe retirer par-
devers le premier gentilhomme de la chambre
en exercice. La diſtribution des rôles des pièces
anonymes qui ont été envoyées aux Comédiens, appartient à meſſieurs les gentilshommes
de la chambre.

Les Comédiens ſont obligés de jouer les pièces
reçues dans le temps convenu entr'eux & les

auteurs, fous peine d'une amende de trois cens livres. Si une pièce n'étoit pas repréfentée par la faute perfonnelle d'un acteur, ce Comédien fupporteroit feul l'amende ; & il eft enjoint aux femainiers de dénoncer à meffieurs les gentils-hommes de la chambre les acteurs qui contreviennent à cette règle, fous la même peine.

La part des auteurs eft d'un neuvième dans le produit net de la recette pour les pièces en cinq actes, tant tragiques que comiques ; d'un douzième pour les pièces en trois actes ; & d'un dix-huitième pour les pièces en un acte.

Pendant le temps que les repréfentations des pièces nouvelles fe font au profit des auteurs, ils ont le droit de donner des billets d'entrée au fpectacle ; favoir, pour une pièce en cinq actes, fix billets d'amphithéâtre, quatre pour une pièce en trois actes, & deux pour une pièce en un acte. Si les auteurs demandent un plus grand nombre de billets, ils font obligés d'en tenir compte fur leur part. Il eft défendu aux femainiers de leur délivrer plus de vingt billets de parterre.

Les auteurs ont la faculté d'interrompre les repréfentations de leurs pièces pour fe ménager une reprife dans un autre temps dont ils peuvent convenir avec les Comédiens.

Lorfque les auteurs ne retirent point leurs pièces dans la nouveauté, les Comédiens doivent en continuer les repréfentations, & les auteurs confervent leurs droits de part jufqu'à ce que la recette ait été deux fois de fuite ou trois fois en différens temps au-deffous de douze cens livres pendant l'hiver, & de huit cens livres pendant l'été. Alors la pièce appartient aux Comédiens.

Quand une pièce interrompue dans sa nou
veauté a été reprise, l'auteur n'a plus le droit
de la retirer, & les Comédiens doivent la jouer
jusqu'à ce que la recette ait été une fois seulement au-dessous de douze cens livres l'hiver,
& de huit cens livres l'été : alors l'auteur n'a
plus aucun droit à prétendre.

Les auteurs, après la sixième représentation
de leurs pièces, peuvent choisir les pièces qu'ils
jugent à propos pour être jouées comme petites
pièces, pourvu que ce soit dans le nombre des
pièces sçues. Ils ont le droit de les demander
aux semainiers qui doivent les mettre sur le
répertoire de la semaine. S'il s'élève à cet égard
quelques contestations, elles doivent être portées devant messieurs les gentilshommes de la
chambre du roi.

L'auteur de deux pièces en cinq actes, celui
de trois pièces en trois actes, & celui de quatre
pièces en un acte, ont leur entrée franche à la
comédie pendant leur vie.

L'auteur d'une pièce en cinq actes jouit du
droit d'entrée pendant trois ans; l'auteur d'une
pièce en trois actes pendant deux ans; & celui
d'une pièce en un acte, pendant un an seulement.

Les auteurs jouissent de leurs entrées aussitôt
que leurs pièces ont été reçues par les Comédiens, & ils ont le droit de se placer dans toute
la salle, excepté à l'orchestre, aux secondes
loges & au parterre. Il est défendu aux Comédiens d'apporter aucun obstacle à l'exercice de
ce privilège, à peine de vingt livres d'amende.
Cependant un auteur peut être privé de son
droit d'entrée lorsqu'il est convaincu d'avoir

troublé le spectacle par des cabales ou des critiques injurieuses, dont la preuve a été produite devant les gentilshommes de la chambre du roi.

Telles font les règles établies par le réglement de 1757. Comme elles ont été modifiées & étendues, dans un dernier réglement fait par les gentilshommes de la chambre du roi le premier juillet 1766, nous allons rapporter ces changemens & ces modifications.

Avant d'être reçu à faire lire une pièce à l'assemblée, il faut qu'elle ait été remise à un Comédien & qu'il certifie qu'il la connoît, & qu'elle peut être entendue. On met les pièces nouvelles fur le bureau de l'assemblée, & on nomme un examinateur. Le comité doit prendre le titre de la pièce & le nom de l'examinateur, afin d'éviter qu'aucun ouvrage ne s'égare. Si l'examinateur trouve que la pièce ne doit pas être admise à la lecture générale, il est obligé d'en donner les raisons par écrit d'une manière très-honnête, & le premier femainier les remet à l'auteur en lui rendant fa pièce. Si au contraire l'examinateur trouve la pièce en état d'être lue, elle doit être inscrite à fon rang.

Pour prévenir les cabales des acteurs & des actrices, & pour empêcher l'effet des protections pour la distribution des rôles, l'auteur doit remettre au comité la distribution cachetée. Si la pièce est reçue, on fait auffitôt la lecture de la distribution des rôles. Si la pièce n'est reçue *qu'à correction*, la distribution est renfermée par le femainier dans une armoire, & le femainier est tenu d'en répondre & de la repréfenter lors de la feconde lecture. La distribution doit être ren-

due à l'auteur sans l'ouvrir, lorsque sa pièce e
refusée.

La pièce étant lue, chaque acteur ou chaqu
actrice qui aura acquis voix délibérative, so
par ses services, soit par sa capacité, doit mett
par écrit ses motifs d'acceptation, de correc
tion ou de refus, & remettre son avis au pre
mier semainier pour en faire la lecture à l'au
teur. Il est défendu aux acteurs & aux actric
de se servir d'aucun terme choquant pour l'au
teur, & il leur est ordonné d'exposer clairemen
leurs raisons en termes honnêtes.

Lorsque la pièce est reçue à correction, l
comité remet à l'auteur, avant que le semainie
jette au feu les papiers, un extrait des réflexion
qu'on a faites sur son ouvrage.

Le réglement de 1766 contient les même
dispositions que celui de 1757 sur la distributio
des rôles & sur le droit de part qui appartient à
l'auteur. Quant au partage des deux semestres,
les gentilshommes de la chambre ont fixé le
commencement de l'hiver au 15 novembre, &
celui de l'été au 15 mai.

Toute pièce qui n'a pas en hiver douze représentations au-dessus de douze cens livres, & en
été dix représentations au-dessus de huit cens
livres, ne donne pas à l'auteur le droit de demander une reprise. Cependant si dans le cours
de ces représentations il n'y en a qu'une seule
au-dessous de douze cens livres en hiver, & de
huit cent livres en été, l'auteur peut retirer sa
pièce & demander une reprise ; mais toutes les
fois qu'il y a deux représentations au-dessous des
sommes fixées, l'auteur est exclu du droit de
demander une reprise.

Lorsqu'une pièce est interrompue par la maladie d'un acteur ou par tout autre événement qui ne dépend pas de l'auteur, tous ses droits lui sont conservés.

Le réglement de 1766 contient encore les mêmes dispositions que celui de 1757 sur le droit d'entrée des auteurs.

L'exécution de ces règles est soumise à une commission du conseil lorsqu'il s'élève quelque contestation entre les auteurs & les Comédiens. Comme les réglemens qui les renferment sont émanés des premiers gentilshommes de la chambre du roi, qui sont en cette partie commissaires délégués par l'arrêt de 1757 enregistré au parlement, on regarde que les tribunaux ordinaires ne peuvent connoître des contestations qui naissent entre les auteurs & les Comédiens.

C'est ce qui a été jugé par plusieurs arrêts du conseil qui ont évoqué les demandes formées par les auteurs dans les tribunaux ordinaires.

Nous en avons un exemple récent dans l'affaire de M. Mercier. Cet auteur s'étoit plaint au parlement de la conduite que les Comédiens avoient tenue envers lui ; il avoit formé opposition à l'enregistrement des lettres-patentes que le roi a accordées aux Comédiens François, & il avoit porté à la grand'chambre la contestation ; mais sa majesté par un arrêt rendu en 1775, a évoqué l'affaire à son conseil, & a défendu à tout autre juge d'en connoître. Comme cette contestation est pendante au conseil & qu'elle n'a pas encore reçu une décision définitive, nous ne pouvons pas en rendre compte.

M. Mercier n'est pas le seul auteur qui ait

attaqué les réglemens des Comédiens Françoi:
M. Louvay de la Sauffaie les a également pou
fuivis en juftice ; mais cette conteftation a e
le fort de celle de M. Mercier. Elle a été évoqué
au confeil. M. Paliffot a auffi fait paroître u
mémoire à confulter contre les Comédiens Fra:
çois ; mais nous ignorons s'il a formé une de
mande contre eux dans les tribunaux.

Au refte nous ne parlons de ces conteftatio:
que pour faire connoître la jurifprudence du
confeil fur la compétence des juges qui doi
vent connoître de l'exécution des réglemen
faits par les premiers gentilshommes de l
chambre du roi. Or, d'après l'arrêt rendu dan
l'affaire de M. Mercier, on doit regarder que le
confeil s'envifage comme feul compétent pou
prononcer fur les conteftations qui s'élèvent
entre les auteurs & les Comédiens. Ainfi un
auteur qui croit avoir le droit de fe plaindre des
Comédiens, doit s'adreffer au confeil pour éviter de faire des procédures inutiles dans les tribunaux ordinaires.

Difcipline intérieure des Comédiens François.

Cette dernière partie de l'article Comédien
n'eft pas la moins importante, puifqu'elle tend
à faire connoître les règles auxquelles les Comédiens font foumis envers le public, & les
précautions que leurs fourniffeurs ou ouvriers
doivent prendre pour la fûreté du payement de
leurs mémoires. Nous ne rappellerons point
les difpofitions des anciens réglemens. Celui
que les premiers gentilshommes de la chambre du roi ont fait en 1766 renferme les anciennes règles, & ils y en ont ajouté de nou-

velles pour remédier aux abus qui s'étoient
gliffés dans l'adminiftration de la comédie Françoife ; ainfi ce réglement, fous ce point de vue,
peut être regardé comme un code complet fur
la difcipline des Comédiens François.

Pour rendre ces règles avec précifion,
nous les diviferons en plufieurs claffes. Nous
rapporterons 1°. celles qui font relatives aux
affemblées ; 2°. aux délibérations ; 3°. au répertoire ; 4°. au comité; 5°. aux femainiers,
& 6°. aux débuts.

Affemblées des Comédiens François.

Tous les acteurs & toutes les actrices de la
comédie Françoife doivent fe trouver à l'affemblée générale qui fe tient tous les lundis de
chaque femaine à onze heures du matin à l'hôtel
de la comédie. Aucune perfonne étrangère ne
peut affifter à ces affemblées fous quelque prétexte que ce foit.

Chaque acteur & chaque actrice a un droit
de fix livres pour fa préfence à ces affemblées.
Les acteurs reçus à la penfion jouiffent du même
droit que les acteurs reçus à la part. Ceux des
acteurs ou des actrices qui ne fe trouvent pas à
l'affemblée, ou qui arrivent après onze heures,
perdent leur droit de préfence, & les fix livres
qui leur auroient appartenu font dépofées par le
caiffier dans la caiffe des amendes.

Les membres du comité ont la préféance ainfi
que les deux femainiers ; les autres acteurs &
actrices fe placent enfuite fuivant leur rang d'ancienneté.

On doit commencer par le répertoire, &
l'on ne peut mettre aucune autre affaire fur le

bureau avant qu'il soit fini. Le comité doit en‑
suite propofer les objets de délibération , &
l'affemblée ne peut fe féparer que lorfque le
comité a déclaré qu'il n'y a plus d'affaires à
traiter. Les acteurs ou les actrices qui fortent de
l'affemblée auparavant, perdent leur jeton, &
le premier femainier eft autorifé à le leur retenir,
à moins qu'il ne leur ait été permis de fe retirer.
L'affemblée doit finir au plus tard à une heure
& demie , s'il n'y a point d'affaire importante
& très‑preffée qu'on doive traiter avant de fe
féparer.

DÉLIBÉRATIONS. Elles fe règlent à la plura‑
lité foit de vive voix ou par écrit. Dans les
affaires qui exigent un avis motivé , chaque ac‑
teur & chaque actrice doit dire fon avis fuivant
fon rang d'ancienneté. Le premier femainier a
le droit de recueillir les fuffrages , & le comité
motive la décifion conformément à la pluralité
des voix.

· Toutes les décifions, foit verbales ou par
écrit, doivent être infcrites à l'inftant fur le
regiftre des délibérations, & fignées par le co‑
mité , par les femainiers, & par tous les acteurs
& toutes les actrices préfens à l'affemblée ,
quand même plufieurs d'entr'eux n'auroient pas
été de l'avis qui a formé la délibération à la plu‑
ralité des fuffrages ; parce que fuivant le régle‑
ment, *la pluralité des voix doit alors former la
réunion des fentimens.*

Lorfqu'un acteur ou une actrice interrompt
l'affemblée dans le temps qu'elle délibère fur
une affaire pour en propofer une autre, ou fous
quelque prétexte que ce foit, le réglement veut
que l'acteur ou l'actrice foit condamné à une
amende

amende de fix livres. La même peine eft prononcée contre ceux qui fe fervent de paroles
piquantes & peu mefurées ; & dans l'un ou l'autre
cas, les contrevenans doivent être privés de leur
droit de préfence, & leurs noms rayés de deffus
la feuille.

Le comité eft chargé de prononcer cette
amende, fous peine de la payer lui-même, &
il eft enjoint au premier femainier fous la même
peine, de rendre compte aux intendans des
menus des contraventions qui pourroient être
commifes à cet égard par le comité.

Le réglement pour rendre les acteurs & les
actrices plus exacts aux affemblées, leur a accordé un jeton de la valeur de trois livres à
chacun, à proportion des parts & demi-parts.

Tout acteur & toute actrice qui ne fait pas
fon rôle, doit être condamné à une amende de
douze livres pour la première fois ; & en cas de
récidive, à garder les arrêts jufqu'à nouvel ordre. Ceux qui manquent à leurs exercices ou qui
ne font pas prêts à l'heure indiquée pour commencer, doivent être condamnés à trois livres
d'amende. La même peine eft prononcée contre
ceux qui ayant joué dans la grande pièce fe font
attendre pour la petite.

Les acteurs & les actrices font obligés de fe
trouver exactement aux répétitions dont les
jours & les heures font marqués par le premier
femainier, fous peine de trois livres d'amende
s'ils arrivent trop tard, & de dix livres d'amende
s'ils manquent la répétition. Le fecond femainier
eft chargé de ce détail ; & s'il fait grâce à quelqu'un, le réglement veut qu'il fupporte lui-
même la peine.

RÉPERTOIRE. L'objet du répertoire est un des plus importans de la difcipline des Comédiens, puifqu'il a pour but de varier les repréfentations, & de mettre les acteurs & les actrices en état de jouer leurs rôles d'une manière fatisfaifante pour le public.

Le comité eft chargé de faire une diftribution exacte des différens emplois, & de dreffer à cet effet un état général de toutes les pièces, *foit fûes*, *foit à remettre*. Cet état doit contenir les noms des acteurs & des actrices qui font deftinés pour jouer *en premier, en double & en troifième* les rôles de chacune de ces pièces.

Avant que le répertoire commence, fi quelques acteurs ou actrices ont befoin d'un jour dans la femaine, ils font obligés d'en prévenir le premier femainier & de lui communiquer les raifons qu'ils ont pour fe difpenfer de jouer. Le femainier infcrit leurs noms fur une feuille volante, & le comité remet cette feuille tous les mois aux premiers gentilshommes de la chambre.

Lorfque la fociété a décidé qu'une pièce feroit jouée tel jour, un acteur ou une actrice ne peut refufer le rôle qui lui eft diftribué pour le jour fixé par la fociété.

Les acteurs *en premier* doivent avertir après le répertoire *leurs doubles* des rôles qu'ils joueront dans la femaine. Si le rôle eft trop long, le comité peut difpenfer le *double* de jouer ; mais lorfque le comité décide que *le double* doit jouer, il ne peut s'en difpenfer fous aucun prétexte.

Si les *premiers* ne peuvent pas jouer à caufe

d'affaires ou d'incommodités *notoires*, ils font obligés d'avertir par écrit les doubles la veille de bonne heure, & d'en prévenir le premier femainier, afin que le fervice de la comédie ne manque pas. Si *le double* eft malade, *le premier* eft tenu de jouer à fa place.

Tout acteur ou actrice qui tombe fubitement malade, eft obligé de faire avertir le matin le premier femainier, afin qu'il puiffe diftribuer fon rôle à un autre ou changer de pièce & faire faire de nouvelles affiches. Dans ce cas on doit inftruire M. le lieutenant-général de police du changement.

Pour s'affurer du véritable état des acteurs ou des actrices, & que leurs maladies ne font pas feintes, les femainiers doivent fe tranfporter chez eux pour être inftruits de la vérité.

Le réglement de 1766 ordonne aux Comédiens de repréfenter tous les mois une tragédie ou une comédie en cinq actes, nouvelle ou remife, & une comédie en trois actes ou en un acte, nouvelle ou remife, & le comité eft chargé de veiller à l'exécution de cette règle.

Le repertoire fe fait pour quinze jours, & lorfqu'il eft arrêté, chaque acteur ou actrice ne peut fe difpenfer de jouer les rôles qui lui ont été diftribués, à moins qu'il n'ait quelque empêchement légitime & approuvé par le comité. Dans le cas d'infraction de cette règle, les contrevenans doivent être condamnés à une amende de cent livres, & le comité eft obligé de dénoncer aux intendans des menus, les acteurs qui refufent de jouer.

Les pièces mifes fur le répertoire doivent

être jouées, quand même les acteurs *en premier* ne pourroient pas jouer. Les *doubles* font alors obligés de les remplacer ; & si ces derniers ne peuvent jouer ces rôles, c'est au comité à décider ce qui est le plus avantageux à la société.

Les Comédiens ne doivent point se dispenser de jouer à Paris les jours qu'ils sont obligés de représenter à la cour. Le comité est chargé de veiller, en faisant le répertoire, à ce que le service de la cour ne prive pas la capitale du spectacle ; il doit choisir pour ces jours-là les acteurs & les actrices qui ne sont point obligés d'aller à la cour & employer les doubles. Dans le cas où un acteur ou une actrice refuseroit de jouer, le réglement veut qu'il soit condamné à une amende de trois cens livres.

Les acteurs ou les actrices qui négligent de jouer des rôles médiocres, doivent être privés du droit d'en jouer de bons.

Tout acteur & toute actrice qui par humeur ou par mauvaise volonté fait manquer une représentation, doit être condamné à une amende de trois cens livres.

COMITÉ. Il a été établi par le réglement de 1766. Les fonctions des membres qui le composent consistent à prendre connoissance de toutes les affaires qui concernent la comédie, & à donner leurs avis aux intendans des menus qui en rendent compte aux premiers gentilhommes de la chambre.

Le comité est composé de six acteurs & du premier semainier. Pendant le temps de son exercice, le premier semainier est obligé de se trouver aux assemblées du comité, & il a voix dans les délibérations.

Lorsque le semainier sort d'exercice, il doit instruire celui qui lui succéde des différentes affaires qu'il n'a pu terminer. Il est tenu à cet effet de lui remettre son registre. Si les affaires étoient de nature à ne pouvoir être éclaircies que par le semainier qui sort d'exercice, le comité peut le mander pour en rendre compte.

Les membres du comité font leurs fonctions pendant une année entière. Le règlement veut que les acteurs & les actrices se soumettent aux décisions du comité, comme étant revêtu des pouvoirs des premiers gentilshommes de la chambre. Les acteurs qui composent le comité sont dispensés de la commission de semainier. Ils s'assemblent le jour qui est indiqué dans l'assemblée générale du lundi, & les intendans des menus doivent être prévenus du jour pris pour l'assemblée du comité. Tous les membres du comité sont tenus de se trouver aux assemblées, à moins qu'ils n'aient des causes légitimes de s'en dispenser, dont ils doivent rendre compte aux intendans des menus.

Les délibérations & décisions du comité qui intéressent l'administration générale, le service de la cour & celui du public, ne peuvent être exécutées qu'après qu'il en a été rendu compte aux intendans des menus, & qu'elles ont été approuvées par les premiers gentilshommes de la chambre.

Quant aux délibérations & décisions qui concernent les états de dépense & les mémoires arrêtés par le comité, il suffit qu'elles soient communiquées à l'assemblée générale de la société, qu'elles en soient approuvées, & qu'elles

foient fignées du comité & du tiers du refte de
la fociété, pour être exécutées comme fi elles
étoient fignées par la fociété entière.

Le comité étant chargé de l'adminiftration
générale de la fociété, il prend connoiffance de
tous les engagemens, contrats, obligations,
rembourfemens, acquits des mémoires, dépenfes
journalières & extraordinaires & des emprunts;
mais avant de prendre aucun parti fur ces différens objets, le comité doit inftruire le confeil
de la comédie pour avoir fon avis.

Le réglement veut que les comptes foient
rendus en préfence du confeil de la comédie,
afin qu'étant inftruit des dettes paffives de la
fociété, il puiffe décider plus fûrement les conteftations qui peuvent s'élever. Il eft également
ordonné par le réglement au comité de prendre
l'avis du confeil, avant d'entreprendre & de
fuivre aucune affaire, tant en demandant qu'en
défendant fous le nom de la fociété. La délibération du confeil fert de pouvoir aux procureurs.

Le comité a l'infpection fur les ballets, l'orcheftre, le magafin, les provifions néceffaires
de bois & de charbon, & les fournitures d'uf-
tenciles de l'intérieur de l'hôtel; il peut faire
des réglemens pour tous les gagiftes, & les remettre aux femainiers pour les faire exécuter. Il
eft dépofitaire des archives, & il a le droit de
convoquer les affemblées extraordinaires. La
vérification de la caiffe lui appartient, ainfi que
des regiftres de recette & de dépenfe, & il
nomme un acteur pour les parapher.

Le comité eft chargé en outre de juger les
conteftations qui s'élèvent entre les directeurs

& les acteurs de province, sur le rapport qui lui en est fait par un de ses membres : les jugemens rendus par le comité doivent être inscrits sur un registre particulier dont le membre le plus ancien est dépositaire ; & ces jugemens ne peuvent être exécutés qu'après avoir été approuvés par les gentilshommes de la chambre.

Le comité est obligé de tenir un registre des ordres qu'il reçoit des intendans des menus, des lettres qui lui font adressées, des réponses qu'il fait, & de toutes les délibérations qu'il prend. Il est chargé de notifier sur le champ les ordres qui lui font adressés aux acteurs ou aux actrices qu'ils concernent, & ces derniers font obligés de s'y soumettre, sous peine de désobéissance.

Le comité dans le cas de décès ou de retraite d'un acteur ou d'une actrice a le droit de distribuer le rôle dont il étoit chargé à un autre acteur ou actrice.

Aucun acteur ni aucune actrice ne peut changer un rôle qui est de son emploi, sans en avoir prévenu le comité, & sans avoir motivé ce changement. Le comité est obligé de rédiger par écrit les raisons de l'acteur & de les remettre aux intendans des menus pour les communiquer aux premiers gentilhommes de la chambre.

Les difficultés qui naissent entre les Comédiens font soumises au jugement du comité. Il est autorisé à remédier aux abus & même à les prévenir. Il a le droit de faire exécuter les règlemens, & de veiller à ce qu'il ne se fasse rien contre la décence. Lorsque la conduite de quelques acteurs ou de quelques actrices porte atteinte à l'honnêteté, le comité est obligé d'en donner avis aux premiers gentilhommes de la chambre. Dans tous les événemens imprévus le comité a le droit de décider provisoirement ce qu'il juge de plus convenable, & la société est obligée de s'y conformer jusqu'à la décision des supérieurs.

Le comité doit tenir un regiftre des pièces nouvelles que les auteurs présentent à la lecture, par jour & date, & il est obligé de les communiquer aux auteurs. La demeure des auteurs doit être inscrite sur ce regiftre afin qu'on puisse les prévenir huit jours avant celui qui est pris pour entendre la lecture de leurs pièces.

La remise des pièces dépend du comité, & il doit veiller à l'exécution des règlemens à cet égard.

Les six membres du comité ont des fonctions particulières. Le règlement attribue au premier la connoiffance de tout ce qui regarde la caiffe; au second, celle du ballet, de l'orcheftre, des emplois comptables, & des dépenses qui y font attahées; au troisième, celle des décorations, du magafin, des machiniftes, des tailleurs & autres gagiftes; au quatrième, celle des conteftations de province, des archives, de la pourfuite des affaires judiciaires, & des mémoires à faire arrêter & regler par le comité; au cinquième, celle des acteurs, du rang des pièces, de la recherche de celles qui peuvent être remises au théâtre, des lettres adreffées à la société & de leurs réponses; enfin au fixième, celle de tous les ouvriers, des réparations, des fournitures, des provifions & des garçons de théâtre.

Le comité est spécialement chargé de veiller à l'exécution des règlemens , & d'instruire les intendans des menus des contraventions , sous peine d'être responsable lui-même des infractions qu'il n'auroit pas dénoncées.

SEMAINIERS. Il y avoit autrefois trois Semainiers à la comédie Françoise ; il n'y en a plus que deux , depuis le règlement de 1766. Comme chaque Semainier a ses fonctions particulières , nous rapporterons d'abord les obligations qui sont imposées au premier Semainier.

Le premier semainier (comme on l'a observé dans l'article précédent) est obligé de se trouver au comité , & il y a voix délibérative. Il est chargé de la garde du regiftre des délibérations pendant sa semaine. Il a la clef de l'armoire de la chambre des assemblées , & il est responsables des papiers qu'elle renferme , des ordres & du dépôt du greffe.

Lorsque le comité trouve à propos de demander des assemblées ordinaires ou extraordinaires , c'est au premier Semainier à les convoquer.

Il doit constater l'état des acteurs présens aux assemblées & marquer sur une feuille les noms des absens ou de ceux qui arrivent après l'heure fixée. Le comité date la feuille , & le caissier remet au premier Semainier les jetons pour en faire la distribution.

Le premier semainier est chargé de proposer les pièces qui doivent former le répertoire pendant quinze jours , & il doit avertir les acteurs & les actrices qui doivent y jouer. Il est encore chargé de veiller à l'exécution du répertoire , de prendre les ordres des premiers gen-

tilhommes de la chambre, de leur denonce
les abus qui ont été commis pendant fa femain
& de faire le rapport des ordres au comité.

Le fecond femainier eſt chargé de la diſtri
bution des billets & des contremarques ; de fain
annoncer les pièces, de donner les affiches, d
faire commencer le fpeſtacle à cinq heures &
demie en hiver & à cinq heures & un quar
en été. Il doit marquer les aſteurs qui ne fon
pas prêts à l'heure & en remettre la liſte a
premier femainier. C'eſt lui enfin qui eſt chargé
de veiller à l'exaſtitude du fpeſtacle ; à cet effet
il doit affiſter à toutes les répétitions , & il peu
mettre à l'amende les aſteurs & les aſtrices qu
ne font pas exaſts à s'y trouver ou qui n'arri
vent pas à l'heure fixée. Il doit également teni
une liſte de ces abus & la remettre au premier
Semainier qui eſt chargé de la communiquer
aux intendans des menus.

Débuts. Toute perſonne qui fe préfente pour
débuter ne peut être employée qu'à jouer des
rôles de caraſtère, & avant de débuter elle
doit avoir été entendue par le comité. Les Comédiens de province qu'on fait venir fur leur
réputation, font feuls affranchis de cette règle.

On ne peut être reçu à débuter qu'en vertu
d'une permiſſion des premiers-gentilhommes
de la chambre, & cette permiſſion doit être
montrée à l'affemblée. Le débutant peut demander trois pièces , pourvu qu'elles foient
fur *le courant* du répertoire , & le premier Semainier eſt tenu de les employer fur le premier
répertoire.

Les aſteurs & les aſtrices qui ont des rôles
dans les pièces choifies par les débutans ne peu-

vent se dispenser de jouer , sous peine d'une amende de cent livres. Les acteurs de chaque pièce où un débutant doit jouer sont obligés de faire une répétition générale sur le théâtre ; ceux qui y manquent doivent être condamnés à une amende de dix livres.

Outre la réprésentation des trois pièces dans lesquelles les débutans doivent jouer , les gentilshommes de la chambre désignent trois autres pièces dans lesquelles les débutans sont tenus de jouer le rôle qu'il leur est donné suivant le genre auquel ils se destinent. Il doit être fait deux répétitions de chacune de ces pièces en présence des intendans des menus. Les acteurs & les actrices qui jouent dans ces pièces doivent se trouver aux répétitions sous peine de cent livres d'amende.

Tout acteur ou actrice qui n'a point joué sur les théâtres de province ne peut obtenir un ordre de début, qu'après avoir joué devant le comité.

Les acteurs & les actrices qui ont débuté avec succès sont reçus *à l'essai* pendant un an , & ils ont 1800 livres d'appointemens. Si leurs dispositions ne sont point dementies pendant ce temps, on les admet alors dans la société & on leur donne 2000 livres d'appointemens. Ils ont en outre les droits de présence de jetons, & leur pension commence à courir du jour de leur début. A la fin de la seconde année si les acteurs & les actrices sont trouvés en état d'être reçus on les admet, ou on les congedie comme inutiles à la société ; mais avant d'admettre ou de renvoyer un acteur ou une actrice, chaque membre de la société doit adresser son avis motivé,

& cacheté aux intendans des menues, pour ê
communiqué aux premiers gentilshommes de
chambre.

Le règlement de 1766 renfermant toutes l
difpofitions des précédens règlemens, les pr
miers gentilshommes de la chambre ont o
donné que chaque acteur & chaque actrice
auroit une copie, & que la lecture en fer
faite dans une affemblée générale qui feroit ten
tous les fix mois en préfence des intendans d
menus.

COMÉDIENS ITALIENS. Ce fut en 1577, fo
le règne de Henry III, qu'on vit en Fran
pour la premiere fois des Comédiens Italien
qu'on appeloit *li gelofi*. Ils jouèrent pendant
durée des états de Blois & ils continuèr
enfuite leurs repréfentations fur le théâtre du p
Bourbon. Ce fpectacle eut le plus grand fuccè
mais peu de temps après fon établiffement,
fut interrompu par des défenfes du parlemen
ces défenfes fubfiftèrent pendant trois mois, l
ce fpectacle recommenca par ordre exprès d
roi. Les troubles qui agitèrent la France à cet
époque étant peu favorables aux fpectacles, l
Comédiens Italiens furent obligés de retourn
dans leur patrie.

En 1584 de nouveaux Comédiens Italien
s'établirent dans Paris. Leurs fuccès paffager
en déterminèrent d'autres à ouvrir un fecond fpe
tacle en 1588 ; mais les uns & les autres n
reftèrent que peu de temps en France, & il
n'y firent rien de remarquable. Henry IV amen
avec lui du Piemont de nouveaux Comédien
Italiens : ils jouèrent pendant deux ans & s'en
retournèrent enfuite en Italie.

Louis XIII appella à fa cour des Comédiens
'ens ; mais ils y reftèrent à peine une année
tière.

En 1645 le cardinal Mazarin fit venir de nouveaux Comédiens d'Italie. N'ayant eu aucun fuccès ils quittèrent la France peu de temps après
y être établis. Ils furent remplacés par d'autres
qui furent fupprimés.

Toutes ces variations ne firent point abandonner aux Italiens le projet d'avoir un fpectacle
en France. Ils follicitèrent la cour de leur en
accorder la permiffion. Ils l'obtinrent, & s'établirent dans l'hôtel de Bourgogne, ou ils furent
autorifés à jouer alternativement avec les Comédiens François, ainfi que fur le théâtre du
petit Bourbon qui étoit occupé par les Comédiens de Molière, & fur celui du palais
royal.

Les Comédiens Italiens ont continué leurs
repréfentations fur ces différens théâtres, jufqu'au moment ou les deux fpectacles des Comédiens François ont été réunis en un feul, c'eft-
à-dire jufqu'en 1680. A cette époque les Comédiens Italiens fe trouvèrent feuls poffeffeurs
de l'hôtel de Bourgogne, & ils y continuèrent
leurs répréfentations jufqu'en 1697 que M. D'ar-
genfon alors lieutenant général de police, fe tranf-
porta en vertu d'un ordre du roi à cette falle
de fpectacle, & y appofa le fcellé fur les portes de la rue Mauconfeil & de la rue Françoife,
& fur les loges des acteurs & des actrices,
auxquels il fit défenfes de continuer leurs repréfentations. Ces défenfes ont fubfifté pendant dix-
neuf ans.

Riccoboni (*), dont la réputation s'étoit ré
pandue en France, fut appellé en 1716. L
Comédiens qui s'établirent avec lui à Paris pri
rent le nom de Comédiens de S. A. R. M.

(*) *Riccoboni avant de passer en France présenta l*
requête suivante au duc de Parme.

» 1°. La troupe unie supplie très humblement vo
» altesse sérénissime, de lui faire accorder la grâce de
» ont joui leurs prédécesseurs qu'aucune autre troupe Itali
» ne soit reçue sous quelque prétexte que ce soit, même
» tous les acteurs parloient François & qu'il soit géné
» lement défendu à tous autres de faire usage des hab
» des acteurs masqués de la comédie Italienne ; c'est
» dire de l'arlequin, du scaramouche, du pantalon, du d
» teur, du scapin & même du pierrot, qui quoique Fran
» çois, est né du théâtre Italien.

» 2°. Les Comédiens souhaitant jouir de l'honne
» de servir en paix & en bonne réputation demu
» dent qu'en tout temps il ne soit jamais reçu dans l
» troupe aucun de la famille *de Constantin* de laquelle d
» commun consentement de tout le monde sont proven
» les malheurs & la disgrâce de la cour à la troupe d
» Comédiens Italiens leurs prédécesseurs.

» 3°. Ils demandent très-humblement qu'il leur so
» accordé des danses & de la musique dans les divertiss
» mens de leur comédie suivant que leurs prédécesseurs e
» jouissoient.

» 4°. S'il arrivoit que quelqu'un des acteurs eût le mal
» heur de ne point plaire à la cour & à la ville, qu'il
» soit permis à la troupe de le renvoyer avec un présen
» & d'en faire venir un autre à sa place.

» 5°. La troupe supplie très-humblement son altess
» sérénissime de faire une forte instance à la cour pour
» qu'il leur soit accordé le libre usage des saints sacremen
» comme ils l'ont en Italie, d'autant plus que cette troup
» ne donnera point une comédie scandaleuse & Riccobon
» s'engage de donner les cannevas des pièces à l'examen
» d'un ministre & même d'un ecclésiastique pour qu'elle
» soient approuvées.

duc d'Orléans régent. Après la mort de ce prince arrivée le 2 décembre 1723, ils prirent le titre de Comédiens Italiens ordinaires du roi, qu'ils ont conservé ainsi que l'hôtel de Bourgogne, ou ils font encore aujourd'hui leurs représentations.

Comme depuis le nouvel établissement fait en 1716 les Comédiens Italiens ne faisoient qu'une recette médiocre, ils se déterminèrent à quitter leur théâtre en 1721, & à en ouvrir un à la foire. Ils y jouèrent pendant trois ans. Ce projet n'ayant pas eu le succès qu'ils avoient espéré, ils l'abandonnèrent.

Ils formèrent dans la suite un projet plus utile, celui de réunir l'opéra comique à leur spectacle. Ils solicitèrent cette grâce, & elle leur fût accordée au mois de janvier 1762.

Comme la Comédie Italienne depuis cette réunion a pris une nouvelle existence, & qu'elle doit ses succès à l'opera comique, il convient de donner une idée de l'établissement de ce dernier spectacle en France.

Il est assez difficile de fixer d'une manière précise & certaine l'origine de l'opéra comique. l'opinion la plus commune est que ce fut en 1678 que ce nouveau genre s'introduisit. Les sieurs Alart & Maurice firent exécuter à cette époque un divertissement en trois intermedes, qui avoit pour titre *les forces de l'amour & de la magie*.

Cependant il paroît plus naturel de fixer l'origine de ce spectacle à l'année 1640 ou il parut une comédie de chansons qui fut suivie en 1661 d'une pastorale intitulée *l'inconstant vaincu*, & en 1662 d'une nouvelle Comédie de chansons.

Ce qu'il y a de certain, c'est qu'en 1715 les Comédiens ayant fait un traité avec l'académie royale de musique, ils donnèrent à leur spectacle le titre d'opera comique. Ce spectacle eut un si grand succès que les autres théâtres en sollicitèrent & obtinrent la suppression en 1718.

Six ans après il reparut & il fut ouvert pendant vingt-un ans. A cette époque, il éprouva une nouvelle suppression.

Le sieur Monet proposa en 1752 de le rétablir. Il sollicita un privilège & cette grâce lui fut accordée. L'opera commique reparût de nouveau & il eût le plus grand succès. Les sieurs Favart, Corby, & Mouette succedèrent au sieur Monet & donnèrent à ce spectacle un dégrè de perfection qui le rendoit un des plus agréables de la capitale. Les Italiens ne virent alors d'autre ressource pour soutenir leur spectacle, que de solliciter la réunion de l'opéra comique à leur théâtre. Cette grâce leur fut accordée, comme nous l'avons dit ci-devant, au mois de janvier 1762.

Depuis cette époque la comédie Italienne & l'opéra comique ne font plus qu'un seul & même spectacle, qui continue ses représentations dans l'hôtel de Bourgogne.

Telle est l'histoire abrégée du théâtre Italien en France depuis son premier établissement jusqu'à ce moment. Comme la police intérieure des Comédiens Italiens est presque conforme à celle des Comédiens François, nous nous bornerons à marquer les règles différentes & les usages reçus parmi les Comédiens Italiens, qui forment l'administration particulière de ce théâtre.

Trois ans après l'établissement de Riccoboni

en

en France, c'eft-à-dire, en 1719, les Comédiens Italiens firent entr'eux le 27 octobre de la même année un acte de société dans lequel ils déclarèrent « que les dépenses de leur établissement montoient à plus de 100,000 livres, que »cette somme ayant été empruntée & payée »sur le produit des représentations, pour éviter »toute contestation entre les nouveaux acteurs »& les anciens, il convenoit d'établir une règle »invariable *à l'instar* des Comédiens François: »à cet effet ils arrêterent que les dépenses de »leur établissement demeureroient réduites à la »somme de 96,000 livres.

»Comme les acteurs & les actrices étoient »au nombre de douze, il fut arrêté que chacun »seroit regardé comme ayant fait une avance de »la somme de 8000 livres dont il seroit remboursé ou ses héritiers, deux mois après sa retraite ou »son décès, sans aucun intérêt; qu'après ce temps »il seroit libre au Comédien où à ses héritiers de »laisser les 8000 livres dont l'intérêt leur seroit »payé au dernier vingt, ou de demander le »payement du capital auquel tous les acteurs »& toutes les actrices seroient obligés solidairement. Il fut en outre convenu que l'acteur qui »remplaceroit celui qui se seroit retiré ou qui seroit mort, seroit tenu de payer la somme de »8000 qui lui seroit également remboursée ou à »ses héritiers dans le cas de retraite ou de décès. »Et que si l'acteur nouveau ne pouvoit pas faire »ces fonds, il seroit obligé d'en payer l'intérêt à »la société au denier vingt, sur la moitié de sa »part qui lui seroit retenue, & qu'il acquitteroit le principal avec l'autre moitié de sa part.

» Enfin il fût arrêté qu'en cas d'augmentation
» d'acteurs où d'actrices , ils feroient également
» obligés de faire un fonds de 8000 livres s'ils
» étoient reçus à part entière , & à proportion
» s'ils étoient reçus à demi part ou a une moin-
» dre part.

Pour affurer l'exécution de cet acte de société
les Comédiens Italiens le firent homologuer par
arrêt du parlement du 13 décembre 1719
Ils n'ont fait aucun changement à ce traité jufqu'en 1741 qu'ils en ont fait un nouveau le 7
avril qui contient les cinq articles fuivans :

A R T I C L E   P R E M I E R.

» Après les frais ordinaires & extraordinaires
» prélevés fur le produit ordinaire des repré-
» fentations , chacun des Comédiens & des Co-
» médiennes fera tenu conformément au traité
» de fociété du 27 octobre 1719 enregiftré au
» parlement, de laiffer le quart de fa part ou
» portion de part pour parfaire fon fonds de
» 8000 livres , lequel quart demeurera ès mains
» du caiffier pour être employé à payer les
» dettes générales , fur le mandement de ceux
» defdits Comédiens qui feront chargés par dé-
» libération d'arrêter lefdites dettes générales.

Article II. « Sur le furplus de ladite part ou
» portion de part, ledit quart déduit , chacun des
» Comédiens & des comédiennes fera tenu en
» outre de laiffer entre les mains du caiffier le
» quart du montant des trois autres quarts pour
» être employé au payement des créanciers per-
» fonnels de ceux fur lefquels il y aura des
» faifies , & le furplus defdits trois quarts fera

»touché en la manière ordinaire par chacun »desdits Comédiens pour leur subsistance & leur »entretien.

Article III. » Aucun des Comédiens ou des »comédiennes ne pourra faire des transports »au-dessus du quart ci-dessus destiné pour leurs »créanciers personnels, & s'il en étoit fait au-»cun, les cessionnaires ne pourront toucher »que par contribution avec les créanciers saisis-»sans, la somme à laquelle se montera ledit »quart.

Article IV. » Quand il y aura des saisies fai-»tes sur aucuns desdits Comédiens, le caissier »sera tenu de les enregistrer sur un registre par-»ticulier avec la date de l'exploit, le nom & »l'élection de domicile du saisissant, le nom du »Comédien sur qui la saisie aura été faite & la »cause de cette saisie, si elle est exprimée, & de »délivrer aux Comédiens un extrait, en pareille »forme, de toutes les saisies qui se trouveront »faites, lors & au temps de la dernière repré-»sentation qui se donne dans le carême.

Article V. » Comme les assignations & autres »procédures qui se font par les créanciers sai-»sissans, tant contre le caissier pour affirmer, »que contre le Comédien débiteur, consom-»meroient la plus grande partie du quart ci-»dessus restant pour le payement de ses dettes »& ce au détriment du créancier & du débi-»teur, il a été convenu qu'il ne pourra être fait »aucuns frais sur lesdites saisies & qu'à la fin de »chaque année, à la dernière représentation »qui se donne au carême, ledit quart ci-dessus »retenu sera distribué ou contribué à l'amiable »& sans frais entre lesdits Comédiens & les

» faisissans, fur l'extrait desdites faisies déliv
» par le caissier & fur la simple représentatio
» que lesdits faisissans feront de leurs titres d
» créances ; a été en outre convenu que si l'u
» des Comédiens ou comédiennes vient
» quitter après quinze ans de service , il l
» fera payé & quoique retiré du royaume,
» fomme de 1000 livres de pension viagè
» pour ceux qui ont part entière ou trois quart
» de part, & celle de 500 livres pour ceux q
» n'auront que demi part ou quart de part,
» qu'elle pension fera également accordée ,
» ceux qui avant lesdites quinze années fe tro
» veroient hors d'état par leurs infirmités d
» fervir, le tout fuivant l'ufage qui s'est jufqu'
» pratiqué à l'égard de Louis Riccoboni père
» de François Malarazzy, dit le docteur , dé
» clarant lesdits Comédiens n'entendre déroge
» au furplus au traité de fociété qui fera exécut
» felon fa forme & teneur ».

· Ce nouvel acte de fociété a été homologu
par arrêt du parlement rendu le 13 mai 1741
& il a été fuivi d'un autre acte de fociété fa
le 3 mars 1742, qui contient également cin
articles. Nous allons les tranfcrire :

ARTICLE PREMIER.

« En expliquant le premier article de l'ac
» du 7 avril 1741, concernant le payemen
» général des dettes, il ne pourra être fait pa
» les créanciers pour dettes générales de la fo
» ciété entre les mains du caissier que de fim
» ples faisies-arrêts, du quart qu'il retient
» chacun des Comédiens de fa part ou portion
» de part, felon qu'il lui en appartient fur l

»produit des repréfentations, les frais ordi-
»naires & extraordinaires prélevés, fans par
»lefdits créanciers pouvoir donner aucunes af-
»fignations ni faire aucuns autres frais.

Article II. » Chacun defdits créanciers faifif-
»fans ou non faififfans fera tenu de faire vifiter
»fes titres de créances, & fon exploit de faifie,
»par ceux des Comédiens chargés par délibé-
»ration d'arrêter les dettes générales de la fo-
»ciété, dont le caiffier tiendra un regiftre par-
»ticulier, fur lequel il inférera leurs noms,
»demeures, la date de leurs exploits de faifie,
»& élections de domicile, la nature & le mon-
»tant de leurs créances.

Article III. » Sur les mandemens de ceux des
»Comédiens chargés d'arrêter les dettes géné-
»rales, ainfi qu'il fera ci-après dit, ledit quart
»ou portion de quart retenu par le caiffier,
»fera par lui diftribué tous les fix mois régu-
»lièrement entre tous lefdits créanciers, dont
»les titres & faifies, s'il y en a, auront été
»vifés, fur & tant moins, & jufqu'à concur-
»rence de leurs dus.

Article IV. » A compter du lendemain de
»quafimodo prochain & à l'avenir, il fera fait
»de fix mois en fix mois par le caiffier deux
»états qui feront vifés par ceux des Comédiens
»chargés d'arrêter les dettes générales, l'un
»du montant des créances & exploits de fai-
»fies, & l'autre du produit mois par mois dudit
»quart reparti, comme dit eft, entre les créan-
»ciers feulement compris audit premier état
»au marc la livre au prorata de leurs créances
»& en déduction d'icelles, fur le mandement
»qui en fera donné audit caiffier au pied dudit

» état par ceux defdits Comédiens qui l'auro-
» vifé.

Article V. » A l'égard de ceux defdits créan-
» ciers qui ne feront pas venus affez à temp-
» pendant le courant defdits fix mois pour fai-
» vifer leurs titres de créances, & exploits d-
» faifie, & être mis fur ledit état de diftribu-
» tion, ils feront renvoyés au fuivant ».

Ce contrat a été homologué par arrêt d-
parlement rendu le 19 mars 1742.

A cette époque il s'éleva une conteftatio-
entre les créanciers d'un acteur de la comédie Italienne, & leur débiteur. Ces créanciers refufoient de fe foumettre à l'exécutio-
des actes de 1741 & de 1742. La fociété-
entière des Comédiens intervint, & reclam-
l'autorité des arrêts qui avoient homolog-
fes délibérations. Sa reclamation fut accueilli-
par plufieurs arrêts du parlement des 9 août-
6 feptembre, 7 du même mois & 17 octobre 1742, & par ces arrêts il fut ordonn-
que les actes de 1741 & de 1742 feroient exécutés felon leur forme & teneur.

Ainfi d'après ces arrêts, c'eft un principe-
confacré par la jurifprudence que tous les créanciers tant des acteurs particuliers de la comédie-
Italienne, que de la fociété entière doivent fe-
conformer pour obtenir leur payement à la-
forme prefcrite par les contrats de fociété que-
les Comédiens ont faits entr'eux & qui ont été-
homologués par le parlement.

Les Comédiens Italiens ont fait un dernier-
acte de fociété le 29 avril 1754 par lequel ils-
ont arrêté, 1°. que le fond de chaque acteur-
& de chaque actrice feroit à l'avenir de la

fomme de 15000 livres ; 2°. que le caiffier feroit autorifé à retenir cette fomme fur la part des acteurs ; 3°. qu'il feroit tenu de payer cette fomme aux acteurs qui fe retireroient ou à leurs héritiers en cas de décès ; 4°. que l'acteur qui feroit reçu à demi-part payeroit la moitié de cette fomme, & à proportion ; 5°. que l'acteur qui n'auroit pas cette fomme feroit tenu de l'emprunter fous le cautionnement de la fociété & de la remettre dans la caiffe ; 6°. enfin que pour payer les intérêts & le capital de cette fomme la forme prefcrite par les précédens traités de fociété feroit exécutée.

Cet acte a été également homologué par arrêt du parlement du 19 février 1756.

Telles font les différens traités qui fixent les droits des Comédiens entr'eux, & ceux de leurs créanciers.

Il nous refte maintenant à parler de l'adminiftration & de la police intérieure de ce théâtre. Elle eft foumife comme celle du théâtre François, à l'autorité d'une commiffion du confeil qui eft compofée des premiers gentilshommes de la chambre du roi.

Les réglemens intérieurs des Comédiens Italiens contiennent les mêmes difpofitions que ceux des François quant à la police du fpectacle. Le comité, les femainiers, le répertoire & les debuts font foumis aux mêmes règles ; mais les droits des auteurs font différens ; ils ont été récemment fixés par un dernier réglement que les premiers gentilshommes de la chambre du roi ont donné à ce fpectacle au mois d'avril 1774. Nous allons rapporter le précis des difpositions que ce réglement renferme concernant les pièces nouvelles & les auteurs.

Lecture & réception des pièces nouvelles.

Avant de lire une pièce nouvelle à l'assemblée, il faut qu'elle ait été communiquée au comité qui choisit un de ses membres pour l'examiner. Sur le rapport de cet examinateur le comité décide si la pièce mérite d'être lue. Si la pièce est approuvée par le comité, on la lit à l'assemblée générale.

Le comité est obligé de tenir un registre exact de la lecture des pièces nouvelles, & l'examinateur est obligé d'avertir l'auteur du jour que sa pièce sera lue.

L'auteur seul ou celui qui a présenté la pièce, a le droit d'être présent à l'assemblée.

On se servoit, avant le dernier règlement, de fèves blanches, marbrées & noires pour recevoir la pièce, pour l'admettre à correction ou pour la rejeter ; mais actuellement les Italiens suivent la même forme dans leurs suffrages que les François.

Les auteurs sont obligés de se retirer pendant la délibération de l'assemblée. Si la pièce est reçue à correction & que l'auteur consente d'y faire les changemens, il peut demander une seconde lecture.

La pièce reçue, quant aux paroles, n'est censée pleinement reçue que lorsque la musique en a été entendue & approuvée par les Comédiens, & ce n'est que de ce moment que l'auteur a le droit de demander qu'elle soit jouée à son tour.

Pour entendre la musique d'une pièce nouvelle, les Comédiens doivent s'affembler & fe rendre fur le théâtre. Les muficiens de l'orcheftre doivent être mandés. Chaque acteur chargé d'un rôle doit le favoir & le chanter. L'auteur des paroles & celui de la mufique ont feuls le droit d'être préfens à cette répétition.

Après la répétition les Comédiens entrent dans la falle d'affemblée, & donnent leurs fuffrages pour l'acceptation ou pour le refus de la mufique. S'ils approuvent la mufique, on infcrit alors la pièce fur un regiftre particulier qui ne contient que les pièces dont les paroles & la mufique font également reçues. C'eft ce regiftre que l'on confulte pour jouer les pièces nouvelles fuivant leur rang.

Les auteurs font maîtres de la diftribution des rôles de leurs pièces. Les Italiens fuivent à cet égard l'ufage reçu au théâtre des François.

Les acteurs & les actrices ne peuvent refufer les rôles qui leur font diftribués.

Il eft défendu aux Comédiens de refufer de jouer une pièce reçue, & d'en retarder la repréfentation finon pour des caufes graves, dont les premiers gentilshommes de la chambre du roi fe font réfervé la connoiffance.

Droits des auteurs dans le produit des repréfentations de leurs pièces.

Les auteurs d'une pièce en trois actes & plus, ont un neuvième; ceux d'une pièce en deux actes, un douzième; & ceux d'une pièce en un acte, un dix-huitième.

La moitié de chacune de ces parts appartient à l'auteur des paroles, & l'autre à l'auteur de la mufique.

Le produit des loges louées à l'année n'entre

point dans la recette fur laquelle on prend la part des auteurs; il n'y a que la recette qui fi fait à la porte. Le produit des loges louées par représentation entre dans la recette *journalière* & il eft foumis au droits des auteurs.

Avant de régler la part des auteurs on prélève fur la recette, la taxe pour les pauvres, & la fomme de trois cens cinquante livres pour les frais journaliers.

Les auteurs n'ont point de part lorfque la re cette eft au-deffous de fix cens livres l'été, & de mille livres l'hiver.

Les Italiens comptent l'été depuis le 15 mai jufqu'au 25 novembre, & l'hiver depuis le 25 novembre jufqu'au 15 mai.

Les auteurs ont part dans toutes les repréfen tations qui excèdent les fommes fixées ci-deffus Ces repréfentations s'appellent *repréfentations utiles*, & les autres *repréfentations nulles*.

Lorfqu'une pièce a eté jouée trois fois, il n'eft plus libre à l'auteur de la retirer. Les Co médiens en acquièrent à cette époque la *propriété ufuelle*, & ils peuvent l'employer fur leur réper toire comme ils jugent à propos.

Les Comédiens n'ont pas cependant le droit d'interrompre les repréfentations d'une pièce dans fa nouveauté, fans le confentement des auteurs; mais ils peuvent la retirer lorfqu'elle ne produit pas la recette qu'ils ont droit d'en efpérer relativement à la faifon où ils la donnent.

Il eft également défendu aux Comédiens de doubler les rôles d'une pièce *dans fa nouveauté*, fans le confentement des auteurs.

Lors *des reprifes*, fi quelques acteurs ont des raifons pour fe difpenfer de jouer, le comité

doit veiller à ce que l'on n'emploie point plusieurs *doubles* à-la-fois, & surtout à ce que les
premiers rôles ne soient pas doublés , *sans
une extrême nécessité*, les grands jours de spectacle.

Les auteurs conservent pendant toute leur
leur vie leurs droits de part dans les représentations *utiles* de leurs pièces, quoique les représentations en soient interrompues ; mais ils
n'ont rien à prétendre sur toutes les représentations *nulles*.

Le droit dés auteurs demeure supprimé à leur
mort quand leurs pièces n'auroient point éprouvé de représentations nulles ; cependant on excepte de cette règle les pièces qui n'ont pas eu
cinquante représentations *utiles* pendant la vie
des auteurs ; dans ce cas leurs héritiers sont
substitués à leurs droits jusqu'à ce que les pièces
aient eû cinquante représentations *utiles*. Après
ce nombre leurs droits sont anéantis.

Les dispositions dont nous venons de rendre
compte , ne sont exécutées que pour les pièces
qui ont été données depuis le dernier règlement ;
quant à celles qui ont une date antérieure, la
propriété entière en appartient aux Comédiens,
si elles ont éprouvé le nombre de représentations nulles qui a été suivi jusqu'au changement
fait par le nouveau règlement.

Les auteurs ont le droit de donner des billets
les jours de représentation de leurs pièces ; savoir , pour deux personnes à l'amphithéâtre , &
le même nombre aux troisièmes loges , soit
qu'ils aient donné une grande ou une petite
pièce. Les auteurs ont en outre le droit de donner vingt billets de parterre pendant les trois
premières représentations. S'ils en prennent davantage, ils sont obligés d'en tenir compte.

Droits d'entrée des auteurs.

Les auteurs d'une pièce en trois actes ont leurs entrées pendant trois ans : ceux d'une pièce en deux actes ou en un, ont leurs entrées pendant un an feulement.

Le droit d'entrée n'eft acquis aux auteurs que du jour où la mufique a été reçue avec les paroles.

Les auteurs jouiffent de leur droit d'entrée dans toute la falle, excepté dans les premières loges qui ne font pas fur l'amphithéâtre, les fecondes loges, les troifièmes & dans le parterre; mais ils ne peuvent faire garder leurs places.

Il eft défendu aux Comédiens de mettre aucun obftacle à l'exercice des droits d'entrée accordés aux auteurs, excepté dans le cas où il feroit prouvé qu'ils auroient troublé le fpectacle par des cabales ou des critiques injurieufes; & les premiers gentilshommes de la chambre du roi ont ordonné que la preuve des faits imputés aux auteurs leur feroit produite avant de les priver de leurs entrées.

Toutes les autres difpofitions du dernier règlement des Comédiens Italiens étant conformes à celles des règlemens des François que nous avons rapportés ci-devant, nous n'en rendrons point compte. On peut confulter ce que nous avons dit fur *les Semainiers*, *le Comité*, &c. de la comédie Françoife.

Voyez *le règlement de 1693 ; le règlement de 1757 ; l'arrêt du confeil de la même année ; les lettres-patentes du 22 avril 1761 ; l'arrêt d'enregiftrement qui en a été fait par le parlement de Paris le 7 septembre suivant ; le règlement de 1766 ; le règlement concernant les Comédiens Italiens du mois d'avril 1774 ; le dictionnaire des arrêts ; le dictionnaire canonique*, &c. Voyez aussi les articles OPÉRA, SPECTACLES, &c. (*Cet article est de M. DESESSARTS , avocat au parlement.*)

COMICES. C'est le nom des assemblées dans lesquelles le peuple romain élisoit les magistrats & traitoit les affaires importantes de la république. Elles se tenoient dans le champ de Mars, ou dans le marché, ou au capitole : mais elles n'a-voient jamais lieu les jours de fêtes, les jours de foires & les jours malheureux ; on les remettoit d'ailleurs s'il tonnoit ou s'il faisoit mauvais temps, & quand les augures ne pouvoient commencer ou continuer leurs observations.

On distinguoit trois sortes de Comices ; les Comices par curies ; les Comices par centuries, & les Comices par tribus.

Quand le peuple étoit assemblé par curies ou par centuries, dit l'illustre auteur de l'esprit des lois, il étoit composé de sénateurs, de patriciens & de plébéiens. Dans les disputes, les les plébéiens gagnèrent ce point, que seuls, sans patriciens & sans le sénat, ils pourroient faire des lois qu'on appela plébiscites ; & les Comices où on les fit s'appelèrent Comices par tribus : ainsi il y eut des cas où les patriciens n'eurent point de part à la puissance législative, & où ils furent soumis à la puissance législative d'un autre corps de l'état. Ce fut un délire de la liberté. Le peuple, pour établir la démocratie, choqua les principes mêmes de la démocratie. Il sembloit qu'une puissance si exorbitante auroit dû anéantir l'autorité du sénat : mais Rome avoit des inftitutions admirables. Elle en avoit deux furtout ; par l'une, la puiffance légiflative du peuple étoit réglée ; par l'autre, elle étoit bornée.

Les cenfeurs, & avant eux les confuls, for-moient & créoient pour ainfi dire, tous les cinq ans, le corps du peuple ; ils exerçoient la légif-lation fur le corps même qui avoit la puiffance légiflative : « Tiberius-Gracchus, cenfeur, dit » Cicéron, transféra les affranchis dans les tri-» bus de la ville, non par la force de fon élo-» quence, mais par une parole & par un gefte: » s'il ne l'eût pas fait, cette république, qu'au-» jourd'hui nous foutenons à peine, nous ne » l'aurions plus. »

D'un autre côté le fénat avoit le pouvoir d'ô-ter, pour ainfi dire, la république des mains du peuple, par la création d'un dictateur, devant lequel le fouverain baiffoit la tête, & les loix les plus populaires reftoient dans le filence.

COMMAND. On appelle ainfi en Flandres & dans les coutumes d'Amiens, Peronne, Cam-brefis & autres lieux, celui au profit de qui on a acheté un héritage fans en déclarer le nom dans le contrat, de manière que l'on fe contente de dire qu'on achete *pour foi ou pour fon Com-mand.*

Cette claufe eft en ufage dans les ventes judi-ciaires & volontaires, & les effets en font re-marquables.

Un arrêt de règlement rendu par le parlement de Flandres le 16 feptembre 1672, porte, ar-ticle 101, que « l'adjudication du décret étant » faite, celui qui fera adjudicataire devra décla-» rer en-dedans la quinzaine précife enfuivante,

»la perfonne de fon Command , en cas qu'il ait
»encheri pour autrui , à peine qu'il fera exécu-
»table en fon privé nom pour les deniers de fon
»marché. »

L'article 102 ajoute : « le même aura lieu fi
»la perfonne qui fera dénommée pour Com-
»mand en-dedans ledit terme , n'eft trouvée
»folvante & fuffifante pour fournir lefdits de-
»niers. »

Il réfulte de ces deux articles que l'acheteur
qui a fait la déclaration de fon Command dans
la quinzaine , ne peut être pourfuivi en fon propre nom , avant que l'infolvabilité de fon Command ne foit conftatée. Mais fi la coutume du
lieu dérogeoit au bénéfice de difcuffion accordé
par les lois romaines à tous ceux qui contractent
& répondent pour d'autres , l'acheteur pourroit
être pourfuivi pour le payement du prix , même
après avoir dénommé un Command folvable.
C'eft ce qui a été jugé par arrêt du 10 octobre
1692, rendu dans la coutume de Lille , qui permet , titre 10 , article 13 , de pourfuivre le
*débteur ou pleige d'icelui , lequel que bon lui femble ,
fans paravant rendre le principal debteur infolvent.*

La principale queftion que la claufe *pour lui
& fon Command* préfente à décider , eft de favoir fi la déclaration de Command ne doit pas
paffer pour une nouvelle vente faite par l'acheteur à fon Command , & en conféquence donner
ouverture à de nouveaux droits feigneuriaux.

La règle générale eft que quand cette déclaration fe fait avant que l'acheteur n'ait pris adhéritance , & que le tems prefcrit par la coutume
ne foit écoulé , il n'eft dû qu'un feul droit tant
pour l'achat primitif que pour la déclaration de
Command.

Le temps dans lequel cette déclaration doit se faire est fixé à quarante jours par les coutumes du Cambresis, titre 1 article 3 ; d'Amiens, article 259 ; de Peronne, article 82 ; le président Faber en son code, lib. 4, titre 34, dit que tel est l'usage général. Voet, en son commentaire sur le digeste, titre *de contrahendâ emptione*, nous apprend qu'on en usoit autrefois ainsi en Hollande, mais que les nouvelles lois ont restreint ce terme à trois jours.

La coutume d'Artois, article 192, exige simplement que la déclaration de Command se fasse avant la saisine.

L'article 193 de la même coutume ajoute que pour que la déclaration de Command ne donne point lieu à de nouveaux droits seigneuriaux, il faut qu'elle soit gratuite ; & que si l'acheteur recevoit quelque chose de son Command, le seigneur pourroit prétendre *doubles droits*, comme s'il y avoit deux ventes : disposition fort juste & qui doit être étendue à toutes les coutumes qui ne décident rien sur ce point. Christin, vol. 3. décis. 70, rapporte un arrêt du grand conseil de Malines du 24 septembre 1588, qui l'a ainsi jugé.

Mais on demande comment doivent s'entendre ces mots *doubles droits*. Les uns prétendent qu'il est seulement dû un droit pour le prix de l'achat, & un autre pour l'excédent des deniers déboursés pour la déclaration de Command sur le prix de l'achat. Les autres soutiennent que les doubles droits sont dûs à raison du prix de l'achat & du prix de la déclaration joint au prix du même achat.

La première opinion a été suivie par un arrêt du
24 décembre

14 décembre 1629 , rendu par le grand conseil de Malines, ensuite d'une enquête par Turbes tenue à Arras en 1624, dans laquelle les turbiers attestèrent que c'étoit ainsi qu'ils entendoient l'article 193 de leur coutume.

La seconde opinion paroît néanmoins la plus conforme aux vrais principes. Il est certain que quand l'acheteur reçoit quelque chose pour la déclaration de Command , il se forme un nouveau contrat de vente ; or les droits seigneuriaux sont dûs pour une simple vente , quand même elle ne seroit point réalisée : aussi Desmasures en son commentaire manuscrit sur la coutume d'Artois , rapporte-t-il deux sentences du conseil de cette province , par lesquelles il a été jugé qu'un acheteur qui n'a point fait réaliser son contrat , ne peut revendre à un autre sans donner ouverture à de nouveaux droits seigneuriaux.

La raison pour laquelle la déclaration de Command, quand elle est gratuite , ne produit point de doubles droits , c'est que dans ce cas il ne se forme point un nouveau contrat entre l'acheteur & son Command ; ils ne font que consommer le mandat que ce dernier a donné ou est censé avoir donné au premier ; or l'exécution d'un mandat ne peut donner ouverture aux droits seigneuriaux : au lieu que quand l'acheteur reçoit quelque chose pour sa déclaration, on ne peut supposer de mandat, il se forme une véritable vente ; & comme chaque vente doit produire des droits seigneuriaux pour la totalité du prix, la déclaration de Command doit également en produire pour tout ce que paye le Command à l'acheteur, & non-feulement pour ce qui excède le prix de l'achat.

Ce que nous venons de dire n'eft vrai que dans les coutumes où une fimple vente donne ouverture aux droits feigneuriaux fans être réalifée.

Le parlement de Flandres a jugé par arrêt du 3 août 1707, rendu dans la coutume de la châtellenie de Lille, qu'un feigneur ne pouvoit exiger de droits feigneuriaux pour une donation faite à un étranger qui en avoit joui long-tems fans *fe faire réalifer* ; & c'eft ce que l'article 49 du titre premier de cette coutume femble infinuer en ces termes : *tous feigneurs . . . . ont es dons & tranfports le dixième de la valeur & eftimation après qu'ils font réalifés.* Mais comment accorder cette difpofition avec l'article 62 du même titre qui permet aux feigneurs d'exiger doubles droits, au cas que dans l'an du contrat on ne l'ait pas fait réalifer ? Rien ne fe contredit : l'article 49 fait voir que le feigneur ne peut pas agir fur le champ pour le payement de fes droits ; & l'article 62 fixe le tems après lequel il n'eft plus obligé d'attendre que fon nouveau vaffal fe faffe réalifer.

D'où il faut conclure que l'arrêt du 3 août 1707 ne doit point tirer à conféquence : auffi a-t-on jugé le contraire depuis. Un arrêt rendu le 10 mars 1713 par la cour fupérieure établie à Lille par les confédérés qui étoient alors maîtres de cette ville, a jugé que le droit feigneurial de la terre de Ligni avoit pu être valablement faifi entre les mains de l'acheteur, auffitôt après la paffation du contrat, & que cette faifie devoit être préférée à une autre faite après la réalifation ;

c'eſt-à-dire, que l'on a jugé que le contrat ſeul avoit donné l'être au droit ſeigneurial.

La même choſe a encore été décidée par un arrêt ſolemnel rendu en réviſion par le parlement de Douai le 7 mai 1776. Il s'agiſſoit de ſavoir ſi le ſieur Théry d'Opi pouvoit s'exempter de payer le droit ſeigneurial pour le fief de Blocus ſitué dans la châtellenie de Lille, qui lui avoit été donné par le ſieur Théry ſon oncle dont il n'étoit pas héritier préſomptif. Il n'avoit pas pris adhéritance du vivant du donateur qui s'étoit réſervé l'uſufruit, & après la mort de celui-ci il s'étoit mis en poſſeſſion du fief ſans ſe faire réaliſer. Le ſieur Deſenfans de Vincourt prétendit double droit & l'obtint par ſentence rendue au bailliage de Lille, qui fut infirmée par arrêt du conſeil ſupérieur de Douai du 30 avril 1773. Mais le ſieur de Vincourt s'étant pourvu en réviſion, le parlement de Flandres a déclaré qu'erreur étoit intervenue dans l'arrêt du conſeil ſupérieur, & a ordonné que la ſentence du bailliage de Lille ſortiroit effet.

D'après cette déciſion prononcée par tout le parlement aſſemblé, on ne doit plus douter que dans la châtellenie de Lille les droits ſeigneuriaux ne ſoient dûs pour le contrat ſeul, & par conſéquent pour une déclaration de Command non gratuite.

Il paroît qu'on doit décider tout le contraire pour le Hainaut. Les chartes générales de cette province portent, chapitre 104 article 9, que *le droit ſeigneurial appartiendra au ſeigneur duquel le fief aliéné ſera tenu au jour de la deshéritance.* Ainſi c'eſt la deshéritance qui donne l'être au droit, ou au défaut de la deshéritance, une année de poſſ feffion prife de fait, fuivant l'article premier du même chapitre ; d'où il fuit que quand un contra n'eft point fuivi de deshéritance ni d'une année de poffeffion, il n'engendre point de droits feigneu riaux ; & même pour que la deshéritance produi fe cet effet, il faut qu'elle foit fuivie de l'adhéri tànce prife par l'acheteur dans l'an ; autremen elle devient caduque fuivant l'article 2 du chapi tre 99 ; & elle ne produit point de droits feigneu riaux, comme l'a jugé un arrêt du 13 décembre 1694 rendu entre le marquis de la Pierre & le baron de Noyelles.

Ainfi dans cette coutume la déclaration de Command, quand elle n'eft pas gratuite, ne produit de nouveaux droits qu'à raifon de ce qui a été donné par le Command à l'ache teur au-deffus du prix de l'achat, conformé ment à l'arrêt de Malines cité ci-deffus.

De-là il réfulte encore que dans la même coutu me la déclaration de Command faite avant l'adhé ritance, ne produit point de droits feigneuriaux foit que l'adjudicataire ou acheteur ait enchér ou acheté purement & fimplement, foit qu'i l'ait fait *pour lui ou pour fon Command.* C'eft ce qu'elle décide expreffément, chapitre 93, arti cle 4, en ces termes : « femblablement père ou » mère en acquérant fief, pourra faire adhérite » l'un de fes enfans en la propriété & foi-mêm » en ufufruit, *ne payant auffi qu'un droit feigneu* » *rial.* »

Il faut remarquer que dans cette coutume le droits feigneuriaux font dûs pour une donatio faite par un père à fon fils en termes abfolus c'eft-à-dire lorfqu'il n'eft pas expreffément fti

pulé que le père donne à son fils *comme à son
droit & aîné hoir.*

Dans les coutumes où le contrat seul donne
l'être au droit seigneurial, si quelqu'un avoit en-
chéri ou acheté purement & simplement sans
stipuler que ce fût pour lui ou pour son Command, il ne pourroit déclarer un Command
après la vente ou l'adjudication, sans donner
ouverture à de nouveaux droits, quand même
sa déclaration seroit gratuité. C'est ce qui résulte d'un arrêt rendu par le parlement de Flan-
le 26 novembre 1673.

Un arrêt de règlement du grand conseil de
Malines du 22 novembre 1566, décide que dans
les ventes par décret personne ne peut se charger d'enchérir pour plus d'un seul, & que celui
qui s'est chargé d'enchérir pour un autre, ne
peut le faire pour lui-même. Cet arrêt est rapporté par M. Cuvelier, article 377.

Un père achete un héritage pour lui ou pour
son Command; il déclare pour Command un de
ses enfans en bas âge, qui en prend adhéritance
& en devient propriétaire. On demande si cet
héritage sera considéré comme un acquêt ou
comme un propre naissant dans la personne du
fils. Un arrêt rendu par le parlement de Flandres
le 13 avril 1762, au rapport de M. de Curgies,
l'a jugé propre naissant, conformément au sentiment de Prudhomme en ses notes manuscrites
sur la coutume de Cambresis, titre premier,
article 3.

On peut dire, pour l'opinion contraire, qu'un
héritage doit toujours tenir la ligne de celui
qui en a été le premier propriétaire dans la
famille, & que par conséquent dans l'espèce

proposée l'héritage ne doit point tenir la ligne du père qui n'en a jamais été propriétaire, mais celle du fils.

On peut répondre, 1°. que le père est censé avoir possédé l'héritage & l'avoir transféré à son fils, *per fictionem brevis manûs*. Il auroit pu en prendre adhéritance & s'en deshériter ensuite en faveur de son fils ; mais ces détours étoient inutiles ; & ce n'est point pour les avoir omis qu'il doit être privé de la consolation de voir dans l'avenir cet héritage passer à ses enfans à l'exclusion des personnes étrangères, qui pourroient dans la suite y succéder à l'exclusion de ses propres parens : car si cet héritage étoit considéré comme acquêt dans le fils, ses parens maternels qui ne sont attachés au père que par affinité, y auroient les mêmes droits que ses parens paternels, & les exclueroient même tout-à-fait en cas de proximité.

2°. La raison pour laquelle un héritage tient la ligne de l'acquéreur, c'est pour que l'espérance qu'a celui-ci de transférer cet héritage à sa dernière postérité, le récompense de toutes les peines & de tous les frais que lui a occasionnés son acquisition. Or, ici ce n'est point le fils qui a essuyé ces peines, qui a fait ces dépenses ; c'est le père : ainsi l'héritage doit tenir la ligne de celui-ci.

Voyez *les arrêts de MM. Cuvelier, de Blye, Dubois, d'Hermaville, Desjaunaux ; Brunel, en ses projets de réforme sur la coutume d'Artois ; Desjaunaux, sur Cambrai, &c.* Voyez aussi les articles DROITS SEIGNEURIAUX, ÉLECTION, VENTE, &c. (*Article de M. MERLIN, avocat au parlement de Flandres.*)

COMMANDANT. C'eſt en général un officier militaire qui commande en chef.

Les Commandans particuliers que le roi juge à propos d'établir dans les places, doivent reconnoître l'autorité du Commandant en chef de la province. C'eſt ce qui réſulte de l'article 9 du titre premier de l'ordonnance du premier mars 1768, concernant le ſervice du roi dans les places & dans les quartiers.

Suivant l'article 10, les officiers généraux ou brigadiers employés, & les gouverneurs ou Commandans des places ne peuvent entreprendre ſur les droits de la juſtice ordinaire, ni même s'entremettre dans les matières contentieuſes : ils doivent ſe contenter de prêter main-forte aux juges des lieux lorſqu'ils en ſont requis, & de préſider aux conſeils de guerre (*), pour connoître des crimes commis entre les gens de guerre : les habitans doivent toujours être renvoyés devant le juge ordinaire, à l'exception toutefois des cas de trahiſon ou autres qui peuvent concerner la ſûreté de la place ou du pays : dans ces circonſtances, les habitans accuſés peuvent être jugés au conſeil de guerre.

Les Commandans des places doivent tenir la main à ce que le ſervice ſe faſſe dans les places, en temps de paix, avec la même exactitude qu'à la guerre & dans les camps.

Ils ſont tenus de prêter main-forte pour l'exécution des décrets de la juſtice, toutes les fois qu'ils en ſont requis.

_____

(*) Il faut remarquer qu'ils ne préſident point aux conſeils de guerre tenus par les corps qui ont leur juſtice particulière.

Ils doivent veiller à ce que tous les officiers, soldats, cavaliers ou dragons qui sont dans les hôpitaux, y vivent en bon ordre, conformément à ce que prescrivent les ordonnances rendues à ce sujet.

Ils doivent soutenir les employés des fermes dans leurs fonctions, & leur donner un officier major de la place, pour les accompagner lorsqu'ils veulent faire des visites dans les casernes ou logemens des soldats. C'est ce qu'ont réglé les articles 1 & 2 du titre 2 de l'ordonnance citée.

Les différens quartiers de la ville doivent être partagés par le Commandant entre les officiers majors de la place, afin que chacun d'eux prenant une connoissance particulière de la partie qui lui est assignée, y veille plus efficacement à la police, au bon ordre & à la régularité des gardes qui s'y trouvent. Telles sont les dispositions de l'article 5 du même titre.

L'article 9 veut que le Commandant d'une place se rende tous les jours chez l'officier général, dans le département duquel cette place est comprise, pour lui rendre compte de ce qui se sera passé la veille & pendant la nuit, ou le matin à l'ouverture des portes, & pour recevoir les ordres du même officier général, s'il réside dans la place : s'il n'y réside pas, le Commandant doit lui rendre compte par écrit le premier jour de chaque mois, de tout ce qui s'est passé dans la place pendant le mois précédent, concernant le service, la discipline & les exercices des troupes qui y sont en garnison : & s'il arrive des événemens extraordinaires, il doit en outre en informer sur le champ l'officier général.

Suivant l'article 11, les Commandans des places ne peuvent s'en abfenter pour plus de quatre jours, fans un congé figné du roi & contre-figné du fecrétaire d'état, ayant le département de la guerre (*).

Et l'article 12 veut que ces Commandans ne puiffent même s'abfenter pour un jour en quelque cas que ce foit, fi le lieutenant de roi ou ou le major de la place n'y eft préfent, & en état de commander en leur abfence.

Voyez les articles GOUVERNEUR, MAJOR, LIEUTENANT DE ROI, LIEUTENANT GÉNÉRAL, LOGEMENT, BAN, SENTINELLE, VILLE, CONSEIL DE GUERRE, &c.

COMMANDE. Ce terme eft employé dans la coutume de Bayonne, pour fignifier un dépôt.

Dans d'autres coutumes, telles que celle de Château - Mélian en Berri, *Commande* fignifie la taille due par des hommes de condition fervile. Et felon l'ancienne coutume de melun en Berry, le *droit de Commande* eft un droit de deux deniers parifis, que le feigneur lève chaque année fur les veuves de condition fervile. Dans la coutume de Château-Neuf ce droit eft de quatre deniers par an, qui fe lèvent fur les femmes de condition fervile, mariées à d'autres qu'aux ferfs du feigneur. *Voyez le gloffaire de Laurière.*

COMMANDEMENT. C'eft un exploit que fait un huiffier ou fergent, en vertu d'un jugement ou d'un autre titre portant exécution

(*) Ce congé s'accorde fur la demande qu'en fait au fecrétaire d'état ayant le département de la guerre, le Commandant en chef de la province.

parée, par lequel il commande au nom du roi & de la justice, de payer une somme, de vider les lieux, enfin de satisfaire aux condamnations ou engagemens énoncés dans le titre (*).

___

(*) *Formule d'un Commandement de payer.*

L'an mil sept cent.... le.... jour de... en vertu d'une sentence rendue aux auditeurs du châtelet de Paris le 4 mai présent mois, collationnée, signée, scellée & signifiée; & à la requête du sieur Paul négociant à Paris, y demeurant rue saint Martin, pour lequel domicile est élu en la maison de ... je... huissier, &c. Soussigné déclare avoir fait Commandement de par le roi & justice au sieur Pierre, bourgeois de Paris, y demeurant rue saint Martin, en son domicile, parlant à une femme qui n'a dit son nom, de ce sommée; de présentement payer audit sieur Paul ou à moi huissier, pour lui porteur de pièces, la somme de cinquante livres pour les causes portées en la sentence susdatée & en quoi il a été condamné par icelle; sans préjudice à d'autres dûs, droits, actions, intérêts, frais & mises d'exécution : lequel sieur Pierre parlant comme dessus, a été de payer ladite somme de cinquante livres refusant; pourquoi j'ai déclaré que ledit sieur Paul se pourvoiroit par les voies de droit, & lui ai en son dit domicile & parlant comme dessus, laissé copie du présent. Contrôlé à Paris le 30 janvier 1777.

Formule de commandement à un chapitre.

L'an mil sept cent.... le.... jour de.... en vertu d'une sentence rendue par M. le prévôt ou bailly de.... en date du.... *signée & scellée, ou d'un arrêt du parlement de.... en date du....signé & scellé*, à la requête de... demeurant à... où il élit son domicile; je.... huissier à.... demeurant à.... soussigné, déclare avoir fait Commandement de par le roi & justice aux vénérables doyen, chanoines & communauté de chapitre de l'église cathédrale de... & iceux assemblés dans le lieu où se tient le chapitre de ladite église, en parlant à.... prêtre & doyen d'icelle, qui présidoit audit chapitre, de présentement payer audit.... où à moi huissier, pour lui porteur de pièces la somme de. .. en quoi ledit chapitre a été condamnée par ladite sentence ou *par*

Toute exécution que l'on veut faire fur une perfonne ou fur lés biens d'un débiteur, doit être régulièrement précédée d'un Commandement de payer ou de fatisfaire aux engagemens portés dans le titre, à peine de nullité. La plûpart des tribunaux exigent que ce Commandement précède l'exécution au moins de vingt-

---

ledit arrêt, pour les caufes y portées, fans préjudice des intérêts, autres dûs, droits, actions, frais & dépens lefquels doyen & communauté de chapitre, parlant comme deffus, ont été refufans de payer, pour lequel refus, je leur ai déclaré qu'il y feront contraints par toutes voies dues & raifonnables; & leur ai, parlant comme deffus, laiffé copie tant de ladite fentence ou dudit arrêt, que du préfent.

Autre à une communauté d'habitans.

L'an mil fept cens.... le dimanche, jour de.... avant midi, en vertu de.... figné & fcellé, & à la requête de.... demeurant à.... où il élit fon domicile, & encore pour vingt quatre heures feulement, fans attribution de juridiction, en la maifon curiale & presbitérale de.... je.... huiffier à demeurant à.... fouffigné, me fuis exprès & à cheval tranfporté, au-devant de la porte & principale entrée de l'églife de.... diftant dudit.... ma demeure de.... lieues où étant; j'ai fait Commandement de par le roi & juftice aux habitans dudit lieu, en parlant à.... tous habitans fortans de ladite églife & de la meffe paroiffiale chantée & célébrée ledit jour en icelle, de préfentement payer audit.... où à moi huiffier, pour lui porteur de pièces, la fomme de.... en quoi lefdits habitans ont été condamnés par ladite fentence pour les caufes y portées, fans préjudice des intérêts, autres dûs, droits, actions, frais & dépens, lefquels parlant comme deffus, ont été refufans de payer, pour lequel refus, je leur ai déclaré qu'ils y feront contraints; & leur ai laiffé parlant comme deffus, copie tant de ladite fentence ou dudit arrêt que du préfent.

Si le Commandement eft fait à un corps d'officiers, l'exploit doit être redigé en la chambre du confeil en parlant à celui qui préfide.

quatre heures ; mais il fuffit dans plufieurs autres juridictions, & fur-tout en Lorraine, qu'il fe faffe au moment même ou l'huiffier porteur du titre, va procéder à l'exécution.

Il eft d'ufage que la partie qui fait faire un Commandement, élife domicile dans le lieu où réfide celui auquel on fignifie cet acte : fi ce dernier demeure, par exemple, à Vaugirad, & le demandeur à Paris, celui-ci élit ordinairement fon domicile à Vaugirard : & fi le défendeur demeure dans un lieu ifolé, le demandeur fait élection de domicile dans la ville ou le village le plus prochain. Cette formalité s'obferve afin que le défendeur ait la facilité de fe libérer à l'inftant, par les offres réelles qu'il a le droit de faire au domicile élu, pour arrêter toute pourfuite, fauf à réitérer les offres au domicile effectif du demandeur. Au refte cette élection de domicile fur les lieux n'eft prefcrite par l'ordonnance de 1667, que pour les faifies-exécutions : il n'y a aucune loi ni règlement, qui oblige à l'obferver dans les Commandemens.

En faifant le Commandement on donne ordinairement au débiteur, l'alternative de payer la fomme répétée au demandeur, ou entre les mains de l'huiffier chargé de la commiffion : fi le débiteur paye entre les mains de l'huiffier, celui-ci lui donne une quittance qui a la même valeur que fi le créancier l'eût donnée lui-même : ainfi dans le cas où l'huiffier auroit diffipé les deniers reçus, le créancier n'auroit d'action que contre cet huiffier, & n'en pourroit plus exercer aucune contre le débiteur, parce qu'il auroit valablement payé.

Cependant pour que le créancier ne puiffe

plus rien répéter au débiteur, fi l'huiffier vient à diffiper les deniers, il faut qu'il foit exprimé dans l'exploit de Commandement, que ce débiteur a payé. Ainfi le payement fait entre les mains de l'huiffier poftérieurement à l'acte de Commandement, n'opéreroit pas la décharge du débiteur, & le créancier pourroit continuer fes pourfuites contre lui : la raifon en eft que l'huiffier à qui l'on paye lors du Commandement, a pour recevoir la fomme due, une procuration tacite, émanée des pièces dont il eft porteur & en vertu defquelles il agit (*). Mais après le Commandement, cette procuration ceffe, & l'huiffier eft dans la claffe de tout particulier qui feroit une recette pour autrui fans avoir été chargé de la faire.

Il faut que la caufe pour laquelle le Commandement fe fait foit exprimée, & que la chofe qu'on demande foit en argent, foit en efpèce, foit liquidée : autrement, le Commandement feroit nul, parce que la juftice n'autorife point les démarches qui n'ont pas un objet précis.

L'huiffier qui fait Commandement de payer le contenu d'un titre dont il eft porteur, doit recevoir la réponfe de la perfonne à laquelle il le

_____

(*) L'huiffier chargé de faire un commandement doit énoncer dans l'exploit qu'il eft porteur des pièces en vertu defqu'elles il agit, parceque ce font ces pièces qui l'autorifent a agir, & qu'il doit prouver au débiteur qu'on eft en droit de le contraindre, autrement le commandement feroit nul & le débiteur ne feroit pas libéré. D'ailleurs l'huiffier feroit repréhenfible, parcequ'en faifant le commandement il parle au nom de la puiffance publique, ce qu'il ne peut faire qu'en juftifiant qu'il y eft autorifé.

fignifie, fi elle juge à propos de lui en faire une, & l'inférer dans fon exploit.

L'huiffier qui eft fans caractère pour exploiter dans le lieu ou la contrainte doit être exercée, ne peut point y fignifier de Commandement: s'il le faifoit, fon exploit feroit nul.

Il y a des titres qui ne font pas exécutoires en tout lieu, quoiqu'ils foient revêtus des formalités néceffaires pour les rendre authentiques. Ainfi une fentence du bailliage d'Orléans ne feroit point exécutoire à Paris, ni une fentence du châtelet à Rouen. C'eft pourquoi lorfqu'un huiffier, qui n'a pas caractère pour exploiter par tout le royaume, veut faire dans une juridiction quelque Commandement, en vertu d'un jugement émané d'une autre juridiction, il faut qu'il ait d'abord une commiffion fpéciale de cette juridiction, & qu'il obtienne enfuite du juge du lieu où l'exploit doit fe faire, une ordonnance qu'on appelle *pareatis*.

Obfervez néanmoins que fi l'huiffier agiffoit en vertu d'une commiffion du grand fceau, il pourroit faire fon Commandement fans qu'il fût befoin de prendre un *pareatis* du juge des lieux.

Il y a une forte de Commandement qui n'exige d'autre titre que la coutume: tel eft celui que peut faire faire à fon locataire, en vertu de la coutumē de Paris, le propriétaire d'une maifon par lui laiffée à loyer, verbalement ou par écrit.

L'ordonnance de 1539, qui par l'article 74, difpenfe de la formalité de la difcuffion des meubles avant la faifie réelle (*), prefcrit au fai-

_____

(*) Cette difpenfe n'a pas lieu en Lorraine : l'article

sissant l'obligation de faire faire faire au débiteur un Commandement, avant de saisir réellement.

Le sergent qui fait le Commandement, doit en même temps donner copie du titre en vertu duquel la somme est due, déclarer que ce titre est scellé & signé, & qu'à faute par le débiteur de payer, le *demandeur se pourvoira tant par saisie mobilière, que par saisie réelle des immeubles.* Si le titre en vertu duquel on fait le Commandement, est un arrêt du parlement de Paris, & que le Commandement soit fait par un huissier du même parlement, dans l'étendue de son ressort, il n'est pas nécessaire que l'arrêt soit scellé : il en est de même des sentences des requêtes du palais & de l'hôtel quand ce sont des huissiers de ces tribunaux qui font les Commandemens recordés.

L'article 6 du règlement du parlement de Dijon, veut que les Commandemens faits au débiteur contiennent les sommes certaines, la quantité de grains ou autres choses dues, la date des contrats, des sentences, des arrêts & des autres actes exécutoires, en vertu desquels on aura procédé aux saisies, sans laisser les sommes & espèces en blanc, à peine de nullité du Commandement. Mais comme la peine de la plus-pétition n'a point lieu en France, si l'on avoit

---

premier du titre 18 de l'ordonnance du duc Léopold du mois de novembre 1707 porte » qu'avant de pouvoir dé- » créter les immeubles d'un débiteur, discussion sera faite » de ses meubles meublans qui se trouveront en son domi- » cile, à peine de nullité ; & même des meubles gisans » avant que des paturans. «

demandé par la fommation, au-delà de ce qu
étoit dû, ce défaut n'emporteroit point de nullité, à moins que la fomme qui fe trouveroi
véritablement due par l'évènement, ne fût au
deffous de celle pour laquelle il eft permis de
faifir réellement les immeubles.

Il faut que le Commandement de payer foi
fait à la perfonne même du débiteur, ou à fon
domicile, fuivant l'article 74 de l'ordonnance
de 1539. Plufieurs praticiens entendent ici par
le domicile, non-feulement le lieu de la demeure du débiteur; mais encore le domicile
qu'il a élu par le contrat même en vertu duquel
on prétend faifir, quoiqu'il ait depuis transféré
fon domicile dans un autre endroit, même
dans une autre province : mais ceci ne peu
avoir lieu que du vivant du débiteur ; car
cette élection de domicile eft perfonnelle, &
fi la pourfuite fe fait contre fes héritiers,
le Commandement doit être fait à leur domicile actuel. Il y a même des praticiens qui,
pour éviter toute difficulté, aiment mieux
faire faire le Commandement au domicile actuel
du débiteur, qu'à celui qu'il a élu par fon obligation.

En Normandie, quand l'obligé ou fes héritiers
demeurent hors de la province, il fuffit de faire
la fommation à l'iffue de la meffe paroiffiale du
lieu où l'héritage que l'on veut décréter eft
fitué ; mais pour rendre une fommation valable
contre les héritiers, il faut obferver exactement
ce qui eft prefcrit par l'article 587 de la coutume, c'eft-à-dire, que, 1°. l'huiffier doit fe
tranfporter à la maifon où réfidoit le débiteur
lors de fon décès, & s'informer dans la maifon

&

& dans le voisinage, & à l'issue de la messe paroissiale un jour du dimanche, s'il y a quelqu'un qui se veuille dire & porter héritier. 2°. S'il ne se présente personne pour cet effet, le sergent doit assigner les héritiers en général, en parlant aux personnes qui demeurent dans la maison du défunt, sinon aux voisins, & à l'issue de la messe paroissiale un jour de dimanche, à comparoir au lendemain du quarantième jour, à compter de la date de l'exploit. 3°. S'il ne comparoit personne après les quarante jours, le sergent réassigne de la même manière les héritiers en général à trois semaines, le jour de l'exploit non compris. Après ces délais expirés, on procède à la saisie réelle, sans faire créer de curateur à la succession vacante. L'huissier doit nommer dans le procès-verbal les témoins qui ont été présens à la perquisition, & afficher les copies tant du procès-verbal que de la sommation, à la maison du défunt, & à la porte de l'église paroissiale.

On a agité au parlement de Rouen la question de savoir si depuis l'ordonnance de 1667, il falloit réitérer les ajournemens pour saisir réellement en cas d'absence des héritiers. On disoit d'un côté que l'ordonnance de 1667 ayant défendu les réajournemens, avoit abrogé cette disposition de l'article 587 de la coutume de Normandie. On soutenoit d'un autre côté, que le défaut de réajournement rendoit le décret nul, parce que la défense portée par l'ordonnance ne regardant que les exploits qui se dònnent pour obtenir une condamnation, contre laquelle on peut revenir par opposition, ne doit point s'appliquer aux sommations pour parvenir à une faifie réelle, lefquelles ont leur effet fans que l'oppofition foit admife ; quand elles font faites fuivant la forme prefcrite par la coutume. Baf-nage rapporte l'arrêt intervenu fur cette conteftation au parlement de Rouen en 1678, par lequel on caffa la fommation & tout ce qui avoit été fait en conféquence, avec reftitution de frais ; on permit à la partie qui avoit fait faire les pourfuites, de faire affigner le fergent & les officiers qui avoient certifié les criées, & l'on enjoignit au juge de Ponteau-de-Mer d'obferver dans les décrets, les formes prefcrites par la coutume de Normandie.

C'eft au débiteur même, ou à ceux qui le repréfentent, & non à l'acquéreur du fonds (quoique le fonds ait été déclaré affeété & hypothèqué à la dette) que l'on doit faire le Commandement de payer. On fignifie enfuite ce Commandement au tiers acquéreur, & on lui déclare qu'à faute par le débiteur de payer au créancier ce qui lui eft dû, on faifira réellement le fonds affeété & hypothèqué à la dette. Quand le bien eft fitué dans un pays où la difcuffion a lieu, on ajoute dans la dénonciation au tiers détenteur, que l'immeuble par lui poffédé fera faifi, à moins qu'il n'indique des biens immeubles appartenans au débiteur, pour en faire la difcuffion.

On demande fi le Commandement fait au débiteur, que l'on appelle communément Commandement récordé, doit être fait en préfence de records ou de témoins ? Ce qui fait la difficulté eft que, par l'édit du mois d'août 1669, qui a établi la néceffité du contrôle des exploits, à peine de nullité, le roi a difpenfé les huiffiers de se faire assister de deux témoins, & que Louis XIV en marquant par sa déclaration du 21 mars 1671, les exploits où la présence des témoins seroit encore requise outre le contrôle, n'a parlé que des saisies féodales, réelles, criées & apposition d'affiches ; d'où il semble que l'on pourroit conclure, qu'il n'est plus nécessaire que le Commandement dont il s'agit soit fait en présence de témoins. Cependant les huissiers ont continué depuis 1671, de se faire assister de deux témoins, quand ils ont fait ces sortes de Commandemens au débiteur. Des auteurs qui ont écrit sur cette matière depuis ce temps-là ont regardé cette formalité comme nécessaire pour la validité de l'acte, & il y a des tribunaux où l'on a déclaré nuls les Commandemens faits par un huissier seul, quoique contrôlés. M. le Camus, lieutenant civil, en donna un acte de notoriété pour le châtelet de Paris le 23 mai 1699. La raison qu'on rend de cet usage, est que cette procédure étant nécessaire pour parvenir à la saisie réelle, est censée en faire partie, & que les formalités qui en assurent la vérité, ne doivent pas être moins étendues que celles qui se font pour la saisie féodale, les criées & les appositions d'affiches. D'un autre côté, ceux qui ont examiné cette question avec le plus d'attention, disent que la jurisprudence du parlement de Paris est en ce point différente de celle du châtelet attestée par l'acte de notoriété de 1699. Il est même intervenu un arrêt le 22 août 1713, qui après que les raisons eurent été bien expliquées de part & d'autre dans un procès par écrit, déclara valable la saisie réelle de la terre de Bretheville, faite à la requête du comte des Salles, quoique le Commandement fait au débiteur qui avoit précédé la saisie réelle, n'eût point été recordé de témoins.

Pour que le témoignage des records ne soit point suspect, les ordonnances veulent qu'ils ne soient parens, alliés ni domestiques de la partie. Le sergent doit marquer dans son exploit, leur nom, leur surnom, leur vacation, leur domicile. Il faut aussi qu'ils signent avec le sergent l'original & la copie du Commandement, le tout à peine de nullité.

Nos ordonnances ne décident rien sur l'âge que doivent avoir les témoins du Commandement ou de la saisie réelle. Automne dit qu'il suffit qu'ils aient atteint l'âge de puberté, parce qu'on les admet à cet âge pour témoins dans des actes plus importans, comme les testamens. D'autres croient qu'il faut qu'ils aient vingt ans, afin que l'on puisse faire plus de fonds sur leur témoignage. Cette dernière opinion est la plus sûre; & dans la difficulté que cette diversité d'avis peut faire naître, il y auroit de l'imprudence à un huissier de se servir d'un témoin âgé seulement de quatorze ou quinze ans. Un tel Commandement seroit déclaré nul au parlement de Paris qui a défendu par un réglement du 2 juillet 1708 aux notaires de son ressort, de se servir dans les contrats & dans tous les actes qu'ils reçoivent, de témoins qui soient au dessous de l'âge de vingt ans accomplis, sous peine de faux & de nullité des contrats: or les raisons qui ont déterminé le parlement de Paris à faire ce réglement pour l'âge des témoins dans les contrats, doivent avoir lieu par rapport aux témoins des exploits pour les saisies réelles.

Il en doit être de même dans le reſſort du parlement de Rouen, qui par un arrêt de réglement du premier juillet 1675, a défendu à tous les ſergens qui feroient des diligences de décret de ſe ſervir de témoins qui n'auroient pas vingt ans accomplis. Le même parlement a ordonné par un ſecond arrêt du 28 juin 1676, que le réglement précédent ſeroit publié dans les ſiéges où il ne l'avoit pas encore été.

Le Commandement, quoique ſigné par les témoins, doit encore être contrôlé, à peine de nullité, ſuivant la déclaration du 21 mars 1671.

On obſerve de faire faire le Commandement au débiteur avant la ſubhaſtation dans la Breſſe, comme on le pratique dans les autres provinces avant la ſaiſie réelle.

Si le Commandement fait au débiteur étoit nul, la ſaiſie réelle & toute la procédure faite en conſéquence ſeroit annullée ; mais ſi la ſaiſie étoit mal faite, & que le Commandement fût valable, il ne ſeroit pas néceſſaire de faire faire un nouveau Commandement. C'eſt ce qu'à jugé un arrêt rendu au parlement de Rouen au mois de juillet 1603.

Un ſeul Commandement en bonne forme fait au débiteur, ſuffit pour ſaiſir réellement, même dans les coutumes qui en exigent pluſieurs, comme celle d'Orléans, qui parle de Commandemens faits au débiteur ; car les états aſſemblés pour la réformation de la coutume n'ont pu ſe faire une loi qui donnât atteinte à l'édit de 1539, qui ne preſcrit qu'un Commandement. Auſſi n'obſerve-t-on pas, même à Orléans, ce que dit la coutume ſur les Commandemens.

En Artois, on doit laisser écouler sept jours entre le Commandement & la saisie réelle, afin que le débiteur ait le temps de prendre des arrangemens pour se libérer. Mais de droit commun, il est permis de saisir réellement le lendemain du Commandement.

Cet acte est annal en Normandie, c'est-à-dire, que si la saisie réelle n'est pas faite dans l'an & jour de la sommation de payer, on ne peut saisir réellement, sans faire faire un nouveau Commandement. La même règle n'est point suivie dans les coutumes qui n'ont point de disposition semblable. Le Commandement recordé y est regardé comme tous les autres actes judiciaires qui doivent avoir leur effet pendant trente années. On ne peut dire que cet acte soit périmé par une discontinuation de procédure pendant trois années; car la péremption introduite par l'ordonnance de Rouissillon n'a lieu que pour les instances. Or il n'y a point d'instance formée par le Commandement de payer, puisqu'il ne contient d'assignation devant aucun juge. C'est sur ce principe que l'on a déclaré, par un acte de notoriété du châtelet du 23 juillet 1707, qu'une simple saisie sans assignation ne tomboit point en péremption, & qu'elle duroit trente ans. La péremption introduite par l'ordonnance de Rouissillon, ne doit point être étendue d'un cas qui y est marqué, à un autre qui n'y est point exprimé. Quelques praticiens, pour éviter cette difficulté, ont pris le parti de faire faire un nouveau Commandement, quand ils ont vu qu'il s'étoit écoulé trois années depuis le premier. On ne peut blâmer cette précaution, qui n'engage point les parties dans de grands frais.

Quand le débiteur vient à mourir après le Commandement, mais avant la saisie réelle, il n'est pas nécessaire en Normandie de faire faire à l'héritier une nouvelle sommation de payer, pour procéder à la saisie réelle & aux criées, parce que l'héritier représente celui qui a été mis suffisamment en demeure. Le parlement de Rouen a fait de cette maxime générale, l'article 133 du réglement de 1666; mais dans le ressort du parlement de Paris, il faut, dans le cas dont il s'agit, faire déclarer le titre exécutoire contre l'héritier, & faire faire un nouveau Commandement avant la saisie réelle.

En Lorraine, on ne peut procéder à une saisie réelle d'immeubles qu'après avoir discuté le débiteur en ses meubles & lui avoir fait un itératif Commandement de payer huitaine après le premier exploit de Commandement. C'est ce qui résulte des articles 4 & 5 du titre 18 de l'ordonnance du duc Léopold de Lorraine du mois de novembre 1707 (*).

_____

(*) Ces articles sont ainsi conçus :

ARTICLE IV. Avant de procéder à la saisie réelle des immeubles, le créancier sera tenu de faire faire, en vertu de son titre, à son débiteur, exploit de commandement à personne ou domicile, de payer les sommes dues, avec déclaration qu'à faute de ce faire, il sera procéder aux criées & vente de ses immeubles; & sera l'exploit contrôlé. Et si le débiteur est résident hors de nos états, l'exploit de commandement sera fait ou domicile élu par le contrat, si aucun y a, sinon tant au domicile du curateur en titre qu'au manoir principal de l'héritage décreté, si aucun y a.

V. Huitaine après la discussion, la créancier sera tenu lui faire faire itératif commandement de payer, faute de quoi l'huissier ou sergent porteur de titre, saisira réellement les héritages qu'il spécifiera par le menu & en détail, si ce sont

Y iv

Un simple Commandement qui n'eſt ſuivi d'a
cune aſſignation ſuffit communément pour interrompre la preſcription, parce qu'il n'eſt point
ſujet à être périmé ; ceci n'a cependant pas lieu
dans le reſſort du parlement de Bordeaux, où la
péremption s'étend ſur le Commandement comme ſur les autres procédures ; c'eſt pourquoi on
l'y renouvelle tous les trois ans.

C'eſt auſſi une juriſprudence particuliere à ce
parlement, qu'un ſimple Commandement y ſuffit
pour faire courir les intérêts, tandis qu'ailleurs
il faut une demande judiciaire.

Le recouvrement de la plupart des droits dus
à la ferme des domaines ſe pourſuit en faiſant des
Commandemens en vertu des contraintes dé-
cernées par les commis ou autres employés.

Le délai entre le Commandement & les autres
pourſuites, n'eſt fixé par aucune loi relativement
à la plupart des droits dépendans de la ferme
des domaines : cependant il eſt d'uſage & l'on
recommande toujours aux employés, non-ſeulement de prévenir les redevables par de ſimples
avertiſſemens avant de faire faire le Commandement, mais encore de différer au moins une
quinzaine à faire faire les autres pourſuites après
le Commandement, afin que les parties aient un
temps ſuffiſant pour propoſer des moyens de

---

biens de roture, même quand ce ſeroit un corps de gagnage
ou métairie. Si c'eſt un fief, ſa ſira le principal manoir,
en exprimant les principaux droits, ſi faire ſe peut, avec
la clauſe de ſes appartenances, dépendances, & déclaration
qu'il en fera les quatre criées en la manière accoutumée,
& en outre ſera faite élection de domicile, le tout à peine
de nullité.

décharge ou de modération, ſi elles en ont.

Lorſqu'il s'agit même de droits d'amortiſſe-ment ou de franc-fief, il faut attendre un mois après le Commandement pour en pouvoir faire un itératif, ou d'autres pourſuites.

A l'égard des droits domaniaux caſuels, ils ſe pourſuivent par action, avec aſſignation au bu-reau des finances, ou devant les autres juges qui en doivent connoître lorſqu'il n'y a pas de bu-reau des finances.

En matière de droit d'aides, il n'eſt point du de frais, pas même ceux de contrôle ni du pa-pier timbré pour un Commandement fait en vertu d'une contrainte, ſi les redevables acquit-tent les droits avant le dernier jour de la hui-taine, non compris le jour de l'exploit; mais s'ils ne les acquittent que ce dernier jour ou poſtérieurement, ils doivent les frais du Com-mandement. C'eſt ce qui réſulte tant de la dé-claration du 17 février 1688, que d'un arrêt du conſeil du 14 août 1734.

Suivant la même déclaration, le fermier a un délai de huitaine, non compris le jour de l'exploit, pour faire contrôler chaque Comman-dement.

Lorſqu'il s'agit du recouvrement du gros man-quant, le fermier peut procéder contre les rede-vables par exécution de leurs meubles ſans être obligé à aucun Commandement préalable. La rai-ſon en eſt que le fermier étant tenu de faire publier au prône de chaque paroiſſe le temps où il doit ouvrir ſon bureau pour le recouvrement du gros manquant, & de remettre aux officiers munici-paux des villes ou aux ſyndics des communautés un état certifié de ce que doit chaque habitant, ces formalités tiennent lieu de Commandemen

Quand des créanciers veulent toucher du re
ceveur des consignations les sommes pour les
quelles ils sont utilement colloqués, ils doivent
lui faire faire un Commandement en son bureau,
parlant à sa personne ou à un de ses commis, à
peine de nullité. Ils ne peuvent exercer contre
ce receveur aucune contrainte que trois jours
après le Commandement. Cela est ainsi réglé
par l'édit du mois d'avril 1689.

COMMANDEMENT, se dit en termes de l'art
militaire, tant de l'ordre donné par celui qui
commande, que de l'autorité, du pouvoir, du
droit de commander.

Durant la première race de nos rois les maî-
res du palais s'emparèrent du commandement
des armées. Sous la seconde race, c'étoit un
duc qui commandoit ; & en vertu du pouvoir
que sa commission lui donnoit sur le militaire,
il pouvoit, tant que duroit sa commission, se
qualifier de duc de la nation.

Robert-le-Fort, comte d'Anjou, fut duc des
François, pour avoir été général d'une armée
dans les marches armoriques.

Quand nos rois ne commandoient point en
personne, ils choisissoient pour leur lieutenans-
généraux quelques-uns de leurs vassaux des plus
distingués par leur noblesse, leur rang, leurs
richesses, & leur expérience dans la guerre. Ce
choix fut arbitraire, jusqu'à ce que le Commandement des armées fût attaché à certaines charges & dignités.

Celle du grand sénéchal de France ne devint
charge militaire que sur la fin de la seconde
race. A celle-ci succéda celle de connétable de

France. Aujourd'hui c'est un maréchal de France qui a le commandement des armées, lorsque le roi ne commande pas en personne.

Quand le roi juge à propos de créer un maréchal général des camps & armées, les maréchaux de France lui sont subordonnés.

Lorsque celui auquel le roi a confié le commandement de son armée n'est plus en état de le continuer, soit pour cause de maladie ou autrement, & qu'il y a sous lui plusieurs officiers principaux de même grade, le plus ancien doit commander à ceux qui sont moins anciens que lui, avec la même autorité que s'il avoit pouvoir de sa majesté pour commander en chef, & cela jusqu'à ce qu'elle en ait autrement ordonné. Et cette règle doit avoir lieu non-seulement à l'égard des maréchaux de France & des lieutenans généraux des armées, mais encore à l'égard des postes intérieurs, en sorte qu'un corps ou Commandement de troupes que le roi a confié à une seule personne ne puisse jamais, sans les ordres de sa majesté, tomber entre les mains de plusieurs. Telles sont les dispositions de l'article premier de l'ordonnance du premier août 1675.

Suivant l'ordonnance du 14 mars 1676, les lieutenans généraux des armées du roi d'une même promotion, doivent commander selon le rang qu'ils avoient précédemment entr'eux comme maréchaux de camp, & cette disposition s'applique pareillement aux brigadiers créés maréchaux de camp le même jour.

Les brigadiers d'infanterie, de cavalerie ou dragons conservent toujours en qualité de colonels ou de meſtres de camp, le rang que leur donnent les régimens qu'ils commandent, ou les charges qu'ils ont : mais les brigadiers d'une même promotion commandent & marchent entre eux du jour de leur commiſſion de colonel ou de meſtre de camp, ſans avoir égard à l'ancienneté de leurs régimens ni à leurs charges. C'eſt ce qui réſulte tant de l'ordonnance du premier avril 1696 que de celle du 20 mars 1704.

Suivant l'ordonnance du 10 mars 1673, tout brigadier d'infanterie, de cavalerie ou de dragons qui a des lettres de ſervice & pouvoir d'exercer les fonctions de ſa charge, commande à tout colonel ou meſtre de camp, françois ou étranger, ſans aucune exception.

Et par une autre ordonnance du 30 juillet 1695, il eſt dit que quand des brigadiers d'infanterie, de cavalerie ou de dragons ſe trouveront enſemble avec des lettres de ſervice, le brigadier d'infanterie commandera préférablement à celui de cavalerie ou de dragons, ſi c'eſt dans une ville fermée ; mais que ſi c'eſt dans un lieu ouvert ou en campagne, le brigadier de cavalerie ou de dragons commandera préférablement à celui d'infanterie.

Les brigadiers tant d'infanterie que de cavalerie & de dragons commis par le roi à l'inſpection de ſes troupes, doivent avoir ſur celles qui ſe trouvent dans leur inſpection & ſur celles qui s'aſſemblent dans le voiſinage, le même Commandement qu'ils y auroient s'ils s'y trouvoient avec leurs régimens & qu'ils euſſent des lettres de ſervice pour y faire les fonctions de leurs charges de brigadiers. Cela eſt ainſi réglé par une ordonnance du 10 mai 1689.

L'article 11 du titre premier de l'ordonnance du premier mars 1768, concernant le ſervice du roi dans les places & dans les quartiers, veut qu'en l'abſence des gouverneurs ou commandans des places, les lieutenans de roi y aient la même autorité qu'eux.

Si les lieutenans de roi ſont pareillement abſens, le Commandement appartient aux majors des places conformément à l'article 12.

Lorſqu'il ne ſe trouve dans une place de guerre aucun officier pourvu d'un pouvoir du roi pour y commander, le Commandement appartient à l'officier des troupes françoiſes de la garniſon, ſoit d'infanterie, de gendarmerie, de cavalerie ou de dragons qui a le grade ſupérieur; & à grade égal, à l'officier d'infanterie du plus ancien régiment françois, quand même il ſe trouveroit ſeul avec ſa compagnie ou un détachement; & cela par préférence à tous les officiers des régimens de nation étrangère, même d'un grade ſupérieur à celui de l'officier françois & en attendant qu'il ait été établi un commandant par ſa majeſté ou par les généraux de ſes armées. Telles ſont les diſpoſitions de l'article 13 du titre cité.

Suivant l'article 14, les officiers généraux & les brigadiers qui n'ont point de lettres de ſervice, n'ont aucun Commandement à prétendre en cette qualité.

Il en eſt de même, porte l'article 15, des officiers qui ont obtenu des commiſſions de colonel, de meſtre-de-camp, de lieutenant-colonel, de major & de capitaine : ils ne peuvent faire de service dans les places que suivant le grad des emplois dont ils font pourvus dans les Troupes, ni prétendre d'autre rang pour y commander.

Quant aux officiers qui ont des commissions de colonel, mestre-de-camp, lieutenant-colonel, major, capitaine, lieutenant ou sous-lieutenant sans être attachés à aucune troupe, & à tous les officiers réformés à la suite des places, ils ne peuvent, dit l'article 16, faire aucun service dans ces places, ni prétendre aucun rang pour y commander.

Les aide-majors des places à qui le roi n'a point fait expédier d'ordres pour commander en l'absence du major ou des autres officiers supérieurs n'y peuvent commander qu'après tous les capitaines & avant tous les lieutenans, à moins qu'ils n'aient obtenu pendant le tems de leur service dans les troupes la commission de capitaine : dans ce cas-ci, ils doivent rouler avec les autres capitaines pour le Commandement, suivant l'ancienneté de leur commission. C'est ce qui résulte de l'article 17.

Voyez l'ordonnance du mois d'avril 1667 ; Basnage sur la coutume de Normandie ; le praticien du châtelet ; l'ordonnance de Blois ; le recueil des actes de notoriété du châtelet ; la déclaration du 21 mars 1671 ; Automne, sur la pratique d'Imbert ; la Lande, sur la coutume d'Orléans ; l'ordonnance du duc Léopold de Lorraine du mois de novembre 1707 ; le traité général des droits d'aides; la déclaration du 17 février 1688 ; l'arrêt du conseil du 14 août 1734 ; la coutume de Paris ; les ordonnances des premiers août 1675, 14 mars

1676, *premier avril 1696 , & 20 mars 1704; le code militaire; les ordonnances des 10 mars 1673 , 10 mai 1689,30 Juillet 1695 & 1 mars 1768 , &c.* Voyez auſſi les articles GOUVERNEUR, VILLE, GARNISON, GÉNÉRAL, DISCIPLINE, SUBOR-DINATION, CONSEIL DE GUERRE, &c.

COMMANDERIE. C'eſt une eſpèce de bénéfice deſtiné pour récompenſer les ſervices des membres d'un ordre militaire. Et l'on appelle COMMANDEUR, celui qui eſt pourvu d'une Commanderie.

On diſtingue de deux ſortes de Commanderie : les Commanderies de rigueur & celles qui ſont de grâce. Les premières ſont affectées à l'ancienneté des ſervices & au mérite. Les ſecondes, au contraire, dépendent de la volonté du ſupérieur de l'ordre.

Dans l'origine, les Commanderies n'étoient que de ſimples adminiſtrations des revenus des bénéfices que l'on mettoit en dépôt entre les mains de quelques membres d'un ordre.

Maintenant il y a deux ſortes de Commanderies : les unes ſont régulières & les autres ſéculières.

Les Commanderies régulières ſont celles qui ſont établies dans certains ordres religieux pour être conférées à des membres de ces ordres. Ces Commanderies ne peuvent être données en commende , pas même à des cardinaux. Elles doivent être remplies par les religieux profés des ordres auxquels elles appartiennent.

C'eſt ce qui a été ſolemnellement jugé par un arrêt du 14 mai 1720.

Les Commanderies régulières ſont des bénéfices qui exigent une adminiſtration perſonnelle, une réſidence actuelle & un vœu particulier dans la perſonne du pourvu, qu'on appelle *vœu d'hoſpitalité*.

Ceux qui ſont pourvus de ces Commanderies ſont obligés de faire les fonctions curiales dans leurs hôpitaux, & d'adminiſtrer le temporel & le ſpirituel. Ils ne gagnent point les fruits comme les titulaires des autres Commanderies; ils prennent ſeulement ce qui eſt néceſſaire à leur nourriture & à leur entretien, & ils emploient le ſurplus au ſoulagement des pauvres.

Il y a des Commanderies régulières qui ſont électives & confirmatives, & elles ne ſont point ſujettes à la nomination du roi; c'eſt ce qui a été décidé par un arrêt du conſeil du 9 ſeptembre 1585, rendu pour l'ordre de Saint-Antoine du Viennois.

Les Commanderies ſéculières ſont celles qui ſont établies en faveur de certains ordres militaires, dont quelques-uns ſont en même-temps réguliers & hoſpitaliers, tels que celui de ſaint Lazarre, celui de Malthe, &c.

Ces Commanderies ne ſont point de vrais bénéfices. Elles donnent ſeulement à ceux qui en ſont pourvus, le droit de jouir des revenus qui en dépendent.

Dans l'ordre de Malthe, il y a pluſieurs ſortes de Commanderies. Il y en a qui ſont affectées aux chevaliers, d'autres aux chapelains, & d'autres aux frères ſervans.

Dans l'ordre du Saint-Eſprit & dans celui de Saint-Louis, les grands officiers portent le nom de Commandeurs, quoiqu'ils n'aient point de

Commanderies,

Commanderies, mais feulement des penfions.

Suivant les vrais principes & les règles de la difcipline de l'églife, les commandeurs des ordres royaux, militaires & hofpitaliers de Notre-Dame de Mont-Carmel & de Saint-Lazarre de Jérufalem devroient vivre dans le célibat, parce qu'ils font religieux de profeffion, & que par conféquent ils ne peuvent fe marier ; cependant le pape les ayant difpenfés du vœu de chafteté, ils peuvent contracter mariage & conferver leurs Commanderies. . . .

Voyez *le dictionnaire des arrêts ; le recueil des priviléges de l'ordre de Malthe par Defclufeaux, &c.* Voyez auffi les articles CHEVALIER, MALTHE, ORDRE, RELIGIEUX, &c. (*Cet article eft de* M. DESESSARTS, *avocat au parlement.*)

COMMANDITE. C'eft une fociété de plufieurs perfonnes, dont l'une donne fon argent & les autres leurs foins & leur travail pour leur tenir lieu des fonds qu'elles font difpenfées de fournir.

La fociété en Commandite diffère de la fociété ordinaire en ce que dans celle-ci tous les affociés font obligés folidairement à tous les engagemens de la fociété, foit qu'on les ait dénommés dans les différens actes, ou qu'on ne les y ait point dénommés ; au lieu que dans la fociété en Commandite ceux qui n'ont fait que d'y mettre des fonds ne font point obligés au-delà de ces mêmes fonds : c'eft pourquoi fi la fociété vient à perdre une fomme qui excède les fonds que chacun y a mis, cette perte doit être fupportée par ceux qui portent le nom de la fociété & qui feuls font dénommés dans les différens actes auxquels elle a pu donner lieu.

Cette jurifprudence eft conforme à l'article
du titre 4 de l'ordonnance du commerce d
mois de mars 1673. Voyez l'article SOCIÉTÉ.

COMMENCEMENT DE PREUVE. Cette
expreffion défigne des indices qui font préfume
la vérité d'un fait ou d'une promeffe dont la cer
titude n'eft pas encore fuffifamment établie.

Ces indices peuvent être ou par écrit ou pa
une exiftence phyfique, ou par des faits préli
minaires qui ont une relation à l'objet principa
qu'il s'agit de vérifier. Ils font par écrit dans l
cas, par exemple, que voici. Un ami m'écri
de lui faire le plaifir de lui prêter cent écus, e
m'affurant qu'il me les remettra dans tel temps
je lui envoie cette fomme par le porteur de l
lettre, fans exiger de lui d'autre reconnoiffanc
Mon ami vient à mourir ; je demande à fes hér
tiers le payement de la fomme prêtée ; ils m
répondent que la lettre du défunt prouve bie
qu'il m'a prié de lui prêter la fomme, mai
qu'elle ne prouve pas en même-temps que je l
lui aie prêtée, & fur ce prétexte ils m'en refu
fent le payement. Il eft vrai que dans la règl
la lettre du défunt ne fait pas une preuve d
prêt des cent écus qu'il me demandoit : mais
d'ailleurs je fuis en état de prouver par témoin
que réellement j'ai remis cette fomme au por
teur de la lettre, ou que le défunt dans telle o
telle circonftance eft convenu de l'avoir reçue,
quoique l'ordonnance de 1667 s'oppofe à toute
preuve vocale pour vérifier la demande d'une
fomme qui excède celle de cent livres, cependant comme elle fe relâche de la rigueur de
cette difpofition lorfqu'il y a un commencement
de preuve par écrit, la lettre du défunt eft un

indice suffisant pour faire présumer que je n'aurois pas la mauvaise foi de réclamer la somme portée par cette lettre , si réellement je ne l'avois pas prêtée ; & les juges doivent m'autoriser à faire dans cette occasion une preuve par témoins qu'ils seroient fondés à me refuser sans cette circonstance.

Les indices par écrit se peuvent manifester non-seulement par des Lettres missives, mais encore par des journaux de fournitures & de livraisons, par des déclarations faites dans le cours d'une procédure , par des énonciations contenues dans des actes qu'ont passés de tierces personnes ; car si , par exemple, je vends un héritage & que je charge l'acquéreur de payer en déduction du prix ce que je dois à tel particulier , cette énonciation ne fait pas à la vérité une preuve que je lui dois, je suppose , une somme de six cens livres , puisque la délégation est indéterminée ; mais sur le fondement de cette même énonciation, qui est un indice par écrit, le particulier sera fondé à demander à faire preuve par témoins que réellement il m'a prêté une certaine somme déterminée , & que c'est cette même somme qui lui est due , en observant toutefois qu'il y ait de la vraisemblance pour le montant du prêt : car il ne seroit point admis à vouloir prouver sur cette simple énonciation qu'il lui est dû trente , quarante ou cinquante mille livres , parce que pour des sommes pareilles on doit avoir des titres positifs.

Par la même raison, si l'on m'a fait un billet de la somme *de cent.....* avec cette omission de dire si c'est de cent sous, de cent livres ou de cent mille livres, le billet sera bien un Commen-

cement de preuve par écrit qu'il m'est dû, m'
je ne serai admis à prouver le plus ou le moins
d'étendue de la créance, que suivant la vraisemblance que donneront mes facultés, les besoins
& les sûretés de l'emprunteur ; & si je ne fais
point la preuve, le dernier sera reçu à dire que
je ne lui ai prêté que cent sous, par la règle que
dans les choses douteuses on prend toujours le
parti le moins rigoureux pour le débiteur. *Sem-
per in obscuris quod minimum est sequimur.*

Un billet écrit mais non-signé du débiteur,
ou une quittance non-souscrite du créancier, ne
sont pas des certitudes complettes qu'il est dû
ou qu'on a reçu, mais ce sont des Commencemens de preuve suffisans pour faire admettre
la preuve testimoniale, pourvu que le billet &
la quittance expriment des sommes détermi-
nées.

Une obligation reçue par un notaire incompétent peut-elle servir de Commencement de
preuve par écrit, lorsque les parties ont déclaré
ne savoir signer ? M. Pothier ne le pense pas ;
mais l'opinion contraire nous paroît préférable,
parce que quoiqu'un notaire ne puisse point instrumenter hors de son district ou dans un temps
qu'il est interdit de ses fonctions, il est toujours
probable que réellement il y a eu une obligation
contractée devant ce notaire ; & si cette obligation ne mérite pas la faveur d'un acte sous
signature privée, elle mérite du moins celle de
pouvoir être regardée comme un Commencement de preuve par écrit. Ce que nous disons
d'un acte reçu par un notaire incompétent, peut
s'appliquer à un autre acte reçu par un notaire
ayant pouvoir d'instrumenter, mais qui a oublié

une formalité essentielle pour completter la validité de l'obligation ou de la convention : il
seroit trop rigoureux de priver une partie qui a
été dans la bonne foi, des moyens par lesquels
on peut suppléer à une négligence ou à un défaut
d'attention.

Les indices physiques ou naturels sont encore
des Commencemens de preuve, surtout en matière criminelle. Les meurtrissures sur un cadavre
font penser que la personne est décédée de mort
violente. Celui sur lequel on trouve l'arme of-
fensive dont le défunt paroît avoir été frappé,
peut être présumé l'auteur du délit, &c.

Il en est de même des faits préliminaires qui
ont une relation médiate ou immédiate avec le
fait essentiel à éclaircir : l'existence d'un de ces
faits détermine souvent à autoriser des recherches ultérieures, soit en matière civile, soit en
matière criminelle. Ceci dépend de la nature
des choses & de la sagesse des magistrats.

Voyez *l'ordonnance de 1667 ; le traité de la
preuve par Danty ; le traité des obligations par
Pothier*, &c. Voyez aussi les articles CIRCONS-
TANCE, INDICE, PRÉSOMPTION, PREUVE, &c.
(*Article de M. DAREAU, avocat*, &c.)

COMMENDE. Ce mot pris dans le sens primitif
qu'il a eu en matière bénéficiale & canonique,
ne signifioit autre chose que le dépôt d'un bénéfice entre les mains de celui qui ne pouvant canoniquement le tenir en titre, n'en avoit que
la simple garde & l'administration pour un temps
limité, à la charge de rendre compte des fruits
à celui qui en étoit ensuite pourvu. C'est dans
cette acception du terme de Commende que

les canoniftes l'ont appelée une commiffion temporelle, *temporalis commiffio.*

Mais ils diftinguent en même-temps deux
fortes de Commendes : l'une temporelle, établie
pour l'utilité de l'églife ; nous venons de la dé-
finir : l'autre perpétuelle, accordée pour l'utilité
de celui à qui elle eft donnée, & qui peut en
conféquence difpofer des fruits du bénéfice
comme un vrai titulaire.

Cette dernière efpèce de Commende n'eft
point un dépôt ni une commiffion révocable,
mais elle eft regardée, fuivant nos maximes,
comme un véritable titre de bénéfice.

En conféquence, nous entendons par le terme
de Commende la provifion d'un bénéfice régulier pour être poffédé canoniquement par un
clerc féculier, avec difpenfe de la régularité :
c'eft ce qui l'a fait appeler par les docteurs un
titre de difpenfe, *titulus difpenfatorius,* fon effet
étant de rendre habile à pofféder le bénéfice
celui qui fans cette difpenfe ne pourroit pas en
être légitimement pourvu, n'étant pas religieux (*).

_____

(*) *La Commende* n'eft point admife dans les provinces
du Hainault, de la Flandres, de l'Artois, & du Cam-
brefis. Elle en eft exclue 1°. par la pragmatique de Charles IV, du 18 février 1406 publiée dans ces provinces
par l'autorité de Jean duc de Bourgogne, comte de Flandres & d'Artois. 2°. Par le traité d'alliance & d'union conclu à Gand le 1 mai 1488, ratifié par Charles VII.
3°. Par le placard du 20 mai 1497, rendu fur l'appel
de Jean Rouffel procureur général de l'archiduc Philippe.
4°. Par l'indult du 12 juin 1515 accordé par Léon X à
Charles quint, lequel déclare nulles toutes les *Commendes*
qui pourroient avoir été données & qui pourroient l'être

Il seroit difficile de se former une juste idée

dans la suite pour toutes sortes de bénéfices situés dans les
pays-bas. 5°. Par l'acte du 1 juillet 1537, par lequel la reine
Marie, régente des pays-bas pour Charles-quint son frere,
déclare en limitant les bulles du nonce apostolique, *qu'il
ne peut user de Commende en bénéfices séculiers ou réguliers*,
sur le fondement, comme l'expliquent les titres de la même princesse du 14 mars 1553, que les nonces apostoliques ne peuvent avoir plus de droit que le pape, qui a
renoncé à l'usage des Commendes par l'indult de 1515. 6°. Par
l'article 56 du serment prêté par Charles-quint à sa joyeuse
entrée le 5 juillet 1549. Ce prince s'engagea à ne pas donner
les abbayes en *Commende*, & ce serment a été renouvelé par
tous les princes de la maison d'Autriche qui lui ont succédé.
7°. Enfin par les capitulations d'Hesdin du 29 juin 1639,
d'Arras, du 9 août 1640, de Tournai, du 24 juin 1667,
de Lille, du 27 août suivant, de saint Omer, du 22 avril
1677, & de Cambrai du 25 du même mois : toutes ces capitulations conservent l'ancienne forme de pourvoir aux bénéfices du pays *sans pouvoir les ériger & bailler en Commende*. La capitulation de Lille mérite d'autant plus d'attention qu'elle fut revêtue de lettres-patentes du 11 avril
1669, enregistrées au parlement de Flandres le 2 mai
suivant.

Il arrive cependant quelquefois que le roi pour des raisons dont il ne rend compte à personne, nomme quelque
cardinal ou prince du sang aux abbayes des pays-bas. Mais
outre que cela est très-rare, puisque de trente-six abbayes
situées dans ces provinces, il y en a vingt-sept qui n'ont
jamais été en Commende, & qu'actuellement elles sont
toutes en règle, à l'exception de celles d'Anchin & de Cer-
camp en Artois, & celle de saint Amand en Flandre ; toutes les fois que le roi a jugé à propos de déroger à la règle
générale en nommant des séculiers aux abbayes des pays-
bas, il a toujours, d'après les représentations des états &
du parlement de Flandres, fait insérer dans le brevet de
nomination & dans les bulles de *Commende* la clause, *pour
cette fois seulement & sans tirer à conséquence*, & a la

Z iv

de cette forte de provision, d'en connoître la
nature, les propriétés, les effets, d'en fixer
enfin les règles fans remonter à l'origine des
Commendes, aux motifs qui les ont fait introduire, & à l'ufage primitif qu'on en a fait dans
l'églife.

On ne connoiffoit dans les premiers fiècles ni
la diftinction des bénéfices en féculiers & réguliers, qui n'a eu lieu que dans le douzième fiècle,
ni par conféquent la règle *fecularia fecularibus*,

---

*charge qu'après cette Commende finie, l'abbaye retournera
en règle.*

Pour les autres bénéfices, & les prieurés forains dépendans de ces abbayes, ils ne peuvent fans abus être conféré en *Commende*. Un acte de notoriété donné par les
avocat & procureur généraux du parlement de Flandres le
23 octobre 1744, attefte *qu'il eft fans exemple, & contre
les ufages, libertés & privilèges des pays-bas, que les
prévôtés, ou prieurés, dépendans des abbayes fituées dans
ces provinces, foient impétrés en cour de Rome à titre
de dévolut, prévention, Commende, réferve, réfignation
ou de toute autre manière que ce puiffe être.*

C'eft d'après ces principes que le parlement de Paris
par arrêt du 7 mais 1746, a jugé qu'il y avoit abus dans
les provifions obtenues en cour de Rome, par l'abbé Beftri-
mieux pour tenir en *Commende* les prieurés de Chantrade
& de Machemont fitués dans les diocèfes de Laon & de
Noyon, & dépendans de l'abbaye de faint Martin de
Tournai.

Cet arrêt a jugé qu'en ce qui concerne l'exemption de
la *Commende*, il falloit confidérer, non la fituation des
prieurés forains, mais celle du chef-lieu dont ils dépendent. Auffi y a t-il plufieurs exemples de prieurés fitués
en Flandres & dépendans d'abbayes fituées dans l'intérieur
du royaume, qui ont été donnés en Commende fans la
moindre contradiction. (*Note de M. MERLIN, avocat au
parlement de Flandres.*)

regularia regularibus, fuivant laquelle un bénéfice féculier ne peut être conféré qu'à un clerc
féculier, ni un bénéfice régulier être poffédé
que par un religieux : cette fameufe règle,
fource de tant de procès, & qui furtout a
donné naiffance aux Commendes telles qu'elles exiftent aujourd'hui, n'eft venue que dans
le douzième fiècle & depuis l'établiffement
des offices clauftraux & des prieurés fimples,
plus abufifs peut-être dans leur principe & dans
leurs fuites, qne les Commendes elles-mêmes.

Nous voyons que fuivant l'ancienne difcipline
les évêques conféroient les emplois eccléfiaftiques aux fujets qu'ils en reconnoiffoient les plus
capables par leurs talens & par leurs vertus,
féculiers ou réguliers indiftinctement. Il paroît
entr'autres par le troifième concile d'Orléans
tenu fous le roi Childebert en 538, que les
évêques de France donnoient aux eccléfiaftiques
la conduite des monafteres, de la même manière qu'ils leur conféroient des cures & des
bénéfices fimples, & qu'ils tiroient fouvent des
moines de leurs cloîtres avec l'approbation des
abbés ou fupérieurs, pour leur confier des paroiffes & des bénéfices de leurs diocèfes. Saint
Grégoire, pape, donnoit en Commende, fuivant que nous l'apprenons par fes lettres, des
évêchés comme des abbayes, lorfque la charité
ou l'avantage de l'églife le lui infpiroit ; il donna
un monaftère à Paulin, évêque en Sicile, après
que fa ville épifcopale eût été ruinée par les
barbares.

Mais cet ufage des Commendes toujours di-
rigé par des motifs que dictoit le bien de l'églife,
ne fervoit ni d'aliment à la cupidité, ni de pré-

texte à l'infraction des canons ; la Commende,
en un mot, ne donnoit lieu alors à aucun de ces
abus crians & multipliés qu'elle a depuis occasionnés. Saint Grégoire ne donnoit les abbayes
en Commende qu'à des évêques ou à des ecclésiastiques distingués par leur mérite & par les
services qu'ils rendoient à l'église ; il veilloit en
même-temps avec la plus scrupuleuse attention
à ce qu'on ne réunît pas les fonctions ecclésiastiques avec le gouvernement du monastère lorsqu'il avoit confié à quelqu'un la conduite de celui-ci. Il étoit de règle que l'ecclésiastique nommé à l'abbaye devoit renoncer aux fonctions
ainsi qu'aux rétributions de son premier titre ;
ou si l'abbaye ne suffisoit pas à son entretien,
l'évêque y suppléoit en lui abandonnant une
partie du revenu de son premier bénéfice à
titre de pension. C'est peut-être la première origine des pensions sur les bénéfices.

Nous ne parlons à la vérité ici, que de ce
qu'on pratiquoit généralement en France : car
les ecclésiastiques d'Italie n'en usoient pas tout-
à-fait de même, & l'on voit qu'ils aimoient dès
ce temps-là à réunir aux avantages de leur premier titre ceux que leur procuroit la Commende
de l'abbaye. C'est le premier exemple que nous
ayons, peut-être, de l'abus que l'on commençoit
à faire des Commendes. Mais la fin de la première
race de nos rois en fournit de plus frappans,
lorsqu'on vit les églises, les paroisses & les monastères devenir le partage & la proie des laïcs,
des officiers & des gens de guerre, qui se faisant
tonsurer, devenoient abbés sans être moines.

Ce désordre fut de durée. Charlemagne eut
beau le réprimer & remettre tout dans l'ordre

par la fageffe de fes réglemens ; à peine les
Commendes venoient d'être retirées des mains
des militaires & des laïcs pour rentrer dans
celles des eccléfiaftiques, que la fin de fon règne
fit renaître le même abus pour long-temps. Il
fut pouffé au point que fous les règnes de Char-
les-le-Chauve & de Louis le Begue, prefque
toutes les Commendes des bénéfices étoient en
la poffeffion des laïcs qui en difpofoient comme
de leurs propres domaines, au préjudice des
clercs qui les revendiquoient en vain ; ce qui
donna fujet à Hincmar, archevêque de Reims,
d'en faire de vives repréfentations à Louis-le-
Begue.

Tout ce que pût faire le concile de Mayence
contre de tels abus, dans l'impuiffance d'abolir
les Commendes qui les occafionnoient, fut d'ordonner pour le bien des monaftères, que les
abbés commendataires feroient tenus de nommer
des prévôts inftruits des règles monaftiques &
des obfervances religieufes, pour gouverner les
moines, affifter aux fynodes & rendre compte
à l'évêque de leur adminiftration ; c'étoit tout
ce qu'il étoit poffible de faire pour prévenir la
chûte entière des monaftères dont les bâtimens
tomboient en ruine, où les religieux fans chef
manquoient de tous les fecours fpirituels &
temporels, & où le fervice divin étoit abandonné.

Quoi qu'il ne reftât plus fous la troifième race
de nos rois aucun veftige de ce défordre qui
avoit fait paffer les Commendes fur la tête des
laïcs, & qu'on eût foin de ne les plus conférer
qu'à des eccléfiaftiques, il fubfiftoit toujours
affez d'autres abus dans les Commendes pour

exciter contre elles tout le zèle des papes & de
conciles, & pour faire defirer le rétabliffemer
de la difcipline.

Le concile de Bâle, cependant, ne parut pa
s'occuper des Commendes ni des inconvénien
auxquels elles donnoient lieu. Il n'y a aucun ré
glement à cet égard dans la pragmatique fanc
tion qui tende à réprimer le mauvais ufage qu'o
faifoit de la Commende, à la faveur de laquell
les membres du haut clergé & la plupart de
évêques eux-mêmes poffédoient les plus riche
bénéfices & en réuniffoient fur leurs têtes d'in
compatibles. C'eft, fuivant le père Thomaffin
la véritable caufe du filence de ce concile
l'égard des Commendes; mais indépendammer
de ce motif d'intérêt perfonnel auquel il n'e
pas rare qu'on facrifie le bien général & l'amou
de l'ordre, des confidérations fupérieures tiré
de l'avantage réel que les Commendes procu
roient à l'églife, fuffifoient feules pour déter
miner le concile à les laiffer fubfifter; car apr
tout, les bénéfices réguliers étoient plus cor
venablement entre les mains d'un eccléfiaftique
& étoient d'un fecours infini pour le clergé fé
culier; les Commendes d'ailleurs, depuis l
relâchement des moines, pouvoient être rega
gardées plus favorablement, eu égard aux r
cheffes immenfes de certains monaftères.

Il eft à croire au furplus que les remedes qu'o
auroit pu apporter alors à l'abus toujours exi
tant des Commendes, n'auroient peut-être pi
eu plus d'effet que ceux auxquels on avoit e
précédemment recours, & qu'on mit encore e
ufage après. Il eft véritablement remarquabl
que de tant de règlemens faits en différens temp

par l'églife fur ce fujet, aucun n'ait été exécuté.

Nous voyons que fuivant une conftitution du pape Jean VIII, recue au concile de Troye fous Louis le Begue, il fut réglé qu'à l'avenir les monaftères, les terres & fonds eccléfiaftiques, neferoient donnés qu'à ceux qui auroient la capacité requife par les canons pour les poffeder ; c'eft-à-dire à des religieux. La même chofe avoit été précédemment ordonnée dans un concile tenu à Rome ; mais le concile de Troflé fur-tout, tenu fous Charles le fimple, paroiffoit avoir attaqué le mal dans fa fource en ordonnant conformément à une des difpofitions de la règle de faint Benoît, que les monaftères ne feroient plus gouvernés que par des religieux élus par les moines eux mêmes.

Malgré cela le nombre des Commendes loin de diminuer augmentoit de jour en jour : il fut porté à un tel point fous Clément V, que le pape fe détermina à revoquer toutes celles qu'il avoit accordées, & Benoit XII qui vint enfuite après avoir également révoqué celles que Jean XXII, fon prédéceffeur, avoit données, en laiffa lui-même un fi grand nombre dans le court efpace de huit ans de pontificat, qu'Innocent VI crut auffi devoir les révoquer.

Le quatrième concile de Latran tenu en 1514, fous Leon X, fit des règlemens pour le même objet. Il y fut entr'autres décidé que les feuls cardinaux & des perfonnes d'un mérite infigne pourroient à l'avenir poffeder des bénéfices en Commende, à la charge néanmoins que dans le cas où la menfe de l'abbé commendataire feroit diftincte & féparée de celle des moines, le quart du revenu de l'abbaye feroit deftiné aux répa-

rations, aux ornemens de l'églife & à des aumô
nes, ou que fi les deux menfes abbatiale & mô
nachale étoit confondues, le tiers en feroit em
ployé à l'entretien & fubfiftance des religieux
Il eft dit par les mêmes règlemens que les bulle
qui feront accordées à l'avenir pour les abbaye
conférées en Commende, feront expreffémen
mention de ces claufes ; il y eft porté en oum
que la Commende n'aura point lieu à l'égan
des évêchés, des cures, des premières dignité
des chapitres, des bénéfices dont le revenu fen
au-deffous de 200 écus d'or, des hopitaux enf
& maladeries, quelque confidérables qu'e
foient les revenus ; fous la réferve expreff
néanmoins en faveur du faint fiège de s'écarte
de ces difpofitions fuivant les circonftances &
les befoins des temps.

On doit être furpris que le concordat fait en
tre François premier & Léon X ayant formelle
ment abrogé l'ufage des Commendes, elle
fe foient encore plus multipliées depuis ; il y
avoit cependant été convenu en termes expre
que le roi ne pourroit nommer aux abbayes &
aux prieurés vraiment électifs qu'un religieux
qui eût fait profeffion dans l'ordre dont le bénéfice dépendroit, & que s'il nommoit un féculier
ou même un religieux qui fût d'un ordre différent, le droit d'y pourvoir appartiendroit dans
ce cas au pape : c'étoit évidemment de la part des
deux puiffances s'interdire pour l'avenir l'ufage
des Commendes.

Le concile de Trente s'occupa auffi de l'extinction des Commendes. Les moines la defiroient
avec ardeur & ils y étoient intéreffés ; la France
n'étoit pas moins difpofée à y concourir ; elle fit

témoigner au concile par ſes ambaſſadeurs combien elle ſouhaitait cette réforme , & l'Eſpagne
paroiſſoit être dans les mêmes ſentimens. Les Italiens ſeuls inclinèrent vers un parti plus modéré
& plus doux , tant ils étoient perſuadés que les
Commendes avoient leur utilité , & ne devoient pas être entièrement ſupprimées , l'é-
gliſe pouvant en retirer de grands avantages ; le
concile de Trente eut donc recours à des tempé-
ramens ; il ſe contenta de faire des vœux pour le
rétabliſſement de l'ancienne diſcipline dont on ne
pouvoit diſconvenir que la pureté ne fût altérée ,
& cependant en attendant des temps plus heureux , il engagea le pape à remettre en règle les
bénéfices tenus en Commende : Il fut même ordonné qu'on ne pourvoiroit à l'avenir de ceux
qui viendroient à vaquer que des religieux de
l'ordre dont le bénéfice dépendoit , habiles &
de vertu exemplaire.

Mais les diſpoſitions de ce concile par rapport
aux Commendes ne devoient pas avoir plus
d'effet que n'en avoient eu le concile de Latran
& le concordat. Dans celui-ci la clauſe de Léon
X ſuivant laquelle le ſaint ſiège pouvoit dans
les circonſtances & ſuivant les beſoins des tems
s'écarter de la règle , avoit été le principal obſtacle à ce qu'il fût exécuté. Par l'interprétation
que la cour de Rome donna aux diſpoſitions du
concile de Trente après ſa clôture , on confirma
& l'on raffermit en quelque-ſorte l'empire des
Commendes en décidant qu'on pourroit continuer de donner en Commende les bénéfices
qui avoient coutume d'être conférés de cette
manière ; or comme à cette époque preſque tous
les bénéfices réguliers depuis plus de cent ans

avoient été mis en Commende par les papes ,
peine en reſtoit il qui n'euſſent été déja conféré
deux ou trois fois en Commende , d'où il réſul
toit ſuivant nos maximes , que le pape ne pou
voit plus refuſer d'en accorder la Commende
Il n'eſt donc pas étonnant que les conciles pro
vinciaux tenus depuis celui de Trente aient ét
auſſi inefficaces que les précédens contre l'abu
des Commendes.

La ſuppreſſion en ſut demandée en France à
Louis XI par les états tenus à tours en 148
Henri II, en 1556, les déclara abuſives & ordonna
en conſéquence que les revenus des bénéfices
tenus en Commende ſeroient appliqués aux fra
du parachevement de la réformation de l'égliſe & né
ceſſités des pauvres , & que tous les bénéfices ſe
roient conférés en titre. Cette même ſuppreſſion
fut arrêtée par Charles IX , en 1571 , ainſi que par
Henri III aux états de Blois en 1579 , où il
promit de ne nommer à l'avenir que des reli
gieux aux bénéfices réguliers , & par Louis XIII
enfin en 1617 , aux états des notables tenus à
Rouen. La ſuppreſſion des Commendes à mal
gré cela toujours réſiſté à tous ces règlemens
qui devoient , ce ſemble , les proſcrire , & elles
ſe ſont ainſi perpétuées juſqu'à nos jours.

Il eſt même vrai de dire qu'autant la Com
mende des bénéfices a paru pendant long-temps
odieuſe autant elle eſt regardée aujourd'hui favo
rablement. Loin d'être une infraction à la règle *re*
gularia regularibus elle en eſt au contraire la ſauve
garde & le ſoutien , ſuivant l'obſervation du cé
lèbre Dumoulin , étant de principe qu'elle con
ſerve aux bénéfices leur état de régularité,

attendu

attendu qu'ils ne peuvent être poffédés par des féculiers fans difpenfe.

Le vrai motif de la Commende d'ailleurs, comme l'obferve judieufement d'Hericourt, doit fe tirer de la néceffité de pourvoir aux befoins du clergé féculier par le moyen du fuperflu des moines dont les biens font le véritable patrimoine de l'églife qui ne les en a faits que les dépofitaires. Elle peut donc felon les circonftances donner des abbayes & des bénéfices réguliers aux évêques & à leurs co-opérateurs dans le faint miniftère lorfque leurs befoins l'exigent. Si quelques abbés abufent des revenus de leurs Commendes, le même abus n'avoit il pas lieu, d'une manière plus fcandaleufe peut être, lorfque des abbés réguliers ne l'étoient que de nom, étaloient une opulence peu conforme à leur profeffion & à leur vœu, & faifoient fervir les revenus des monaftères à leur luxe tandis qu'ils laiffoient leurs religieux dans le befoin. Rien de fi vain & de fi infolent obferve le même auteur, que certains abbés moines de France & d'Allemagne qui difputoient la préféance aux évêques.& furpaffoient les princes eux-mêmes par leur fafte.

La Commende en faifant ceffer ce défordre a affuré la fubfiftance des moines, l'entretien des bâtimens, des monaftères, & le maintien même de la régularité. Il eft donc conftant que lorfque les commendataires font un ufage légitime des revenus dont l'églife leur donne l'adminiftration, ce moyen de faire paffer le bien des réligieux aux eccléfiaftiques dans les circonftances qui peuvent le demander, loin d'être injufte n'a plus rien que de convenable, d'utile & de confor-

me aux faints canons ; d'autant plus , & c'e
l'obfervation du Père Thomaffin & de M. Fleur
qu'indépendamment de ce que les évêques o
fondé eux-mêmes une grande partie des mona
teres , il y a toujours eû une circulation ent
les biens du clergé féculier & ceux du cler
régulier. On a vu des monaftères fécularifés
des congrégations eccléfiaftiques devenir régu
liers, & les revenus des uns ont réciproqueme
paffé dans les mains des autres par ces chang
mens dont on a nombre d'exemples.

Nous avons précédemment obfervé en déf
niffant la Commende, qu'il y en avoit de de
fortes, l'une temporelle , l'autre perpétuell
La premiere établie en faveur de l'Eglife & po
fon utilité, avoit lieu lorfqu'un bénéfice rég
lier venant à vaquer on ne pouvoit pas facil
ment en pourvoir un fujet capable & qui eût
qualité de régulier requife: on commettoit da
ce cas un econome féculier qui percevoit l
fruits du bénéfice vacant & en rendoit comp
au titulaire qui venoit enfuite à en être pourv
ces fortes de Commendes étoient ordinaireme
données à des eccléfiaftiques diftingués par le
mérite. Ce dépôt néanmoins ne leur étoit con
que pour un tems limité, comme fix mois, u
an, ou jufqu'au tems qu'on eût conféré le bén
fice vacant à un titulaire capable : mais infen
blement les eccléfiaftiques d'abord fimples d
pofitaires obtinrent par leur crédit la libre jou
fance des fruits des bénéfices dont ils n'avoie
eu jufques-là que la fimple adminiftration ; c'e
ainfi que les Commendes perpétuelles fe fo
introduites.

A l'égard des temporelles elles avoient ég

fement lieu pour les églifes paroiffiales, que l'évêque pouvoit donner en Commende lorfqu'elles n'avoient point de titulaire ou que celui qui étoit pourvu du bénéfice n'étoit pas en état de le deffervir : mais il ne les donnoit que pour fix mois, ou pour un fecond femeftre lorfque l'églife fans titulaire continuoit d'être dans le même befoin ; on ne pouvoit d'ailleurs les donner qu'à un eccléfiaftique qui eût l'ordre de prêtrife. Guimier dans fa pratique & avec lui nombre d'autres auteurs nous affurent que ces fortes de Commendes temporelles avoient lieu autrefois en France ; mais elles n'y font plus en ufage non plus qu'ailleurs depuis qu'il y a été dérogé par le concile de Trente, qui a ordonné qu'on établiroit dans les églifes dénuées de titulaires, des vicaires ou pro-curés pour deffervir le bénéfice jufqu'à ce qu'un fujet capable en eût été pourvu canoniquement, fans limiter d'ailleurs d'autre terme à la commiffion du vicaire ou pro-curé.

L'évêque feul ou ceux qui ont une jurifdiction quafi-épifcopale ont le droit de nommer aux bénéfices qui font fans titulaires, des vicaires ou pro-curés ; & lorfque ceux-ci ont été établis avec affignation de portion congrue ou rétribution, ils ne peuvent être deftitués fans caufe légitime, fuivant que l'obferve Barbofa dans fon traité de la jurifdiction eccléfiftique, ce qui dans ce cas fort de la regle générale des Commendes temporelles, lefquelles ne peuvent réguliérement donner ni titre ni droit au bénéfice & font toujours révocables à la volonté du fupérieur dont cette efpece de Commende ou commiffion paffagere eft émanée : auffi il eft de principe que l'ecclésiastique à qui elle est donnée ne peut en disposer soit par résignation ou permutation ; il n'a que la faculté de s'en démettre entre les mains de l'évêque qui l'en a chargé.

Ces sortes de Commendes qui n'ont pour objet que l'utilité de l'église & l'acquit des charges du bénéfice n'ont jamais fait le sujet des plaintes des conciles ; elles n'étoient que de simples commissions ou gardes, ou si l'on veut de véritables économats ; le but de ces Commendes & l'usage qu'on en faisoit ne pouvoit les rendre abusives. C'est celles dont il est parlé dans le chapitre *nemo de elect. in b.* & il est essentiel de ne pas les confondre avec les Commendes perpétuelles dont le chapitre cité n'a pas entendu parler.

Quoi qu'il en soit les Commendes temporelles pour six mois abrogées par le concile de Trente n'empêcheroient pas la vacance d'un bénéfice possédé à un pareil titre ; le bénéfice seroit impétrable sans difficulté pendant que dureroit cette Commende, puisque le commendataire étant sans droit, le bénéfice seroit véritablement sans titulaire & par conséquent vacant *ipso jure*.

Mais il y a aussi, suivant Dumoulin, des Commendes temporelles qui sont réputées de véritables titres de bénéfice. Le pape, par exemple, veut pourvoir d'un bénéfice un clerc qui n'a pas encore atteint l'âge necessaire & qui par-là se trouve incapable de le posséder : le pape dans ce cas le lui conserve en Commende, jusqu'à ce qu'il ait l'âge requis pour le posséder en titre. L'auteur que nous citons pense que dans ce cas les Commendes sont réputées perpétuelles, parce qu'ajoute-t-il, pour qu'une grâce soit réputée perpétuelle il fuffit qu'elle puiffe l'être ou le devenir ; il eft au moins vrai de dire que l'intention de celui qui accorde la grâce, dans l'exemple rapporté, eft qu'elle foit perpétuelle, & un vrai titre.

A l'égard de la Commende proprement dite perpétuelle, elle a été établie, avons nous dit, non pour l'utilité de l'églife, mais pour celle du commendataire. C'eft contre celle-ci que les conciles & les peres fe font élevés, parce qu'elle étoit regardée comme un moyen à la faveur duquel on pouvoit poffèder en même-temps foit des bénéfices incompatibles, foit ceux pour lefquels on n'avoit pas l'âge requis, foit enfin les bénéfices réguliers fans avoir la qualité de religieux. L'établiffement de cette efpece de Commende telle qu'elle eft aujourd'hui, en titre de bénéfice, eft communément attribuée au pape Leon IV & a pris, dit-on, naiffance vers le milieu du huitieme fiecle. C'eft de celle-ci, la feule en ufage fuivant nos maximes, dont il eft effentiel de connoître les propriétés.

Nous aurons embraffé tout ce qu'il y a d'intéreffant à favoir fur cette matière, lorfque nous aurons examiné dans la Commende, 1°. la nature de ce titre en lui-même, & à qui il appartient de le donner : 2°. fes différentes efpèces : 3°. quels bénéfices en font fufceptibles : 4°. fes effets & les règles qui lui conviennent.

1°. *De la nature de la Commende, & à qui il appartient d'en donner ce titre.* Deux chofes furtout font à confidérer dans la Commende perpétuelle fuivant nos ufages. Elle eft un véritable titre de bénéfice, mais en même-temps un titre fondé fur une difpenfe, celle de la régularité ;

dispense sans laquelle le titre ne feroit aucune impression sur celui qui l'obtient.

Tous les auteurs pensent qu'il ne faut admettre aucune différence entre les provisions en titre d'un bénéfice & les provisions en Commende ; que cette sorte de provision est canonique & donne au pourvu les mêmes droits, les mêmes prérogatives, & l'assujettit aux mêmes devoirs que la provision en titre. C'est ce que le savant Dumoulin entr'autres a disertement établi dans son commentaire sur les règles de chancellerie, *de infirm. resign. verisimil. notit. obit. & de public. resignant.* où, après avoir expliqué l'origine & la nature de la Commende, il tire cette conséquence, que toutes les constitutions & les maximes qui ont lieu à l'égard des provisions en titre des bénéfices, s'appliquent également aux provisions des bénéfices conférés en Commende. Garcias lui-même, tout opposé qu'il paroît être à la Commende, en l'appelant une institution de droit nouveau introduite dans l'église contre l'esprit primitif des canons pour en éluder les dispositions & pour favoriser la pluralité des bénéfices & la possession de ceux qui sont incompatibles, reconnoît néanmoins que les Commendes perpétuelles sont regardées comme de vrais titres de bénéfices, & sont dirigées par les mêmes règles que les autres provisions.

Mais il faut reconnoître aussi que la Commende a cela de particulier & de propre à elle seule, qu'elle est en même-temps une dispense sur laquelle cette sorte de provision est fondée, *titulus dispensatorius ;* c'est ce qui distingue essentiellement la Commende des autres titres de bénéfice. Elle a pour objet non-feulement de mettre en poffeffion du bénéfice, mais encore de rendre capable de le poffêder celui qui ne pourroit en être légitimement pourvu fans cette difpenfe : car fuivant la règle *fecularia fecularibus*, *regularia regularibus*, les bénéfices féculiers font tellement affectés aux clercs féculiers & les bénéfices réguliers aux religieux, qu'un féculier, fuivant le droit commun, eft abfolument incapable de poffêder un bénéfice régulier ; mais il a deux moyens pour acquérir cette capacité ; le premier, d'embraffer la règle de l'ordre dont le bénéfice dépend, & dans ce cas il obtient des provifions avec la claufe *pro cupienti profiteri* ; le fecond, d'obtenir des provifions en Commende du bénéfice qui ne pourroit lui être conféré en titre, & qui, en faifant difparoître l'incapacité du féculier devenu capable par cette difpenfe, fauve en même-temps la règle de l'infraction & maintient le bénéfice ainfi conféré dans fon état de régularité, comme nous aurons occafion de l'expliquer en parlant des effets & des règles de la Commende.

Il y a trois conféquences à tirer des principes que nous venons d'établir : la Commende étant la provifion d'un bénéfice régulier, il eft évident qu'on ne fauroit obtenir en Commende un bénéfice féculier, & que cette efpèce de titre ne convient qu'aux bénéfices réguliers. Nous expliquerons d'ailleurs plus bas à quels bénéfices réguliers la Commende eft ou n'eft pas applicable.

Le titre étant une difpenfe de régularité accordée à un féculier pour le rendre capable de poffêder un bénéfice régulier, il eft également fenfible qu'il ne peut être donné qu'à un clerc

féculier & ne fauroit convenir à un religieu
qui d'un côté ne peut pas prétendre aux bénéfi
ces féculiers, puifqu'ils ne font pas fufceptible
de la Commende, & que de l'autre il n'a pas
befoin de difpenfe pour poffeder un bénéfice régulier.

Mais on demande fi lorfqu'un clerc féculier
qui poffède un bénéfice en Commende fe rend
religieux, la Commende du bénéfice dont il
étoit pourvu expire par la profeffion religieufe
du commendataire, & fi le bénéfice vaque?
La queftion s'eft préfentée au parlement de Paris
au commencement du dernier fiècle; en voici
l'efpèce fuivant qu'elle eft rapportée dans Brodeau fur M. Louet, lettre B.

Le nommé Pierre Brandis pourvu en Commende du prieuré-cure de Moulins, dépendant
de l'abbaye de Mauleon, eut envie de fe faire
pourvoir de l'aumônerie de cette abbaye : pour
cet effet il fe fit religieux profès de l'ordre ; &
après l'année de fa profeffion il réfigna le prieuré
qu'il tenoit en Commende, paffant deux procurations du même jour, l'une en faveur d'un féculier fans y faire mention de fa nouvelle qualité
de religieux, l'autre au profit d'un régulier.

Il s'agiffoit en conféquence de favoir fi par la
profeffion religieufe du commendataire, le bénéfice avoit vaqué, ou fi la Commende fe con-
vertiffoit *ipfo jure* en titre? De la part de Brandis
on convenoit à la vérité de la maxime inconteft-
able que le droit à un bénéfice féculier fe perd
par la profeffion religieufe, parce que le féculier fécularifé devient dès ce moment abfolument incapable du bénéfice ; mais on établiffoit
en faveur du religieux que fon renoncement au

siècle ne devroit s'entendre que de ce qu'il ne pouvoit pas posséder suivant sa profession & non de ce qui s'accordoit avec sa qualité de religieux, surtout lorsque cette qualité elle-même étoit non-seulement compatible avec la possession d'un bénéfice régulier, mais étoit même requise pour le posséder légitimement. On soutenoit donc pour sa défense que la Commende se convertissoit en titre à son égard, & que la profession du commendataire ne faisoit que remettre le bénéfice dans son premier état de régularité ; la Commende, disoit-on pour le prouver, n'étant qu'un dépôt que le dépositaire remettoit en se faisant religieux. Mais on n'en restoit pas là ; car, ajoutoient les défenseurs de Brandis, si le retour du bénéfice de Commende en titre pouvoit souffrir quelque difficulté, le changement de Commende séculière en Commende régulière n'en devoit souffrir aucune & s'opéroit de droit par la profession religieuse, parce que dans ce cas la Commende séculière perdoit seulement son nom comme le commendataire sa qualité de séculier, & l'un & l'autre acquéroient celle de réguliers.

Mais c'étoit s'écarter entièrement des vrais principes sur cette matière & de la nature de la Commende, qui n'étant point, comme elle l'étoit anciennement, un simple dépôt ou une pure commission pour un tems limité, est au contraire un véritable titre de bénéfice, perpétuel, irrévocable, une vraie institution canonique ; d'où il faut conclure qu'elle ne peut s'anéantir ni se convertir en tout autre titre sans l'autorité & le consentement du supérieur qui l'a donnée, étant de principe que les titres de bénéfice for-

ment un lien, un engagement qui ne peut se
diſſoudre que de la même manière dont il s'eſt
formé, c'eſt-à-dire par le concours du collateur
qui a donné l'inſtitution en Commende, & du
commendataire qui l'a acceptée. On tiroit de là
cette conſéquence que le commendataire ſe faiſant religieux, le bénéfice par lui poſſédé en
Commende devenoit vacant *ipſo jure*, & que
ce titulaire étoit indiſpenſablement obligé d'acquérir un nouveau droit au bénéfice régulier par
de nouvelles proviſions qu'il lui falloit obtenir
du pape ou de l'ordinaire. Cela fut ainſi jugé,
dit M. Louet, par arrêt de la cinquième chambre des enquêtes du 2 mars 1602, ſur les motifs
dont nous venons de rendre compte. Ils ſont
conformes à l'opinion de Rebuffe, qui, ſur la
queſtion qu'il ſe fait à lui-même, ſi un religieux
pourvu de deux bénéfices, l'un en titre l'autre
en Commende, peut mettre en titre celui qu'il
poſſède en Commende, décide que cela ne ſe
peut faire parce que le bénéfice poſſédé en Commende vaque par la profeſſion religieuſe & la
Commende s'éteint de droit : le religieux dans
ce cas n'a donc d'autre parti à prendre pour pouvoir poſſéder en titre le bénéfice qu'il tenoit auparavant en Commende, que de commencer
d'abord par s'en démettre entre les mains de ſon
ſupérieur & en obtenir enſuite de nouvelles proviſions en titre. Telles ſont les ſaines maximes
ſur cette matière.

Mais à qui appartient le droit de conférer les
bénéfices en Commende ? Au pape : & c'eſt la
troiſième conſéquence qu'il faut tirer de la définition de la Commende en tant que diſpenſe. La
raiſon en eſt que le pape ſeul a la faculté de dé-

roger à la règle *secularia secularibus , regularia regularibus :* lui seul peut donc accorder à un séculier cette dispense de régularité , & par conséquent donner les provisions en Commende. Un légat *à latere ,* suivant le sentiment des auteurs , ne peut même conférer les bénéfices en Commende , s'il n'a un indult du pape ; c'est entr'autres l'avis de Tamburin & de Barbosa. Mais un légat qui seroit en même-temps cardinal pourroit conférer en Commende en vertu de l'indult particulier dont il jouiroit en cette dernière qualité. Il y a un arrêt du parlement de Paris de 1534 qui l'a jugé ainsi pour la prevôté de l'abbaye de Saint-Maixant en Poitou. Indépendamment des cardinaux le pape donne encore cette faculté à ses légats, aux évêques mêmes & aux collateurs ordinaires & leur accorde des indults particuliers à cet effet.

Suivant la troisième extension de la bulle de Clément IX, du 17 des calendes d'avril 1667, enregistrée au grand conseil le 16 mai 1668, les collateurs qui jouissent de l'indult peuvent conférer de Commende en Commende les bénéfices réguliers aux séculiers indultaires. Les officiers du parlement ont également un indult aux mêmes fins. Voyez le mot INDULT.

Il faut observer en général à l'égard des collateurs qui confèrent en Commende en vertu d'indult du pape, que quand cet indult ne leur permet de conférer les bénéfices qu'en continuation de Commende, ils ne peuvent pas donner en Commende à un séculier le bénéfice vacant par la mort d'un régulier. L'indult dans ce cas ne leur permet de donner des provisions en Commende que d'un bénéfice qui étoit possédé de la même manière avant qu'il fût vacant autrement il faut que l'indult contienne le pouvoir de conférer, comme on dit de règle en Commende, & non de Commende en Commende.

Sur quoi il est à observer que lorsque cet indult est pour conférer de règle en Commende, c'est-à dire pour donner des provisions en Commende d'un bénéfice qui étoit en règle, le collateur ne peut conférer que suivant les conditions de son indult, lesquelles doivent être exprimées dans les visions en Commende qu'il donne. Ces conditions sont de ne conférer le bénéfice de règle en Commende qu'à la charge, 1°. du décret irritant portant que le bénéfice venant à vaquer par résignation ou par mort, il retournera en règle ; c'est ce qu'on nomme le décret *cedente vel decedente* inséré dans les provisions en Commende, dont il sera plus amplement parlé ci-après : 2°. de la clause *de restaurandis beneficiis*, par laquelle le pourvu est obligé aux réparations qui sont à faire au bénéfice qu'on lui a conféré en Commende.

On demande si le collateur en vertu d'indult ayant une première fois par erreur conféré à quelqu'un un bénéfice de Commende en Commende, ce qu'il ne pouvoit pas aux termes de son indult qui lui permettoit de conférer de règle en Commende, peut varier ensuite en conférant le même bénéfice de règle en Commende à la même personne, ou si la variation rend les deux provisions nulles ? Brillon sur cette question rapporte dans son dictionnaire un arrêt du grand conseil du 20 septembre 1694, qui l'a jugée contre l'indultaire & a maintenu en possession du bénéfice un religieux gradué.

Au reste, lorsque nous disons que le pape seul ou ceux qui ont à cet effet un indult particulier de lui peuvent donner les bénéfices réguliers en Commende, il ne faut pas en conclure qu'un collateur ordinaire qui n'a point d'indult ne puisse plus conférer un bénéfice régulier de sa collation parce qu'il étoit en Commende. Les docteurs ultramontains, dont les principes tendent toujours à donner le plus d'extension qu'il leur est possible à la puissance du pape & aux prétentions exclusives de la cour de Rome, ont mal-à-propos soutenu ce système, & leur raisonnement pour l'appuyer est qu'il résulte de la Commende, par l'impression qu'elle fait sur le bénéfice, une réserve ou une affectation, disent-ils, au moyen de laquelle la collation en appartient au pape à l'exclusion de l'ordinaire. Mais c'est une erreur, & il est de maxime en France qu'après que la Commende accordée par le pape est finie par la mort du commendataire ou par tout autre genre de vacance, l'ordinaire peut conférer le bénéfice comme s'il avoit vaqué tout autrement, d'autant plus qu'en France les réserves n'ont pas lieu ayant été supprimées par le concordat. C'est l'avis de tous les docteurs les plus versés dans nos maximes, de Dumoulin entr'autres, qui sur la règle *de public. resign.* établit que le collateur ordinaire peut conférer librement un bénéfice qui étoit en Commende, de même que s'il n'y avoit jamais été, lorsqu'il vient à vaquer par résignation ou par mort, *per cessum aut decessum*, & cela, ajoute-t'il, quand même le bénéfice en Commende seroit vacant *in curia*.

Une question est de savoir si le collateur ordi-

naire ayant le pouvoir en vertu d'un indult d
pape de conférer les bénéfices de Commend
en Commende, peut dans les mois affectés aux
gradués conférer à un féculier gradué, un béné
fice régulier qui étoit en Commende ? Les canoniftes eftiment qu'il ne le peut pas, parce que,
difent-ils, l'indult donné au collateur pour conférer de Commende en Commende ne lui eft
accordé que pour en faire ufage dans les cas où
il confère *proprio jure :* or il eft certain que par
le droit des gradués, le collateur dans les mois
qui leur font affectés ne peut fe difpenfer de
donner le bénéfice au degré, felon la qualité du
bénéfice : ce n'eft pas une collation libre, mais
elle eft au contraire néceffaire & forcée ; les
maximes de la cour de Rome font d'ailleurs
conformes à ce fentiment, & les révifeurs de
cette cour n'ont point égard au privilége des
gradués lorfqu'il s'agit des bénéfices vacans en
Commende.

2°. *Des différentes efpèces de Commendes.* Après
avoir confidéré la nature de la Commende &
avoir fait connoître à qui il appartient de la donner ou de la recevoir, il eft effentiel d'en exa
miner les différentes efpèces, c'eft-à-dire les di
verfes formes ou modifications dont ce genre
de provifions eft fufceptible, fuivant les claufe
& conditions particulières que les papes ou
les collateurs en vertu d'indult de cour de
Rome peuvent y appofer. C'eft ce qui a donné
lieu aux canoniftes de diftinguer les Commendes, 1°. en folites ou infolites, 2°. en décré
tées ou libres.

Nous avons dit ailleurs que depuis la tenue
du concile de Trente il avoit été décidé que les

Commendes ne pourroient avoir lieu à l'avenir qu'à l'égard des bénéfices qui avoient déjà été conférés de cette manière. L'effet de ce règlement avoit été de rendre les papes plus difficiles à accorder des provisions en Commende , surtout pour les bénéfices qui jusqu'alors avoient toujours été possédés en titre. Cette circonstance a donné lieu à une pratique qui a fait naître l'idée de la première distinction que nous venons de faire des Commendes , en Commendes solites & en Commendes insolites ; & voici ce qui se pratiquoit en conséquence de la maxime introduite de n'accorder la Commende que des bénéfices qui avoient été déjà conférés à ce titre. Celui qui avoit intérêt d'obtenir du pape un bénéfice en Commende, pour le déterminer plus facilement à accorder la grace , exposoit dans sa supplique que le bénéfice qu'il impétroit avoit coutume d'être conféré en Commende ; & sur ce motif les provisions en Commende étoient a'ors accordées. De cet usage est née la maxime généralement reçue par les docteurs que le pape ne pouvoit refuser que les Commendes insolites , c'est-à-dire celles des bénéfices qui n'avoient jusqu'alors été possédés qu'en titre ou qui n'avoient été donnés en Commende qu'une ou deux fois tout au plus.

On voit par-là que la Commende solite n'est autre chose que celle qui est accordée d'un bénéfice qui a déjà été conféré au moins trois fois en Commende , & que le pape par cette raison ne peut refuser de donner de la même manière ; & l'on entend par Commende insolite celle qui est donnée d'un bénéfice qui n'étoit point auparavant possédé en Commende , ou qui n'avoit

eu au plus que deux provisions de cette nature
circonstance qui permet alors au pape de refuse
la Commende qui lui est demandée.

Cette première distinction des Commende
en a fait imaginer une nouvelle, car on les :
encore divisées en Commendes décrétées & er
Commendes libres; & voici comment : la
crainte que la maxime introduite à l'égard de
Commendes solites ne privât le pape du droi
de refuser quand il le voudroit cette espèce de
provision, sur le fondement que les bénéfices
dont on demanderoit la Commende auroient été
déjà conférés trois fois de cette manière, fu
imaginer à la cour de Rome, au commencemen
du dernier siècle, d'insérer dans ces sortes de
provisions une clause de retour du bénéfice er
règle qu'on nomme décret irritant, suivant laquelle, si le commendataire meurt ou résigne,
le bénéfice qu'il tenoit en Commende vaque
simplement en titre, suivant l'expression des
docteurs, & rentre dans son état de régularité,
au moyen de quoi il ne peut plus être conféré
de nouveau en Commende sans une dispense
spéciale du pape qui est en droit de la refuser:
c'est alors le cas de la Commende insolite. Tel
est l'effet de la clause ou décret irritant, *cedente*
vel decedente (*).

_____

(*) *Cette clause est ainsi conçue.* Quod ipso (oratore) cedente vel dec dente, aut alias dictum prioratum demittente, el
amittente, ille amplus non commendetur, sed in pristinam
tituli naturam reverti, ac de illo personæ regulari idoneæ
provideri debeat, ac si eidem oratori minimè commenda-
tus fuisset... si commendari contigerit, absque speciali men-
tione & derogatione dicti decreti, commenda ipsa nulla sit
eo ipso.

La Commende décrétée n'est donc autre chose que celle dans les provisions de laquelle le décret irritant *cedente vel decente* est apposé ; ce qui rend le pape maître de refuser la Commende à la première mutation de titulaire par cession ou par mort ; liberté qu'il n'auroit pas suivant la maxime qui résulte de la distinction faite des Commendes en solites & en insolites. On doit conséquemment entendre par Commende libre, ainsi appelée par opposition à la Commende décrétée, celle qui ne contient point un pareil décret ; au moyen de quoi le pape n'est pas libre de refuser la Commende du bénéfice dans les provisions duquel cette clause n'a pas été insérée.

C'est donc à la faveur de ce décret que les officiers de la cour de Rome sont parvenus à éluder l'effet de la maxime que le pape ne pouvoit refuser que les Commendes insolites, & de cette autre maxime aussi incontestable dans notre jurisprudence, que lorsqu'un bénéfice a été possédé consécutivement par trois séculiers en Commende libre, un quatrième peut en être pourvu sans qu'il soit au pouvoir du pape de refuser des provisions en Commende. En effet, le décret dont nous parlons est employé sans distinction par les officiers de la daterie dans toutes les provisions en Commende qu'ils expédient, pour rendre par ce moyen la maxime inutile.

Il n'est pas douteux qu'un impétrant à l'égard duquel cette pratique est abusive & injuste seroit fondé à s'en plaindre ; mais on doit voir en même-tems qu'il lui seroit souvent très-difficile de fournir la preuve qu'on a mal-à-propos inféré cette clause dans les provisions antérieures aux siennes ; il lui faudroit rapporter pour cela les provisions des anciens commendataires du bénéfice ; ce qui fait que pour abréger & pour entrer plutôt en possession sans s'exposer à des contestations & à des procès qu'il lui faudroit soutenir à cette occasion, il prend le parti de faire mention du décret qui a été mis dans la Commende du dernier possesseur. Voilà comment on a conservé au pape la liberté d'accorder ou de refuser dans bien des cas la Commende de la plupart des bénéfices dont il étoit devenu collateur forcé ; & comme il ne refuse d'ailleurs que rarement la continuation de la Commende, nous ne nous sommes pas autrement élevés en France contre cet abus que faisoit la cour de Rome du décret irritant *cedente vel decedente*.

Louet cependant & avec lui Fevret, ainsi que nombre d'autres auteurs, ont prétendu qu'il n'étoit pas absolument nécessaire de trois Commendes libres pour que le pape devint collateur forcé, & qu'il suffisoit pour cet effet d'une seule Commende libre. Quelques autres enfin, particulièrement Duperrai & l'auteur du recueil de jurisprudence canonique, en reconnoissant qu'il falloit trois Commendes pour rendre la collation du pape nécessaire, n'ont pas fait de distinction entre les décrétées & les libres. Mais l'auteur moderne du traité des provisions en Commende, M. Piales, établit deux conditions indispensables pour que le pape soit tenu d'accorder à un séculier la continuation en Commende d'un bénéfice régulier ; la première, que le dernier commendataire en ait été pourvu en Commende libre ; la seconde, que ce soit en Commende so-

lité. M. Vaillant & l'annotateur de Févret sont
sur ce point du même sentiment que l'auteur
que nous citons ; mais M. Cochet de Saint-Va-
lier surtout, dans son traité de l'indult, s'explique encore plus précisément sur cette matière ;
après avoir établi qu'il faut selon l'usage un certain nombre de Com.nendes libres pour rendre
le bénéfice *commendari solitum*, de manière que
le pape soit forcé de les continuer aux séculiers
qui les requièrent, il observe que lorsque « la
» Commende libre n'a été donnée que pour la
» première fois ou pour une première fois au
» prédécesseur immédiat du commendataire ,
» c'est-à-dire, ajoute-t'il, lorsque le prédécef-
» seur séculier a succédé à un régulier & qu'il a
» été pourvu *de titulo in Commendam;* en ce cas,
» dit cet auteur, quoique la provision ne con-
» tienne pas expressément le décret de retour en
» règle, il est pourtant vrai qu'elle ne rend pas
» le bénéfice *commendari consuetum*, le pape n'est
» pas astreint à continuer la Commende *eo ipso*
» qu'il en a donné une première Commende
» libre. »

Il y a au reste cette différence essentielle entre
la Commende libre purement & simplement &
la Commende à-la-fois libre & solite que l'impétrant ne seroit pas fondé à se plaindre du refus
que pourroit faire le pape de lui accorder la
première , au lieu qu'en cas de refus qu'il feroit
de la Commende libre & solite en même-temps ,
l'impétrant pourroit avoir recours à la voie de
l'appel comme d'abus contre un pareil refus attendu qu'il seroit contre les règles & les usages.

Par un effet naturel du décret irritant presque
généralement employé en cour de Rome, sui-

vant que nous venons de l'obferver ; on fent
que les Commendes libres doivent être extrêmement rares; mais il y en a malgré cela , & il
peut même s'en former de nouvelles. Voilà
pourquoi celui qui requiert un bénéfice vacant foit par mort foit autrement, eft obligé
d'exprimer dans fa fupplique le genre précis de
vacance du bénéfice dont il veut être pourvu, comme s'il vaque de fait ou de droit, par
réfignation, par mort ou par l'incapacité d'un
titulaire régulier, ou enfin par l'effet du décret
irritant *cedente vel decedente*, & il y eft obligé
à peine de nullité des provifions.

Il eft de règle en cette matière que fi l'impétrant faifoit un faux expofé, s'il omettoit quelque circonftance dans l'expreffion du genre de
vacance de bénéfice, où tout eft de rigueur, la
nullité, non-feulement de la première provifion
en Commende dans laquelle on auroit omis
d'exprimer la claufe du décret irritant, mais
d'une feconde provifion auffi en Commende accordée au réfignataire du premier pourvu, feroit telle qu'elle ne pourroit être couverte même par la poffeffion paifible & triennalle : cela
eft fondé fur ce que dans les refcrits de grâce,
au nombre defquels les Commendes doivent
être mifes, les décrets qui y font appofés font
de droit étroit, & deviennent obligatoires à l'é-
gard même de ceux qui n'en ont pas eu connoiffance. C'eft le fentiment de Guimier dans fa pratique, de M. Loüet & de l'auteur moderne du
traité des Commendes. D'Héricourt, en obfervant que les provifions en Commende obtenues
fans avoir fait mention de la claufe *cedente vel
decedente,* ne fervent feulement pas de titre coloré

& ne fauroient mettre le commendataire à couvert du dévolut même après la poffeffion de trois ans, ajoute que cela a été ainfi jugé au parlement de Paris par arrêt du 11 juillet 1674, qui a maintenu un dévolutaire dans un cas femblable. L'arrêt fe trouve au premier volume du journal du palais, & M. Loüet dont on a fuivi l'avis dans cette affaire fait cette remarque, que comme tout dépend dans les lettres de grâce de la libéralité de celui qui les accorde & des conditions qu'il y attache, le défaut d'exécution de la condition rend les actes nuls même à l'égard de ceux qui ignorent les conditions.

La même peine de nullité des provifions auroit lieu fi un impétrant expofoit dans fa fupplique que le bénéfice eft vacant en Commende, tandis qu'il vaqueroit en règle : il y auroit alors obreption & par conféquent nullité dans les provifions obtenues fur un faux expofé.

Pour faifir toute l'importance qu'il faut attacher à l'expreffion du véritable genre de vacance du bénéfice lorfqu'on demande à en être pourvu par vacance en règle ou en Commende, il eft indifpenfable de remarquer que le bénéfice eft vacant en Commende, comme on dit, lorfqu'à l'époque de la mort ou de la ceffion du dernier commendataire, il y a déja eu trois titulaires confécutivement pourvus du bénéfice ; c'eft la vacance en Commende, parce que le pape dans ce cas ne peut refufer d'en pourvoir un féculier de la même manière. Le bénéfice eft au contraire vacant en titre ou en règle, lorfque la dernière Commende, ou l'une des trois dernières n'a été expédiée que fous la claufe du décret irritant de retour du bénéfice en règle.

Il eſt d'ailleurs à obſerver qu'indépendamment de la force du décret irritant, le bénéfice qui étoit conféré en Commende peut devenir vacant en titre ou en règle, de toute autre manière que par l'effet de cette clauſe : ainſi l'on ſent, par exemple, que ſi depuis la Commende qui en a été accordée, un religieux l'a poſſédé, alors la Commende s'eſt évanouie par la poſſeſſion du régulier, & le bénéfice vaquera en titre ou en règle par réſignation ou par mort. Il faut dans ce cas une nouvelle diſpenſe du pape pour pouvoir le poſſéder en commende. Brillon dans ſon dictionnaire des arrêts en cite un du 2 ſeptembre 1684, mais la choſe par elle même ne ſemble pas ſuſceptible de difficulté.

3°. *Des bénéfices qui ſont ſuſceptibles de la Commende.* Nous avons obſervé que tout les bénéfices ne pouvoient pas être indifféremment conférés en Commende, & que ce genre de proviſions ne pouvoit convenir aux bénéfices ſéculiers & n'étoit applicable qu'à ceux qui ſont réguliers, puiſque la Commende n'eſt autre choſe qu'une diſpenſe de la régularité pour être capable de poſſéder un bénéfice régulier.

A l'égard des bénéfices ſéculiers, il eſt inconteſtable ſuivant les vrais principes & d'après nos maximes, qu'ils ne pourroient être poſſédés à un pareil titre ni par les réguliers, ni par les ſéculiers.

Pour ce qui eſt des premiers, il eſt ſenſible que l'impétration qu'ils feroient des bénéfices ſéculiers feroit trop contraire à l'eſprit de la Commende & aux motifs qui l'ont fait introduire pour qu'elle ne fût pas abuſive. La Commende, nous l'avons dit, n'a été inventée que pour l'avantage du clergé séculier & pour l'utilité du bénéfice même. Or le religieux par état est absolument incapable de remplir cette dernière condition, & la première seroit éludée au préjudice des clercs séculiers. Aussi la question s'étant présentée il y a quelques années au parlement de Dijon, il y intervint arrêt le 20 Décembre 1757, qui sur un appel comme d'abus qui y avoit été porté par le chapitre de la cathédrale de Châlons, déclara un religieux profès de l'ordre de saint Jean de Jérusalem incapable de posséder une dignité du même chapitre, dont il avoit obtenu en cour de Rome des provisions en Commende. Cet arrêt est rapporté par M. Piales dans son traité des Commendes.

La Commende des bénéfices séculiers ne pourroit pas plus avoir lieu à l'égard des ecclésiastiques. Il est évident que cette Commende ne pourroit avoir d'autre objet qu'une incapacité de leur part, & par conséquent une dispense qu'il leur faudroit pour couvrir cette incapacité, ou pour parer à l'incompatibilité, ce qui seroit un abus manifeste ; abus à la vérité dont on n'a vu que trop d'exemples dans les derniers siècles ; mais qu'il seroit dangereux de voir renaître, si la Commende des bénéfices séculiers pouvoit prendre faveur au préjudice des canons & de nos maximes.

On ne souffriroit pas non plus en France que les bénéfices qui sont à charge d'ames, tels que les évêchés & les cures, fussent possédés en Commende perpétuelle, soit que le commendataire possédât déja en titre d'autres bénéfices de

même nature, foit qu'il n'eût que celui dont
feroit pourvu en Commende.

Ce genre de provifions doit donc être ref-
treint aux feuls bénéfices réguliers, fuivant le
vrai but de la Commende. De plus, tous les bénéfices réguliers fans diftinction ne peuvent pas
être également impétrés à ce titre.

Ainfi il faut excepter de la Commende les
monaftères qui font chefs d'ordre, & ceux où
l'abbé eft électif; il faut en dire autant des dignités dont on eft pourvu par élection. Les offices
clauftraux ne peuvent pareillement pas être conférés en Commende. On ne pourroit pas non plus
fe faire pourvoir à ce titre des bénéfices ou
commanderies des ordres hofpitaliers de faint
Jean de Jérufalem, du faint Efprit de Montpellier, de faint Antoine, des Teutoniques & autres femblables, qui ont pour objet des œuvres
de charité & le foulagement des pauvres & des
malades. C'eft ce qui a été jugé au grand confeil
par arrêt du 14 mai 1720. Il s'agiffoit dans cette
efpèce, telle que d'Hericourt la rapportée dans
fes loix eccléfiaftiques, de la commanderie du
faint Efprit d'Aix, dépendante de l'ordre du
faint Efprit de Montpellier, que le confeil d'état
par arrêt du 10 mai 1700 avoit déclaré être purement régulier. Le nommé Gautier prétendoit
fur le fondement de cet arrêt avoir été légitimement pourvu de la commanderie du faint Efprit
d'Aix; & que le pape avoit pu la lui conférer
valablement en Commende, comme tout autre
bénéfice régulier. Il avoit outre cela en fa faveur la poffeffion pacifique & triennale; mais un
religieux profés de l'ordre hofpitalier du faint
Efprit pourvu de cette même commanderie &

le procureur général de l'ordre foutinrent au grand confeil, où cet ordre a fes caufes commifes, que ces fortes de commanderies ne pouvoient être conférées à des féculiers, pas même à des cardinaux, fuivant les bulles données à ce fujet par Innocent III, Gregoire IX, Sixte IV & d'autres fouverains pontifes, & confirmées par des lettres-patentes duement enregiftrées ; d'autant, ajoutoient le religieux & le procureur général de l'ordre, que le gouvernement des hôpitaux étoit attaché au titre de ces commanderies, tant au temporel qu'au fpirituel, fuivant le vœu d'hofpitalité que font les religieux profès de cet ordre, & que les revenus de la commanderie dont il s'agiffoit étoient affectés au foulagement des pauvres ; le titulaire en conféquence de cette deftination, ne devant prendre que fon fimple néceffaire fur les revenus du bénéfice. Le religieux fut en conféquence maintenu en poffeffion de la commanderie, à la charge néanmoins d'y rétablir l'hofpitalité, & l'arrêt condamna en même-tems Gautier à reftituer les fruits par lui perçus depuis fa prife de poffeffion en vertu de fes provifions en Commende.

Quoi qu'il en foit, on convient généralement qu'il n'y a que les bénéfices réguliers auxquels le roi nomme & les prieurés qui font à la collation des abbés, des religieux ou autres collateurs ordinaires fur lefquels puiffe tomber la Commende.

Il eft à propos d'obferver qu'à l'égard des bénéfices réguliers qui font à la nomination du roi la Commende fe règle fur des principes & par des loix qui font propres à la circonftance. Voyez le mot NOMINATION.

C'eſt une queſtion de ſçavoir ſi la Commende a lieu à l'égard des cures régulières. L'auteur du dictionnaire de droit canonique les comprend au nombre des bénéfices qui ne peuvent être poſſédés en Commende, mais il n'appuie ſon aſſertion d'aucune autorité.

En général aucune loi canonique ni civile ne diſtingue les bénéfices ſimples réguliers des bénéfices cures également réguliers, ni relativement aux proviſions *cum voto profitendi*, ni par rapport aux proviſions données en Commende. On voit à la vérité que le concile de Saumur en 1253, & celui de Lyon en 1274, ont défendu les Commendes des cures; mais l'objet de cette prohibition étoit de réprimer l'abus qu'on faiſoit de la Commende, & d'empêcher qu'à ce titre la même perſonne n'obtint & ne poſſédât pluſieurs cures à la fois. Le ſeul motif de cette défenſe étoit donc le rétabliſſement de la diſcipline primitive ſuivant laquelle chaque égliſe devoit avoir ſon titulaire. Ce qui le prouve, c'eſt qu'après comme avant le concile de Trente, la Commende des cures régulières a toujours été reçue & pratiquée ſans difficulté; c'eſt ce qu'établiſſoit M. l'avocat général Bignon, portant la parole au conſeil en 1624, ſuivant que l'obſerve Bardet dans ſon recueil & d'après lui l'auteur moderne du traité des proviſions en Commende. Ce dernier ſurtout regarde comme une maxime uſitée que la Commende des cures régulières doit être admiſe; il en rapporte même un arrêt du conſeil du mois de juin 1688, qui a maintenu en poſſeſſion un pourvu en Commende par l'ordinaire du prieuré-cure de Bonneœuvre diocèſe de Nantes.

La plupart des auteurs, Duperrai entr'autres, d'Hericourt, Gonzalès & Pyrrhus-Corradus sont de même avis. Ils reconnoissent qu'en général les bénéfices cures sont essentiellement séculiers & que les cures appelées régulieres sont des espèces de phénomènes dans le plan du gouvernement de l'église.

On a même prétendu qu'elles ne remontent pas plus haut que le neuvième siécle. Ce fut lorsque les laïques s'étant emparés des paroisses & des abbayes, ils appelèrent les moines à la desserte des cures dont ils sont depuis restés en possession.

4°. *Des effets de la Commende & des règles qui lui conviennent.* Les effets de la Commende dérivent de la nature même de cette espéce de provision. Elle est un véritable titre de bénéfice ; elle doit faire en conséquence sur le bénéfice la même impression que feroit tout autre titre canonique ; elle rend le commendataire un véritable titulaire : il doit donc par l'effet naturel de la Commende jouir du bénéfice comme en jouiroit un autre titulaire ; les règles s'appliqueront d'elles-mêmes aux détails que nous allons donner des principaux effets de la Commende, considérés tant par rapport aux bénéfices que relativement aux commendataires.

A l'egard des bénéfices, ce seroit une erreur de croire qu'un bénéfice régulier seroit sécularisé par des provisions données en Commennde. L'effet propre de ce titre, loin de tirer le bénéfice de la règle, est au contraire, suivant le sentiment de tous les canonistes & de Dumoulin entr'autres, de se concilier naturellement avec la maxime *regularia regularibus*, de confirmer la

régularité du bénéfice, & d'en être la dépofitaire & la gardienne; la Commende n'étant autre chofe qu'une garde & un dépôt qui n'apporte aucun changement au bénéfice, & le
conferve au contraire dans fon premier état:
cela eft même fi vrai, que venant à vaquer par
réfignation ou par mort, il peut être poffédé
par un régulier comme s'il n'avoit jamais été en
Commende, parce qu'il n'eft jamais forti de fon
état de régularité.

A l'égard du Commendataire, l'effet de la
provifion en Commende eft de le rendre un vrai
titulaire, un véritable bénéficier. Il eft en conféquence affujetti aux mêmes règles, tenu d'acquitter les mêmes charges, de remplir les mêmes devoirs, & en droit de jouir des mêmes
avantages que tous les autres bénéficiers.

Ainfi le commendataire peut réfigner le bénéfice qu'il tient en Commende; il peut même
le permutter avec un bénéfice poffédé en titre;
& il n'eft pas néceffaire que cette permutation
foit reçue par le pape qui a donné la Commende, il fuffit qu'elle foit faite par-devant l'ordinaire, qui peut en ce cas conférer les deux
bénéfices, aux co-permutans, fuivant le fentiment de plufieurs auteurs & de Dumoulin particulièrement: mais il faut obferver que quoique le collateur ordinaire puiffe valablement
admettre cette permutation, il eft néanmoins
obligé de conférer en titre le bénéfice auparavant tenu en Commende, c'eft-à-dire de conférer à un fujet *habili fecundum jus commune*, &
par conféquent à un religieux. C'eft la décifion
de Dumoulin en fon commentaire fur la règle *de*
public. refign.

Quoique la Commende en général soit assu-
ettie aux mêmes règles que le titre, on doit
cependant reconnoître quelques différences entre l'un & l'autre. Par exemple, quoique pour
être pourvu d'une abbaye ou d'un prieuré conventuel en titre, le pape accorde difficilement
des dispenses au-dessous de vingt ans, on obtient
communément la dispense de seize à dix-huit ans
lorsqu'il s'agit d'obtenir des provisions en Commende de ces sortes de bénéfices.

Cette dispense, au reste, à l'égard d'un prieuré
conventuel dont on seroit pourvu en Commende est réservée au pape, & le vice-légat ne
deut la donner, comme l'observe Bouchel
dans sa bibliothèque canonique. Cela est fondé
sur la qualité & l'importance d'un pareil bénéfice. Le prieuré conventuel, en effet, doit être
regardé comme une dignité qui subsiste toujours
dans la personne de celui qui le posséde en Commende ; or, la Commende étant comparée au
titre, & le commendataire jouissant de tous les
droits qui dépendent du bénéfice, les auteurs
pensent qu'il faut au moins vingt ans pour être
pourvu d'un pareil bénéfice ou une dispense particulière du pape à cet effet, la Commende ne
dispensant naturellement le pourvu que de la
régularité & non de toute autre espèce d'incapacité (*).

A l'égard des bénéfices simples possédés en

_____

(*) Suivant la décision du concile de Vienne les prieurés
conventuels ne peuvent être donnés qu'à ceux qui ont vingt-
cinq ans accomplis & à la charge de prendre les ordres
sacrés dans l'année, soit qu'ils soient pourvus du prieuré en
titre ou en Commende.

Commende, la jurifprudence du parlement eſt différente de celle du grand conſeil par rapport à l'âge qui eſt requis pour en être pourvu. Ainſi l'on tient au parlement qu'il faut avoir quatorze ans accomplis pour poſſéder un bénéfice eſt Commende, ſuivant qu'il réſulte de deux arrêts, l'un du 15 décembre 1639, rapporté par Bardet, & l'autre du 28 août 1676, cité par Brillon en ſon dictionnaire des arrêts. Cela paroît fondé ſur la nature de la Commende ; elle met les Commendataires à la place des moines ; or, ceux-ci ne peuvent poſſéder des bénéfices qu'après la profeſſion, qui ſe faiſoit autrefois à quatorze ans accomplis. Il eſt donc naturel d'exiger pour pouvoir tenir un bénéfice en Commende, le même âge qui ſeroit requis pour le poſſéder en titre.

Le grand conſeil cependant, a ſur ce point une jurifprudence toute différente ; on y juge qu'un bénéfice en Commende peut être poſſédé à ſept ans accomplis, ſur le fondement que le pourvu n'étant pas obligé de faire profeſſion pour jouir du bénéfice, il n'eſt pas néceſſaire qu'il ait les quatorze ans réglés autrefois pour la profeſſion dont il eſt diſpenſé par la Commende.

Il s'eſt élevé une queſtion au ſujet de l'âge. Il s'agiſſoit de ſavoir ſi des proviſions en Commende d'un prieuré à ſimple tonſure en faveur d'un clerc mineur de ſept ans, contenoient la diſpenſe de l'âge ? L'affirmative a été prononcée au parlement d'Aix par arrêt du 22 février 1647, & il a été jugé que la ſeule Commende ſans une diſpenſe expreſſe d'âge, avoit par elle-même l'effet d'une diſpenſe d'âge : *vim diſpenſationis obtinebat ætatis*. Nous ne penſons pas cependant

que le principe qui a servi de base à cet arrêt
soit admissible dans toutes sortes de cas, ni qu'on
puisse l'appliquer indifféremment aux provisions
de toutes sortes de bénéfices donnés en Commende. Aussi ne s'agissoit-il dans l'espèce qui a
donné lieu à cet arrêt, que d'un prieuré simple
qui ne requéroit aucun ordre, n'exigeoit aucune
résidence, & ne donnoit d'ailleurs au commendataire ni administration, ni droit de collation.
Car si le prieuré, quoique simple, étoit dépendant d'une abbaye, il est évident qu'il faudroit
que le pourvu en Commende eût quatorze ans
accomplis, parce que c'est une dignité qui exige
une discrétion & une certaine maturité qu'on
n'est pas présumé avoir acquises avant cet âge.

A l'égard des autres incapacités, elles ont
lieu à l'égard des bénéfices en Commende de la
même manière, que par rapport à ceux qui sont
possédés en titre ; ainsi, par exemple, un bâtard
n'est pas plus capable de tenir un bénéfice en
Commende qu'en titre ; il lui faut une dispense
dans l'un comme dans l'autre cas.

En général, toutes les lois canoniques, les
règles de chancellerie admises parmi nous, &
les ordonnances du royaume relatives aux bénéfices ont également lieu pour la Commende &
pour le titre.

Il peut y avoir simonie dans les provisions en
Commende, de la même manière que dans les
provisions en titre ; & dans ce cas, les mêmes
peines ont lieu contre le commendataire que
contre le titulaire, & il en résulte les mêmes
effets pour le bénéfice.

Pour ce qui est de l'incompatibilité des bénéfices, la question a été agitée par les docteurs,

si à la faveur de la Commende on pouvoit tenir légitimement deux bénéfices incompatibles, soit qu'on eût été pourvu des deux en Commende, soit qu'on en possédât un en titre & l'autre en Commende ? On est convenu assez généralement qu'on ne pouvoit posséder deux bénéfices incompatibles lorsqu'on tenoit l'un & l'autre par la voie de la Commende. Mais on a varié davantage sur l'incompatibilité de deux bénéfices, dont l'un est possédé en Commende & l'autre en titre. Ceux qui ont pensé que la Commende mettoit à couvert de la prohibition portée par les canons à cet égard, se sont appuyés sur la décision du canon *qui plures 21. q. 1*, dont la disposition est que celui qui tient plusieurs églises, savoir, l'une en titre & l'autre en Commende, doit continuer à les tenir ; *qui plures ecclesias retinet*, porte ce canon, *unam quidem titulatam, aliam vero sub Commendatione, retinere debet.*

Mais Dumoulin qui combat ce sentiment, observe que Gratien s'est trompé lorsqu'il a pensé que ce canon qui est du pape Léon IV devoit s'entendre d'un bénéfice tenu en Commende perpétuelle, tandis, assure Dumoulin, que le pape n'a voulu parler que d'un bénéfice tenu en Commende temporelle, dont il est fait mention dans le chapitre *nemo de electione, in 6.* L'auteur que nous citons ici pense même que Gratien avoit évidemment tronqué le canon dont il s'agit pour le faire servir aux vues qu'il avoit de fomenter la corruption & de favoriser par des autorités la pluralité des bénéfices qui commençoit à s'introduire au mépris des canons.

Quo

Quoi qu'il en soit de cette accusation, tenons-nous en à l'explication que Dumoulin nous donne du canon dont il s'agit ; elle détruit l'opinion de ceux qui pensent qu'on peut tenir au moyen de la Commende, deux bénéfices incompatibles, l'un en Commende, l'autre en titre. Garcias n'y est pas moins opposé, & ses raisons paroissent être puisées dans les vrais principes, d'après lesquels il conclut que le commendataire étant un véritable titulaire, l'incompatibilité a lieu à son égard comme à l'égard de tout autre bénéficier.

Malgré cela, il est reçu aujourd'hui qu'un bénéficier peut posséder deux bénéfices incompatibles lorsqu'il en tient un en titre & l'autre en Commende. Il y en a même une décision conforme rendue à ce sujet depuis la tenue du concile de Trente. C'est-là, dit Rebuffe à cette occasion, un des motifs qui ont fait d'abord imaginer & ensuite accréditer les Commendes. On ne peut en effet disconvenir que ce n'ait été un des plus considérables abus des Commendes pendant très-long-temps.

Au surplus, on ne regarde pas comme incompatibles, & l'on peut posséder en même-temps deux prieurés dépendans de la même abbaye lorsqu'on en est pourvu en Commende, suivant qu'il résulte d'un arrêt du parlement de Paris du 29 août 1598, rendu au sujet de deux prieurés du Saint-Sépulcre & de Rueil, ordre de Cluni, dépendans l'un & l'autre de l'abbaye de Notre-Dame de la Charité. Il est cité par Brillon dans son dictionnaire des arrêts.

Quant à l'état des commendataires considérés en eux-mêmes, indépendamment des qualités

& capacités de l'âge, de la naiſſance, de l'ordination & de la ſcience qu'ils doivent avoir
comme les autres bénéficiers, ſuivant les bénéfices qu'ils poſſédent, ils ont auſſi les mêmes
devoirs à remplir, les mêmes charges à acquitter. Ils peuvent encourir les mêmes cen-
ſures & excommunications que les autres titulaires & faire vaquer leurs bénéfices par leur
indignité ou irrégularité. Ces bénéfices ſont dans
ce cas impétrables comme s'ils n'étoient pas en
Commende, pourvu toutefois que le dévolutaire ait la qualité requiſe pour s'en faire pourvoir en titre.

Le commendataire eſt obligé de réciter l'office
divin & le bréviaire, & doit remplir toutes les
fonctions que demande le bénéfice comme un
vrai titulaire; il doit également ſe conformer
aux règles des canons qui conviennent à ſon
état. Les derniers conciles tenus à Rouen, à
Reims & à Aix, ont fait des réglemens ſur l'état
& les obligations des abbés & prieurs commendataires auxquels il eſt preſcrit de tenir un juſte
milieu entre les ſéculiers & les réguliers, &
de regarder le bien de leur prieuré ou abbaye
comme le patrimoine des pauvres auxquels ils
ſont obligés d'en rendre compte. Ces réglemens
leur enjoignent auſſi de ſe trouver préſens par
eux-mêmes ou par leurs vicaires, aux viſites des
ſupérieurs réguliers dans les monaſtères, & de
faire exécuter leurs ſtatuts.

Par l'article 31 du réglement de la chambre
eccléſiaſtique des états tenus en 1614, il eſt
ordonné aux abbés, prieurs & autres bénéficiers
commendataires, même à ceux qui ſont à ſimple
tonſure, de porter l'habit clérical, à peine d'y être

contraints par faisie de leur temporel & par privation de leurs bénéfices.

A l'égard de l'ordination, nous remarquerons que les abbés commendataires font obligés, auffi-bien que les réguliers, de fe faire promouvoir à la prêtrife lorfqu'ils en ont atteint l'âge ; ils doivent fe faire ordonner, non dans l'année de leurs provifions, mais dans celle qu'ils ont atteint l'âge de prêtrife, fuivant un arrêt du 24 novembre 1556, rapporté dans Brodeau fur Louet. Il eft néanmoins à obferver que les abbés & prieurs commendataires qui n'ont pas plus de fonctions à remplir que les prieurs fimples, ne rendent point leur bénéfice impétrable par le défaut de promotion à la prêtrife : car le défaut n'opère pas une vacance de droit fuivant le décret de leurs bulles. C'eft ce qui a été prononcé par arrêt du parlement du 12 avril 1683, cité par Brillon. Il eft certain que l'article 9 de l'ordonnance de Blois de 1579, qui enjoint aux abbés & prieurs ayant atteint l'âge requis par les conciles, de fe faire promouvoir à la prêtrife, dit fimplement que s'ils ne fe font pas fait promouvoir dans deux ans, leurs bénéfices feront déclarés vacans & impétrables.

Sur la queftion de favoir fi le prieur commendataire doit reconnoître l'abbé titulaire pour fon fupérieur, Baulny eft pour la négative, & il affure que le fénat de Chambery l'a jugé de même ; c'eft également l'avis de Faber ; de forte qu'en cas de différent furvenu entre l'abbé titulaire & le prieur commendataire, foit pour un partage à faire, foit pour contribuer à des réparations ou à l'entretien des moines, les parties contendantes font tenues de fe retirer pardevant l'évêque qui eft juge du commendataire. C'eſt ſuivant les mêmes principes qu'il a été jugé au parlement de Paris par arrêt du 11 mai 1515, cité dans le dictionnaire des arrêts de Brillon, qu'un prieur commendataire eſt exempt de la juridiction de l'abbé dont le prieuré dépend, à moins que le prieur ne doive penſion à l'abbé; car dans ce cas il eſt au moins naturel que l'abbé ait le droit de le contraindre par ſa juridiction au payement de cette penſion, ſi le prieur refuſe de le payer. Bouchel dans ſa bibliothéque canonique aſſure même que l'abbé peut prononcer contre ce prieur la peine d'excommunication.

Il a été pareillement jugé par arrêt du 5 mars 1569, que le prieur commendataire n'étoit pas tenu de contribuer aux frais pour la tenue des chapitres généraux de l'ordre, parce qu'il n'eſt point du nombre des religieux. Cet arrêt eſt rapporté par Tournet.

A l'égard des droits utiles & honorifiques, l'abbé commendataire dont le ſort doit être en tout pareil à celui du titulaire, jouit de tous ces droits comme le feroit celui-ci. Il eſt cependant à remarquer que les abbés commendataires ne peuvent point prendre part à la diſcipline intérieure ni au gouvernement du monaſtère, ſuivant qu'il a été décidé par le concile de Trente, *ſeſſ. 25, c. 20, 21* ; ce qui s'obſerve malgré les diſpoſitions contraires des conciles de Rouen, de Reims & d'Aix dont il a été parlé plus haut, & qui ſont reſtés ſans exécution.

L'abbé commendataire n'a en conſéquence aucune juridiction ſur les moines ; il ne peut inſtituer ni deſtituer un prieur clauſtral ; mais il faut qu'il donne à cet effet des lettres de vicariat à un religieux. Le parlement l'a ainsi jugé par un arrêt du 21 janvier 1560 dont Brillon fait mention dans son dictionnaire. Deux pareils arrêts, l'un du 20 juin 1581, l'autre rendu au grand conseil le dernier septembre 1611, rapportés par Bouchel dans sa bibliothéque canonique, ont prononcé la même chose. Les abbés de ce genre ne peuvent en conséquence visiter, réformer ni corriger leurs monastères ; c'est l'avis de M. Leprêtre & de Fevret dans son traité de l'abus.

Malgré cela, il paroît suivant un arrêt du parlement d'Aix du 25 janvier 1662, recueilli par Boniface, que l'abbé commendataire a droit de visiter & réformer les couvens de filles dépendans de son abbaye.

Mais en général, l'abbé commendataire n'a, comme on l'a déjà dit, aucun droit sur la discipline intérieure du monastère. Le gouvernement doit en être réservé au prieur claustral, dont la nomination n'appartient pas toujours à l'abbé ; cela dépend des usages des différens pays, ainsi que des constitutions ou réglemens des divers ordres monastiques.

Il faut seulement observer que lorsque l'abbé commendataire dispose des places claustrales, les religieux peuvent l'obliger d'entretenir un certain nombre de religieux proportionné aux revenus de l'abbaye, & de suivre, quant au surplus, la teneur de la clause insérée à cet effet dans les provisions de sa Commende.

Il y a même plus : nombre d'auteurs estiment que le pape ne pourroit accorder un indult particulier à l'abbé commendataire, qui

lui donnât pouvoir de connoître de la difcipline intérieure du monaftère ; & que fi le pape
donnoit un pareil privilége , il y auroit ouverture à l'appel comme d'abus de fon refcrit : c'eft
entr'autres l'avis de Lacombe dans fon recueil
de jurifprudence canonique , de Fevret en fon
traité de l'abus , & de Chopin dans celui *de
facra politica*. Rouffeau de Lacombe affure de
plus que les abbés commendataires , même lorfqu'ils font cardinaux , ne peuvent s'immifcer au
gouvernement intérieur des monaftères s'ils n'y
font expreffément autorifés par des bulles revêtues de lettres-patentes dûment enregiftrées.

L'ufage , malgré cela , paroît contraire à cette
décifion ; car le pape accorde quelquefois des
indults à des abbés commendataires pour gouverner comme faifoient des abbés réguliers ,
non-feulement un monaftère particulier , mais
même une congrégation entière. L'abbaye de
Cluni , entr'autres , en fournit un grand nombre
d'exemples.

Mais il eft de maxime en général , que l'abbé
commendataire n'a aucun droit au gouvernement fpirituel ni à la correction des moines ,
excepté lorfqu'il eft cardinal. Brillon dans fon
dictionnaire des arrêts en rapporte trois qui l'ont
jugé ainfi ; le premier rendu aux grands jours de
Poitiers le 19 décembre 1579 , contre l'abbé
commendataire de Bonnevaut, ordre de Cîteaux ;
un fecond du 15 octobre 1554 , pour le prieur
clauftral de Saint-Uvertez-les-Orléans ; & le
dernier enfin du 14 juillet 1588 , pour le prieur
clauftral de l'abbaye de Vendôme.

Du principe établi que l'abbé commendataire
jouit de tous les droits utiles & honorifiques de

l'abbé titulaire ou régulier, & qu'il a en conséquence la difposition des fruits de l'abbaye, il réfulte que la collation de tous les bénéfices auxquels l'abbé régulier nommeroit appartient de droit au commendataire. C'eft conféquemment à cette maxime que par arrêt du parlement de Touloufe du 9 juillet 1611, dont il eft fait mention dans la bibliothèque canonique de Bouchel, il a été ordonné que l'abbé commendataire de faint Jacques de Beziers feroit maintenu dans la poffeffion & jouiffance de conférer les places monacales à tel fujet capable qu'il jugeroit à propos, avec injonction aux réligieux d'admettre à la profeffion réligieufe fuivant les conftitutions de leur ordre les pourvus des places monachales par l'abbé commendataire.

Les docteurs ont été divifés fur la queftion de favoir fi l'abbé commendataire fuccédoit ou non au pecule & à la dépouille du religieux décédé. Cette queftion s'eft fouvent préfentée & a été jugée de diverfe manière. Ceux qui ont incliné vers l'affirmative fe font fondés fur le principe qu'à l'égard des revenus temporels & des droits utiles, l'abbé en Commende ne différoit en rien du titulaire. Et ceux qui ont embraffé le fentiment contraire fe font appuyés fur cette confidération que l'abbé commendataire n'ayant pas pour héritier le monaftère, mais fes parens, il n'étoit pas jufte, *vice verfa*, qu'il fuccédât au pécule & à la dépouille des réligieux puifqu'ils n'avoient pas le même droit fur fa fucceffion. Chopin au livre deuxième de fes plaidoyers rapporte deux arrêts des 2 décembre 1546, & 28 avril 1553, qui l'ont jugé ainfi. Il y a plus ; dans la réformation générale de l'or-

C c iv

dre des bénédictins de la nation Galicane confirmée par une bulle de Clement VIII du 7
octobre 1596, il eſt dit que les meubles des réligieux décédés n'appartiendront point aux abbés
commendataires, mais feront diſtribués au profit
des abbayes où les religieux défunts ont fait profeſſion. La même choſe a été jugée ainſi au grand
conſeil par deux arrêts précédens des 1 février
1582, & 3 octobre 1583.

Mais Brillon qui en a fait mention dans ſon
dictionnaire, obſerve que par les derniers arrêts
la ſucceſſion du pécule des réligieux a été adjugée
aux abbés & prieurs commendataires, cardinaux
ou autres. Dumoulin obſerve ſur cette queſtion
que de ſon temps le cardinal de Lorraine abbé
de Cluni, prenoit même la dépouille des prieurs
féculiers, comme s'ils euſſent été véritablement
religieux profés.

A l'égard des fruits & revenus de l'abbaye,
depuis que les menſes communes des monaſtères ont été diviſées entre les abbés réguliers
& les moines, & que les Commendes ſont
devenues plus fréquentes, ſur-tout depuis le
concordat, il y a eu pluſieurs arrêts des cours
rendus pour fixer les parts de l'abbé & des
moines, qui jouiſſent chacun ſéparément de
leurs lots. Ainſi le commendataire, ſuivant
le règlement le plus ordinaire, doit laiſſer
aux religieux le tiers du revenu de l'abbaye,
ſi mieux il n'aime leur fournir la nourriture
& l'entretien ; c'eſt ce qui a été jugé par
arrêt du 12 février 1626, & la même choſe
avoit été ainſi jugée par un autre arrêt de
1611.

Le parlement a cependant dans certains cas

particuliers adjugé la moitié de tout le revenu
de l'abbaye en Commende aux religieux ; & alors
ils sont tenus de la moitié de toutes les charges ;
c'est ce qui a été réglé pour l'abbaye sainte Ca-
therine Duval par arrêt du premier mars 1572,
& pour l'abbaye de saint Jean Desvignes par
un autre arrêt du 29 août 1566.

Mais en général le partage entre l'abbé commendataire & les moines se fait en trois lots.
Voyez le mot MENSE.

Nous observerons seulement que quoique le
partage soit fait entre l'abbé commendataire &
les moines qui jouissent chacun de leur part,
il n'est pas permis pour cela à l'abbé seul ni aux
religieux également seuls d'aliéner partie des
fonds de leurs lots, sans observer les formalités
en pareil cas requises ; ils ne le pourroient pas
faire même pour cause de nécessité & quand
ils auroient une permission de l'évêque.

Pour ce qui est des dettes que peuvent laisser
les abbés commendataires, il est évident qu'on
ne peut les prendre que sur les fruits & revenus de la Commende, mais de telle manière
que ni la part des religieux, ni les réparations
des bénéfices, le payement des décimes & autres charges réelles & ordinaires n'en souffrent
aucun préjudice. Cette décision est conforme
aux règles & a d'ailleurs été confirmée par deux
arrêts du parlement de Rouen des 16 avril
1515, & 29 mars 1534, cités par Tournet.

Quant à ce qui concerne les droits honorifiques qui peuvent appartenir aux abbés, prieurs,
ou autres bénéficiers commendataires, la règle
à cet égard se tire toujours du principe qu'ils
sont assimilés en tout aux véritables titulaires

& l'usage y est conforme. En conséquence les abbés commendataires peuvent remplir les fonctions de juges délégués du saint siège ; ils jouissent de tous les honneurs & priviléges du clergé, & ils ont rang & séance selon leur dignité.

Les abbés commendataires sont placés immédiatement après les évêques ; ils ont joui de ce droit au concile de Trente & depuis aux conciles provinciaux. Il marchent avec les abbés titulaires & concurremment selon l'ancienneté de leur réception ; ils précédent par conséquent tous les autres ecclésiastiques constitués en dignité, doyens, archidiacres & autres, suivant qu'il a été décidé par Grégoire XIII, en 1581, pour le concile provincial de Rouen.

Bardet fait mention d'une cause appointée au parlement de Paris le 20 septembre 1639, sur la question de savoir si ce droit de précéder les dignités des églises cathédrales appartenoit aux abbés commendataires, & il observe que les conclusions de M. l'avocat général Talon furent en faveur des abbés commendataires.

Un arrêt du parlement de Toulouse du 23 juillet 1665 a depuis jugé qu'un commendataire avoit les mêmes droits qu'un titulaire ; le parlement de Paris a jugé la même chose par un autre arrêt du premier septembre 1671.

Les abbés commendataires jouissent dans leurs églises de divers droits honorifiques plus ou moins étendus selon leur possession.

Voyez *Dumoulin, sur les règles de public. resign. & de infirm. resign. les lois ecclésiastiques de d'Hericourt ; Guy pape ; Bacquet, du droit de desherence ;*

la discipline ecclésiastique du père Thomassin ; les institutions au droit ecclésiastique de M. Fleury ; le dictionnaire de droit canonique ; Garcias ; Barbosa ; Rebuffi praxis benef. - Brodeau sur Louet ; le recueil de jurisprudence canonique ; Fevret, traité de l'abus ; les mémoires du clergé ; Chopin, de sacra politia ; d'Olive en ses questions ; le traité des provisions en Commende de M. Piales ; la bibliothèque canonique de Bouchel ; le dictionnaire des arrêts de Brillon ; le traité du rang des abbés par Gaspard Cordier ; le journal du palais ; le traité de l'indult de M. Cochet de saint Vallier ; Guimier, traité des moyens canoniques de Duperray ; les définitions du droit canonique ; le recueil de règlemens de Chenu ; Thom. Campeg. tractatus de potestate roman. pontifi. Les remontrances du clergé ; Coquille, en son traité des bénéfices. Voyez aussi les mots ABBÉ, AGE, BÉNÉFICE, CARDINAL, COLLATEUR, COMMANDERIE, CONVENTUALITÉ, CURE, DÉCRET, DISPENSE, GRADUÉ, INCOMPATIBILITÉ, INDULT, MONASTÈRE, NOMINATION, OFFICES CLAUSTRAUX, ORDRES, PRIEUR, PROVISIONS, VACANCE. (Article de M. ROUBAUD, avocat au parlement.)

COMMENSAL, COMMENSAUX. C'est le nom qu'on donne aux officiers & aux domestiques de la maison du roi & des maisons royales.

Sous le titre de maisons royales, on doit comprendre, outre celles du roi & de la reine, les maisons des enfans & petits enfans de France & des princes du sang qui ont ce qu'on nomme une maison en titre d'office couchée sur l'état du roi.

: Au reste le titre de Commensal ne convient pas indistinctement à tous les officiers & domestiques de la maison du roi & des maisons royales, il ne se donne qu'à ceux qui servant prés de la personne du roi ou des princes, ont bouche, gages & livrée en cour, & sont couchés sur l'état de la maison du roi enregistré en la cour des aides.

Pour donner quelqu'ordre à cet article, nous le diviserons en trois parties principales.

La première traitera des différens ordres ou classes des Commensaux.

. On détaillera dans la deuxième les divers priviléges & exemptions dont ils ont droit de jouir.

Il s'agira enfin dans la troisième des conditions qui leur sont imposées & des formalités qu'ils ont à remplir pour participer aux prérogatives affectées à leurs charges & offices.

1°. *Des différentes classes de Commensaux.* On distingue trois ordres de Commensaux.

Dans le premier sont compris les officiers de la couronne, les chefs d'offices, ceux qui forment le conseil du roi, tous ceux enfin qui à cause de la dignité de leurs offices ont le titre & l'état de chevalier & sont nobles d'une noblesse parfaite & transmissible à leur postérité.

Tels sont le grand maître de la maison du roi le grand chambellan, le grand maître de la garderobe, le grand écuyer, le grand échanson, le grand veneur, le grand fauconnier, le grand louvetier & autres grands officiers.

Les détails relatifs à ces différens offices que nous ne considérons ici que par rapport à la commensalité dont nous traitons, n'étant poin de notre sujet, nous renvoyons à ce qui est dit sur chacun de ces grands officiers aux articles qui les concernent.

Quelques auteurs, du nombre desquels sont Rouillard, Loiseau, Marcel & le pere Anselme dans son histoire des grands officiers de la couronne, mettent le grand aumônier de France au nombre de ces grands officiers.

Le second ordre est composé des maîtres d'hôtel, des gentilshommes servans, des officiers de la vennerie, de la fauconnerie & de la louveterie, des écuyers, des maréchaux-des-logis, des fouriers, des gardes de la porte, des valets de chambre, huissiers de la chambre, porte-manteaux, valets de la garderobe, contrôleurs, héraults d'armes, gardes de la manche & autres semblables officiers qu'on appelle vulgairement du second ordre.

On comprend encore dans cette classe les aumôniers du roi, savoir, indépendamment du grand aumônier de France, le premier aumônier & les huit aumôniers de quartier, les chantres, chapelains, clercs de chapelle & autres officiers ecclésiastiques qui sont sous le grand aumônier.

Dans le troisième ordre des Commensaux, on compte tous les bas officiers & domestiques dont les offices ont été de tout temps exercés par des roturiers.

Suivant une déclaration du roi donnée à Paris par Henri III, au mois de décembre 1575, registrée en la cour des aides le 20 février 1578, le grand prevôt de l'hôtel & ses lieutenans, les greffiers, gardes & archers de la prevôté sont compris au nombre des officiers domestiques & Commensaux de la maison du roi.

Une déclaration du 6 mai 1553 avoit déjà déclaré que les officiers & archers de la prevôt de l'hôtel étoient domestiques & Commensau du roi.

Par lettres-patentes du 2 mars 1547, les officiers du grand conseil furent déclarés domestiques & Commensaux. Ils jouiffent en conféquence de toutes les prérogatives & exemptions attribuées à cette qualité, suivant une déclaration du roi du 10 du même mois. C'est en conformité de ces lois que deux huissiers du grand conseil ayant été compris dans le rôle des tailles par les habitans de Blois, sur l'appel qu'ils interjetèrent de la sentence de l'élection qui avoit ordonné l'exécution du rôle, il intervint arrêt le 7 janvier 1548, qui ordonna qu'ils seroient rayés du rôle.

Les avocats aux conseils du roi sont réputé Commensaux de la maison de sa majesté; c'est à ce titre qu'ils jouissent de plusieurs des prérogatives attachées à la commensalité, entr'autres du droit de committimus au grand sceau.

Il y a plusieurs sujets, qui sans être proprement Commensaux n'étant point officiers & domestiques de la maison du roi ou des maisons royales, participent néanmoins aux priviléges, exemptions & franchises des Commensaux en vertu des charges & offices dont ils sont pourvus.

Tels sont par exemple les officiers des cours souveraines, ceux des chancelleries, les tréforiers de France & officiers des bureaux des finances, les secrétaires du roi, les receveurs-généraux des finances, ceux des domaines & & bois, les officiers de l'artillerie, ceux des maréchauffées, le lieutenant-général du bailliage de l'arfenal, les officiers de l'ordre royal & militaire de Saint-Louis, les maîtres des poftes & autres officiers femblables qui par les titres de leur création ont droit de jouir des priviléges des Commenfaux.

Des lettres-patentes du mois de janvier 1719 ont confirmé les officiers monnoyeurs dans les priviléges accordés aux Commenfaux.

Il y a pareillement des eccléfiaftiques & bénéficiers qui fans être expreffément attachés à la maifon du roi, de la reine, des enfans de France & des princes du fang par quelque office ou emploi qui exige un fervice auprès de leur perfonne, participent cependant aux avantages de la commenfalité en vertu de leurs dignités ou bénéfices ; tels font entr'autres les chanoines de la fainte-chapelle de Paris & ceux de quelques autres chapitres.

D'après la définition que nous venons de donner du mot de Commenfal, il feroit fuperflu de dire qu'il faut comprendre au nombre des Commenfaux tous les officiers & domeftiques des enfans de France, des princes & princeffes du fang, dont les charges font créées à l'inftar de celles de la maifon du roi, & avec l'attribution des mêmes droits & prérogatives.

2°. *Des priviléges & exemptions des Commenfaux de la maifon du roi.* Il feroit difficile de fixer la première époque de ces priviléges ; il eft même a préfumer qu'ils font auffi anciens que la couronne.

Les Romains, dont nous avons adopté les ufages & les lois dans bien des points accordoient des honneurs & des diftinctions fur tous les autres citoyens aux officiers & domestiques de leurs empereurs ; ils les faisoient, entr'autres choses, jouir de l'exemption de toutes les charges publiques & des levées ordinaires qui avoient lieu dans l'empire. Il est même à remarquer que les principales places de l'état tenoient chez ce peuple à quelque office ou emploi auprès de la personne de l'empereur.

Les priviléges des Commensaux sont énoncés dans les édits & déclarations par lesquels nos rois ont confirmé leurs officiers en différens tems dans la possession & jouissance des franchises & prérogatives attribuées à leurs charges & offices.

Les plus anciennes de ces lois qui soient parvenues jusqu'à nos jours & qui ont été recueillies dans le code des Commensaux ne remontent pas au-delà du quatorzième siècle.

Telles sont entr'autres un commandement du roi Philippe-le-Long du 10 janvier 1317, par lequel ce prince fit rendre & restituer à trois de ses officiers Commensaux, des droits de péage sur eux induement perçus pour des denrées destinées à leur consommation, & un arrêt du parlement du mois de novembre 1318, portant la même exemption en faveur des Commensaux.

En remplissant la tâche que nous nous sommes imposée de faire connoître les priviléges des Commensaux, nous devons avant tout observer que ces priviléges ne sont pas les mêmes à l'égard de tous les officiers & domestiques de la maison du roi indistinctement ; mais ils sont plus ou moins étendus selon l'importance, le rang & la qualité des charges ou offices & de ceux qui les possèdent.

Il est indispensable ici de rappeler la distinction qui a été faite plus haut des trois ordres ou classes des Commensaux, pour leur appliquer ensuite les différentes prérogatives & exemptions qui peuvent leur convenir.

A l'égard du premier ordre, comme ceux qui le composent sont, ainsi que nous l'avons dit, tous les grands officiers de la couronne, & autres personnages qui tiennent le premier rang dans l'état par l'importance de leurs fonctions, & par l'éclat de leur naissance sans laquelle ils n'occuperoient point ces premières places, il est évident qu'ils réunissent dans leurs personnes aux priviléges de la commensalité ceux qui n'appartiennent qu'à la haute noblesse ; c'est ce qui recevra son application dans le détail de ces priviléges.

Les Commensaux vulgairement appelés du second ordre ne jouissent en cette qualité que des priviléges qui leur ont été nommément accordés, & qui sont expressément désignés par les édits de création de leurs charges & offices. Il est en conséquence nécessaire, lorsqu'il survient quelque contestation relativement à quelque droit dont ces officiers prétendent jouir, de consulter les titres de création de ces offices & les lois postérieures qui ont réglé leurs priviléges & attributions.

La plupart des Commensaux comptent parmi leurs priviléges celui de prendre la qualité d'écuyer. L'origine de ce titre leur vient de ce que leurs offices n'étoient anciennement exercés que par des gentilshommes ; il peut encore se trouver des nobles d'extraction dans le nombre, & il s'y en trouve sans doute ; alors ils jouissent de tous les priviléges de la noblesse. Ceux au contraire qui sont roturiers n'ont droit qu'aux exemptions attachées à la commensalité: tels sont les Commensaux du troisieme ordre, qui jouissent de quelques priviléges, mais sans avoir le droit de prendre la qualité d'écuyer.

Les principales loix qui ont servi de base à toutes les lois subséquentes relativement aux priviléges & exemptions des Commensaux, sont un édit de François I, du mois d'avril 1536, qui exempte de la taille les biens & héritages des officiers & domestiques Commensaux; une déclaration du 2 février 1548, portant confirmation des anciennes chartes & titres de concession des priviléges de ces officiers; une autre déclaration du 17 novembre 1549, qui leur confirme les mêmes attributions, & ordonne en outre que leurs veuves jouiront des mêmes priviléges tant qu'elles resteront en viduité; une autre déclaration encore du 13 février 1562, portant confirmation des mêmes droits & exemptions; l'ordonnance de Moulins du mois de février 1566, dont l'article 56 concerne le droit de *committimus* & celui de garde gardienne attribué aux Commensaux; l'ordonnance de Blois du mois de mai 1579, qui par les articles 177 & 342, confirme à ces mêmes officiers le droit de *committimus* ainsi que celui de garde gardienne, & en outre l'exemption des tailles; une ordonnance de Henri III du 28 janvier 1588, & l'édit de 1591, portant confirmation & explication des griviléges des Commensaux; enfin l'édit du mois de décembre 1611, enregistré à la cour des aides le 4 février 1612, qui confirme de nouveau les droits, exemptions & franchises des officiers & domestiques Commensaux de la maison du roi & des maisons royales.

Les priviléges des Commensaux sont de deux sortes, les uns purement utiles, les autres honorifiques.

Les premiers consistent dans l'exemption des charges publiques, telles que les contributions aux emprunts faits & à faire, tant par le roi que par les villes pour la fourniture des vivres & munitions de guerre; de tailles, collecte & impositions; de péage & passage des denrées de leur crû pour leurs provisions; de guet, garde des portes & murailles, des ports, ponts, passages, travers & détroits; des fournitures & contributions d'étapes, vivres & munitions; de logement & garnison de gens de guerre tant de pied que de cheval; des charrois & chevaux d'artillerie; de ban & arrière ban; & des autres subsides, levées, charges, contributions & subventions génralement quelconques.

Il faut ajouter à ces exemptions & franchises celles de tutelle & de curatelle, de charges des villes & de corvées personnelles; ces sortes de charges étant incompatibles avec le service que les officiers, domestiques & Commensaux doivent auprès de la personne du roi ou des princes de son sang.

Il faut cependant observer que les Commensaux ne sont pas exempts de contribuer aux réparations des chemins, ponts & chaussées, fortifications des villes & autres ouvrages publics; ils sont pareillement sujets aux droits des traites & impositions foraines pour marchandises & denrées qui ne sont pas de leur crû; c'est ce qui a été prononcé par un arrêt de la cour des aides du 10 mai 1607.

A l'égard de l'exemption des tailles, de la collecte & des autres impositions qui se payent conjointement avec la taille, on peut dire qu'elle n'a jamais souffert de difficulté, & que les Commensaux de la maison du roi & des maisons royales y ont toujours été confirmés & maintenus lorsque le droit a pu leur être contesté. Le nommé François Griffon, aide de panneterie de la reine, ayant été imposé à la taille par les habitans de Fere, un arrêt de la cour des aides du 11 décembre 1626, ordonna qu'il seroit rayé des rôles & fit défense aux habitans de l'imposer à l'avenir.

Il fut rendu un semblable arrêt par la même cour le 16 décembre 1727, pour Jude Martin, huissier de salle de la reine contre les syndics, habitans & collecteurs de la paroisse de Saint-Jacques l'Illiers; l'un & l'autre de ces arrêts sont rapportés dans le recueil des ordonnances de Guénois.

Le privilége des Commensaux relativement aux tailles, & aux autres impositions qui se payent conjointement avec la taille avoit été suspendu par une déclaration du roi du 17 avril 1759. enregistrée à la cour des aides le 23 du même mois; mais ces officiers ont été de nouveau rétablis dans l'exemption des tailles personnelles par une autre déclaration du 18 septembre 1760.

Suivant cette déclaration les Commensaux sont exempts de tailles, même par rapport aux maisons de campagne & aux enclos de pur agrément qui y sont joints: leur privilége à cet égard est conforme à celui dont jouissent les bourgeois de Paris & de Lyon.

Cette exemption cependant n'eſt point indéfinie ; elle eſt ſuſceptible de modifications &
reſtrictions dans la manière dont les Commenſaux peuvent en jouir ; c'eſt ce que nous aurons
lieu d'expliquer dans la troiſième partie de cet
article.

Pour ce qui eſt maintenant des droits d'aides,
les Commenſaux ne ſont point affranchis de tous
ces droits généralement, & il en eſt au payement deſquels ils ſont ſujets comme tous les
autres particuliers.

Ainſi ils ne ſont point exempts du payement
des anciens & nouveaux cinq ſous des entrées
de Paris, du huitième & augmentation quand
ils vendent en détail, droit auquel ils ſont expreſſément aſſujettis par l'article 5 du titre 9 des
exemptions du gros de l'ordonnance de 1680 ;
les ſecrétaires du roi ſont cependant exempts
du huitième & augmentation après un ſervice
de vingt ans.

La déclaration du roi du 22 ſeptembre 1561,
& les lettres-patentes du 18 juillet 1581, portant création des anciens & des nouveaux cinq
ſous, & les déclarations qui ont enſuite prorogé
la perception de ces droits y ſoumettent formellement les Commenſaux.

Les droits d'aides dont les Commenſaux ſont
exempts ſe réduiſent à ceux-ci, ſavoir, le droit
de gros & les premiers cinq ſous en payant
l'augmentation & les autres droits.

L'auteur du dictionnaire des aides comprend
au nombre des exemptions dont les officiers &
domeſtiques Commenſaux jouiſſent, le droit de
ſubvention à l'entrée à l'égard des marchandiſes
de leur crû qu'ils font entrer pour leurs provi-

fions, mais l'auteur du traité général des droits d'aides obferve que les Commenfaux ainfi que les tréforiers de France qui foutenoient être exempts de ce droit fur les boiffons de leur cru confommées dans leurs maifons ont été condamnés à le payer par trois arrêts du confeil des 3 octobre 1622, 6 juin 1724, & 6 mai 1749, & par deux arrêts, l'un de la cour des aides de Paris du 11 mai 1717, l'autre de la cour des aides de Rouen du 10 juillet 1711, rendus contre des Commenfaux.

A l'égard du droit de gros, les Commenfaux en font exempts fuivant l'ordonnance des aides de 1680, attendu que celle du mois de juillet 1681, article 2 du titre commun, & l'édit du mois d'août 1717, n'ont fupprimé que les priviléges des aides qui ne font point compris dans l'ordonnance de 1680. Les Commenfaux forment la cinquième claffe des privilégiés exempts du droit dont nous parlons.

Cette exemption ayant été conteftée aux nommés Jacques de Cotte, Claude Jongleux & Jacques de May, ils y ont été maintenus par un arrêt rendu à la cour des aides contre le fermier le 31 août 1715.

Il eft à obferver par rapport à ce droit que les tréforiers de France, quoique prétendant jouir des exemptions des droits d'aides, tant comme faifant corps avec la chambre des comptes, que comme participant aux franchifes des Commenfaux de la maifon du roi, font cependant fujets au payement du droit de gros fur les vins de leur crû fuivant un arrêt du confeil du 13 décembre 1722, qui eft rapporté dans le dictiqnnaire des aides.

Il eſt de principe en cette matière qu'il n'y a que l'officier réellement Commenſal ayant bouche & livrée à la cour, jouiſſant de gages en cette qualité, & ſervant près de la perſonne du prince qui doive jouir de l'exemption du droit de gros: cette exemption, comme l'obſerve M. Lefevre de la Bellande, n'appartient qu'à ceux qui réuniſſent dans leurs perſonnes tous les caractères propres & diſtinctifs de la commenſalité; c'eſt un privilége dont ils jouiſſent à l'inſtar des nobles ; d'où cet auteur conclut que les officiers domeſtiques de la maiſon du roi qui par leur état & leurs fonctions ne ſauroient être mis dans la claſſe des nobles ou des perſonnes vivant noblement ne doivent point participer à l'exemption du droit de gros.

C'eſt donc , ajoute le même auteur , d'après cette diſtinction , qu'il eſt indiſpenſable de faire entre les officiers domeſtiques Commenſaux & ceux qui ſont ſimplement domeſtiques , que doivent ſe décider toutes les conteſtations qui peuvent ſurvenir relativement à cette exemption & à la qualité de ceux qui doivent en jouir , exemption dont ſuivant cette règle, ceux mêmes qui en vertu de lettres du prince ſont aſſimilés aux Commenſaux & participent d'ailleurs aux autres prérogatives de ces officiers , ne ſont point en droit de jouir.

C'eſt en conformité de ce principe que pluſieurs officiers ont été aſſujettis au droit de gros par nombre d'arrêts du conſeil & de la cour des aides.

Ainſi les tréſoriers de France & les officiers des bureaux des finances , quoiqu'ils aient été

confirmés dans les priviléges des officiers Commenfaux de la maifon du roi par un édit du mois
d'avril 1694 , ont été déclarés fujets au payement du droit de gros par un arrêt du confeil
du 13 octobre 1722. Cependant les officiers du
bureau des finances de Paris en font exceptés,
comme ayant été maintenus dans la nobleffe au
premier degré fuivant un édit du mois de feptembre 1720.

Ainfi encore les commiffaires des guerres par
un autre arrêt du confeil du 30 avril 1715 , les
gardes du corps, chevaux-légers & gendarmes
de la garde par un femblable arrêt du confeil du
13 octobre 1722 , ont pareillement été affujettis
au payement du droit, excepté toutesfois ceux
des mêmes gardes du corps, chevaux-légers &
gendarmes de la garde qui font brévetés, & qui
comme tels font déclarés véritablement Commenfaux & employés dans les états envoyés
chaque année à la cour des aides.

Nous obferverons cependant que les commiffaires des guerres qui avoient été déclarés
fujets au droit de gros par divers arrêts du
confeil & de la cour des aides, en ont été dans
la fuite affranchis fuivant un arrêt du confeil du
26 mai 1757 , moyennant une augmentation de
finance qu'ils ont payée pour jouir de l'exemption du droit.

Quoi qu'il en foit il y a nombre de pareils
arrêts par lefquels plufieurs privilégiés quoiqu'en
poffeffion de jouir des franchifes des Commenfaux par rapport à l'exemption de la taille & des
autres charges publiques, ont néaumoins été condamnés au payement du droit de gros, fur le
fondement qu'ils n'avoient point bouche à cour

ou qu'ils n'étoient point attachés par leur service auprès de la personne du roi ou des princes ;
deux conditions sans la réunion desquelles on ne
peut prendre le titre & la qualité de Commensal.

C'est suivant ce principe que par plusieurs
arrêts du conseil des 24 mars & 2 août 1714,
9 mars 1715, premier mai 1717, & 25 juillet
1730, les officiers & soldats de l'hôtel royal
des invalides ont été condamnés au payement
du droit de gros.

Les officiers monnoyeurs quoique confirmés
par lettres-patentes du mois de janvier 1719,
dans les priviléges attribués aux Commensaux,
ont été déclarés sur le même fondement assujettis
au droit de gros par deux arrêts du conseil des
15 mai 1725 & 15 juillet 1732.

De semblables arrêts des 10 avril & 13 novembre 1736, ont prononcé la même chose à
l'égard des maîtres des postes. Les officiers &
gardes de la connétablie & maréchaussée de
France ont subi le même sort par deux arrêts de
la cour des aides des 25 janvier 1726 & 28 mars
1741, ce dernier ayant même été rendu contradictoirement avec eux.

Quoique la même chose encore ait été décidée contre les officiers de la venerie suivant
qu'il paroît par un arrêt de la cour des aides du
19 juillet 1683, cependant la jurisprudence sur
l'exemption du droit de gros est moins certaine
pour ce qui concerne les gardes à pied & à cheval des capitaineries des chasses dans les plaisirs
du roi.

En effet, on voit d'une part que les gardes des
capitaineries de Livry, Bondy & Fontainebleau

ont été condamnés au payement des droits de gros par trois arrêts de la cour des aides des 11 mai 1671, 15 mars 1673 & 3 septembre 1678, & par un dernier du conseil du 19 novembre 1686; & d'une autre part on trouve que les officiers des capitaineries des chasses de Fontainebleau & de Saint-Germain-en-Laye ont été jugés exempts de ces mêmes droits de gros par deux arrêts de la cour des aides des 23 août 1741, & 21 août 1748.

Les Commensaux au surplus, comme tous les autres privilégiés, ne jouissent de l'exemption du droit de gros que sur les boissons & vins de leur crû. Ils doivent faire valoir leurs vignes par eux-mêmes; ils peuvent vendre en toute saison de l'année & en tous lieux, excepté toutefois dans la banlieue de Paris. Les vins qui proviennent des dîmes & des pressoirs bannaux sont réputés vins du crû.

Les Commensaux, avons nous dit, pour jouir de l'exemption du droit de gros doivent faire valoir leurs vignes par eux-mêmes; ils sont en conséquence tenus d'affirmer la vérité des procurations qu'ils donnent; mais dans aucun cas l'exemption dont les officiers Commensaux jouissent ne peut s'étendre jusqu'à leurs fermiers. L'exemption n'a point lieu non plus pour les eaux-de-vie à l'égard desquelles on n'est affranchi d'aucun droit.

Une question intéressante relativement aux droits & prérogatives des Commensaux a été de savoir si l'exemption du droit de franc-fief faisoit partie de leurs priviléges. Ces officiers ont prétendu être exempts de ce droit pour les fiefs & biens nobles qu'ils possédent, se fondant principalement fur la qualité & le titre d'écuyer qu'ils ont droit de prendre en vertu de leurs charges & offices ; cette prétention a fufcité de temps à autre des conteftations très-vives entre les Commenfaux & le fermier des droits.

Le dictionnaire des fciences a en effet compris l'exemption du droit de franc-fief au nombre des priviléges des Commenfaux, & Denifart dans fa collection de jurifprudence au mot COMMENSAUX a avancé que quelques-uns d'entre ces officiers étoient exempts des droits de franc-fief ; mais c'eft une erreur que le feul défaut de réflexion a pu accréditer ; elle fe trouve folidement combattue par l'auteur du dictionnaire raifonné des domaines au mot COMMENSAUX.

En premier lieu, obferve-t-il, cette exemption du droit de franc-fief n'eft comprife dans aucun édit, ni dans aucune déclaration portant conceffion des priviléges de ces officiers ; les priviléges étant de droit étroit ne peuvent fe fous-entendre par des termes généraux ; le droit de franc-fief n'eft point de la nature des fubfides & impofitions dont l'exemption foit cenfée comprife dans une difpofition générale, mais il faut une claufe expreffe & une dénomination particuliere du droit de franc-fief pour en procurer l'exemption.

Cette opinion que les priviléges généraux accordés aux Commenfaux ne font pas fuffifans pour leur attribuer l'exemption du droit de franc-fief eft appuyée de l'autorité de Bacquet. Cet auteur, chapitre 8 de la première partie des droits de franc-fief, n°. 2, obferve que les officiers domeftiques de la maifon du roi & des maisons royales quoique couchés sur l'état de la maison du roi, quoiqu'ils fassent service actuel, quoique jouissant enfin de l'exemption de toutes charges, impositions, subsides & subventions généralement quelconques, sont sujets au droit de franc-fief comme les autres roturiers pour les fiefs, héritages nobles & droits noblement tenus qui leur appartiennent, à moins qu'ils ne soient nobles de race ou annoblis par le roi. La raison qu'en donne cet auteur est que le droit de franc-fief est domanial & non d'imposition; qu'il n'y a en conséquence que la noblesse ou un privilége spécial du prince qui en puisse affranchir & exempter le roturier. Les articles 8 & 11 de l'édit de règlement sur le fait des tailles enregistré à la cour des aides le 27 juillet 1583, sont conformes à ces principes.

Il est vrai que quelques Commensaux ont obtenu des arrêts du conseil qui les ont déchargés du payement du droit de franc-fief; mais ces arrêts ne peuvent être regardés que comme des grâces particulières & personnelles à ceux qui les ont obtenues, & dont les autres officiers Commensaux pourvus de pareilles charges ne sont nullement en droit de se prévaloir.

La jurisprudence du conseil est absolument conforme à ces principes. On y tient pour maxime que le titre d'ecuyer attaché à un office ou à une charge n'est d'aucune considération contre la demande du droit de franc-fief. C'est ce qui a été jugé par un arrêt du conseil du 20 juillet 1723, rendu contradictoirement avec Bernard de Cez, écuyer, vice-sénéchal honoraire en la maréchaussée des Launes, lequel en conséquence a été condamné en-

vers le fermier à payer ce droit pour des terres
par lui possédées dans la généralité de Pau. Cet
arrêt est rapporté au dictionnaire raisonné des
domaines.

Suivant une décision du conseil du 17 novembre 1745, le sieur Pierre-Claude François, chef
de fruiterie, a été condamné au payement du
droit de franc-fief, quoiqu'il opposât qu'il étoit
Commensal, qu'il servoit par quartier, qu'il étoit
enfin employé sur l'état de la maison enregistré
à la cour des aides, pour trois cens livres de
gages.

Les mêmes principes s'appliquent à tous les
officiers qui sans être proprement Commensaux
leur sont assimilés & participent aux mêmes
priviléges ; ce qu'on vient de dire à l'égard des
uns suffit pour exclure les autres de l'exemption
du droit de franc-fief.

Il y a plus ; quand même les Commensaux
jouiroient à ce titre de l'exemption du droit de
franc-fief, il n'en résulteroit pas que ceux qui
ne sont pas Commensaux dussent en jouir sur le
fondement d'une concession générale qui leur
attribueroit tous les priviléges de la commensalité, si d'ailleurs l'exemption dont il s'agit
n'étoit nommément spécifiée en faveur de ces
priviléges. C'est un principe que le conseil
a toujours confirmé lorsque l'occasion s'en est
présentée ; il y en a entr'autres une décision du
7 avril 1745, rendue contre un intendant des
turcies & levées. Sa charge avoit été créée avec
attribution de tous les priviléges dont jouissent
les trésoriers de France.

Cette même décision est citée dans l'arrêt du

conseil du 9 octobre 1759, qui sur le dire de
l'inspecteur général du domaine de la couronne
& contradictoirement avec le fermier, a exclu
les payeurs des gages des cours souveraines de
l'exemption du droit de franc-fief, quoiqu'ils
eussent été confirmés dans le droit de se dire du
corps des cours, & de jouir des priviléges, franchises & exemptions qui appartiennent aux officiers de ces cours. La règle sur ce point est que
la noblesse & l'exemption du droit de franc-fief
ne sauroient être suppléées ni sous-entendues par
des termes généraux, & doivent être au contraire nommément spécifiées dans l'énonciation
des priviléges pour pouvoir en jouir.

On trouvera dans le dictionnaire raisonné des
domaines les décisions & arrêts du conseil rendus relativement à l'exemption des droits de
franc-fief prétendue tant par les officiers domestiques & Commensaux de la maison du roi
& des maisons royales que par différens particuliers qui en vertu de leurs charges ou offices
ont droit aux priviléges des Commensaux.

Il faut observer que quoique les veuves des
Commensaux tant qu'elles restent en viduité,
jouissent des mêmes droits & priviléges que ceux
dont leurs maris ont joui pendant leur vie, il
n'en est pas de même à l'égard de l'exemption
du droit de franc-fief; on en trouve une décision
remarquable du conseil dans le dictionnaire raisonné des domaines. Cette décision qui est du
19 août 1731, en réformant une ordonnance de
l'intendant de Bourges rendue en faveur de la
veuve de Jacques Richard Louvet de Brulle-
maille, chevau-léger, ordonne que cette veuve
payera le droit de franc-fief d'une terre qui lui

appartenoit, à compter du jour du décès de son mari; décifion qui établit que quand même l'exemption feroit bien établie en faveur des Commenfaux, leurs veuves ne doivent pas en jouir.

A l'exemption des différentes charges & impofitions que nous avons détaillées, les officiers Commenfaux réuniffent auffi le privilége d'être exempts de tutelle & de curatelle; cette exemption leur eft attribuée par plufieurs édits & déclarations, entr'autres par celle du 22 mars 1602, & par un édit du mois d'août 1610. Le fervice qu'ils ont à remplir auprès de la perfonne du roi ou des princes feroit incompatible avec les foins & l'affiduité qu'exigent les tutelles & curatelles & ne permet pas de les forcer d'accepter ces fortes de charges.

La même confidération exige que les Commenfaux foient affranchis des corvées perfonnelles, des charges municipales, de la collecte des tailles, de la charge de marguillier dans leurs paroiffes. Il eft certain que toutes les fois que des communautés d'habitans ont voulu forcer des Commenfaux d'accepter ces charges, les élections & nominations faites en conféquence ont été caffées & il a toujours été fait défenfes aux habitans, par les arrêts rendus en conféquence, d'en faire à l'avenir de femblables, lorfque les privilégiés ont juftifié qu'ils avoient un fervice à remplir auprès du roi ou des princes.

Nous n'avons parlé jufqu'ici des priviléges des Commenfaux que relativement à l'exemption des impofitions, fubfides, droits d'aides & charges publiques; mais ils jouiffent outre cela de prérogatives diftinguées dont les unes purement

honorifiques, & les autres utiles & honorifiques
en même-temps leur ont été pareillement attribuées par nombre d'édits & déclarations.

Il convenoit effectivement que ces officiers
ayant l'honneur d'approcher de la personne du
souverain fussent singulièrement honorés aux
yeux de la nation & jouissent de distinctions
particulières. Nos rois en conséquence ont toujours eu à cœur de faire jouir leurs Commensaux de ces sortes de prérogatives & de les y
maintenir lorsqu'on a entrepris de les y troubler.
Nous voulons, porte un des capitulaires de
Charlemagne & de Louis-le-Débonnaire, que
nos domestiques reçoivent auprès de notre personne les honneurs convenables qui leur sont
dus, suivant que nous l'avons toujours ordonné.

Comme ces sortes de prérogatives singulièrement propres aux Commensaux ont occasionné
plus d'une fois des contestations, il est à propos de les faire connoître ici & d'en fixer l'é-
tendue.

C'est un des priviléges des officiers Commensaux de la maison du roi d'avoir pour juge de
leurs contestations le prevôt de l'hôtel. Brillon,
dans son dictionnaire des arrêts au mot COM-
MENSAUX en cite un exemple. Il s'agissoit de
l'assassinat commis en la personne de Henri de
Bissey, sieur de Noiron, l'un des chevaux-
légers de la garde du roi. Cet officier s'étoit
adressé au prevôt de Paris pour avoir raison
de cet attentat dont les nommés Fontaine,
Arnoult & Deslorges étoient les auteurs. Les
informations furent faites en conséquence par-
devant Me. le Cerf commissaire au châtelet de
Paris. D'un autre côté, le sieur de Beaumont
capitaine

capitaine & gouverneur du château de Saint-Germain-en-Laye avoit pareillement fait informer. Mais le roi en étant instruit & s'étant fait représenter. ces informations, rendit le 28 novembre 1656, une ordonnance par laquelle il fut enjoint au sieur marquis de Sourches, prevôt de l'hôtel & grande prevôté de France ou à son lieutenant-général, d'instruire & de juger le procès avec défense à tout autre juge d'en prendre connoissance ; il fut pareillement enjoint à tous les officiers Commensaux & à ceux de sa cour & suite de ne reconnoître d'autre juge que le prevôt de l'hôtel dans toutes leurs affaires où il s'agiroit du fait de la justice, ni de se pourvoir ailleurs que pardevant lui à peine de nullité des procédures & de tous dépens, dommages & intérêts.

Une des prérogatives distinctives des Commensaux de la maison du roi, & qui leur est spécialement attribuée, est le droit de *committimus* au grand & au petit sceau, en vertu duquel ils ont leur causes commises, soit aux requêtes de l'hôtel, soit à celles du palais au choix des privilégiés, pour toutes leurs causes personnelles.

Il est même à remarquer, suivant que l'observe de Ferriere dans son dictionnaire de droit & de pratique, que le *committimus* du grand sceau n'étoit autrefois attribué qu'aux seuls Commensaux ; mais il a été accordé depuis à plusieurs autres officiers qui participent à leurs priviléges. Le droit de *committimus* s'étend à tous les officiers Commensaux de la reine, des enfans de France & du premier prince du sang, lorsqu'ils ont satisfait aux formalités requises pour pouvoir jouir des priviléges & prérogatives affectés à la commensalité.

Ce droit a été attribué & confirmé aux Commensaux de la maison du roi & des maisons royales, ainsi que celui de garde gardienne, par une déclaration du roi du 2 février 1548, regiſtrée au parlement le 15 mai, à la chambre des comptes le 26 juin de la même année, & à la cour des aides le 24 janvier 1549 ; par l'article 56 de l'ordonnance de Moulin du mois de février 1566, & par les articles 177 & 342 de l'ordonnance de Blois du mois de mai 1579. La juriſprudence des cours y a toujours été conforme, & leurs arrêts ont maintenu les Commensaux dans la jouiſſance du privilége lorſqu'il leur a été conteſté. On trouve ces arrêts dans le dictionnaire de Brillon & dans le code des Commensaux.

Il faut convenir cependant que le droit de *committimus* attribué aux Commensaux ne ſauroit avoir lieu en matière criminelle. Un arrêt du parlement d'Aix du 26 mars 1643, rapporté par Boniface l'a jugé ainſi. L'eſpèce étoit telle : le ſieur Péliſſier, aumônier du roi, avoit été ajourné pour fait d'injures pardevant le lieutenant de la ville de Digne à la requête de l'évêque. Le juge avoit cru devoir renvoyer la conteſtation aux rêquêtes de l'hôtel à Paris, attendu le *committimus* du ſieur Péliſſier. L'évêque ſoutenoit au contraire que MM. des requêtes de l'hôtel ne pouvoient connoître que des matières perſonnelles, civiles, & nullement des matières criminelles, ſi ce n'étoit par incident. L'arrêt que nous citons mit l'appel au néant & par nouveau jugement ſans s'arrêter au renvoi demandé

par Péliffier évoqua l'inftance en la cour, & ordonna que la caufe feroit pourfuivie par-devant
elle.

C'eft une queftion de favoir fi les officiers
Commenfaux du roi, par la raifon qu'ils font à
la fuite de la cour, font réputés avoir leur domicile à Paris. Il paroîtroit fuivant un arrêt
du 12 mai 1585 rapporté par Louet, que le
parlement fe feroit décidé pour l'affirmative fur
le fondement que le domicile du roi étant cenfé
à Paris, celui de fes officiers & domeftiques doit
y être de même.

Mais Brodeau dans fa notte fur ce paffage de
Louet eft d'un avis contraire. Il obferve d'abord
qu'à la vérité cette queftion a été jugée conformément à l'arrêt que cite Louet par un pareil
arrêt intervenu dans le procès de la fucceffion
du cardinal de Guife, & même par un autre
arrêt encore du 13 août 1616, de la première
chambre des enquêtes, confirmatif d'une fentence rendue au préfidial d'Angoulefme le 29
novembre 1614 : mais il ajoute que ce domicile
n'étant qu'un domicile civil, de droit & de fic-
tion, il ne peut être regardé comme le domicile
réel & véritable du Commenfal lorfqu'il s'agit
de régler fa fucceffion & que l'on prouve qu'il
avoit à l'époque de fa mort un autre domicile,
parce que les officiers du roi ne font point affujettis à une réfidence habituelle auprès de fa
perfonne, & ne fervent qu'un quartier de l'année ; c'eft ce qu'il affure avoir été jugé ainfi par
un arrêt du 28 février 1612, rendu au fujet de
la fucceffion mobiliaire d'Antoine Pouffin, mé-
decin ordinaire du roi, & par un autre arrêt de la
deuxième chambre des enquêtes du 7 feptembre

1634. Dans l'espèce de ce dernier arrêt, Marthe Dupont, veuve de Pierre Legras conseiller au grand conseil, soutenoit que le domicile de son mari avoit été à Paris ; elle demandoit en conséquence que les deniers provenans du prix de son office de conseiller au grand conseil dont il étoit pourvu au jour de son décès fussent partagés également suivant la coutume de Paris, & non suivant celle du Maine ; mais la circonstance décisive que le défunt étoit originaire du Maine, que ses biens y étoient situés & qu'il y étoit même décédé, tandis qu'au contraire il ne demeuroit à Paris que pour servir durant son sémestre, déterminèrent l'arrêt qui débouta cette veuve de sa demande.

&ipsilon;. Les prérogatives d'honneur dont jouissent les Commensaux consistent dans le titre d'écuyer qu'ils ont le droit de prendre ; dans le rang, les préséances & prééminences qui leur sont attribués par les règlemens aux cérémonies, processions & assemblées publiques ; dans certains droits honorifiques, tels que celui d'avoir les premiers, l'eau bénite, le pain beni, &c. à l'église.

: A l'égard du droit de rang & de préséance, une déclaration du 28 février 1605, enregistrée au grand conseil le 22 mars suivant, règle le rang que doivent avoir aux assemblées les valets de chambre & de garderobe du roi, les portemanteaux, huissiers de chambre & autres. Elle ordonne en conséquence qu'ils marcheront immédiatement après les conseillers des bailliages, sénéchaussées & siéges présidiaux & avant les officiers des élections & greniers à sel.

Suivant une autre déclaration du 27 juillet 1613, enregistrée au grand conseil le 2 août

fuivant, le même rang au-deffous des confeillers
des bailliages, fénéchauffées & fiéges préfidiaux
& au-deffus des officiers des élections & greniers à fel a été accordé aux maréchaux-des-
logis, aux fourriers du corps & aux fourriers
ordinaires.

Ce rang a auffi été attribué à différens officiers Commenfaux par plufieurs autres déclarations & règlemens qui fe trouvent dans le code
des Commenfaux. On peut dire en général que
le droit de ces officiers relativement à la préféance leur a toujours été adjugé par les arrêts
du grand confeil lorfqu'on a voulu le leur dif-
puter.

Cette qualité néanmoins ne donne aucune préféance fur les patrons, feigneurs de fiefs & hauts
jufticiers : les droits honorifiques font dûs à
ceux-ci par préférence. Il y en a un arrêt cé-
lébre rendu au grand confeil le 3 février 1723;
en faveur du fieur du Boisfufier feigneur de fief
dans la paroiffe de Courjon près Mortagne;
dont le roi eft patron & haut jufticier, contre
le fieur Baroux également feigneur de deux
fiefs dans la même paroiffe, lequel étoit en même-temps Commenfal; mais cette dernière qualité ne parut pas au grand confeil devoir l'em-
porter fur la poffeffion du fieur de Boisfufier.

A l'égard des feigneurs haut jufticiers, il eft
de maxime que les Commenfaux n'obtiennent
point de préféance fur eux lors même que l'é-
glife paroiffiale n'eft point dans la haute juftice
de ces feigneurs. Dans une conteftation furvenue
à ce fujet entre la dame Bruneau & fon fils contre le fieur Berger, l'un des chevaux légers,
laquelle fut appointée par arrêt du grand con-

feil du 19 juillet 1731, M. l'Escalopier avocat
général portant la parole, obferva que le dernier
état des chofes étoit en faveur des feigneurs
haut-jufticiers, fuivant un arrêt du mois de février précédent que ce magiftrat cita dans fon
plaidoyer. Denifart affure que la dame Bruneau
gagna depuis fon procès contre le fieur Berger
malgré la double qualité de gentilhomme & de
Commenfal qu'avoit celui-ci.

Aux prérogatives qui font perfonnelles aux
Commenfaux il faut ajouter le privilége qu'ont
les charges de ces officiers de ne pouvoir être
mifes en partage dans les fucceffions des familles, & de n'être fujettes non plus que les
gages, penfions & récompenfes dont ils jouiffent, à aucune hipothéque ni faifie.

Suivant un arrêt du parlement de Paris du 20
mai 1651, il a été jugé que les charges dont il
s'agit ne font fujettes à aucun rapport, & qu'elles
ne doivent point entrer en partage avec les héritiers de ceux qui en font pourvus quoiqu'en
furvivance.

A l'égard du privilége de ces mêmes charges de n'être fujettes à aucune faifie, ni hipothéque, il y eft fpécialement attribué par un
édit du mois de janvier 1678, enregiftré au parlement le 16 avril de la même année : ce même
édit porte en même-temps que les charges des
officiers Commenfaux n'entreront point en partage dans les familles. C'eft conformément à cet
édit qu'il a été depuis ordonné par un arrêt du
confeil du 29 juin 1718, que ces charges ne
pourroient être faifies.

Pour ce qui eft des gages & appointemens,
attribués à ces charges, un arrêt du parlement

du 29 mars 1760, a jugé qu'ils étoient exempts
de toute faifie. On trouve au code des Commenfaux plufieurs arrêts femblables qui ont prononcé la même chofe.

Les Commenfaux eccléfiaftiques, indépendamment des privilèges communs à tous les officiers & domeftiques du roi, en ont qui leur
font propres, tels par exemple que celui d'être
difpenfés de la réfidence dans leurs bénéfices
& le droit de percevoir les fruits de leurs prébendes pendant le temps de leur fervice à la
cour & celui d'être exempts des décimes pour
raifon des bénéfices dont il font pourvus : c'eft
ce qui réfulte d'une déclaration du roi du 10 décembre 1549.

Les principales lois relatives à leurs priviléges, exemptions & prérogatives font l'édit du
mois d'avril 1554, une déclaration du roi du 8
janvier 1558, enregiftrée le 13 mars 1560, des
lettres patentes du mois de janvier 1567, enregiftrées le 15 mars fuivant, les déclarations
des 10 aout 1570, & 6 mars 1577, qui fe trouvent dans les troifième & cinquième volume
des ordonnances de Charles IX, & celle furtout du mois de mars 1666, enregiftrée au
grand confeil le 18 du même mois.

Comme les détails relatifs aux droits & aux
privilèges des Commenfaux eccléfiaftiques fe
trouvent à l'article CHANOINE, nous ne nous
y arrêterons pas ici ; nous obferverons feulement que toutes les fois que l'exemption des
Commenfaux eccléfiaftiques leur a été conteftée
relativement à la réfidence & au droit de percevoir les fruits de leurs bénéfices pendant leur
abfence pour raifon de leur fervice auprès du

roi, ils y ont toujours été maintenus par des arrêts du grand conseil. C'est ce qu'a jugé entr'autres un arrêt de ce tribunal du 24 novembre 1687, qui a ordonné contre le chapitre de Mets, qu'un chanoine Commensal seroit réputé présent pendant le temps fixé par la déclaration de 1666, c'est-à-dire pendant la durée de son service & deux mois de plus pour ses voyages. Deux autres arrêts du grand conseil des 26 juillet 1725, & 11 décembre 1748 rendus contre le chapitre de saint Jacques de l'Hôpital & contre celui de Vernon sont conformes à cette décision.

Il faut remarquer cependant que les distributions manuelles & quotidiennes sont perdues pour le chanoine pendant son service à la cour; c'est ce que portent expressément un arrêt du conseil du 3 mars 1725, & l'article 13 d'un autre arrêt du conseil du 28 janvier 1730, rendu sur une contestation survenue entre les chanoines de la sainte chapelle de Paris & le sieur More. La même chose a été ordonnée par un arrêt du grand conseil du 18 novembre 1752, rendu entre le sieur Rivière clerc de la chapelle du roi, & le chapitre de saint Meri à Paris.

Mais un des principaux droits des chantres, chapelains, clercs de chapelle & oratoire, compositeurs, noteurs & enfans de chœur de la musique du roi est l'affectation qui leur a été accordée de certains bénéfices de la pleine collation ou à la disposition du roi auxquels ils doivent être nommés à tour de rôle suivant l'ancienneté de leur service. Des lettres patentes du 9 mai 1606, enregistrées au grand conseil le 11 juillet de la même année, ont affefté en conféquence à ces officiers eccléfiaftiques des dignités, chanoines & prébendes tant aux fáintes chapelles de Paris & de Dijon qu'aux églifes y dénommées, favoir, faint Quentin en Vermandois, faint Fourci de Peronne, faint Fleurant de Roye, faint Etienne de Troye, Notre-Dame de Cleri, faint Sauveur de Blois, faint Pierre de la cour du Mans, & les chapelles Dugué de Maulni au Mans, faint Spire, & Notre-Dame de Poiffi.

Ces lettres-patentes déclarent expreffément que les bénéfices vacans en regale font pareillement affectés au privilège de ces officiers eccléfiaftiques, & elles ajoutent de plus les bénéfices qui font à la collation du roi dépendans de Notre-Dame de Vitry en Perthois, des faintes chapelles de Vivier en Brie & de Bourges, de faint Etienne de Dreux, de faint Martin & faint Lo d'Angers, & de Notre-Dame de Moulins.

Il eft dit en outre que les chantres, chapelains, clercs de chapelle & autres y dénommés feront pourvus à tour de rôle de ces bénéfices fuivant l'état fait par le grand aumônier de France de ceux qui fervent auprès de fa majefté; à la charge cependant qu'il n'y aura que deux impétrans pourvus de ces bénéfices dans les églifes ou il n'y aura que douze prébendes; que dans les églifes où il y aura vingt-quatre prébendes, on pourra en pourvoir quatre, & fix dans celles où il fe trouvera trente-fix prébendes & plus; mais que dans les églifes où il y aura moins de douze prébendes les impétrans en vertu de leur privilège n'en pourront obtenir qu'une feule.

Ces mêmes lettres-patentes ajoutent de plus au privilège des chantres, chapelains, clercs de chapelle & autres les dignités seulement des églises de saint Jean les Tours, de Notre-Dame de la Ronde à Rouen, de Notre-Dame de Moulins, de Montbrison, de saint Nicolas, de Sesanne en Brie & de saint Thomas du Louvre à Paris.

Mais on leur retranche en même-temps les dignités, canonicats & prébendes des saintes chapelle de Riom en Auvergne & du bois de Vincennes, & des églises d'Abbeville, Pontoise Folgoy en Bretagne, Estampes, Corbeil, Melun, Villeneuve-les-Avignon, Tarascon, Nismes, le Puy, Notre-Dame en Anjou, saint Jacques de Blois, saint Georges de Rouen, Bar-sur-Seine, Vaucouleurs, Loches, Saulieu en Bourgogne, & toutes les autres dont la collation ou nomination appartient au roi.

Une dernière observation relative aux privilèges des Commensaux tant ecclésiastiques que séculiers est que ces privilèges n'appartiennent pas seulement aux officiers domestiques de la maison du roi & de la reine, mais encore à tous ceux qui sont attachés à la personne des enfans de France & des princes & princesses du sang. Les uns & les autres participent également aux prérogatives de la commensalité sans distinction, en vertu de déclarations particulières de sa majesté qui les leur ont accordées.

Telles sont entr'autres celle du 11 mars 1549, registrée au parlement le même jour, en la chambre des comptes le 20 du même mois & en la cour des aides le 6 septembre 1550, rendue en faveur des officiers & domestiques des enfans de France & de Marguerite de France sœur du roi ; suivant cette déclaration ces officiers doivent jouir de tous les privilèges attribués aux Commensaux de la maison du roi, par la déclaration du 2 février 1548. Celle du 16 avril 1584 enregistrée au parlement le 27 juillet suivant & à la chambre des comptes le 13 août de la même année porte que les officiers de Henri de Bourbon roi de Navarre jouiront des mêmes privilèges, droits, exemptions & prérogatives que les officiers de sa majesté.

Une déclaration du 16 mai 1596 accorde les mêmes droits & exemptions aux officiers & domestiques de M. le prince de Condé premier prince du sang ; ces mêmes officiers ont depuis été confirmés dans les privilèges des Commensaux par une autre déclaration du 23 janvier 1687, enregistrée à la cour des aides le 8 février suivant.

De semblables déclarations ont été rendues pour les officiers de madame la duchesse de Chartres, de madame la duchesse d'Orléans, de madame la duchesse de Berry, les 10 janvier 1694, 15 octobre 1693, & 2 septembre 1717.

Il y en a pareillement une du 4 avril 1612, registrée le 25 du même mois, à la cour des aides en faveur des officiers de madame la Daupline, & depuis encore celles des 28 juillet 1714, 6 janvier 1724, 22 août 1725, & 20 février 1745.

C'est conformément à ces concessions, que le sieur Charles Gilbert maître Queulx du prince de Condé ayant été imposé à la taille par les

habitans & collecteurs de la paroiſſe de Con-
giſe ſe pourvut à la cour des aides par appel
de la ſentence de l'élection de Meaux qui avoit
ordonné l'exécution du rôle. Sur cet appel la
cour des aides par arrêt du 13 mai 1684, ordonna que Gilbert ſeroit rayé du rôle des tailles, & fit défenſes à ces habitans de l'y comprendre à l'avenir.

Il arrive même ſouvent qu'après la mort des
princes & princeſſes du ſang, ſa majeſté accorde
à leurs officiers Commenſaux la jouiſſance des
mêmes privilèges & exemptions qu'ils avoient
pendant la vie de ces princes ; mais dans ce cas
le roi leur donne une nouvelle déclaration à
cet effet. C'eſt dans de pareilles circonſtances
qu'ont été rendues les déclarations des 17 février 1668, 3 novembre 1683, premier octobre 1693, 23 juillet 1701, 4 avril 1712, 3
mai 1718, 2 ſeptembre 1719, 29 janvier 1723,
& 4 janvier 1724.

Les veuves des officiers Commenſaux jouiſſent pendant leur vuidité des privilèges dont
jouiſſoient leurs maris ; ce privilège fait partie
de ceux qui ſont attribués aux charges des officiers & domeſtiques de la maiſon du roi & des
maiſons royales. Des lois particulières d'ailleurs
ont maintenu ces veuves dans la jouiſſance de
cet avantage. Un édit du mois d'août 1610 ; relatif aux privilèges des Commenſaux, enregiſtré
à la cour des aides le 28 avril 1614, & l'ordonnance du mois de juillet 1681, concernant l'e-
xemption des droits d'aides, étendent expreſſément la franchiſe de ces ſortes de droits aux
veuves des Commenſaux : les déclarations du
roi des 10 décembre 1635 ; & celle du mois de

janvier 1652, portant rétablissement des privilèges accordés de toute ancienneté, porte cette loi, aux officiers domestiques & Commensaux de la maison du roi sont aussi des plus formelles en faveur des veuves de ces officiers.

Suivant une décision du conseil du 14 août 1737, citée dans le dictionnaire raisonné des domaines, la veuve d'Eléazar d'Audibert garçon de la chambre de feu madame la Dauphine fut déchargée du droit de franc-fief qui lui étoit démandé par le fermier, & cette décision, ajoute l'auteur, fut rendue tant sur le fondement d'une déclaration du 20 juillet 1680, qui accordoit aux officiers de madame la Dauphine les privilèges dont jouissent les Commensaux de la maison du roi, que sur celui d'une autre déclaration du 4 avril 1712, qui conservoit ces privilèges à leurs veuves pendant leur vuidité. Nous n'oserions assurer cependant que cette décision relative aux privilèges des veuves doivé leur assurer l'exemption des droits de franc-fief, puisque suivant une autre décision du 19 août 1731, que nous avons rapportée plus haut, le conseil a prononcé que la veuve d'un Commensal payeroit ce droit à compter du jour du décès de son mari, sur le fondement que quand même l'exemption seroit acquise au Commensal sa veuve ne devroit pas en jouir.

Les officiers Commensaux que la veilliesse ou leurs infirmités obligent de renoncer à leur service, obtiennent du prince des lettres de vétérance en vertu desquelles ils continuent de jouir des privilèges & exemptions des charges dont ils ne peuvent plus remplir les fonctions.

Il avoit été rendu à ce sujet une déclaration

le 10 décembre 1635 , qui affuroit aux Commenfaux vétérans les droits & prérogatives dont
il étoient en poffeffion de jouir pendant leur
fervice. Mais elle n'avoit été enregiftrée le 7
août 1736, qu'à condition que ceux de ces officiers qui obtiendroient des lettres de vétérance
auroient fervi pendant trente ans. Ce terme a
depuis été abrégé fuivant une autre déclaration
du 11 juillet 1678 , regiftrée le 30 août fuivant
par laquelle fa majefté fans avoir égard aux claufes portées par la déclaration du 10 décembre
1635 , & à l'arrêt d'enregiftrement , ordonne
que les officiers domeftiques employés dans les
états , qui auront fervi pendant vingt-cinq ans
confécutifs en une même charge & qui s'en de-
mettront , jouiront & leurs veuves après eux
moyennant qu'elles reftent en vuiduité , des
priviléges dont ils jouiffoient pendant leur fervice. L'article 7 de l'édit du mois d'août 1705 ,
a depuis renouvelé cette même difpofition en
ordonnant que les lettres de vétérance obtenues
par les officiers domeftiques & Commenfaux de
la maifon du roi ou autres officiers réputés domeftiques & Commenfaux ne procureroient
aucun privilége ni aucune exemption , fi elles
n'avoient été obtenues après vingt cinq ans de
fervice actuel. L'arrêt d'enregiftrement de cette
déclaration de 1678 , porte que les officiers qui
obtiendront des lettres de vétérance ne pourront
jouir d'aucune exemption que ces lettres n'aient
été bien & duement vérifiées. Il a été dit au
furplus par un arrêté particulier que le temps
pour acquérir les priviléges des vétérans ne commenceroit à courir à l'avenir que du jour que
les officiers auroient été employés fur les états
envoyés au greffe de la cour.

Les motifs d'un pareil arrêté font fenfibles ; s'il eft d'une part de la bonté du fouverain d'accorder des priviléges & des prérogatives aux officiers qui ont l'honneur de le fervir, il eft d'un autre côté de l'intérêt de fes peuples que les exemptions ne fe multiplient point trop, qu'on ne les exige point fans jufte titre, & qu'on en jouiffe fans abus, parcequ'autrement elles occafionneroient aux fujets du roi non privilégiés des furcharges confidérables, puifqu'ils auroient à fupporter tout le poids des impofitions & des fubfides.

C'eft pour cela qu'afin de concilier l'affection qu'ils défiroient témoigner à leurs officiers & domeftiques avec l'intérêt général, nos rois ont fait, fuivant les circonftances, des réglemens qui fixent dans de juftes bornes les priviléges des Commenfaux & prefcrivent les formalités qu'ils ont à remplir pour pouvoir en jouir. L'exécution de ces divers réglemens à toujours fait l'objet de la vigilance des cours & de celle des aides fur-tout que ces fortes de matières concernent plus communément. Ce font ces règlemens qu'il importe principalement de connoître, pour être parfaitement inftruit des conditions fous lefquelles les Commenfaux peuvent ufer de leurs priviléges.

3°. *Conditions impofées aux Commenfaux & formalités qu'ils ont à remplir pour jouir de leurs priviléges.*

La première & la plus indifpenfable des conditions requifes pour faire jouir un Commenfal des priviléges attribués à fa charge, eft qu'il foit compris dans les états de la maifon du roi envoyés tous les ans à la cour des aides, qu'il ferve ac-

tuellement, & qu'il foit compris dans les états
pour foixante livres de gages au moins. C'eft ce
qui a été prefcrit par l'article 125 de l'ordonnance d'Orléans de 1560; par l'article 342 de
celle de Blois de 1579, & par l'arrêt d'enregiftrement d'une déclaration de Louis XIII du mois
de décembre 1611.

L'édit du mois d'août 1705, enregiftré à la
cour des aides le 3 feptembre fuivant, en renouvelant ces difpofitions, veut que les états
foient envoyés tous les ans à la cour des aides avant
le premier avril, qu'ils contiennent les noms &
furnoms des officiers qui y font employés, la qualité de de leurs offices, leurs gages, & le lieu de
leur réfidence, fans quoi ces états ne feroient
d'aucune utilité aux officiers pour les faire jouir
de leurs priviléges.

Il faut obferver que le greffier de la cour des
aides eft tenu de remettre fans frais fur papier
non timbré, & fans qu'il puiffe exiger aucun
droit pour cette remife, une expédition de chacun de ces états au contrôleur général des finances pour en envoyer des extraits fignés de lui
aux intendans & commiffaires départis dans les
provinces & généralités du royaume, à l'effect
de les faire publier au prône des paroiffes de leur
département dans lefquelles les privilégiés font
leur réfidence accoutumée.

Suivant le même édit de 1705, les Commenfaux ne fauroient jouir des priviléges attribués
à leurs charges s'ils ne font un fervice actuel,
dont ils ne peuvent être difpenfés que pour caufe
de maladie, laquelle doit être atteftée par un
certificat en bonne forme figné d'un préfident,

de

de deux élus & du substitut du procureur général
de l'élection dans le ressort de laquelle le privilégié fait sa résidence (1).

Cet acte doit être signifié à la requête des officiers Commensaux un dimanche ou jour de fête
à l'issue de la grand-messe, au corps des habitans, aux collecteurs & au receveur des tailles
de la paroisse.

Il est à remarquer qu'en cas de supposition ou
de faux, ce certificat peut être débattu de la
part des habitans, tant par écrit que par témoins, sans qu'ils soient tenus de recourir à l'inscription de faux qui occasionneroit aux communautés d'habitans des longueurs & des frais qu'il
leur importe d'éviter.

Les officiers Commensaux doivent en outre

_____

(*) Cette obligation d'un service actuel pour pouvoir
réclamer les priviléges des Commensaux a donné lieu à un
arrêt de la cour des aides du 29 juillet 1682, dont voici
l'espèce telle que la rapporte Brillon dans son dictionnaire
des arrêts. « Un particulier pourvu d'une charge dans la
» maison du roi, après avoir servi pendant quarante ans,
» fit recevoir son fils en survivance; celui-ci servant au lieu &
» place de son père, ce dernier prétendit jouir de l'exemption
» de la taille de même que lorsqu'il faisoit son service par
» lui-même, d'autant plus que son fils qui ne faisoit que le
» représenter, ne jouissoit point de l'exemption; il est même
» à remarquer que sur ce fondement & sur celui de son
» grand âge, il avoit obtenu une dispense de service per-
» sonnel de M. le grand écuyer de France. Il fut cependant
» imposé au rôle des tailles. La contestation ayant été por-
» tée à la cour des aides, M de Monchal avocat général
» conclut pour le père; mais l'arrêt de cette cour décida,
» malgré les conclusions de M. l'avocat général, que le
» père ne servant plus, ne devoit pas jouir de l'exemption,
» & sur ce motif l'exécution du rôle fut ordonnée ».

aux termes du même édit du mois d'août 1705 remplir les formalités suivantes.

Ils sont tenus de déclarer chaque année par acte autentique, un jour de dimanche ou de fête, à l'issue de la grand-messe, au corps des habitans de la paroisse où ils sont domiciliés, l'année, le quartier ou le semestre pendant lequel ils doivent servir, & le jour qu'ils doivent partir pour se rendre à leur service.

Ils doivent également six semaines après que le tems de leur service est fini, dénoncer dans la même forme au corps des habitans de leur paroisse un certificat en bonne forme du service qu'ils viennent de faire, & six mois après ce même service, ils doivent fournir aux mêmes habitans une ampliation, signée du trésorier ou payeur, de la quittance de leurs gages, laquelle doit être au moins de la somme de soixante livres; ils sont en même-temps tenus de joindre à ces piéces un extrait des états envoyés chaque année à la cour des aides, & dans lesquels ils auront été employés pour la première fois.

Remarquez que cet extrait des actes de la cour des aides doit être signifié une première fois seulement aux habitans de la paroisse avant le premier octobre de l'année dans laquelle les privilégiés auront commencé à être couchés sur ces états, sans qu'ils soient ensuite tenus de représenter les mêmes extraits toutes les fois qu'ils fournissent aux habitans l'ampliation de la quittance de leurs gages dont nous avons fait mention plus haut.

Un officier Commensal ne peut au surplus faire enregistrer ses provisions aux greffes des élections fans y attacher l'extrait de l'état qui le concerne. Si le nouvel officier n'avoit pas encore été employé dans l'état de l'année de fa reception, il feroit obligé dans ce cas de rapporter un extrait de l'état précédent, dans lequel le titulaire du même office étoit employé. C'eft ce qui eft prefcrit par l'article 28 de l'édit de 1706.

Dans le cas de réfignation d'un office de Commenfal, le réfignant & le réfignataire doivent auffi faire fignifier pour une première fois feulement l'extrait de l'état dans lequel le réfignataire eft employé, tant au fyndic des habitans de la paroiffe du nouveau pourvu de l'office, qu'au fubftitut du procureur général du roi en l'élection, chacun dans le lieu de fa réfidence, le tout fous peine de déchéance des priviléges contre le réfignataire, & de cent livres d'amende contre le réfignant, conformément à la difpofition de l'article 28 du même édit de 1706.

Il faut de plus fuivant l'édit du mois d'août 1705, que les Commenfaux pour jouir de leurs priviléges ne faffent aucun acte de dérogeance, La déclaration du roi du 26 novembre 1643, portant rétabliffement des priviléges des officiers & domeftiques de la maïfon du roi & des maifons royales qui avoient eté révoqués par l'édit de 1640, ne les a rétablis qu'à condition que ces Commenfaux ne feroient point trafic de marchandife ni ne tiendroient hôtellerie.

L'article 24 de l'édit du mois de juin 1614, portant réglement fur le fait des tailles, regiftré en la cour des aides le 31 décembre de la même année, avoit ordonné que les officiers privilégiés, pour pouvoir jouir de l'exemption de la taille ne pourroient exercer aucune vacation qui répugnât à la qualité dans laquelle ils servoient; qu'ainsi un juge, par exemple, un avocat, un procureur ou un sergent ne pourroient servir en qualité de gendarmes, de gentilhomme de la venerie, de canonnier, d'officier de cuisine ou autre, ni un marchand servir en qualité de gentilhomme, d'écuyer ou sous tel autre titre.

Il est pareillement de maxime en cette matière, qu'un officier Commensal qui seroit en même-temps pourvu d'un office de judicature, de police ou de finance, ne pourroit participer aux priviléges & exemptions, tant qu'il posséderoit à la fois les deux offices, nonobstant les lettres de compatibilité qu'il auroit obtenues à cet effet. C'est ce qui a été spécialement ordonné par une déclaration du roi du 3 octobre 1680, qui veut que tous les officiers des maisons royales possédant des charges de judicature ou autres ayant fonctions publiques & serment à justice, soient imposés au rôle des tailles, tant qu'ils seront pourvus conjointement des deux offices, nonobstant les priviléges des Commensaux, dont ils sont déclarés déchus, jusqu'à ce qu'ils aient fait option, & qu'ils se soient démis des offices ayant fonctions publiques, & même qu'un autre en soit pourvu & exerce à leur place, nonobstant les lettres de compatibilité obtenues ou à obtenir quand même elles seroient enregistrées dans les cours.

L'article 8, de l'édit du mois d'août, confirme les mêmes dispositions, & révoque toutes les lettres de compatibilité qui pourroient avoir été obtenues par les officiers Commenſaux.

Enfin par l'article 25 de l'édit du mois de ſeptembre 1706, il fut ordonné que ceux qui n'avoient pas ſatisfait à la diſpoſition de l'article 8 de l'édit de 1705, ſeroient à la prochaine aſſiette impoſés d'office à la taille par les intendans & commiſſaires départis dans les lieux où elle eſt perſonnelle.

C'eſt conformément à ces lois qu'une déciſion du conſeil du 20 mars 1737 a jugé que le ſieur Poulard pourvu en 1730, de l'office de receveur des tailles à Mortagne & en 1736, de la charge de gentilhomme de la grande venerie, étoit ſujet au droit de franc-fief, attendu l'incompatibilité de ſon office de receveur des tailles avec ſa charge de la venerie.

Le même principe a dicté l'arrêt du conſeil rendu contradictoirement le 2 mai 1752, par lequel le nommé François-Touſſaint Boulet fourier des logis, & pourvu en même-temps d'un office de receveur des tailles de l'élection de Montdidier fut, ſur le fondement de cette incompatibilité, condamné à payer le droit de franc-fief des biens nobles qu'il poſſédoit, à compter du jour de ſa réception dans l'office de receveur des tailles.

Les priviléges au reſte que donne l'office de Commenſal ne ſauroient avoir d'effet rétroactif, ils n'ont lieu qu'à compter du jour qu'on a été pourvu de l'office, & qu'on a d'ailleurs ſatisfait aux formalités que nous venons de rapporter. De ſorte par exemple qu'un privilégié ne peut jouir de l'exemption du gros pour le vin qui proviendroit des récoltes antérieures à la date de ſes proviſions. C'eſt ce qui a été jugé par un arrêt de la cour des aides du 18 février 1729, confirmé par arrêt du conseil du 15 novembre suivant.

Comme le nombre des privilégiés se multiplioit extraordinairement dans certaines paroisses taillables, il a été indispensable de le restreindre pour le rendre moins onéreux aux habitans des lieux où les privilégiés ont leur domicile.

Ce nombre a été fixé à huit dans les villes, bourgs & paroisses taillables qui sont taxés à neuf cens livres de principal de la taille & au-dessus, & à quatre privilégiés seulement dans les paroisses taxées au-dessous de neuf cens livres : ce sont les dispositions de l'arrêt de la cour des aides du 9 décembre 1710, & d'une déclaration du 19 janvier 1712 registrée en cette cour le 30 du même mois.

Observez que cette limitation du nombre des privilégiés n'a point lieu aux termes des lois que nous venons de citer, dans les villes où sont établies les cours supérieures, les bureaux des finances, les élections & les greniers à sel.

Les mêmes arrêt & déclaration portent que les privilégiés parviendront à l'exemption & à ce nombre fixé de huit ou de quatre, chacun suivant leur rang d'ancienneté de domicile, sans que les nouveaux venus puissent participer à aucune exemption, jusqu'à ce qu'ils se trouvent compris au nombre prescrit.

Remarquez encore que les veuves des officiers privilégiés restant en viduité ne sont point comprises dans la réduction, & qu'elles jouissent indépendamment de ce nombre des priviléges dont jouissoient leurs maris pendant leur vie.

Les officiers de la maison du roi n'ont d'ailleurs à cet égard aucune préférence fur ceux des maisons royales, mais ils font tous indistinctement appelés à leur tour à la jouissance des priviléges & exemptions ; au reste, il ne peut y avoir dans une paroisse plus de deux titulaires d'offices de la même qualité qui soient appelés pour jouir conjointement des priviléges.

Il est encore de règle en cette matière qu'en cas de concurrence, l'officier vétéran doit avoir la préférence fur celui qui est actuellement revêtu de l'office.

L'exécution de ces divers réglemens a souvent donné lieu à des difficultés entre le fermier des droits d'aides & les officiers Commensaux. Ceux-ci ont quelquefois prétendu que les dispositions des édits, arrêts & déclarations que nous venons de rapporter ne devoient avoir lieu que lorsqu'il s'agissoit de l'exemption de la taille, qu'en conséquence ils ne pouvoient être astreints à l'exécution de ces réglemens & aux formalités qui y font prescrites pour l'exemption du droit de gros, d'où ils concluoient qu'il leur suffisoit de rapporter simplement un certificat de leur service actuel pour opérer leur décharge à l'égard de ce droit.

Mais par l'arrêt du conseil & les lettres-patentes du 30 juillet 1726, enregistrées le 26 novembre suivant, ils ont été assujettis pour l'immunité du droit de gros aux formalités prescrites par les réglemens rendus pour l'exemption de la taille à peine de déchéance de leur privilége, dont il est dit qu'ils seront pareillement déchus fi le fermier justifie qu'ils fassent acte dérogeant à leurs priviléges.

On donne auſſi le nom de *Commenſaux* à des chanoines qui ſont oſficiers & à la ſuite des évêques, pour les ſoulager dans l'adminiſtration & le gouvernement du dioceſe : ce titre les exempte de l'aſſiſtance & de la réſidence ſans les priver du fruit de leurs prébendes, tant qu'ils ſont attachés à l'évêque en cette qualité. Ce qui concerne ces Commenſaux a été traité au mot CHANOINES.

Voyez la conférence des ordonnances de Guenois ; le mémorial alphabéthique de la cour des aides ; le dictionnaire des aides ; l'hiſtoire chronologique des grands officiers de la couronne par le P. Anſelme ; le traité des offices de Loiſeau ; le dictionnaire des arrêts de Brillon ; Bacquet, traité du droit de franc-fief ; Brodeau ſur Louet ; le traité des droits d'aides ; le dictionnaire raiſonné des domaines ; la collection de juriſprudence ; le code des Commenſaux. Voyez auſſi les articles CHANOINE , CHANTRE , EXEMPTION , PRIVILÉGE , TAILLES , PRÉSÉANCE, RANG, COMMITTIMUS, FRANC-FIEF, &c. (*Article de M. ROUBAUD, Avocat au parlement*).

COMMERCE. Négoce , trafic de marchandiſes , d'effets, d'argent.

L'hiſtoire nous repréſente rarement un peuple fortuné ſans nous rappeler combien le commerce a contribué à ſa proſpérité. Ce fut par le commerce que les Phocéens établirent des colonies ſur toutes les côtes connues de leur tems. Les monumens de la magnificence des Egyptiens prouvent qu'il régnoit à Memphis & dans preſque toute l'Egypte un commerce intérieur fort étendu. Le faſte , les mœurs, les

lois, la religion, le goût si éclairé des habitans,
enfin tout ce que nous savons de la Grèce nous
apprend qu'elle fut très-commerçante. Alexandre étoit si persuadé que le Commerce doit réparer les calamités causées par les dévastations,
qu'il bâtit Alexandrie dans la situation la plus
favorable pour en faire le centre d'un grand
Commerce. Carthage reçut par le négoce un
éclat qu'elle ne pouvoit attendre de son sol
arride, & de sa température peu favorable à la
population.

Après la dévastation de l'empire romain,
notre hémisphère ne jouit que de quelques ins-
tans de prospérité jusqu'à la restauration des
sciences & des arts ; les villes libres de l'Italie
où ils fleurirent d'abord se disputèrent l'empire
des mers ; les Flamands s'illustrèrent par le Commerce quelques tems après ; on vit ensuite s'é-
lever dans le nord la Hanse Teutonique & bientôt toutes les nations de l'europe se divisèrent
entr'elles les branches de Commerce, tandis
que les plus entreprenantes s'en créoient de
nouvelles par des découvertes en Asie & en
Amérique.

La prospérité des Anglois & des Hollandois
excitant de plus en plus l'émulation des gouvernemens modernes, ils s'étudièrent tous à multiplier les denrées de leur sol, & à négocier les
productions étrangères. En perfectionnant les
lois relatives au Commerce intérieur, on décou-
vrit les principes qui devoient faire prospérer le
Commerce extérieur.

Pour remplir le but que nous nous sommes
proposé, nous exposerons d'abord les lois relatives au Commerce intérieur du royaume, &

enfuite les lois qui ont rapport au Commerce extérieur.

Lois relatives au Commerce intérieur.

Nous confidérerons, 1°. les claffes de citoyens qui peuvent s'occuper du Commerce, 2°. les priviléges & les encouragemens accordés en général aux commerçans.

1°. *Claffes des citoyens qui peuvent s'occuper du Commerce.* La maxime du droit canon » *Nemo* » *militans Deo, implicat fe negotiis fecularibus* », interdit le Commerce aux eccléfiaftiques.

Le chapitre 6 des décrétales prononce l'anathème contre les clercs, les moines & les religieux qui feront des entreprifes lucratives, afin qu'ils ne dérogent pas à la fainteté de leur caractère.

Le roi & les cours fupérieures ont rendu plufieurs réglemens pour obliger les eccléfiaftiques à fe conformer aux décifions des canons, nous ne rapporterons que les plus remarquables.

Un édit rendu en 1707 défend à diverfes maifons de religieux & de moines, non-feulement de vendre des remèdes, mais même d'en diftribuer gratuitement ; les difpofitions en ont été renouvelées par l'arrêt du confeil d'état du roi du 28 juin 1755.

Le roi défendit le 12 juillet 1721 par arrêt de fon confeil à toutes les communautés féculières & régulières de permettre qu'il foit fait en leurs maifons ou couvens des magafins de marchandifes de quelques nature que ce fût à peine de faifie de leur temporel & d'être privées de leurs priviléges.

Un arrêt rendu en forme de réglement pour

le diocèse de Boulogne, au parlement de Paris le 4 août 1745, porte »que les curés, vicaires & »autres personnes constitués dans les ordres »sacrés ne pourront faire aucun Commerce de »chevaux ou autres animaux.

Bouchel dans sa bibliothèque canonique, tome premier, page 44, rappelle un arrêt du parlement de Normandie qui enjoint à un Carme muni de plusieurs missives concernant le Commerce, de se retirer dans le couvent de la ville de Paris pour y continuer l'exercice de sa profession religieuse, sans s'entretenir d'affaires séculières, à peine d'être procédé contre lui, suivant les décrets & les constitutions canoniques.

Il ne faut pas croire cependant, comme l'ont fait quelques auteurs, qu'en interdisant le Commerce aux ecclésiastiques, l'intention de l'église soit de faire regarder le Commerce comme une profession avilissante & contraire au christianisme, puisque l'écriture sainte loue Salomon & Josaphat d'avoir envoyé des flottes marchandes sur la mer rouge. Isaïe élève d'ailleurs Tyr par rapport à son Commerce, au-dessus de toutes les villes. *Elle est*, dit-il, *la reine de la mer ; ses négocians sont les princes, & ses correspondans les grands de la terre ;* mais le Commerce est interdit aux ministres des autels, parce qu'en s'y livrant, ils pourroient, comme nous l'avons déja observé, s'occuper d'intérêts personnels contraires à l'édification publique & à la pureté de leur caractère.

Si les ordonnances de nos rois défendent aussi le Commerce aux officiers de judicature, ce n'est pas seulement pour les attacher à leurs fonctions, mais encore pour ôter la liberté du

Commerce à des personnes qui pourroient en s'en rendant les maîtres, nuire aux négocians.

Cette défense qui se trouve dans les ordonnances de Charles V, de Charles VII & de François Ier., a été renouvelée dans la plupart des réglemens donnés par Louis XIV sur le Commerce, particulièrement par les édits de 1669 & de 1701, qui permettent aux nobles, excepté ceux qui sont revêtus de charges de magistrature, de faire le Commerce en gros, & plus particulièrement encore par l'édit du mois de septembre 1706 & par la déclaration du 21 novembre de la même année.

La première de ces lois défend aux officiers revêtus de charges de magistrature, même à ceux des élections & des greniers à sel, de commercer en gros ou en détail, & elle les déclare en cas de contravention, déchus d · toute exemption & de tout privilége. Le second réglement dérogeant au premier, permet que les marchands & négocians en gros puissent être revêtus des charges des élections & des greniers à sel, & faire en même-temps, ou faire faire par des personnes interposées le Commerce en gros, soit pour leur compte, soit par commission, tant au dedans qu'au dehors du royaume, sans préjudicier à leurs priviléges ni exemptions.

Louis XV a renouvelé aussi plusieurs fois les défenses faites à la magistrature de commercer, mais principalement par l'édit du mois de mars 1765, qui permet à tous les sujets du roi, de quelque qualité qu'ils puissent être, excepté aux officiers titulaires & revêtus de charges de magistrature, de faire librement le Commerce en gros.

Dès 1556 Charles IX avoit permis par des lettres-patentes le Commerce à la noblesse de Marseille, de Normandie & de Bretagne. En 1614 les états généraux qui avoient les yeux toujours ouverts sur le bien public, firent connoître à la noblesse que rien ne pouvoit lui être plus honorable & en même-temps plus avantageux à l'état, que de la voir équiper des navires, s'exercer dans la marine & faire un grand trafic. En 1627 le corps de la noblesse demanda au roi dans son cahier particulier, *que les gentils-hommes pussent avoir part & entrer dans le Commerce sans déchoir de leurs priviléges.*

. Henri IV avoit déja invité la noblesse en 1604 à prendre part au Commerce des indes orientales, par les priviléges qu'il accorda à la compagnie formée en vertu de l'édit du premier juin de cette année.

Louis XIII déclara solemnellement en 1629, que les gentilshommes qui feroient le Commerce de mer ou qui y prendroient part, ne dérogeroient pas.

Louis XIV ordonna par les édits des mois de mai & d'août 1664, portant établissement des compagnies des indes orientales & occidentales, que toutes personnes, de quelque qualité & condition qu'elles fussent, y pourroient entrer sans déroger. Ce prince invita encore plus positivement la noblesse à faire le Commerce par les édits de 1669 & de 1701.

Dans le premier, le légiflateur après avoir observé que « le Commerce, & particulière- » ment celui qui se fait par mer, est la source » féconde qui apporte l'abondance dans les états » & la répand sur les sujets, à proportion de

» leur induſtrie & de leur travail, & qu'il n'y a
» point de moyen pour acquérir du bien qui ſoit
» plus innocent & plus légitime », ſe plaint de
ce que malgré les ordonnances de ſes prédéceſſeurs ſur le Commerce & l'eſtime qu'ils lui ont
marqué, la nobleſſe craint encore de ne pouvoir
s'en occuper ſans déroger; « il déclare enſuite,
» afin de ne rien omettre de ce qui peut le plus
» exciter la nation à s'engager au commerce &
» à le rendre floriſſant, que tous les gentils-
» hommes pourront par eux-mêmes ou par per-
» ſonnes interpoſées, entrer en ſociété & pren-
» dre part dans les vaiſſeaux marchands, den-
» rées & marchandiſes d'iceux, ſans qu'ils ſoient
» cenſés déroger à la nobleſſe, pourvu toutefois
» qu'ils ne vendent point en détail ».

Par l'édit de 1701, le roi a ordonné que tous
ſes ſujets nobles par extraction, par charges ou
autrement, excepté ceux qui ſeroient revêtus
de charges de magiſtrature, pourroient faire librement le Commerce tant au dedans qu'au
dehors du royaume, pour leur compte ou par
commiſſion, ſans déroger. Que les nobles qui
feroient le Commerce en gros continueroient
de jouir des exemptions & priviléges dont ils
étoient en poſſeſſion avant de faire le Commerce; qu'ils pourroient poſſéder des charges
de conſeillers-ſecrétaires, maiſon, couronne de
France, & continuer en même-temps le Commerce ſans avoir beſoin pour cela d'arrêt ou
de lettres de comptabilité. Enfin que dans les
villes du royaume où juſqu'alors il n'avoit pas
été permis de négocier ſans être reçu dans quelques corps de marchands, il ſeroit libre aux
nobles de négocier en gros, ſans être obligés de

se faire recevoir dans aucun corps ni de justifier d'aucun apprentissage.

2°. *Priviléges & encouragemens accordés au Commerce.* Selon l'édit de Louis XIV rendu en 1701, les marchands qui doivent être réputés négocians en gros sont ceux qui font leur Commerce en magasin, vendent leurs marchandises par balles, caisses ou pièces entières, & n'ont point de boutiques ouvertes, ni étalages, ni enseigne à leurs portes.

Cet édit veut que dans les lieux où les avocats & les autres notables sont nommés aux charges de maires, d'échevins, de capitouls, de jurats & de premiers consuls, les marchands en gros puissent être nommés concurremment avec eux à ces places ; qu'ils puissent être élus juges, prieurs & présidens de la juridiction consulaire, ainsi que les marchands qui se trouvent reçus dans les corps & communautés de marchands établis dans quelques villes du royaume. Enfin, que le chef de chaque juridiction consulaire, de quelque nom qu'il soit appelé, soit exempt de logemens de gens de guerre, de guet & de garde pendant le temps de son exercice. « Mais pour conserver, dit le législateur, autant » qu'il est en nous, la probité & la bonne foi » dans une profession aussi utile à l'état, nous » déclarons déchus des honneurs & prérogatives » ci-dessus accordées ceux des marchands & » négocians en gros, aussi-bien que ceux des au- » tres marchands qui auront fait faillite, pris » lettres de répit, ou fait des contrats d'atter- » moiement avec leurs créanciers ».

Pour distinguer le Commerce, Henri IV accorda des lettres de noblesse à plusieurs commerçans. Louis XIV par ſes lettres-patentes du mois de juillet 1646, ennoblit *Cadeau*, *Binet* & *Zeuil*, marchands de la ville de Paris, en conſidération de l'établiſſement d'une manufacture de draps à Sedan, ſemblable à celle de Hollande, ſans qu'on pût leur imputer, ni à leur poſtérité, de déroger par rapport au négoce. D'autres lettres-patentes ont accordé pendant le règne du même prince, la nobleſſe à Vanrobais, à Sauvage, à Camplain, &c.

Autrefois les rois accordoient des priviléges excluſifs pour la propriété des branches de Commerce dont l'exploitation étoit ſi diſpendieuſe, que des particuliers ne pouvoient les entreprendre ſans le ſecours de l'état. Tels étoient les priviléges de fabriquer excluſivement certaines étoffes accordés aux premières manufactures de Provence, ou celui de faire ſans concurrens, des draps propres au Commerce du Levant, données autrefois à des manufactures de Languedoc; tels étoient enfin les priviléges excluſifs des compagnies commerçantes des Indes, de l'Aſie, de l'Afrique & de l'Amérique. A préſent l'état préfere d'accorder des affranchiſſemens & des exemptions, des prohibitions de commercer les marchandiſes étrangères en concurrence avec celles de la nation; enfin des gratifications & des avances pécuniaires.

Le droit de naturalité eſt accordé par pluſieurs arrêts, non-ſeulement aux négocians qui comme *Cadoz* & *Vanrobais* établiſſent de nouvelles manufactures, mais encore aux ouvriers employés dans ces manufactures.

Les prohibitions des marchandiſes étrangères dont la concurrence pourroit nuire au Commerce

merce de l'intérieur du royaume, font un des moyens qui ont été employés pour la prospérité du Commerce ; c'est l'objet des tarifs de 1664, de 1667, de 1669, d'une infinité de réglemens donnés fous le ministère de M. Colbert, & particulièrement du titre 8 de l'ordonnance de 1687. Ces lois défendent entièrement le Commerce de certaines marchandises des pays étrangers. Quelquefois elles ne permettent le Commerce de quelques autres que quand elles font introduites par des négocians François fur des vaisseaux construits en France, & dont les équipages & les matelots font fujets du roi : souvent fans interdire ces marchandises, elles les taxent à un droit d'entrée proportionné à la néceffité dont elles font, ou à la facilité que les étrangers auroient à les vendre en concurrence avec celles des commerçans du royaume ; enfin le même principe d'encourager le Commerce intérieur en ne privant pas les manufactures des denrées de première néceffité, a fait défendre la fortie des matières premières néceffaires à différentes fortes de manufactures.

Les gratifications données à propos font encore des moyens très-actifs pour faire fleurir le négoce. Louis XIV en avoit accordé à toutes les compagnies de Commerce & à l'exportation des ouvrages des nouvelles manufactures chez l'étranger. La compagnie des Indes orientales recevoit cinquante livres de gratification par tonneau de marchandise nationale qu'elle envoyoit dans fes concessions, & soixante-quinze livres pour les marchandises de l'Inde qu'elle envoyoit dans le royaume. Pour faire fleurir le Commerce de mer, ce prince promit par un édit en 1664, cinq livres de gratification par tonneau à tout négociant qui feroit conftruire en France des navires de cent à deux cens tonneaux, fix livres par tonneau pour les bâtimens plus gros, & quatre livres pour les bâtimens conftruits hors du royaume, dont la propriété feroit conftatée appartenir à des François, fans que les étrangers y euffent aucune part. La même année le même prince accorda quarante fous de gratification par chaque tonneau de marchandifes à tout bâtiment François monté par un équipage François qui partiroit pour la mer Baltique, à condition de revenir chargé de goudrons, de matières & de bois propres à la conftruction. Louis XV à l'exemple de fon prédéceffeur, a continué d'accorder des gratifications pour le Commerce de l'Inde, & il en a donné de particulieres pour l'encouragement de quelques nouvelles manufactures; l'arrêt du 25 feptembre 1755 accorde pendant 15 ans aux entrepreneurs de la manufacture du Puy dans le Velay, une gratification de quatre livres par pièces de vingt aunes pour les étoffes de foies unies qui fe fabriqueront dans cette manufacture, deux fous par aune d'étoffes de foie pure & non mêlangée, quatre mille livres pour contribuer à l'établiffement d'un teinturier, & huit cens livres par année au directeur de la manufacture. En 1774 Louis XVI accorda des gratifications pour l'importation des grains étrangers dans le royaume, afin d'en augmenter le Commerce & d'en diminuer la cherté.

Les avances font une efpèce de gratification; l'état en accorde ordinairement à toutes les nouvelles entreprifes dè Commerce qui exigent de grandes dépenses. La compagnie des Indes reçut lors de sa formation, six millions que le roi lui prêta d'abord & lui céda ensuite. Les nouvelles manufactures dont l'établissement est de quelque importance, reçoivent des avances pour la construction des bâtimens, pour les premiers achats d'ustensiles & de matières premières.

Enfin les derniers moyens d'encourager efficacement le Commerce, sont d'obvier à tout ce qui peut nuire à la liberté des Commerçans. C'est un des principaux objets de l'ordonnance de 1563, portant établissement des juridictions consulaires, de l'ordonnance de 1673, appelée code marchand, & des ordonnances de la marine de 1681 & de 1684. Pour faire connoître le véritable esprit du legislateur sur cette matière, rapportons ce que M. de Colbert écrivoit en 1669 à M. de Souzi, intendant de Flandres : « A l'égard des précautions à prendre pour em- » pêcher qu'il ne s'introduise quelque abus dans » le passage des marchandises que les marchands » des villes restées au roi catholique voudront » envoyer dans les pays étrangers par nos voi- » tures de terre & de mer, prenez bien garde » de ne rien faire qui puisse troubler ou diminuer » ce Commerce ; au contraire, travaillez par » toutes sortes de moyens à l'augmenter. Vous » avez bien fait de faire arrêter le commis du » bureau de Mortagne, qui avoit retardé le » passage des bateaux de charbon ; il est de très- » grande conséquence que les marchands ne » soient pas vexés, sous quelque prétexte que » ce soit ».

Lois relatives au Commerce extérieur.

Le Commerce extérieur eſt celui que fait une nation avec d'autres nations.

Les François ont fait des conventions de Commerce avec pluſieurs nations. Ils ont réglé, reſtreint ou étendu leur Commerce avec quelques-unes par des lois particulières ; mais à la connoiſſance de ces conventions & de ces lois, doit précéder celle des principes qui forment le droit public des nations commerçantes : ce ne ſera donc qu'après les avoir préſentés que nous traiterons du Commerce de France avec l'Angleterre, avec l'Eſpagne, avec la Hollande, avec l'Allemagne, avec le Nord, avec l'Italie, avec la Turquie, avec l'Aſie, &c.

Droit public des nations commerçantes. Une nation peut empêcher qu'il ne ſoit porté hors de chez elle des productions & des marchandiſes quelconques. Une nation peut impoſer à la ſortie de ſes frontières ſur les denrées & les marchandiſes un droit quelconque, payable en nature ou en eſpèce. Une nation peut empêcher dans ſon pays l'entrée des marchandiſes étrangères, les charger de droits ou d'impôts applicables à l'acquittement des charges publiques ; elle peut borner à certains ports, à des villes particulières, l'entrée des marchandiſes d'un autre peuple.

On peut défendre aux étrangers de n'apporter à la nation d'autres productions & d'autres marchandiſes que celles du pays qu'ils habitent. On peut interdire aux étrangers le Commerce d'une contrée à une autre, ſi elles appartiennent l'une & l'autre à la nation. Enfin on peut défendre aux étrangers le Commerce des Colonies, & aux colonies le Commerce avec les étrangers.

« Les peuples (dit M. l'abbé Mably), qui » font entr'eux des traités de Commerce, s'ac- » cordent toujours la liberté de porter respec- » tivement les uns chez les autres toutes les » marchandises qui ne font pas prohibées par les » lois de l'état ; les commerçans font protégés ; » & afin qu'on ne leur fasse aucune difficulté, » on doit afficher dans tous les bureaux des » douanes, les tarifs pour tous les droits d'en- » trée & de sortie. On leur accorde la liberté » de conscience ; ils font libres de se servir de » tels avocats, procureurs, no aires, follici- » teurs & facteurs que bon leur semble ; ils » tiennent leurs livres de compte & de Com- » merce dans la langue qu'ils jugent à propos ; » & s'il étoit nécessaire de les produire en jus- » tice pour décider quelques procès, le juge » ne peut prendre connoissance que des arti- » cles qui regardent l'affaire contestée, ou de » ceux qui doivent établir la foi de ces livres «.

Il est aussi convenu entre les nations qu'un vaisseau marchand est confiscable lorsque ces nations font en guerre & qu'elles se font interdit tout Commerce réciproque. On saisit même les vaisseaux neutres qui portent des munitions de guerre à un ennemi. Mais il est permis aux na- tions neutres de commercer avec celles qui font en guerre si elles ne leur portent pas des mar- chandises utiles à l'usage de la guerre. On ne comprend pas cependant sous cette dénomina- tion les munitions de bouche.

(*) Droit public de l'Europe, par M. l'abbé Mably.

On ne peut confifquer les bâtimens marchands d'un ennemi, ni les effets d'une puiffance neutre chargés fur un navire ennemi, avant le terme convenu après la déclaration de la guerre. Ces termes font d'un mois pour la mer Baltique & pour la mer du Nord, de fix femaines depuis la Manche jufqu'au cap Saint-Vincent ; au-delà & dans la méditerranée, de dix femaines, & de huit mois au-delà de la ligne.

Tous les bâtimens marchands doivent être munis de lettres qui faffent connoître leur maître & leurs capitaines, le pays d'où ils font, celui où ils vont, les marchandifes qu'ils portent, afin de prévenir les fraudes des prête-noms.

Tous les bâtimens marchands doivent prendre dans le port qu'ils quittent des certificats de fanté, afin de prévenir la contagion des maladies peftilentielles.

Le propriétaire d'un vaiffeau échoué fur les côtes doit recouvrer tout ce qu'on fauve de fa cargaifon ou du bâtiment, s'il fait fa réclamation dans un an & un jour, & s'il rembourfe les dépenfes faites pour retirer les effets de l'eau.

En temps de paix, il eft contre le droit des gens d'arrêter les marchands, les pilotes, les vaiffeaux & leur cargaifon, pour quelque caufe que ce foit, excepté les faifies de juftice faites par les voies ordinaires pour dettes légitimes.

Un vaiffeau de guerre qui veut vifiter un bâtiment marchand ne peut en approcher qu'à une certaine diftance & enfuite envoyer fa chaloupe faire la vifite.

Si un navire eft chargé de marchandifes de contrebande, il faut avant de les faifir, en faire l'inventaire.

Lorsqu'on trouve à bord d'un vaisseau des marchandises de contrebande, on les confisque & on ne touche au reste de la cargaison qu'au cas que le capitaine du vaisseau ait jeté les papiers à la mer.

En temps de paix on ne peut jamais courir sur des vaisseaux quelconques, & ils ne sont confiscables que lorsqu'ils débarquent dans un port, ou qu'ils y chargent des marchandises défendues ou chargées de droits.

Commerce de France avec l'Angleterre. Avant l'arrivée de Jules César dans les Gaules, les Gaulois alloient déja acheter dans la grande Bretagne des chiens, des esclaves, de l'étain & des fourrures. Ces relations augmentèrent lorsque les Romains formèrent des communications entre leurs établissemens des Gaules & ceux qu'ils avoient en Angleterre : elles durèrent pendant le règne des rois de la première race ; & le traité que fit Charlemagne avec le roi d'Angleterre, appelé Murcie, prouve que le Commerce des îles Britanniques étoit alors subordonné à celui des François : il subsista dans cet état jusqu'à ce que la rivalité de ces nations se manifesta par des guerres atroces qui interrompirent entr'elles toute communication.

Lorsque les bons principes commencèrent à renaître en Europe, la France encore occupée de discordes & de guerre, songeoit peu à partager le Commerce que l'Angleterre & la Hollande faisoient dans les deux mondes. Les Anglois avoient tout le produit du petit Commerce que les François entretenoient avec eux ; les droits d'entrée réciproques étoient médiocres, & l'arithmétique politique n'avoit pas encore combiné l'effet des lois adoptées dans des temps de barbarie : on ne savoit pas que la nation la plus riche en denrées pouvoit perdre par l'inégalité des ventes.

Le Commerce des Anglois acquit sur celui des François une nouvelle prépondérance, lorsque le fameux acte de navigation rédigé par Cromwel devint la base des traités de Commerce de l'Angleterre. La plupart des articles de ce réglement s'exécutent avec la plus grande rigueur.

Cet acte impose dix livres, treize sous, onze deniers par tonneau sur chaque vaisseau François qui arrive dans les ports de la Grande Bretagne.

Il défend aux François & à tout autre étranger, d'apporter dans les terres dépendantes du royaume d'Angleterre des marchandises de l'Asie & de l'Amérique.

Il ordonne que les marchandises & les denrées de l'Europe ne pourront être portées en Angleterre par d'autres vaisseaux que ceux des ports du pays où se fabriquent les marchandises & où croissent les denrées.

Cet acte veut que le Commerce de port en port d'Angleterre & d'Irlande, ne se fasse que par des marchands & sur des vaisseaux Anglois.

Il ordonne que le poisson de toute espèce, les huiles & fanons de baleines qui n'auront pas été pêchés par des vaisseaux Anglois, ne pourront être apportés en Angleterre qu'en payant le double de la douane étrangère.

Enfin il veut que les vaisseaux construits en Angleterre ou appartenans à des Anglois, dont le maître & les trois quarts des matelots seront

Anglois, jouiffent feuls des diminutions faites ou à faire fur les droits de la douane.

Peu de temps après que cet acte eut paffé au parlement d'Angleterre & eût reçu par cette forme l'authenticité néceffaire pour devenir une loi, M. de Colbert fit adopter à Louis XIV le tarif de 1664, qui en détruifant quelques-unes des barrières oppofées au commerce intérieur de France, fupprima la plupart des droits qui fe payoient à la fortie des marchandifes de France, & augmenta ceux de l'entrée fur les marchandifes étrangères. Ce tarif rendit aux productions du fol & de l'art les débouchés que des lois prohibitives avoient ôtés : un nouveau tarif fait en 1667 en doublant les droits fur l'entrée des marchandifes étrangères, rétablit l'équilibre & l'égalité de Commerce entre la France & l'Angleterre, que l'acte de navigation & de nouvelles impofitions à l'entrée des marchandifes de France dans les ports de la Grande Bretagne avoient détruits.

Les progrès que le Commerce de France acquit par les avantages du tarif furent tels, qu'en 1678 la Grande Bretagne interdit le Commerce avec la France comme défavantageux à la nation.

Le traité de Weftminfter conclu entre la France & Cromwel eù 1655, avoit réglé que les François pourroient commercer en Écoffe, en Irlande & en Angleterre leurs vins & toutes les marchandifes qui proviendroient de leurs fabriques, & que les fujets du roi d'Angleterre pourroient vendre en France toutes fortes d'étoffes de foie & de laine fabriquées chez eux. Les actes du parlement d'Angleterre en chargeant de droits l'entrée des productions & des marchandises Françoises en Angleterre, annullèrent les dispositions de ce traité favorable aux François, de même que les tarifs dressés en France pour augmenter les droits que devoient payer les marchandises d'Angleterre à leur entrée dans le royaume, rendirent inutiles aux Anglois celles de ces dispositions qui leur étoient avantageuses.

La révolution de 1688 interrompit le Commerce entre les deux nations, qui depuis 1678 avoit repris quelque consistance. Le traité de Risvick le rétablit encore : ce traité contenoit les mêmes dispositions que celui de Westminster.

En 1701, le roi de France prohiba par un arrêt de son conseil (qu'on peut regarder à l'égard de l'Angleterre, comme un réglement opposé au fameux acte de navigation du parlement d'Angleterre de 1660) un grand nombre de marchandises du crû & des fabriques d'Angleterre, d'Ecosse, d'Irlande & autres pays en dépendans ; il régla en même-temps les droits que devoient payer les marchandises dont l'entrée restoit permise en France ; il défendit aux négocians & aux bâtimens Anglois d'apporter en France d'autres marchandises que celles du crû & des fabriques d'Angletere.

Indépendamment des obstacles apportés au Commerce de France en Angleterre par l'acte de navigation dont nous avons rapporté l'extrait, il est défendu aux François de transporter en Angleterre des draperies, à peine de confiscation ; les François payent des droits trois fois plus forts que les nationaux pour la fortie d'Angleterre, fur les draps qu'ils en exportent. Il eft défendu aux François de porter en Angleterre des dentelles d'or & d'argent, de foie & de fil. Tout François paye un fcheling de tribu en arrivant en Angleterre, & trois fchelings en partant. Les François qui demeurent en Angleterre fans être naturalifés, font infcrits fur des rôles pour payer de femblables taxes que ceux qui font naturalifés ; & quand il fe fait une taxe extraordinaire, on les taxe au double des Anglois. Les François font la feule nation qui paye le droit d'efclavage, & ils font affujettis comme les autres étrangers, aux droits de quayage, &c. Les François ne peuvent vendre en Angleterre leurs marchandifes, ni en magafin, ni en chambre, ni dans les halles, ni dans les marchés, ni dans les foires. Quand ils ont une fois déchargé leurs marchandifes en Angleterre, ils ne peuvent les en exporter fans payer les droits de fortie. Un nombre infini de lois gênent tellement le Commerce des vins de France en Angleterre, qu'il ne peut s'y faire avantageufement que par les Anglois. Enfin les bils concernant le Commerce des laines du crû des terres dépendantes de la Grande Bretagne font fi rigoureux, qu'ils ordonnent de couper la main aux François & aux Anglois qui tenteront d'en exporter fans être travaillées.

Commerce de France avec l'Efpagne. Les anciens habitans d'Efpagne, avant d'avoir fubi le joug des Carthaginois, étoient gouvernés par des princes dont l'adminiftration relative au

Commerce nous eft inconnue : quelques frag-
mens de l'hiftoire ancienne nous apprennent feulement que les habitans de l'Hefpérie avoient des
relations dans les Gaules, & que fous le règne
d'Abidis leur roi, une difette affreufe en obligea
un grand nombre de venir s'établir dans les
Gaules. Les colonies des Tyriens en Efpagne &
dans les Gaules, les relations des Carthaginois
& enfuite les conquêtes des Romains durent faire
règner quelque Commerce entre les deux nations; mais les révolutions qu'occafionnèrent
les Gots & les Maures en Efpagne interrompirent les anciennes liaifons jufqu'à ce que
Chriftophe Colombe intéreffa par fes découvertes l'Efpagne au Commerce. En effet, fans le
fecours des échanges les riches dépouilles du
Mexique & du Pérou n'auroient eu en Europe
aucune valeur.

. Il étoit déjà convenu avant le traité des pyrennées conclu le 7 novembre 1659 que les
fujets du roi d'Efpagne, dans tous les états du
roi de France, & ceux du roi de France dans les
états du roi d'Efpagne feroient traités comme la
nation la plus favorifée & payeroient les mêmes
droits que les Anglois. En rappelant ces conventions, le traité des pyrennées règla que les contractans pourroient établir des confuls les uns
chez les autres ; il accorda aux fujets refpectifs
des deux nations la liberté de vendre, changer
& aliéner les meubles & immeubles qu'ils poffé-
deroient dans les états des deux fouverains, fans
autre permiffion que le traité. En cas de guerre
il laiffoit pendant fix mois aux fujets de l'une &
de l'autre nation la liberté de fe retirer dans leur
pays.

Pour favoriſer encore d'avantage le Commerce de la compagnie de Guinée, qui depuis ſon traité avec l'Eſpagne, avoit pris le nom de compagnie d'Aſſiente, le roi modéra en 1703, par un arrêt de ſon conſeil, les droits qui ſe payoient ſur différentes étoffes appelées bayettes, ſempiternes ou perpétuanes, que depuis quelques années les François ne pouvoient plus vendre en Eſpagne au même prix que les Anglois.

Pluſieurs autres compagnies françoiſes fréquentèrent auſſi avec ſuccès les colonies eſpagnoles de l'Amérique, juſqu'à la concluſion du traité d'Utrecht qui ferma la mer du ſud aux François, & qui par un des articles ſecrets, céda aux Anglois les priviléges des François.

Ce traité fut d'ailleurs très-deſavantageux au Commerce des François en Eſpagne ; il ouvrit les ports d'Eſpagne aux Hollandois, qui dès-lors y portèrent concurremment avec nous, les ſoieries, les galons, & les étoffes d'or & d'argent.

Par les traités d'Aix-la-Chapelle, de Nimègne & de Riſvick, les deux nations convinrent d'obſerver l'une à l'égard de l'autre les conventions de commerce arrêtées entr'elles en 1659 par le traité des pyrénées.

Les François ne payent en Eſpagne aucun droit particulier : leurs marchandiſes ainſi que toutes celles des étrangers ſont taxées ſelon leur qualité. Les vaiſſeaux françois ſont exempts du droit d'*alcava* ou de fret, que les autres nations payent à raiſon de cinq pour cent, de même que les Eſpagnols ſont exempts en France, en vertu de l'arrêt de 1712, du droit de fret de cinq livres par tonneau.

Le commerce des François en Espagne a reçu de nouvelles faveurs par le traité du 15 août 1761.

Ce traité appelé pacte de famille ratifie de nouveau les anciennes conventions : il abolit en France & en Espagne le droit d'aubaine en faveur des sujets de l'une & de l'autre puissance ; il accorde même aux François en Espagne, & aux Espagnols en France les priviléges des nationnaux. Par l'article 24, les sujets des deux souverains doivent dans leurs états respectifs en Europe, jouir par rapport à la navigation & au commerce, des mêmes priviléges & exemptions que les nationnaux. L'article 25 porte que l'on préviendra les puissances avec lesquelles les souverains contractans auroient déjà fait ou feroient dans la suite des traités de commerce, que le traitement des François en Espagne & celui des Espagnols en France, ne peut être cité, ni servir d'exemple dans les traités que ces deux puissances contracteront avec d'autres nations, leurs majestés très-chrétienne & catholique ne voulant faire participer aucune autre nation aux avantages de leurs sujets respectifs.

Le traité de Paris conclu en 1763 n'a apporté que quelques changemens aux dispositions du pacte de famille : il abolit seulement les conventions faites entre les deux nations, pour assurer aux sujets respectifs les priviléges des nationnaux dans les deux états.

Commerce des François avec les Portugais. Le Portugal n'a eu de relation importante de Commerce avec la France, qu'apres que ses conquêtes en Asie, ses colonies en Amérique & ses possessions en Afrique l'eurent porté au plus grand

Commerce qu'aucune nation ait jamais fait ; mais depuis la révolution de 1640, qui sépara le Portugal de l'Espagne, ce Commerce est très-limité, & presqu'entièrement perdu pour les François.

Louis XIII & Jean IV roi de Portugal avoient conclu à Paris un traité selon lequel les sujets respectifs pouvoient transporter les uns chez les autres toutes les denrées, & marchandises qu'ils jugeoient à propos en payant seulement les droits que payoit la nation la plus amie ; mais cette ancienne convention étoit oubliée, & les marchandises de France chargées de droits, lorsque les deux nations convinrent, par le traité de Commerce & de navigation conclu à Utrecht en 1713, que le Commerce se feroit entr'elles en France & en Portugal, comme il se faisoit avant 1701, (époque de la guerre d'Espagne & de la prohibition en Portugal du Commerce de France) que les François rentreroient en Portugal dans leurs anciens priviléges, & que les Portugais jouiroient en France des priviléges dont les François jouiroient chez eux ; que les deux nations auroient l'une chez l'autre des consuls avec les priviléges & les exemptions accordées en Portugal aux consuls françois.

Le dernier traité de paix a renouvelé entre les deux nations les anciens engagemens. Il a conservé les priviléges d'une institution formée à Lisbonne depuis plus de deux siècles par les commerçans françois, afin de réunir les François de quelques provinces qu'ils fussent, qui viennent résider à Lisbonne, en un seul corps de nation, dont les membres puissent s'entr'aider mutuellement. Ce corps est appelé *confrairie de Saint-Louis*.

En 1764, le roi ordonna par un règlement envoyé aux François à Lisbonne qu'il feroit dreffé par le conful de la nation françoise, fous l'infpection du miniftre plénipotentiaire de fa majefté auprès du roi de Portugal, un état ou rôle des fujets de fa majefté commerçans ou demeurans à Lisbonne fous fa protection, pour compofer avec ceux qui s'y établiroient à l'avenir, un feul & même corps de nation, dont le conful feroit le chef, & que tout autre François feroit exclu des affemblées, ainfi que de la jouiffance des privilèges de la nation & de la confrairie nationnale de Saint-Louis.

Ce règlement ordonne que les négocians s'affembleront fous la direction du conful pour délibérer fur les affaires générales & particulières, qu'ils feront appelés régulièrement aux affemblées, & que faute de s'y trouver aux heures marquées, ils feront condamnés à une amende payable à la caiffe de la nation ; que les délibérations prifes dans les affemblées générales de la nation & foufcrites par les deux tiers des affiftans feront exécutées nonobftant l'oppofition des abfens ou de ceux qui auront refufé de les foufcrire ; qu'il fera procédé dans une affemblée générale à l'élection de trois députés dont le premier ne reftera en exercice qu'un an & fera remplacé par le fecond, celui-ci par le troifième, lequel fera enfuite remplacé par un autre que l'on élira chaque année ; qu'il fera élu chaque année un tréforier de la nation : enfin que tout François qui aura refufé fans raifon valable d'accepter une des charges de la nation à laquelle il aura été légitimement nommé, ou qui aura refufé d'exécuter les ordonnances

nances de fa majefté, fera exclu des priviléges
de la nation & de fon églife, ainfi que du corps
national, fans y pouvoir rentrer que par grâce
fpéciale de fa majefté.

Le Commerce avoit été chargé par les François, en Portugal même, d'une multitude de
droits, foit pour l'entretien du conful, foit pour
les dépenfes de la nation ; ils furent d'abord ré-
duits par l'ordonnance du roi du 13 décembre
1764 à cinquante livres cinq fous fur chaque bâtiment portant la bannière de France, qui fré-
quente les ports de Portugal ; ils le furent enfuite par l'ordonnance du 25 février 1765 à cinq
pour cent, fur le montant du frêt & des marchandifes que portent ces bâtimens.

Les droits que payent d'ailleurs les négocians
françois & portugais font évalués valoir l'un portant l'autre dix-huit pour cent des marchandifes
tranfportées, & les droits d'entrée des marchandifes de Portugal en France font généralement
les mêmes que ceux que payent les autres étrangers.

Commerce de la France avec la Hollande. Les
Bataves, anciens habitans des marais que forment le Rhin, bien différens des Hollandois qui
habitent aujourd'hui cette contrée, furent plus
renommés par le fuccès de leurs armes que par
le Commerce : ce n'eft qu'à la fin du quinzième
fiècle, après l'union des provinces qui compo-
fent aujourd'hui cette république, que la Hollande eut avec les étrangers des pactes & des
conventions favorables à fon négoce.

La France, qui par des fecours d'argent, d'armes & de munitions, avoit plus qu'aucune puiffance, encouragé les efforts que firent les pro-

vinces unies pour recouvrer leur liberté, favorisa auſſi leur Commerce naiſſant, en ne prohibant aucunes de leurs marchandiſes, quoique celles des François fuſſent chargées de droits en Hollande ; mais M. Colbert ayant évalué les bénéfices du Commerce, chercha à remédier aux pertes que faiſoient les François avec les étrangers, & particulièrement aux innovations des Hollandois, en établiſſant ſur les entrées de leurs marchandiſes les droits réglés par le tarif de 1664.

Le tarif de 1664 ne ſuffiſant pas pour établir l'équilibre de Commerce que M. Colbert avoit en vue, ce miniſtre pour le faire régner crut devoir augmenter en 1667, par un nouveau tarif, les droits ſur les importations étrangères. Cette nouvelle impoſition étoit d'autant plus néceſſaire, que le Commerce des marchandiſes de France avoit éprouvé dans tous les ports des nations européennes des gênes, des entraves & des augmentations de droits qui en diminuoient les produits proportionnément aux profits que pouvoient procurer à la France les droits impoſés ſur le Commerce étranger par le tarif de 1664.

Le tarif de 1667 ayant allarmé les provinces-unies, leurs repréſentations firent conſentir Louis XIV, lors de la concluſion du traité de paix de Riſvick en 1669, à établir un nouveau tarif plus favorable aux Hollandois que celui de 1667.

Cette modération procura aux Hollandois, non-ſeulement les avantages qu'ils ſe promettoient d'abord en commerçant avec la France, mais encore ceux qu'ils ſe procurèrent dès-lors en important en France les denrées & les marchandifes d'Angleterre, qui importées par des Anglois payoient des droits plus confidérables que lorfqu'elles l'étoient par les Hollandois.

Ils jouirent de ces feconds bénéfices jufqu'à ce qu'au lieu d'établir les droits portés par le tarif de 1667 fimplement fur les marchandifes & denrées du crû de l'Angleterre venant par des vaiffeaux anglois, ces droits furent établis fur ces marchandifes importées en France par quelque vaiffeau que ce fût.

Le traité de Commerce conclu en 1739 entre la France & la Hollande, renouvela les priviléges dont jouiffoient anciennement les provinces-unies, mais ils furent révoqués en 1745 par arrêt du 31 décembre de cette année, & depuis ce temps les Hollandois ont été traités en France comme les nations neutres avec lefquelles il n'a été fait ni convention, ni traité de Commerce.

Les droits d'entrée que les François payent en Hollande fe montent environ à fix pour cent, & les fujets refpectifs des deux nations font exempts l'une chez l'autre du droit d'aubaine en vertu des lettres-patentes de 1758.

Commerce des François en Allemagne avec les villes anféatiques & avec l'Empire. On apprend par les capitulaires de Charlemagne que de fon temps, les François commerçoient déjà avec les Avares & les Efclavons fur le Danube & fur les rives du Wefer : ils faifoient de fréquens voyages à Magdebourg, à Nuremberg, & dans d'autres villes d'Allemagne. Ces mêmes capitulaires renferment quelques lois relatives à ce Commerce ; mais les plus anciennes conventions de Commerce entre la France & l'Allemagne font celles des villes anféatiques.

1°. *Commerce des villes anséatiques.* Lors de la renaissance du Commerce en Europe, plusieurs villes de France s'unirent à la fameuse association appelée Hanse Teutonique, & depuis ce temps les François ont toujours été liés avec les villes anséatiques par des conventions & des traités.

Ces villes furent affranchies sous Louis XI de tout droit d'entrée & de péage, & leurs marchands eurent la liberté de disposer des biens qu'ils pourroient avoir dans le royaume.

Pendant le règne de Louis XIV, ces villes obtinrent de nouveaux priviléges, par le traité de Commerce & de navigation conclu avec elles à Paris, au mois de mai 1665.

L'article 27 du traité conclu à Utrecht le 11 avril 1713, entre Louis XIV & la reine de la grande Bretagne, portoit que leurs majestés avoient bien aussi voulu comprendre dans ce traité les villes anséatiques nommément Lubeck, Brémen, Hambourg & Dantzik, afin qu'elles pussent jouir à l'avenir avec l'un & l'autre royaume des avantages de Commerce dont elles avoient joui auparavant, en vertu des traités & des anciens usages.

Ces priviléges leur furent confirmés, & il leur en fut accordé de nouveaux par le traité de Commerce conclu à Paris en 1716.

Selon l'article premier, les habitans des villes anséatiques doivent jouir de la liberté de Commerce dont ils sont en possession depuis plusieurs siècles, & ils peuvent trafiquer & naviguer en toute sûreté dans les ports du royaume.

Suivant l'article 2, ils ne doivent point être assujettis au droit d'aubaine, lorsqu'ils demeurent en France.

Par l'article 3, ils ne doivent payer d'autres impositions & d'autres droits que ceux qui font levés fur les fujets naturels de fa majefté.

L'article 4 les exempte du droit de frêt de cinquante fous par tonneau, excepté lorfqu'ils prennent des marchandifes dans un port de France pour les tranfporter dans d'autres ports du royaume.

L'article 5 modère en leur faveur les droits impofés par le tarif de 1664, fur quelques marchandifes qu'ils ont coutume d'importer en France (*).

L'article 6 accorde encore aux habitans des villes anféatiques les franchifes dont jouiffent les fujets du roi au port du Havre & de Marfeille en vertu de l'édit du mois de mai 1669.

———

(*) *Voici cet article.*

» Et pour favorifer d'autant plus le Commerce defdites
» villes, il a été accordé que les marchandifes ci-après dé-
» nommées ne payeront à toutes les entrées du royaume,
» terres & pays de l'obéiffance du roi, que les droits ci-après
» déclarés.

Sçavoir:

» *Baleine* coupée, le cent pefant payera neuf livres.

» *Fanons de baleine*, le cent en nombre, tant grands
» que petits du poids de trois cens livres ou environ, vingt
» livres.

» *Huile & graiffe de baleine*, & d'autres poiffons en ba-
» rique, fept livres dix fous.

» *Fer blanc*, le baril de quatre cens cinquante feuilles
» doubles, vingt livres.

» Le baril de fimples feuilles, dix livres.

» *Plumes à écrire*, le cent pefant, quatre livres.

» *Soies de porc*, le cent pefant, quatre livres.

» Enfemble les quatre fous pour livre defdits droits pen-
» dant le temps feulement que les fujets du roi y feront
» affujettis.

Hh iij

L'article 7 accorde à ces habitans tous les priviléges qui pourront dans la suite être accordés aux Hollandois & aux autres nations maritimes, dont les états sont situés au nord de la Hollande.

Par l'article 8, les capitaines, les gens des équipages & les soldats des villes anséatiques ne peuvent être arrêtés, ou les navires détenus ou obligés à aucun service ou transport pour quelque cause que soit.

Par l'article 9, les navires appartenans aux habitans des villes anséatiques passant devant les côtes de France, & relâchant dans les ports du royaume, ne sont sujets à d'autres droits que ceux qui sont dus pour les marchandises & qu'ils y déchargent volontairement.

L'article 10 exempte de tout droit les marchandises que les capitaines ou patrons des navires vendront de leurs chargemens pour acheter les vivres dont ils auront besoin, ou les choses nécessaires au radoub de leurs vaisseaux après en avoir obtenu la permission de l'amirauté.

Par l'article 11 les marchandises des vaisseaux des villes anséatiques naufragées sur les côtes du royaume, doivent être rendues ou remboursées aux propriétaires sans aucune forme de procès, pourvu que la réclamation en soit faite dans un an & un jour. Et par l'article 12 les marchandises des bâtimens échoués ne peuvent être vendues avant l'expiration de ce terme d'un an & un jour à moins qu'elles ne soient de qualité à ne pouvoir être conservées : mais si dans un mois après que les effets ont été sauvés, il ne se présente point de réclamateur, il doit être procédé par les officiers de l'amirauté à la vente de quelques marchandifes des plus périffables, & le prix employé au payement des falaires de ceux qui ont ·ravaillé à les fauver ; il en doit être·enfuite dreffé procès-verbal.

Selon les articles 13,14,15 & 16,les vaiffeaux de fa majefté ou de fes fujets, ne peuvent en cas de guerre avec d'autres puiffances que l'empereur, arrêter les vaiffeaux des villes anféatiques, quand ils iroient même dans les ports ennemis, à moins qu'ils ne fuffent chargés d'Armes ou de munitions de guerre excepté celles de bouche, lorfqu'elles ne font pas conduites dans un port bloqué par les troupes de fa majefté , & les navires arrêtés en conduifant de ces marchandifes prohibées ne doivent pas être fujets à la confifcation comme les marchandifes dont ils font chargés.

Les autres difpofitions du·traité font toutes relatives à la navigation, excepté celles des articles 25 , 26, 30 & 31.

Par l'article 25 , les marchandifes appartenantes aux fujets des villes anféatiques chargées fur des vaiffeaux d'une nation devenue ennemie de fa majefté depuis le chargement, ne font pas fujettes à confifcation, non plus que les marchandifes appartenantes aux fujets des villes anféatiques qui ont été chargées fur un vaiffeau ennemi depuis la déclaration de la guerre , à moins que le chargement n'ait été fait après les termes fixés dans l'article 26 ; favoir » quatre »femaines pour les marchandifes trouvées dans »la mer Baltique ou dans celle du nord, depuis »la terre neuve en Norwége, jufqu'au bout de »la manche : de fix femaines depuis le bout de

» la Manche jufqu'au cap Saint-Vincent : de dix
» femaines, depuis le cap Saint-Vincent, dans
» la mer méditerrannée & jufqu'à la ligne ; &
» enfin de huit mois au-delà de la ligne & dans
» tous les autres endroits du monde.

On eft convenu par l'article 30, que les navires feront réputés appartenir aux villes anféatiques s'ils font de leur fabrique ou de celle d'une
nation ennemie , ou fi étant de fabrique ennemie , ils ont été achetés avant la déclaration de
la guerre, foit par des fujets des villes anféatiques, foit par ceux d'une nation neutre ; mais
il faut que cet achat foit juftifié par le paffe-port
ou lettre de mer, ou par le contrat de vente
paffé par-devant des officiers publics , foit par
le propriétaire en perfonne, foit par fon procureur en vertu de procuration fpéciale & authentique , annexée à la minute du contrat
de vente, & tranfcrite par l'officier public qui
l'aura délivrée. Enfin ce contrat doit être tranfcrit
au greffe du magiftrat du lieu d'où le navire fera
parti.

» Un navire, dit l'article 31 , quoi que de la
» fabrique des villes anféatiques, ou par eux
» acheté avant la déclaration de la guerre, en la
» forme expliquée en l'article précédent, ne
» fera réputé leur appartenir, fi le capitaine ou
» patron, le contre-maître, pilote & fubrecar-
» gue, & le commis ne font fujets naturels de
» l'une des villes anféatiques, ou s'ils n'y ont été
» naturalifés trois mois avant la déclaration de la
» guerre, & pareillement fi les deux tiers de
» l'équipage ne font fujets naturels de l'une def-
» dites villes, ou d'une nation neutre, ou en
» cas qu'ils foient originaires d'un pays ennemi,

»s'ils ne font naturalifés avant la guerre, foit
»par les villes anféatiques, foit par une nation
» neutre.

Enfin il a été expreffément convenu par l'article 41, que dans l'étendue des terres, pays,
rivières & mers de l'obéiffance des villes anféatiques, les fujets de fa majefté jouiroient des
mêmes avantages, franchifes, libertés & exemptions que ce traité accorde aux fujets des villes
anféatiques, & nommément de l'exemption du
droit de frêt qui fe lève à Hambourg fous le nom
de *Laft-Gheldt*, ou fous quelque autre dénci:nina-
tion que ce puiffe être : en forte que les fujets
de fa majefté foient traités auffi favorablement
que les propres fujets des villes anféatiques, &
que ceux des autres rois ou états le feront à
l'avenir par ces villes.

Et par le premier article féparé, il a été convenu que s'il furvenoit quelque rupture entre
fa majefté très-chrétienne & l'empereur, les
fujets des villes anféatiques feroient réputés neutres à l'égard de la France & jouiroient de la
liberté de Commerce, ainfi que des droits &
priviléges ftipulés par le traité, à condition
qu'ils obtiendroient de l'emperereur une femblable neutralité pour le Commerce de la France
avec eux, & que les vaiffeaux marchands avec
leurs marchandifes feroient en fûreté dans les
villes anféatiques.

Les lettres-patentes du 18 avril 1718, qui
ont ordonné l'exécution de ce traité rapportent
les formulaires des paffe-ports & lettres qui fe
doivent donner dans l'amirauté de France, aux
navires & aux bâtimens des villes anféatiques,
en fortant de France, & les certificats & rôles
dont ces bâtimens doivent fe munir près des ma-

giſtrats des villes anſéatiques en venant en France.

Conſéquemment à ce traité, les commerçans françois ſont favorablement reçus dans les ports des villes anſéatiques. A Bremen, ils ne payent d'autres droits que ceux que payent les bourgeois qui ſe montent à environ deux pour cent. La ſeule diſtinction dont les nationaux jouiſſent pour leur Commerce, c'eſt de pouvoir faire paſſer leurs marchandiſes au-delà de la ville, ſur le Weſer, ce qui eſt défendu aux François & à tout autre étranger.

Les droits ſont plus chers à Hambourg : on les évalue environ à deux cens livres par chaque navire. Les ſeuls avantages dont jouiſſent les bourgeois de cette ville ſur les François, c'eſt de ne pas payer les droits d'entrée & de ſortie par terre, qui ne ſont que d'environ un tiers pour cent.

Les François payent à Lubek les mêmes droits que les étrangers ; ceux d'entrée ſont environ de trois quarts pour cent, & ceux de ſortie de deux tiers : il eſt défendu aux François de vendre leurs marchandiſes à d'autres perſonnes qu'aux bourgeois de Lubek, ce qui n'interrompt cependant pas le Commerce, parce que les marchands de cette ville ont la permiſſion de prêter leur nom aux étrangers, ce qu'ils font à peu de frais.

L'arrêt du conſeil d'état du roi, rendu le 4 décembre 1725, a ordonné que conformément au traité conclu à Utrecht en 1713, la ville de Dantzick, l'une des villes anſéatiques, jouiroit en France des mêmes priviléges & avantages dont y jouiſſent les villes de Bremen, Lubek &

Hambourg, en vertu du traité conclu le 28 septembre 1716, à condition que les sujets de sa majesté seroient traités à Dantzick aussi favorablement que les propres citoyens de cette ville, & que peuvent l'être les sujets des autres souverains.

2°. *Commerce de France avec l'empire.* Ces états étoient déjà convenus par le traité de Munster que leurs sujets seroient exempts du droit d'aubaine les uns chez les autres, que la navigation du Rhin seroit libre aux sujets des deux nations, & qu'on ne pourroit établir de nouveaux péages, ni augmenter les anciens droits.

Le traité de Risvick régla que le Commerce du Rhin continueroit à se faire entre les provices voisines de ce fleuve, comme il se faisoit lorsque l'Alsace faisoit partie de l'empire.

On convint par les traités de Rastadt & de Bade, que les François & les Impériaux auroient la liberté de vendre, échanger, & aliéner les biens, effets, meubles, & immeubles qu'ils posséderoient dans les pays les uns des autres.

Le traité d'alliance entre la France & la cour de Vienne, signé à Versailles le premier mai 1756, avoit bien pour objet de resserrer de plus en plus & pour toujours les liens de la plus sincère amitié entre les puissances contractantes, & d'éviter tout ce qui pourroit altérer à l'avenir l'union & la bonne intelligence heureusement établies entr'elles ; mais il ne contient aucune disposition particulière au commerce des deux nations : il ne fait que rappeler & renouveler les anciennes conventions à cet égard. Il faut seulement observer que depuis la conclusion de ce traité, les deux puissances ont réglé par divers autres traités les limites de leurs états réciproques ; qu'elles ont fait mutuellement des échanges en Lorraine & dans les pays-bas, pour abolir des péages & des *transit* qui gênoient particulièrement le commerce des provinces frontières ; qu'elles sont même convenues de la construction de nouvelles routes pour faciliter les communications entre les pays dépendans de l'un & de l'autre des deux états.

En 1764, les deux puissances sont convenues pour favoriser le commerce de leurs sujets respectifs, que le droit d'aubaine seroit aboli en faveur des François dans les états héréditaires, d'Allemagne, de Flandres, d'Autriche, de Hongrie & d'Italie de l'impératrice reine, & qu'il seroit aboli en France en faveur des sujets de cette souveraine.

Selon les lettres-patentes du 7 septembre 1767, sa majesté & l'électeur de Bavière sont convenus, en attendant la confection d'un traité de Commerce pour l'avantage de leurs sujets respectifs, que l'électeur de Bavière ne chargeroit point le Commerce, les denrées & les ouvrages des manufactures de France de droits plus forts que ceux qu'il exigeoit des autres nations, & que sa majesté feroit jouir en France, les sujets de l'électeur, du même traitement dont y jouissoit la nation la plus favorisée.

Le roi a encore par ses lettres-patentes du mois d'octobre 1767, exempté du droit d'aubaine les habitans de la ville de Francfort sur le Rhin, en percevant le dixième des sommes capitales sur les biens & effets qu'ils exporteroient de France ; il leur a accordé pour le Commerce le même traitement qu'a celui dont jouit la nation la plus favorifée ; à condition que les François feroient exempts du même droit dans la ville de Francfort & fon territoire, & qu'ils y jouiroient des mêmes avantages.

Les marchands de la ville de Francfort ainfi que ceux des autres villes impériales de Cologne, de Leipfik, d'Ulm, & de Brunfvik, jouiffent d'ailleurs de la franchife des foires de Lyon, & ils ont quinze jours pour faire fortir leurs marchandifes de cette ville en exemption des droits de fortie du tarif 1764, foit qu'elles foient deftinées pour l'étranger, ou pour les provinces réputées étrangères, à la charge de faire marquer les ballots & de faire accompagner les marchandifes des certificats de franchife qui fe délivrent à cet effet.

Ce font les tarifs de 1664 & de 1667, qui règlent en général les droits d'entrée & de fortie que doivent payer les marchandifes d'Allemagne en France & celles de France deftinées pour l'Allemagne ; plufieurs lois poftérieures ont apporté à ces tarifs des modifications dont on rend compte aux articles où elles fe rapportent.

Les droits d'entrée fur les marchandifes de France font auffi fixés dans les différens états de l'empire par des tarifs qui les proportionnent à ceux que les négocians de l'Allemagne payent en France ; ailleurs les droits fe payent fur l'eftimation des marchandifes en raifon de deux & de trois pour cent ; mais il exifte en Allemagne des droits de *tranfit* dans tous les états par lefquels les marchandifes doivent paffer , ce qui , à caufe du peu d'étendue de ces différens états , rend le Commerce fi difficile que les François commercent peu en Allemagne fi ce n'eft fur les grandes rivières navigables.

Commerce des François avec le Nord. Les François ont fait depuis long-temps des efforts pour faire le Commerce du Nord avantageufement. Dès 1626, Louis XIII afin de procurer à fes fujets un Commerce en Ruffie, fit un traité avec le Czar Michel. En 1664, Louis XIV promit quarante fous de gratification par chaque tonneau à tout bâtiment François monté par un équipage François qui partiroit pour la mer Baltique, à condition de revenir entièrement chargé de goudron, de matières & de bois propres à la conftruction.

M. de Colbert redoubla d'efforts en 1669 pour rétablir le Commerce du Nord, en accordant les plus grands encouragemens à une compagnie à laquelle le roi concéda pour vingt ans le Commerce de Zélande, de Groenlande, des côtes d'Allemagne, du Dannemarc, de la mer Baltique, de Norvege & de Mofcovie.

Quelque étendus que fuffent les priviléges de cette compagnie elle n'eut pas de fuccès: la guerre de 1672 nuifit à fes entreprifes: le privilége exclufif occafionna dans le Nord les mêmes effets que dans les autres parties du monde, il couta des fommes immenfes à l'état fans lui procurer aucun avantage.

1°. *Commerce des François en Ruffie.* Les François n'ont encore que très-peu de part dans le Commerce de Ruffie; ils n'envoient que quelques vaiffeaux à Archangel, & depuis 1769 que l'impératrice a renvoyé de fes etats les François qui s'y trouvoient, la France n'expédie que cinq a fix vaiffeaux à Petersbourg; les Anglois & les Hollandois font d'ailleurs favorifés par préférence aux autres nations dans les autres ports de la Ruffie.

Les droits d'entrée que payent les marchandifes de Ruffie en France font portés dans les tarifs de 1664 & de 1667, & réglés, modérés, ou augmentés par des décifions & réglemens particuliers ainfi qu'on le fait connoître aux articles de ces marchandifes.

Les marchandifes françoifes payent à leur entrée en Mofcovie environ cinq & demi pour cent, foit qu'elles foient importées par des vaiffeaux François ou par d'autres. Les vins de France exportés en Ruffie y payent les droits fur le pied de l'eftimation qui en eft faite par les fermiers, & toutes les marchandifes deftinées pour l'intérieur de la Mofcovie payent dix à douze pour cent. Les François ne peuvent d'ailleurs vendre qu'aux nationnaux; ils ne peuvent avoir de magafins dans les pays; ils font enfin obligés de faire leurs payemens en écus d'Hollande.

2°. *Commerce des François en Dannemarck.* Les traités conclus à Copenhague en 1723, & en 1742 exemptent en France les vaiffeaux Dannois du droit de fret, excepté dans le cas du cabotage : ils exemptent les vaiffeaux François des vifites qui s'exercent fur tous les vaiffeaux étrangers aux paffages des détroits de *Helfingoer*, du *Sund* & de *Fridericia*. Les officiers des douanes de Dannemarck font même tenus d'ajouter foi aux déclarations des maîtres des navires François fur les lettres & paffeports dont ils doivent être chargés, & ils ne peuvent les obliger à payer les droits qu'à leur retour des ports de leur deftination, à condition cependant de fournir par ces maîtres suffisante caution de payer dans trois mois, & de justifier par de bons certificats qu'ils sont François.

Les marchandises de Dannemarck sont assujetties en France aux mêmes droits que les autres marchandises du Nord ; & les marchandises françoises payent en Dannemarck généralement cinq pour cent, excepté le sel qui paye quatre vingt dix livres de notre monnoie par lest, les vins, dix-neuf livres par barrique, & l'eau de vie environ cinquante livres. A *Elseneur*, le sel ne paye que vingt-cinq sous par lest, le vin trois pour cent de l'estimation & l'eau de vie vingt-sept sous par barrique. Les droits sont environ six fois plus forts en Norvége.

Par un réglement du roi de Dannemarck rendu en 1736, l'entrée de quantité de marchandises françoises & étrangéres a été prohibée dans les états de ce prince, ainsi que l'usage des galons, & des broderies en or & en argent des manufactures françoises.

Enfin les Dannois considérant l'Irlande & le Groenland comme des colonies Danoises, ils y commercent exclusivement, & les François ainsi que les autres étrangers ne peuvent approcher à une lieue de ces côtes, s'ils n'y sont forcés par les tempêtes ou d'autres événemens extraordinaires.

Les anciennes conventions de Commerce entre la France & le Dannemarck ont été renouvelées en 1769 par un nouveau traité, en conséquence duquel & en vertu des lettres patentes du mois de mars 1770, les sujets des deux nations sont exempts dans les états l'une de l'autre du droit d'aubaine.

3°. *Commerce*

3°. *Commerce des François avec les Suédois.*
Selon le traité de Commerce conclu à Versailles en 1741 les commerçans Suédois doivent jouir dans les ports de France des mêmes avantages que les villes Hanséatiques, savoir, de la franchise des droits de fret, de l'exemption des droits d'aubaine, & de tous les droits sur l'entrée des marchandises auxquels les nationaux François ne sont pas assujettis; enfin de tous les priviléges, avantages, franchises & prérogatives que le roi a accordés, ou accordera à l'avenir à la nation la plus favorisée.

Les commerçans François peuvent porter en Suéde toutes les marchandises dont l'entrée n'y est pas défendue par les lois du royaume. Les François peuvent vendre en Suéde, ou y faire négocier par leur facteurs ces marchandises sans payer d'autres droits que ceux auxquels les sujets mêmes du roi de Suéde sont soumis, en exceptant cependant les priviléges de franchise affectés particuliérement aux navires Suédois. Les François ont de plus le privilége à l'exclusion des commerçans des autres nations étrangéres, de ne payer à Vismar que trois pour cent de la valeur des effets ou marchandises qu'ils y portent, soit que ces marchandises se consomment à Vismar, ou qu'elles en soient exportées, & ils jouissent des priviléges dont nous avons parlé précédemment dans les vingt-un autres ports de Suéde où le Commerce est permis, & dans le port de Marstrand rendu libre en 1776 par le roi régnant.

Les François peuvent faire décharger les marchandises qu'ils portent à Stockolm sans être assujettis à en payer les droits sinon à mesure qu'ils les vendent. Ils ont la liberté de faire recharger celles qu'ils ne peuvent vendre, en payant seulement un droit d'un demi pour cent.

Mais les commerçans François de même que ceux des autres nations ne peuvent passer au-délà de Stockolm pour aller négocier dans le sein Bothnique, & les Suédois qui en habitent les bords n'ont pas la liberté de porter leurs marchandises au-délà de Stockolm.

Commerce des François avec l'Italie. Le Commerce des François ne jouit d'aucun privilége sur celui des autres nations dans les états de l'Italie, excepté dans ceux du roi des deux Siciles.

1°. *Commerce des François à Venise.* Les vaisseaux François payent aux Vénitiens les droits de péage, à l'entrée de la mer Adriatique, sur le même pied que les autres peuples commerçans. Réciproquement les Vénitiens acquittent en France tous les droits des tarifs, de fret, &c.

Les François ainsi que les autres étrangers, payent en outre douze pour cent environ sur l'estimation arrêtée par les tarifs : quant aux droits de sortie ils sont de dix pour cent pour les étrangers, comme pour les Vénitiens mêmes.

Les François ne font pas un grand Commerce avec cette république depuis que l'on a élevé en France des manufactures de dentelles & de glace qui en procurant ces productions aux sujets du roi, les mettent en état de ne plus les aller chercher chez les étrangers & de partager avec eux cette branche de Commerce : d'un autre côté les lois somptuaires par lesquelles Venise a réglé les équipages, la table & même l'habillement de toutes les classes des citoyens, ont rendu toutes nos productions de luxe inutiles aux Vénitiens.

2°. *Commerce des François à Gênes.* Le Commerce de Gênes ne nous est pas plus avantageux. Les franchises de ce port ne sont qu'en faveur des Gênois. Les vaisseaux étrangers qui viennent y commercer ne payent à la vérité aucun droit pour les marchandises qu'ils achettent, mais celles qu'ils vendent sont imposées à des taxes si fortes, qu'il est impossible d'y négocier.

3°. *Commerce des François en Toscane.* Sans la concurrence des Anglois & la faveur dont ils jouissent, les marchands François commerceroient avantageusement à Livourne.

Les droits de douane sont pour les marchandises qui entrent dans le port sans s'y vendre, dix sous par balle; pour l'étalage dans la douane, un pour cent lors de la quarantaine dans le premier lazaret; un & demi lors de la quarantaine dans le second; enfin les marchandises qui se vendent payent suivant le tarif, deux pour cent sur les soies; trois & demi pour cent sur les poivres, les épiceries & le coton; les marchandises grosses douze livres; les cuirs quatre pour cent; la cire trois pour cent; le plomb deux pour cent; les meubles, les bijoux, l'orfévrerie, l'horlogerie, cinquante pour cent; les bois trois pour cent, &c.

On tient dans la douane des registres où s'inscrivent les marchandises qui entrent, qui sortent, ou qui se vendent, & chaque marchand y a son compte qu'il doit arrêter chaque année.

Pour faire renaître le Commerce entre la

France & la Toſcane, & faire ceſſer les obſtacles qui pouvoient s'y oppoſer, le roi Louis XV, & l'Archiduc Léopold ſont convenus d'exempter réciproquement leurs ſujets du droit d'aubaine, & de leur permettre de diſpoſer par teſtament ou autrement des biens meubles & immeubles qu'ils poſſéderoient dans les états reſpectifs, & à leurs héritiers de recueillir leurs ſucceſſions *ab inteſtat*, ſoit par eux-mêmes, ſoit par leurs mandataires.

4°. *Commerce des François à Trieſte.* Nous ne portons dans ce port d'autres marchandiſes que celles des ſoiries de Lyon, dont on trouve enſuite le débit à Ferrare & à Ravennes.

5°. *Commerce des François dans les états du pape.* Toutes les nations de l'europe commercent dans les états du pape. Aucune n'y eſt privilégiée ; mais les Anglois y ſont plus accueillis par les marchands ; on y en voit vingt au moins pour un François : il eſt vrai qu'ils vont y acheter des marchandiſes & des denrées dont nos provinces méridionales abondent, ſoit pour leur propre conſommation, ſoit afin d'en fournir le Commerce du Levant. L'objet au contraire des François eſt de vendre dans les foires de Serrigaglia, les productions travaillées de l'Italie même. Ils ont le privilége d'étaler dans les quartiers privilégiés.

Notre Commerce avec le *port franc* d'Ancone eſt plus borné encore. Les marchandiſes Françoiſes s'y trouvent cependant en abondance ; mais elles y ſont apportées par les marchands mêmes d'Ancone qui les reçoivent à Marſeille en échange des productions du Levant qu'ils y portent.

5°. *Commerce des François à Naples & en Sicile.* Le Commerce des François est plus étendu dans les états du roi des deux Siciles. L'article 23 du pacte de famille conclu le 15 août 1761, entre les princes de la maison de Bourbon, rend communs aux sujets du roi de Naples les priviléges accordés en France à ceux du roi d'Espagne, & font jouir les François dans les états du roi de Naples des priviléges qu'ils ont dans ceux du roi d'Espagne.

Selon ce traité, les sujets des deux puissances devroient avoir les uns chez les autres les mêmes droits que les nationnaux; mais le traité conclu à Paris en 1763, a restreint ce privilége à ceux dont jouissent dans les états respectifs, la puissance la plus favorisée.

6°. *Commerce des François avec la Savoie.* Ces puissances ont fait entr'elles des traités pour le Commerce du Rhône. Les dispositions en font rappelées & limitées par celui qui a été conclu à Turin le 24 mars 1760, dans la vue de prévenir toute discussion.

Après avoir fixé définitivement & de la manière la plus exacte, les limites respectives des deux états, ce traité veut que le milieu du Rhône dans son plus grand cours, forme désormais une limite naturelle entre la France & la Savoie, depuis le territoire de Genève, jusqu'au confluent du *Guyer*: il déroge en conséquence à la clause du traité de Lyon de 1701, qui laissoit à la France la propriété de toute cette partie du cours du Rhône. La navigation de ce fleuve dans la partie qui fait la limite des deux états demeure entièrement libre aux François & aux

Savoyards, fans qu'aucune des deux puiffances puiffe y exiger des droits ou impôts.

Il eft défendu de conftruire de part ou d'autre aucun ouvrage qui puiffe embarraffer la navigation.

Il eft libre aux deux fouverains pour empêcher la contrebande, d'avoir chacun des barques armées fur lefquelles les commis des droits peuvent aller vifiter les bâtimens qui naviguent fur le fleuve, de quelque nation qu'ils foient.

L'article 18 de cette convention conferve aux fujets des deux cours la jouiffance des biens & droits qui leur appartiennent dans les deux états, & leur laiffe la liberté d'en extraire les fruits, fans être affujettis au payement d'aucun droit à cet égard.

L'article 19 permet aux fujets du diftrict de la Semine & des communautés circonvoifines, d'extraire du Bugey, & du Valromey jufqu'à quinze cens facs de bled par année, fans payer aucun droit de fortie ou autre. Le poids de ces facs doit être tel que deux fuffifent à la charge d'un mulet : mais cette exportation eft limitée aux temps où les néceffités de la France ne forcent pas de la fufpendre.

Enfin pour cimenter autant qu'il eft poffible entre les deux puiffances l'union intime qu'elles defirent de perpétuer entre leurs fujets, l'article 21 fupprime & abolit refpectivement les droits d'aubaine & ceux qui pourroient être contraires à la liberté des fucceffions.

7°. *Commerce de la Corfe avec l'Italie.* Après que les Gênois eurent cédé la Corfe aux François, les Napolitains, les Tofcans & les Génois y firent un trés-grand Commerce jufqu'au 16 décembre 1771, qu'une ordonnance du commissaire dans cette île, y interdit l'importation du sel, des armes & munitions de guerre, & l'exportation des bois de mâture, de chauffage & de construction.

Cette ordonnance assujettit à un droit d'entrée de quize pour cent, l'importation des marchandises étrangères, excepté provisionnellement les farines, les pâtes, femouilles & grains en nature. Elle taxe à vingt-cinq pour cent l'exportation des bois ouvragés, & à sept & demi pour cent celle des vins & des châtaignes. *Voyez* l'article CORSE.

Commerce de France avec le Levant. Nous comprendrons sous le nom de Commerce du Levant, celui qui se fait avec les états du grand seigneur dans quelque partie du monde qu'ils soient situés.

Les privilèges que le grand seigneur avoit accordés aux commerçans François du Levant, étoient autrefois sans bornes. Les Hollandois, les Anglois, les Espagnols, les Portugais, Raguse, Gênes, Florence, tous les états d'Italie ne pouvoient trafiquer dans les états de la Porte que sous la protection & le pavillon François. Les commerçans de ces différentes nations n'avoient d'autres consuls que celui de la nation Françoise, auquel ils étoient obligés de s'adresser pour terminer leurs affaires.

Les capitulations des différens états qui procuroient ces privilèges aux François furent renouvelés en 1604, sous le règne de Henri IV, en 1673, sous celui de Louis XIV, & en 1740, pendant le règne du feu roi. Mais la Porte a passé avec d'autres puissances des traités de

Commerce aussi favorables que ceux des François.

Le Roi dans tous ses traités avec le grand seigneur prend le titre d'empereur : ses ambassadeurs précèdent à la Porte toutes les autres puissances, & cette prérogative de la nation s'étend même à ses consuls dans le Levant. Cet ambassadeur & ces consuls, jouissent de tous les privilèges du droit des gens, que la Porte n'accorde qu'aux ambassadeurs & envoyés extraordinaires. Ils sont exempts de tout droit pour l'entrée des choses nécessaires à leurs maisons, ainsi que les personnes qui leur sont attachées en qualité d'interprètes, de secrétaires & de domestiques.

Les François établis à la Porte ne payent point de capitation : les différends qu'ils ont entr'eux sont jugés par leurs consuls; ceux qu'ils ont avec les sujets du grand seigneur, par les tribunaux du pays, mais avec la participation de l'ambassadeur ou du consul.

Les contestations qui s'élèvent entre les François & les Turcs, renégats ou autres étrangers, se décident par les lois Turques.

Les François ne payent aucun droit pour les églises qu'ils ont dans les terres du grand seigneur.

L'article 10 de la capitulation de 1740 veut que les marchands François ne puissent être empêchés par les officiers de la Porte de transporter en temps de paix, par terre ou par mer, sur les fleuves du Tanaïs ou du Danube, les marchandises non prohibées, quand même ce seroit pour les faire sortir de l'empire Othoman, ou pour les y faire entrer. Les François sont seulement affujettis aux mêmes droits que les nations Franques.

Les François ne doivent payer à Smirne que trois pour cent du droit d'*ermin* ou de la douane, que l'on paye au grand feigneur, tant pour l'entrée que pour la fortie, quoique les commerçans des autres nations le payent à raifon de cinq pour cent.

La contrebande que font les commerçans à la Porte, entraîne non-feulement la confifcation des marchandifes furprifes en fraude, mais elle expofe encore la nation entière à des avanies ou des amendes exorbitantes; les fauffes déclarations ne font fujettes à aucune peine, fi l'erreur eft au-deffous du double de la quantité déclarée.

. Le Commerce des échelles de Beibazar & d'Angora a été défendu, parce que les commerçans le faifoient en fruftrant les fermiers des droits de la douane de Smirne.

A Alep le Commerce n'eft pas chargé de plus forts droits que dans les autres échelles; s'il eft plus couteux, c'eft par rapport aux dépenfes qu'occafionne le tranfport par caravannes, depuis le port d'Alexadrettre jufqu'à cette ville. Le Commerce de *Seide* & de *Chypre* eft entièrement uniforme à celui de Smirne; mais à Conftantinople il y a plufieurs droits particuliers de douane que les François payent comme les autres nations, felon l'eftimation des fermiers.

. Depuis quelques années les François ont rétabli par la Méditerranée & les échelles d'Alexandrie, de Roffette & du Caire le Commerce des drogueries, épiceries & du café Moka, que la découverte des paffages aux Indes avoit détourné : mais ce Commerce fe fait encore à grands frais, parce que les commerçans payent vingt pour cent de droit d'entrée au port d'Alexandrie, à celui de Roffette & à celui du Caire. Les droits de fortie ne fe montent cependant à Alexandrie & à Roffette, qu'à un & demi pour cent, & au Caire qu'à un demi.

Mais avant d'arriver dans ces ports les drogueries & épiceries de l'Arabie débarquent au port de Gidda fur la mer Rouge ; elles payent à la douane dix pour cent, fi elles fe vendent au poids, fix à fept fi elles fe vendent à la mefure, & enfin le droit *doré*, qui eft le dixième de celui que l'on a payé.

De Gidda les marchandifes fe tranfportent à Suez où elles ne payent aucun droit : de-là elles font voiturées dans les ports de l'embouchure du Nil, où elles payent un nouveau droit d'entrée.

Commerce des François en Afie. Il s'agit ici du Commerce de la Chine & des Indes qui fe fait par les différens paffages que les Portugais & les Hollandois ont découverts dans l'Océan.

Depuis ces découvertes le Commerce des Indes s'eft prefque toujours fait par des compagnies à privilège excluſif ; la première s'éleva en 1604 ; la feconde en 1611 ; la troifième en 1642 ; la quatrième en 1646 ; la cinquième en 1656, & la fixième en 1664. Ces compagnies n'ont jamais eu que des fuccès momentannées, & n'ont été d'aucune utilité à la nation.

Ces motifs déterminèrent le roi Louis XV, après avoir écouté les principaux négocians de fon royaume, & pris l'avis des députés du Commerce, à rendre le 13 août 1769, un arrêt en son conseil, par lequel il suspendit le privilége exclusif de la compagnie des Indes, & accorda à tous ses sujets la liberté de naviguer & de commercer au delà du cap de Bonne-Espérance.

Le privilége exclusif de la compagnie ayant été ainsi suspendu, & le Commerce des Indes déclaré libre, la compagnie s'est déterminée à faire cession au roi de ses vaisseaux & autres bâtimens de mer; des effets de marine, d'artillerie & autres de toute nature étant dans les magasins du port de l'Orient, en un mot de tous ses édifices, terreins, droits & propriétés, tant mobiliers qu'immobiliers, soit à Paris, soit dans les îles de France & de Bourbon & dans les différens établissemens & comptoirs de l'Inde. La délibération du 7 avril 1770 n'excepte de cette cession universelle & indéfinie que le seul capital hypothéqué aux actions.

Le feu roi en conséquence ayant accordé des conditions avantageuses à la compagnie, la cession fut homologuée par l'arrêt du conseil du 8 avril 1770, qui fut revêtu de lettres-patentes le 22 du même mois.

Ainsi toutes les lois qui avoient été ci-devant rendues pour restreindre le Commerce des Indes & assurer le privilége exclusif de la compagnie, sont aujourd'hui abrogées; de nouvelles lois qui y ont été substituées régissent aujourd'hui le Commerce de ces vastes contrées.

L'article 3 de l'arrêt du conseil du 13 août 1769 permet à tous les sujets de sa majesté de négocier librement dans les différentes parties de l'Inde, à la Chine & au delà du cap de Bonne-Espérance, d'y envoyer sur leurs propres vaisseaux toutes sortes d'effets, d'argent & de marchandifes, & de faire revenir en France leurs vaiffeaux chargés des denrées & marchandifes de l'Inde, de la Chine & de tous les pays au delà du cap de Bonne-Efpérance.

Cette loi affujettit les armateurs qui veulent jouir de cette faculté, à fe munir de paffe-ports qui doivent leur être délivrés gratuitement.

C'eft du fecrétaire d'état ayant le département de la marine, ou des fyndics & directeurs de la compagnie, que les armateurs doivent obtenir ces paffe-ports. Les mémoires qu'ils préfentent à cet effet, devoient être communiqués aux députés des villes de Commerce à Paris, pour prendre dans les ports les renfeignemens & inftructions néceffaires, & donner enfuite leur avis : mais cette formalité a été abrogée par l'article premier de l'arrêt du confeil du 6 feptembre 1769, qui ordonne que les paffe-ports contiendront les noms des armateurs, des capitaines & des vaiffeaux, le port en tonneaux, les lieux d'où ils font expédiés, & ceux de leur première deftination.

En vertu de l'article 5 de l'arrêt du 13 août 1769, les armateurs ne peuvent faire le retour des vaiffeaux & marchandifes provenant du Commerce de l'Inde, que dans le port de l'Orient. Dans le cas où ils feroient obligés par quelqu'accident d'entrer dans d'autres ports, ils ne peuvent y débarquer leurs marchandifes.

Si le vaiffeau n'eft pas en état de reprendre la mer, les marchandifes doivent être dépofées dans un magafin, fous la garde des commis & prépofés de l'adjudicataire des fermes, pour être enfuite tranfportées à l'Orient fous acquit à caution.

Les vaisseaux, vivres & marchandises destinés pour le Commerce de l'Inde jouissent de tous les avantages, exemptions & entrepôts accordés à tous les particuliers pour le Commerce de l'Amérique & à l'ancienne compagnie, pour celui des indes Orientales, en remplissant les formalités prescrites par les règlemens rendus sur cet objet. Les armemens ne peuvent être faits que dans le port de l'Orient, & dans ceux qui sont indiqués pour le Commerce des colonies.

Dans les vingt-quatre heures de l'arrivée des vaisseaux des Indes en France, l'article 3 de l'arrêt du conseil du 6 septembre 1769, ordonne qu'il sera fait au bureau des fermes, une déclaration exacte & conforme aux ordonnances de toutes les marchandises apportées de l'Inde & de la Chine à l'Orient par les vaisseaux & pour le compte des particuliers. Ces marchandises doivent être visitées, vérifiées & entreposées dans les magasins du port de l'Orient. Celles dont la consommation dans le royaume est prohibée, sont déposées dans un magasin particulier, fermé à deux différentes clefs, dont l'une demeure entre les mains du préposé de l'adjudicataire des fermes, & l'autre entre celles du préposé des armateurs ou de leurs commissionnaires.

Toutes les marchandises provenant du Commerce de l'Inde jouissent de 6 mois d'entrepôt dans le port de l'Orient. Celles qui sont destinées pour l'étranger sont exemptes de tout droit, à l'exception de celui d'indult. Les marchandises permises jouissent du *transit* par terre comme par le passé. Celles qui sont prohibées, ainsi que les toiles peintes ou imprimées, les toiles de coton blanches, les mousselines, mouchoirs & basins ne peuvent être transportées que par mer à l'étranger, après avoir été plombées & marquées des plombs & bulletins de la compagnie.

L'article 7 du même réglement permet d'envoyer par mer seulement, de l'Orient à Nantes, les marchandises provenant du Commerce de l'Inde, & de les y entreposer pendant six mois, à compter du jour du transport de l'Orient.

Le transport de ces marchandises de Nantes à l'étranger, ne peut non plus être fait que par mer ; à l'égard des marchandises qui ne sont pas prohibées, elles peuvent être conduites de l'Orient à Nantes pour passer à l'étranger tant par terre que par mer.

Conformément à l'article 8, il est défendu de faire sortir les marchandises du lieu de l'entrepôt avant d'en avoir fait la déclaration préalable. Il est libre aux préposés de l'adjudicataire des fermes de faire dans le cours des six mois des recensemens dans ces entrepôts, toutes les fois qu'ils le trouvent à propos.

En vertu de l'article 9, toutes les marchandises provenant du Commerce de l'Inde & de la Chine sont assujetties à l'entrée du royaume à un droit de cinq pour cent de leur valeur en France, & celles qui proviennent du crû des îles de France & de Bourbon, à trois pour cent de la même valeur. Ces droits sont exigibles avant que les marchandises puissent sortir des magasins où elles ont été déposées, soit qu'elles soient destinées pour passer à l'étranger, ou pour la consommation du royaume.

L'article 10 permet aux propriétaires des

mêmes marchandifes de les vendre & d'en difpofer alors, ainfi que bon leur femble, foit par
vente particulière, foit par vente publique, qui
peut être indiquée par affiche dans la forme &
aux conditions qu'ils jugent à propos.

Les droits portés par l'article 9 du réglement
dont nous venons de rendre compte ne font que
pour l'entrée dans le royaume ; il en eft encore
d'autres établis par les lois qui permettent la
confommation des différentes marchandifes des
Indes en France.

Tout ce qui eft deftiné pour la conftruction,
le radoub, l'armement, l'équipement & l'avitaillement des vaiffeaux des particuliers qui tra-
fiquent dans l'Inde, eft exempt de tout droit
d'entrée & de fortie, fuivant l'édit du mois
d'août 1664, l'arrêt du confeil du 30 feptembre 1665, les lettres patentes du mois de janvier 1685, mars 1696 & août 1717, les édits
des mois de mai 1719, juin 1725, & l'arrêt
du 28 feptembre 1726.

Cette exemption s'étend même aux matières
premières deftinées à être converties en canons
& en mortiers, en vertu d'une décifion du confeil du 27 février 1726.

Ces lois n'accordoient ces prérogatives qu'à
la compagnie des Indes ; mais les particuliers &
armateurs qui, en vertu de la liberté de Commerce, expédient des vaiffeaux dans l'Inde, doivent jouir de cet affranchiffement, conformé-
mément à l'article 11 du réglement de feptembre 1769, qui ordonne en leur faveur l'exécution des articles 16, 17 & 18 des lettres-patentes du mois de mars 1696.

Commerce de France en Amérique. Les ports de

Calais, de Dieppe, du Havre, de Rouen, de Honfleur, de Morlaix, de Brest, de Saint-Malo, de Nantes, de Bordeaux, de Bayonne, de la Rochelle, de Cette, de Marseille, de Dunkerque, de Cherbourg, de Libourne, de Caen, de Rochefort & de Saint-Brieuc peuvent seuls faire directement le Commerce des îles & colonies de l'Amérique.

Suivant les lettres-patentes de 1717 & celles de 1721, les marchandises & denrées du crû & des fabriques de France, destinées pour les îles, sont affranchies de tout droit d'entrée & de sortie, tant des provinces des cinq grosses fermes que de celles réputées étrangères, même des droits locaux en passant d'une province dans une autre, & généralement de tous les droits qui se perçoivent au profit de sa majesté, à l'exception des droits unis & dépendans de la ferme générale des aides & domaines. Il suffit de les expédier par acquit à caution dans les lieux de l'enlévement ; mais si après avoir été mises en entrepôt dans le port ou l'embarquement devoit s'en faire, elles en sortent pour être consommées dans le royaume ou chez l'étranger ; elles sont dans le cas de payer outre les droits dus aux bureaux de l'entrepôt, ceux qu'elles auroient dû acquitter dans les bureaux de l'enlévement & de la route.

L'arrêt du conseil du 11 janvier 1719 a confirmé l'article 3 des lettres-patentes de 1717, en y ajoutant les grandes entrées de Rouen qui se lévent sur les vins & eaux-de-vie de Guienne & des autres provinces, & sur toutes les autres fortes de marchandises du crû & des fabriques du royaume.

En

En vertu des lettres-patentes données le 22 mai 1723, sur l'arrêt du conseil du 10 du même mois, les vins d'Anjou & autres de la rivière de Loire, sortant de l'étendue des cinq grosses fermes, doivent payer le droit de sortie ordinaire quoique destinés pour les îles & colonies Françoises de l'Amérique.

Cette loi a été confirmée pour les droits d'octroi au Havre par les arrêts des 25 mai 1734 & 15 février 1735.

Le droit particulier de la ferme des huiles & savons n'est pas compris non plus dans l'exemption générale qu'on vient de rapporter : c'est ce qui résulte de la décision du conseil du 13 mars 1752.

Conformément à l'article 4 des lettres-patentes de 1717, & à l'article 5 de celles de 1721, les munitions de guerre, vivres & autres choses nécessaires prises dans le royaume pour l'armement & l'avitaillement des vaisseaux qui vont aux îles, jouissent de l'exemption de tout droit de sortie ou d'entrée ; mais suivant les décisions du conseil des 14 avril 1723, 10 décembre 1737, 26 janvier & 6 février 1738, on ne doit pas étendre cette exemption à ce qui est nécessaire pour la construction des vaisseaux, sous prétexte qu'ils sont destinés à faire le commerce des îles.

Les chanvres & les toiles du royaume, qui à leur arrivée dans un port ont été mis en entrepôt à la destination des îles, & qui en ont été tirés sur la soumission des négocians, pour être convertis en cables, cordages & voiles pour les vaisseaux allant à l'Amérique, ne doivent pas fur le fondement qu'ils ont été dénaturés, être privés de l'exemption des droits accordés par les lettres-patentes de 1717 : c'eſt ce qui réſulte de la déciſion du conſeil du 23 juillet 1731.

L'article 6 des lettres-patentes de 1717, oblige les négocians de déclarer au bureau du lieu de l'enlévement s'il y en a, ſi non au plus prochain bureau, les quantités, qualités, poids & meſures des marchandiſes & denrées deſtinées pour les îles, & de les faire plomber & viſiter par le commis des fermes, d'y prendre un acquit a caution, & de faire leurs ſoumiſſions de rapporter dans trois mois un certificat du déchargement de ces marchandiſes & denrées dans le magaſin de l'entrepôt ou de l'embarquement dans le port pour lequel elles ont été déclarées.

Les marchandiſes de France qui ont été envoyées aux îles, & qui n'ayant pu y être vendues reviennent dans le royaume, ne doivent à leur rentrée jouir de l'exemption des droits, que ſur les ordres de M. le contrôleur général, ſuivant l'extrait des regiſtres du bureau de Commerce du 17 mai 1736. Lorſque ces ordres ont été donnés, il faut que ces négocians juſtifient de l'envoi qui a été fait de ces marchandiſes aux îles : enſuite on doit vérifier ſi elles ſont du crû & des fabriques du royaume.

Les marchandiſes & denrées qui viennent de l'étranger même, celles qui ſont tirées des villes de Marſeille & de Dunkerque, avec déclaration pour les îles, ne jouiſſent pas d'une faveur auſſi étendue que celle qui eſt accordée aux marchandifes & aux denrées du crû & fabrique de France.

· L'article 10 des lettres-patentes de 1717, dont l'exécution a été ordonnée par l'arrêt du 4 feptembre 1742, affujettit ces marchandifes aux droits dus à l'entrée du royaume, mais elles font exemptes de droits de fortie lorfqu'elles fuivent leur deftination. Les mêmes lettres-patentes exceptent encore le bœuf falé, & l'arrêt du 24 août 1748, étend cette exemption aux lards, beurres, fuifs, chandelles & faumons falés.

· Ces fix efpèces de marchandifes ont la liberté d'entrer, fans payer aucun droit, à la charge d'être mifes dans l'entrepôt à leur arrivée.

Suivant une explication donnée le 3 janvier 1734, on ne doit comprendre fous le nom des marchandifes tirées de Marfeille & Dunkerque, que celles qui auroient pu y arriver de l'étranger, & qui ne fe fabriquent point dans ces deux ports.

Lorfqu'il eft juftifié par des certificats en bonne forme que ces marchandifes proviennent du crû ou des fabriques de ces villes, elles doivent jouir de l'exemption comme celles des autres provinces réputées étrangères.

· Il n'eft pas permis de faire entrer dans le royaume les marchandifes qui y font prohibées, fous prétexte de leur deftination au Commerce des îles. L'article 13 des lettres-patentes de 1717 & l'article 3 de celles de 1721 défendent expreffément d'en embarquer de cette efpèce.

La déclaration du roi du 30 feptembre 1737 permet aux armateurs & négocians de charger à fret pour Cadix des marchandifes du royau-

me fur des vaiffeux qui partent totalement à
vide , pour aller prendre aux îles des marchandifes de retour ; mais elle leur défend expreffément de rien charger à Cadix fur leurs
vaiffeaux.

A l'égard des marchandifes des îles deftinées
pour la confommation du royaume , elles font
fujettes aux droits d'entrée , felon les tarifs &
les réglemens.

Ces droits d'entrée font dus indépendamment
de celui du domaine d'occident qui fe perçoit à
l'arrivée des marchandifes des îles même lorfqu'elles proviennent de la traite des négres &
qui confifte , 1°. en trois pour cent de la valeur
fuivant l'article 25 des lettres-patentes de
1717 ; 2°. en un & demi pour cent d'augmentation , établi d'abord pour trois années par la
déclaration du 10 novembre 1727 , & fucceffivement prorogé de trois ans en trois ans par
différens arrêts.

Ce droit du domaine d'occident n'eft point
établi comme droit d'entrée dans le royaume ,
mais comme droit de fortie des îles où il fe percevoit anciennement. Auffi les marchandifes des
îles qui font tranfportées directement en Efpagne , font tenues d'acquiter les droits de trois
pour cent , au retour en France du navire qui a
tranfporté ces marchandifes en Efpagne.

Les marchandifes des îles auxquelles on n'a
pas donné une deftination fixe en fortant de
l'entrepôt , & qui ont acquitté les droits de confommation réglés par l'article 19 des lettres-
patentes de 1717 & par l'arrêt du 29 mai 1736 ,
ne perdent point comme les marchandifes tirées

de l'étranger, l'avantage de leur origine ; il fuffit que l'acquit du payement des droits dont il s'agit foit repréfenté, pour qu'elles aient la liberté de paffer à Lyon, ou dans telle province du royaume que ce foit, fans être affujetties à de nouveaux droits ; c'eft la difpofition de l'arrêt du confeil du 3 feptembre 1726, de la décifion du confeil du 2 novembre 1734 & de l'article 7 de l'arrêt du 29 mai 1736.

Lorfque les marchandifes des îles qui fortent de l'entrepôt dans les temps fixés font deftinées pour les pays étrangers, ou ce qui eft la même chofe pour la haute ville de Dunkerque, elles ne doivent d'autre droit que celui de trois & demi pour cent du domaine d'occident, conformément à l'article 13 des lettres-patentes de 1717, & à l'article 12 de celles de 1721.

Il faut obferver que cette exemption pour les marchandifes deftinées à l'étranger n'a lieu qu'autant qu'elles y font envoyées par mer, & qu'il eft juftifié par un certificat en bonne forme, & conforme à ce qui eft prefcrit par les lettres-patentes de 1717, qu'elles ont été déchargées dans le lieu de leur deftination, à moins que ces marchandifes ne foient du nombre de celles qui jouiffent de la faculté du *tranfit* par terre, & de l'exemption des droits autres que ceux qui dépendent de la ferme générale des aides & domaines.

Suivant l'article 28 des lettres-patentes de 1717, fi les marchandifes des îles, dont les droits d'entrée auroient été perçus, paffoient à l'étranger au lieu d'être confommées dans le royaume, non-feulement on ne feroit pas fondé à réclamer le remboursement de ces droits; mais on seroit même tenu de payer ceux de sortie, excepté pour les sucres, le gingembre, le rocou, la casse, le cacao, les drogueries & épiceries.

Ce qui vient des îles Françoises est réputé de leur crû, parce que le Commerce de ces îles étant prohibé par les lettres-patentes du mois d'octobre 1727, on ne doit pas supposer que les marchandises qui en arrivent y aient été portées par les étrangers.

Cependant toutes les marchandises du crû des îles, à l'exception des sucres bruts, peuvent être conduites en droiture en Espagne. Mais nos négocians auxquels il est permis de faire ce Commerce, sont tenus de rapporter à leur retour dans le port de France d'où ils sont partis, l'état des marchandises qu'ils ont chargées aux îles, certifié par les principaux employés qui y sont établis, & l'état du déchargement fait en Espagne certifié par le consul François, sur la vérification desquels états certifiés, le droit du domaine d'occident doit être acquitté, suivant l'arrêt du 27 janvier 1726.

Les maîtres des navires qui vont aux îles Françoises de l'Amérique pour y charger des huiles & des morues, ne doivent jouir de l'exemption à cet égard, qu'autant qu'ils ont rempli les formalités prescrites par l'arrêt du 26 septembre 1741.

Il a été décidé au conseil le 30 novembre 1722, que les marchandises qui viennent sur des vaisseaux armés aux îles, doivent être admises à l'entrepôt & jouir des avantages qui en résultent.

Les lettres-patentes & l'arrêt du conseil, des 3 & 21 mai 1723, fixent au terme d'une année le délai de l'entrepôt accordé aux marchandises qui viennent des îles ou qui sont destinées à y être envoyées. Pendant la guerre on prolonge ordinairement ce délai jusqu'à dix-huit mois : il court du jour que les marchandises ont été mises en entrepôt ; en conséquence, les négocians sont tenus de faire à la douane des fermes du port de l'embarquement leurs soumissions de rapporter dans un an au plus tard le certificat du débarquement de leurs denrées & marchandises dans les îles & colonies.

Ce certificat doit être au dos de l'acquit à caution, & signé par les gouverneurs & intendans, ou les commandans & commissaires subdélégués dans les quartiers, & par les commis du fermier du domaine d'occident, à peine de payer le quadruple des droits. L'arrêt du 9 juin 1722, veut que l'ordonnance de 1687 soit suivie & exécutée dans toute l'étendue du domaine d'occident.

Après l'expiration du délai, si ces formalités n'ont point été remplies, les marchandises qui avoient été déclarées pour les îles sont sujettes aux mêmes droits qu'elles auroient dû payer si on ne leur avoit pas donné cette destination : celles qui sont venues des îles sont assujetties aux droits réglés par les lettres-patentes de 1717.

Voyez *le tarif des droits d'entrée & de sortie des cinq grosses fermes ; le droit public de l'Europe par Mably ; les recherches & considérations sur les finances & le Commerce ; les remarques sur le Commerce du levant ; le parfait négociant, par Savarry ; le traité de Commerce conclu à Utrech en*

1713 ; *les ordonnances de 1681 , de 1687 & de 1673 ; l'arrêt de 1701, concernant le Commerce d'Angleterre ; les lettres-patentes de 1716 , concernant le Commerce de Guinée ; les lettres-patentes de 1717 , de 1720 & de 1721 concernant le Commerce d'Angleterre ; l'arrêt du 22 décembre 1750 , concernant le Commerce du levant ; l'arrêt du 13 août 1769 , portant suppression des priviléges de la compagnie des Indes , &c.* Voyez aussi les articles ENTRÉE, SORTIE, MARCHANDISE, CONSUL, MARINE, NAVIGATION , &c. (*Article de. M. HENRY DE RICHEPREY , ingénieur & commis des finances*).

COMMINATOIRE, se dit d'une clause apposée dans un contrat, laquelle ne produit son effet qu'après une interpellation, parce qu'on la regarde comme n'ayant été stipulée que par forme de menace contre la partie qui aura négligé de s'acquitter dans un temps marqué de l'obligation pour l'exécution de laquelle cette clause est intervenue.

On a introduit parmi nous une distinction entre les différentes clauses pénales qu'on peut stipuler dans des conventions : on regarde les unes comme étant de rigueur & produisant leur effet de plein droit, & les autres comme étant simplement Comminatoires & n'ayant d'effet qu'après une interpellation judiciaire. Cette distinction inconnue dans le droit romain pourroit paroître contraire à l'équité ; car il est de la nature des conventions qu'elles s'exécutent dans toute leur étendue & de la manière convenue entre les parties. Il est vrai que nous ne réputons Comminatoires que les clauses qui ont rapport au temps dans lequel on doit remplir telle ou telle obligation. Une partie s'eſt obligée de faire ou de livrer telle choſe dans tel délai ; elle ne l'a pas fait ; on préſume qu'il y a de l'oubli, ou qu'un contre-temps imprévu l'en a empêché : on croit alors qu'il eſt juſte de lui laiſſer encore la faculté d'accomplir ſon obligation en l'avertiſſant de le faire par une interpellation judiciaire.

Mais pour que cette faveur lui ſoit accordée, il faut que l'obligation puiſſe encore s'accomplir ſans bleſſer les intérêts de l'autre partie. Je ſuis convenu, par exemple, de la conſtruction d'un bâtiment avec un entrepreneur, & il a été dit par le marché que ce dernier le commenceroit dans trois mois. Les trois mois ſe ſont écoulés ſans que rien ait été commencé ; le marché n'eſt pas nul pour cela ; l'entrepreneur eſt encore en droit de commencer. Mais ſi je vois qu'il n'en veuille rien faire & qu'il me faille recourir à un autre entrepreneur, je dois auparavant faire faire une ſommation au premier de remplir ſon engagement, en lui déclarant que ſi dans tel délai raiſonnable que je lui preſcrirai comme de huitaine, de quinzaine ou d'un mois, ſuivant l'importance de l'entrepriſe, il n'a pas commencé l'ouvrage, le marché ſera regardé comme non-avenu, & que je m'adreſſerai à un autre entrepreneur pour traiter avec lui, en me réſervant toutefois les dommages-intérêts que le retard m'aura occaſionnés. Si après cette ſommation faite l'entrepreneur ne s'eſt pas mis en devoir de commencer l'ouvrage dans le nouveau délai déterminé, je ſuis en droit de conclure un nouveau marché avec un autre entrepreneur.

Il y a des cas où le délai étant une fois expiré, il ne faut pas d'interpellation judiciaire; il n'en faut point, par exemple, dans le cas que voici : un cabaretier a acheté d'un vigneron trois muids de vin, avec convention que ce vigneron les lui conduira & livrera huit jours avant telle foire qui doit se tenir dans l'endroit où demeure le cabaretier. Au temps marqué le vin n'étant pas arrivé, il est certain que ce cabaretier est en droit de se pourvoir ailleurs, parce que la raison de la tenue de la foire est un motif pour lui de ne pas attendre davantage, de crainte de s'exposer à être dépourvu & à perdre ses pratiques.

Il en est de même de tous les autres cas où il y a du péril dans la demeure, surtout en matière de commerce où les circonstances sont précieuses & où une occasion manquée est souvent irréparable.

Si lors de la convention il est dit que la chose s'exécutera dans tel délai, ou qu'autrement le traité demeurera nul de fait & de droit sans autre sommation ni interpellation, comme il est évident dans ce cas que l'intention des parties a été que cette clause s'exécutât à la rigueur, la simple expiration du délai lui donne tout l'effet qu'elle doit avoir, sans entrer dans aucun examen si la chose peut se différer encore ou non; autrement les conventions les mieux conçues deviendroient illusoires.

Le délai le moins fatal qui puisse être stipulé dans un contrat, est celui qui a pour objet une clause de retrait conventionnel, autrement dite de *réméré*, au sujet de la vente d'un héritage. Lorsqu'il est stipulé que le vendeur aura la faculté de racheter dans tel ou tel délai, comme de deux, de trois ou quatre ans, plus ou moins, l'héritage vendu, en remboursant le principal, les frais & loyaux coûts, ce délai n'est point fatal; il dure pendant trente ans, à moins que l'acquéreur n'obtienne contre le vendeur un jugement de déchéance, faute par celui-ci d'avoir exercé dans le temps convenu la faculté à lui accordée (*); de sorte qu'une simple sommation d'exercer le retrait dans le temps ne suffit pas; il faut une assignation suivie d'un jugement, & encore est-il d'usage d'accorder par ce jugement un certain délai, ne fût-il que de quinzaine, afin que le vendeur n'ait aucun sujet de se plaindre si l'acquéreur demeure ensuite propriétaire incommutable.

Que le jugement soit par défaut ou qu'il soit contradictoire, la chose est égale; lorsqu'il y a

_____

(*) Cette jurisprudence particulière au parlement de Paris, n'est pas la même dans celui de Normandie, où il suffit que le tems du retrait soit expiré pour que la déchéance se soit opérée de plein droit. La jurisprudence du parlement de Normandie conforme en cela à l'ancienne jurisprudence, est la même que celle de la plupart des parlemens du pays de droit écrit, notamment de celui de Bordeaux. L'article 366 de la coutume de Poitou déclare la faculté de Réméré éteinte de plein droit après l'expiration du délai accordé, cependant on s'est accoutumé depuis quelque temps, suivant que le fait observer Boucheul sur cet article, à ne la regarder comme périe qu'après un jugement.

Observez que lorsque la faculté de Réméré est accordée postérieurement au contrat de vente par un acte séparé, la déchéance a lieu de plein droit lorsqu'on n'en a point fait usage dans le temps marqué : la jurisprudence de tous les tribunaux est uniforme à cet égard.

eu un nouveau délai d'accordé & que le vendeur n'en a point fait usage, il n'en demeure pas moins déchu. En vain chercheroit-il à se relever de cette déchéance par un appel : quel grief pourroit-il proposer ? On lui a accordé une prorogation qui à la rigueur ne lui étoit point due : c'étoit à lui d'en profiter. On ne peut jamais faire voir que le juge ait mal jugé ; il ne pouvoit point s'empêcher de dire que faute par le vendeur de racheter l'héritage dans le nouveau délai accordé, le contrat de vente demeureroit pur & simple. C'est aussi ce qui a été décidé au parlement de Paris le 17 mars 1758, & le 25 avril 1760, par deux arrêts cités dans la collection de jurisprudence. Cette décision a détruit l'opinion erronée d'Argou, qui dans son institution au droit François avoit mal à propos glissé que le secret de proroger une faculté de réméré étoit la voie de l'appel d'un jugement de déchéance. Cette ressource étoit d'autant plus dangereuse à indiquer, qu'il n'est pas de plaideur qui n'en fît usage & qui ne trouvât ainsi le moyen de tenir éternellement un acquéreur dans l'incertitude s'il demeurera propriétaire ou non de l'objet de son acquisition.

La raison pour laquelle la déchéance d'une faculté de réméré n'est jamais regardée, du moins au parlement de Paris, que comme une clause Comminatoire, même dans quelques termes qu'elle soit conçue, & qu'on exige un jugement pour que cette déchéance soit acquise, c'est parce qu'une vente sous faculté de rachat est ordinairement assimilée à un contrat pignoratif, à un contrat usuraire. De sorte que pour qu'elle ait complettement son effet, il faut qu'elle paſſe ſous les yeux du juge à qui il appartient de ſavoir s'il y a de l'uſure ou non. C'eſt pour cela auſſi que le jugement qu'on obtient en pareil cas s'appelle jugement *de purification*, parce que quand on l'a obtenu, on peut dire que le contrat eſt purifié de tout ſoupçon d'uſure & qu'il doit avoir ſon exécution.

Par cette même raiſon les autres clauſes Comminatoires qui peuvent être inſérées dans les conventions en général n'ont pas beſoin d'un jugement lorſqu'elles ne contiennent rien qui indique de l'uſure ; une ſimple ſommation de remplir dans le nouveau délai accordé l'engagement auquel on s'eſt ſoumis, ſuffit pour rendre la partie obligée non-recevable à le remplir quand ce nouveau délai eſt expiré ; autrement ſi chaque retard d'exécuter une obligation devoit être ſuivi d'une aſſignation & d'un jugement, les moindres conventions donneroient lieu à des longueurs, à des chicanes & à des dépenſes conſidérables. Il eſt vrai que ſuivant Mornac une loi pénale ou Comminatoire n'a lieu en France qu'après un jugement rendu, *lex commiſſaria locum non habet in Galliá niſi poſt acceptum judicium ;* mais cette maxime ne doit régulierement s'entendre que des diſpoſitions portées par les coutumes, ſurtout à l'occaſion des droits ſeigneuriaux, lorſqu'on doit faire telle ou telle choſe, dans tel ou tel temps, ſous peine d'amende, de confiſcation, de commiſe, &c. La loi prononce la peine, mais il reſte à juger ſi on l'a encourue.

A l'égard des réglemens émanés du légiſlateur dans la vue d'arrêter des excès, des délits, des déſordres, lorſque les peines qui y ſont

attachées font portées d'une manière vague &
à faire comprendre que l'intention du légiſlateur
a été plutôt d'empêcher le mal que de punir,
ces peines pour l'ordinaire ne ſont regardées
que comme Comminatoires ; & les juges, ſuivant les circonſtances, peuvent en adoucir la
rigueur.

Mais pour celles qui ſont infligées notamment
pour tel délit, comme pour le duel, l'aſſaſſinat,
le vol, &c. & toutes celles où la volonté du
ſouverain eſt marquée de manière à faire voir
qu'il n'a pas voulu que la punition fût moindre
que celle qui eſt déterminée, les juges ne peuvent s'en écarter ſans donner atteinte à la loi.

Quant aux ordonnances qui veulent que telle
ou telle formalité s'obſerve à peine de nullité,
cette peine n'eſt nullement Comminatoire ; elle
eſt encourue par ceux qui ont contrevenu à la
loi. Les juges ne s'arrêtent pourtant pas toujours
aux moyens de nullité qu'on leur propoſe ; mais
ce n'eſt pour l'ordinaire qu'en matière légére,
lorſqu'il paroît ou que la partie qui en excipe
ne ſouffre nullement de ce défaut de formalité,
ou que ce défaut ſe trouve réparé par ſon propre
fait. Mais en matière criminelle, en matière
bénéficiale, en matière de ſaiſie réelle, de donation, de teſtament, de retrait lignager, & en
toute autre matière de rigueur où la peine de
nullité eſt prononcée moins par rapport au cas
particulier en lui-même, que par rapport à des
conſidérations d'intérêt public, il n'eſt point au
pouvoir des juges d'en faire grâce.

Il nous reſte à obſerver que lorſqu'il eſt dit
par un jugement qu'une partie fera telle choſe
dans un temps, ſinon qu'elle ſera déchue de ſes

droits, cette déchéance eſt ſimplement réputée Comminatoire, à moins qu'il ne ſoit dit, *en vertu du préſent jugement & ſans qu'il en ſoit beſoin d'autre, la partie ſera déchue, &c.* Quelques praticiens obſervent que s'il eſt dit, *en vertu du préſent jugement, la partie demeurera déchue, &c.* la déchéance eſt dès-lors acquiſe, quand même il ne ſeroit pas ajouté, *& ſans qu'il en ſoit beſoin d'autre.* L'expreſſion, *demeurera déchue,* a ſelon eux une ſignification plus marquée que celle de *ſera.* Cette obſervation paroît juſte, parce que s'il eſt dit qu'elle *demeurera déchue en vertu du préſent jugement,* c'eſt annoncer qu'effectivement il n'en faut pas d'autre.

Voyez les articles CIRCONSTANCES, NULLITÉ, PEINE, &c. (*Article de M. DAREAU, avocat,* &c.)

COMMIS. C'eſt en général celui qui eſt prépoſé par un autre pour faire à ſa place quelque choſe.

Ce terme s'applique particuliérement aux particuliers chargés par la ferme générale de veiller à la régie & à la perception des droits du roi.

On avoit créé par les édits d'avril 1543, décembre 1547, août 1576, & décembre 1581, des Commis aux exercices en titre d'office, ſous les noms de commiſſaires des caves, quêteurs des aides & contrôleurs des quêteurs. Mais on reconnut bientôt qu'il étoit de l'intérêt de la régie que les Commis des fermes fuſſent entièrument dépendans du fermier & révocables à ſa volonté. On voit par les anciens baux qu'il lui fut permis dès 1604 de rembourſer les Commis en titre, & de commette qui bon lui ſembleroit à leur place. Mais ils ne furent entièrement fupprimés qu'en 1634 par édit du mois de juillet; & depuis cette époque ils ont toujours été à la nomination du fermier.

Ces Commis doivent être âgés au moins de vingt ans pour entrer en exercice; ils ne peuvent être alliés ni parens du fermier; mais il a été jugé par un arrêt du confeil du 18 novembre 1727, que leur parenté ou alliance avec les cautions de l'adjudicataire n'étoit pas un moyen de nullité contre leurs actes.

Comme le témoignage des Commis fait foi en juftice en faveur de la ferme, il leur eft formellement défendu d'y être intéreffés.

Suivant l'arrêt & les lettres-patentes des 21 & 30 juin 1720, ils doivent être reçus fur la fimple requête du fermier, contenant qu'ils ont l'âge requis par l'ordonnance & qu'ils font profeffion de la religion catholique.

Le procureur du roi en l'élection de Château Chinon avoit requis qu'un procès-verbal de fraude fût rejeté, parce que l'un des deux Commis qui l'avoient dreffé ne faifoit pas de communion pafchale ni aucune autre fonction catholique : fur quoi le fiége ordonna avant faire droit, que le Commis viendroit faire fa déclaration fur ce dont il étoit accufé. Mais un arrêt du confeil du 10 octobre 1724 caffa cette fentence & fit défenfe à l'élection de Château Chinon & à tout autre juge, de rendre de pareils jugemens à l'avenir, à peine de nullité & d'interdiction.

Les Commis des fermes doivent prêter ferment à l'élection dans le reffort de laquelle ils font employés, ou devant un autre juge des droits du roi : ils étoient autrefois obligés de

renouveler

renouveler ce ferment lorfqu'ils changeoient d'élection, à moins qu'ils n'euffent été reçus à la cour des aides ; & dans ce cas même ils étoient tenus de le faire enregistrer à l'élection de leur domicile. Mais cette formalité a été abrogée par des lettres-patentes de l'année 1719, qui exigent feulement que les Commis faffent mention dans leurs procès-verbaux de la juridiction où ils ont prêté ferment, pour que la partie puiffe le vérifier fi elle le juge à propos.

C'étoit fans doute pour faciliter cette vérification, que la cour des aides de Paris avoit enjoint par arrêt du 10 juillet 1716 aux juges des fermes, de garder dans leur greffe les actes & minutes de la preftation de ferment des Commis, & d'y avoir un tableau expofé en un lieu apparent, fur lequel feroient infcrits les noms & furnoms des Commis employés dans leur juridiction.

C'eft vraifemblablement auffi dans le même efprit que par arrêt du 12 juillet 1743, le parlement de Dijon avoit déclaré nul un procès-verbal dreffé par des Commis dont les commiffions n'avoient pas été regiftrées au greffe des juridictions où ils avoient prêté ferment, quoi qu'elles fuffent revêtues de l'acte de preftation infcrit par le greffier. Mais le confeil a jugé à propos de caffer cet arrêt par un autre du 4 février de la même année.

Il eft aifé de juger que les Commis des fermes ne font pas obligés de prêter un nouveau ferment au renouvellement des baux : ils en font ordinairement difpenfés par l'arrêt que le confeil rend pour la prife de poffeffion de l'adjudica-

taire. Celui qui eſt intervenu pour le bail de
Laurent David eſt du 26 avril 1774. Outre la
diſpenſe dont il s'agit, il confirme la diſpoſition
que les Commis pourront verbaliſer en tout
lieu, même hors du reſſort des juridictions où
ils ont prêté ſerment.

Si les officiers des juridictions faiſoient refus
d'enregiſtrer les commiſſions des employés, la
ſignification qui en ſeroit faite à leur greffe tiendroit lieu d'enregiſtrement.

Il eſt enjoint aux Commis des fermes de mettre au dehors ſur la porte de leur bureau ou
autre lieu apparent, un tableau contenant les
droits pour leſquels le bureau eſt établi, avec
un tarif exact de ces droits.

Ils ont la faculté de dreſſer procès-verbal des
fraudes & autres incidens qui peuvent ſurvenir
dans le cours de leurs fonctions : ils peuvent
même ſaiſir l'objet de la fraude à la requête du
fermier. Ainſi ils participent aux fonctions des
huiſſiers.

Ils ſont autoriſés à veiller à la conſervation
des droits de toutes les fermes indiſtinctement :
il peuvent par conſéquent dreſſer procès-verbal
des fraudes qu'ils découvrent, lors même qu'elles
ne concernent pas la partie dans laquelle ils ont
été reçus.

Pour faciliter aux Commis des fermes la découverte des fraudes, les notaires & autres gens
de loi des lieux où le contrôle des actes n'eſt
pas établi, ſont obligés de leur donner communication des actes qu'ils ont paſſés, ainſi que de
leurs liaſſes & répertoires, à peine de deux cens
livres d'amende. Telle eſt la diſpoſition d'un
arrêt du conſeil d'état du 8 novembre 1771.

Un autre arrêt du conseil du 20 septembre 1772 veut que tous les employés des fermes ayant serment en justice, & notamment ceux des domaines, puissent veiller à la conservation des droits sur les papiers & parchemins timbrés, empêcher les fraudes qui peuvent survenir à cet égard, & rapporter des procès-verbaux de toutes celles qu'ils pourront découvrir, sans qu'ils soient obligés de se faire recevoir & prêter serment, ni même de faire enregistrer leurs procurations & commissions dans les juridictions qui ont droit de connoître de ces contraventions.

Un arrêt de la cour des aides du 6 septembre 1718 une sentence des élus de Blois, qui admettoit à faire preuve qu'un procès-verbal de fraude avoit été fait pendant le service divin, confisqua en conséquence les vins saisis chez la veuve Audelan pour faux bouchon, & la condamna solidairement avec les buveurs en 75 livres d'amende.

Mais pour que les procès-verbaux dont il s'agit soient valables, il est nécessaire qu'ils aient été rédigés par deux Commis ou par un Commis assisté d'un huissier.

Le ministère de cet officier n'est pas nécessaire pour la dénonciation des procès-verbaux.

Il est défendu aux Commis de faire aucun accommodement pour raison de fraude ou contravention, que par l'avis des directeurs ou Commis aux recettes, & sur les procès-verbaux de la fraude.

Les Commis peuvent verbaliser en tout temps & même pendant le service divin, lorsqu'il s'agit de fraude, & que c'est par suite dans le cours de leurs exercices.

La déclaration du 6 novembre 1717 veut que les procès-verbaux dressés avant midi soient signifiés le même jour conformément à l'ordonnance des aides du mois de juin 1680, & que s'ils ont été faits après midi la signification en soit regardée comme nulle, si elle n'a pas été faite avant le midi du lendemain : c'est ce qui oblige les Commis à déclarer à la fin de leurs procès-verbaux qu'ils les ont dressés avant ou après midi.

Une autre formalité qu'ils ne doivent pas omettre est l'affirmation de leurs procès-verbaux : les juges des droits du roi sont tenus de la recevoir sans frais suivant l'ordonnance de 1687 & la déclaration de 1732. La cour des comptes, aides & finances de Normandie a ordonné par arrêt du 6 juillet 1762, que le sieur Folliot conseiller, grenetier au grenier à sel de Bayeux, seroit tenu de se conformer à ces lois lorsque des Commis aux fermes se présenteroient pour affirmer leurs procès-verbaux.

Cette affirmation n'est cependant pas nécessaire lorsque les procès-verbaux ont été rédigés en présence d'un officier de l'élection ou d'un autre juge à qui il appartient d'en connoître (*).

_____

(*) Un arrêt de la cour des aydes de Paris du 26 août 1718, a jugé en infirmant une sentence de l'élection, qu'un procès-verbal fait en présence d'un officier de l'élection par les commis à la marque des ouvrages d'or & d'argent étoit nul parce qu'il n'avoit pas été affirmé dans le temps de l'ordonnance : mais des lettres-patentes du 16

La préfence du juge a même plus de poids que n'en auroit l'affirmation.

Les procès-verbaux des Commis des fermes affirmés en juftice & revêtus des autres formalités preferites par les réglemens font foi jufqu'à infeription de faux.

Les redevables des droits qui font convaincus d'avoir falfifié les marques, congés, acquits & autres actes des Commis, doivent être condamnés pour la première fois, au fouet & au banniffement pour cinq ans de l'élection où la falfification a été commife ; & en cas de récidive, aux galères pour neuf ans, avec une amende qui ne peut être moindre du quart de leurs biens dans le premier cas, & de la moitié dans le fecond.

Les marchands ou commiffionnaires qui ont fuborné les Commis par argent ou de quelqu'autre façon que ce foit, pour frauder les droits, font dans le cas d'être pourfuivis extraordinairement. La déclaration du 12 octobre 1715 veut que les marchands foient déclarés incapables d'exercer aucun négoce pendant leur vie ; qu'il foit fait défenfes à toute perfonne d'entretenir correfpondance avec eux pour fait de commerce, & que leurs enfeignes & inferiptions foient ôtées, & leurs noms & furnoms écrits fur

_____

novembre de la même année, enregiftrées en la cour des aydes le 22 décembre fuivant ont décidé que les procès-verbaux faits par les commis affiftés d'un officier de l'élection ou d'un autre juge à qui il appartient d'en connoître, feroient valables, fans qu'il fût befoin de les affirmer.

un tableau qui doit être affiché dans l'audience de la juridiction consulaire du lieu où la fraude aura été commise. Les facteurs, commissionnaires ou voituriers qui auront eu part aux subornations, doivent être condamnés au carcan pendant trois jours de marché, & les Commis aux galères pour neuf ans, sans préjudice des amendes, confiscations & autres peines pécuniaires portées par les réglemens.

Les Commis convaincus d'avoir falsifié ou altéré les regiſtres, quittances ou autres expéditions, d'en avoir fabriqué ou fait fabriquer de faux, d'en avoir délivré de faux extraits ou d'avoir contrefait la fignature des juges, doivent être punis de mort, quel que foit le dommage que ces faux aient occafionné.

La déclaration du 5 mai 1690 prononce la même peine contre tous les Commis qui ayant en maniement des deniers des fermes du roi les auront emportés, lorfque le divertiffement fera de trois mille livres & au-deffus ; & fi la fomme eft moindre, ils doivent être punis de peine afflictive à l'arbitrage des juges. Il eft défendu à toute perfonne de favorifer leurs divertiffemens & retraites à peine contre les contrevenans d'être refponfables folidairement des deniers emportés & des dommages & intérêts du fermier.

Une déclaration du 14 juillet 1699, veut que les Commis en titre qui fe trouveroient dans le cas de celle du 5 mai 1690, fubiffent les peines qui y font portées ainfi que les Commis ordinaires, & qu'elle foit exécutée indiftinctement à l'égard des uns & des autres.

Une troifième déclaration du 3 juin 1701,

défend aux juges de modérer la peine de mort à peine d'interdiction.

La même rigueur a lieu à l'égard de l'amende qui est du quadruple des droits non-enregistrés, ou des sommes faussement employées en dépense sans préjudice des peines afflictives qui peuvent être prononcées par les juges suivant la qualité du délit.

Les élus de Paris rendirent une sentence par contumace le 6 octobre 1724, par laquelle un particulier qui avoit été distributeur de la formule à la place Dauphine à Paris fut déclaré atteint & convaincu d'avoir emporté & diverti dix-huit mille trois cens livres provenant de ses recettes, & condamné en conséquence à être pendu en la même place, ce qui fut exécuté par effigie.

Deux arrêts de la cour des aydes de Paris des 29 mai & 18 juillet 1731, condamnèrent deux receveurs pour des malversations de la même nature, l'un au bannissement, & l'autre au bannissement & au carcan.

Trois arrêts du conseil des 18 août 1725 & 18 décembre 1731, ont commis les intendans de Caën, de Provence & de Bourges pour faire le procès aux nommés P., contrôleur des actes à Bayeux; B., contrôleur des actes à Marseille; G., receveur des gabelles à Saint-Amand en Berry, comme étant prévenus d'avoir diverti des deniers de leurs recettes.

Un jugement souverain de l'intendant de Poitiers du 8 octobre 1736, déclara Jean-François M. receveur des aydes de l'élection de Fontenay-le-Comte, atteint & convaincu d'avoir soustrait de sa recette une somme de trois mille

LI iv

fix cens quatre-vingt-quatre livres dix-fept fous quatre deniers, & le condamna en conféquence aux galères à perpétuité, à l'amende envers le roi, à la reftitution de la fomme divertie, au payement du quadruple & aux dépens.

L'intendant de Bretagne ayant été commis par arrêt du conſeil du 13 décembre 1740, pour faire le procès au fieur L., contrôleur des actes à Corlay, ce magiftrat rendit par contumace un jugement fouverain le 20 juillet fuivant, par lequel il déclara cet employé convaincu d'avoir diverti & enlevé deux mille neuf cens quatre-vingt-quinze livres reftant de fa caiffe & d'avoir omis de porter en recette deux droits qu'il avoit reçus ; le tout montant à trois mille foixante livres dix-neuf fous, pour réparation de quoi il le condamna à être pendu, & attendu la contumace, ordonna que le jugement feroit exé-cuté par effigie ; il le condamna en outre à la reftitution de la fomme enlevée, & à deux amendes de deux cens livres chacune pour les omiffions d'enregiftrement.

La déclaration du 5 mai 1690 prefcrit la forme que le fermier doit fuivre lorfqu'un receveur s'eft abfenté : le fcellé doit être mis fur fes effets & papiers & levé dans la huitaine au plus tard par le juge qui en doit connoître ou par le plus prochain juge des lieux : l'inventaire étant dreffé, les comptes faits fur les acquis & regiftres, & les états finaux pofés, ou forme les débers, fur lefquels intervient le jugement des comptes, le tout en la préfence & fur les conclufions du procureur du roi ou de fon fubftitut.

Suivant l'ordonnance de 1681, les fermiers

& fous-fermiers ont contre leurs Commis les mêmes actions, priviléges, hypothèques & droits de contrainte que le roi a contre fes fermiers, & que ceux-ci ont contre leurs fous-fermiers.

Ainfi le Commis reliquataire peut être contraint par corps ainfi que fa caution au payement du débet ; il eft même dans le cas de fubir la révocation de fa commiffion dès l'inftant que le débet eft connu.

Le bail de Charrière du 18 mars 1687 porte que les procureurs & Commis de l'adjudicataire & de fes fous-fermiers qui feront en demeure de compter de leur maniement ou de payer les deniers qu'ils auront reçus, y feront contraints par corps, fans que les juges puiffent les recevoir au bénéfice de ceffion.

Le bail de Forceville du 16 feptembre 1738, en renouvelant cette difpofition, défend conformément à la déclaration du 5 mai 1690, à tout juge de recevoir & arrêter les comptes des Commis fur les affignations que ces Commis auroient fait donner aux fermiers ou fous-fermiers. Ces comptes doivent être préfentés aux fermiers mêmes & arrêtés par eux ou par leurs procureurs, fauf aux Commis à fe pourvoir devant les juges qui en doivent connoître pour raifon des griefs qu'ils feroient dans le cas d'articuler, encore doivent-ils avant de les propofer, payer les débets portés par les arrêtés de leurs comptes.

Un Commis eft dans le cas de la contrainte par corps dès qu'il a l'âge fuffifant pour exercer fon emploi : ainfi l'âge de minorité, ni celui de feptuagénaire ne fauroient l'y fouftraire.

D'ailleurs les héritiers des Commis ne peuvent accepter leurs successions sous bénéfice d'inventaire : ils doivent renoncer ou payer les débets ; telle est la disposition de l'arrêt de la cour des aydes du 16 mars 1735.

Suivant un arrêt du conseil du 9 juillet 1692, les Commis des fermes ne peuvent faire aucun traité ni négociation verbale ou par écrit pour l'obtention ou la conservation de leurs emplois, à peine d'être procédé extraordinairement contr'eux, & contre ceux au profit desquels auroient été faits ces traités.

La régie se faisant pour le compte des fermiers, il est juste qu'ils puissent disposer des emplois ; aussi ont-ils toujours joui de ce droit, & il leur a été confirmé pour tous les emplois des fermes par une lettre de M. le contrôleur général du premier décembre 1758.

L'auteur du dictionnaire des domaines qui convient du droit dont il s'agit, ne laisse pas d'observer que les fermiers n'ont pas celui de destituer un employé sans motif légitime & de donner son emploi à quelqu'un qu'ils affectionnent davantage, ou qui paroît leur convenir mieux. Il ajoute que cet inconvénient n'est pas à craindre de leur part, attendu qu'ils ont intérêt d'exciter l'émulation parmi leurs employés en observant à leur égard les règles de l'équité.

Une décision du conseil du 5 décembre 1733, autorisa la révocation qu'ils avoient faite d'un contrôleur des actes qui négligeoit ses fonctions.

Le directeur particulier de la partie purement domaniale à Metz avoit demandé par un mémoire au conseil d'être continué dans son emploi : le fermier observa qu'il n'avoit pas besoin de directeur dans cette partie, parce que tous les domaines de Metz étoient engagés : le conseil décida le 14 janvier 1739, que le fermier feroit ce qu'il voudroit.

Le sieur la Rose, qui avoit été contrôleur des actes à Marigny, en Normandie, demanda qu'on lui déclarât les motifs pour lesquels on lui avoit retiré son emploi, mais une décision du 3 juin 1741, le débouta de sa demande, avec injonction de rendre les registres qu'il retenoit, à peine d'y être contraint.

Une autre décision du 10 mars 1744 répondit d'un *rien à faire* le mémoire du sieur de Caîne vérificateur qui demandoit à passer à un emploi supérieur tel qu'une ambulance ou une inspection.

Cependant deux décisions des 17 décembre 1746 & 20 février 1747 jugerent trop rigide la révocation du sieur Caillou contrôleur des actes depuis 1734, à Houdan, laquelle n'avoit d'autres fondemens que quelques forcemens de recette.

Le sieur Dubarry qui avoit été inspecteur à Metz se plaignoit de sa révocation : le fermier répondit qu'elle étoit fondée sur son insuffisance & son incapacité, & particulièrement sur ce qu'il ne pouvoit monter à cheval. La décision qui intervint le 8 février 1748 jugea que les fermiers étoient les maîtres de disposer de leurs emplois.

Autre décision du 16 janvier 1751, contre le sieur Dubois inspecteur à Toulouse, qui se plaignoit de ce qu'on l'avoit fait passer de l'ambulance à l'inspection à la fin d'un bail & qui réclamoit l'ambulance.

Autre du 22 décembre 1751, portant *néant* sur le mémoire de la dame Briault qui demandoit que son mari qui avoit été ambulant à angoulême & que l'on avoit faitpasser avec la même qua'ité à Châtillon en Poitou, fût rétabli dans la première ville.

Enfin par deux décisions des 12 avril 1753, & 23 février 1754, le conseil a mis aussi *néant* sur les mémoires du sieur Tison auparavant contrôleur des actes à Rochefort, & du sieur Cocheret qui avoit été contrôleur ambulant : celui-ci demandoit son rétablissement & l'autre les motifs,de sa destitution ? le fermier répondit à Cocheret qu'il l'avoit révoqué pour de justes sujets de plaintes, & à Tison qu'ayant eu le droit de le mettre en place, il avoit eu celui de le destituer.

Les décisions que l'on vient de rapporter ont toutes été rendues par le conseil des finances ; aussi est-il le juge des contestations qui surviennent relativement à l'exercice des Commis des fermes, soit pendant leur emploi, soit après leur retraite ou leur révocation : c'est communement une des clauses de leur soumission. Et l'on voit par un arrêt du 31 juillet 1725, que le conseil des finances évoqua une instance pendante en la cour des aides de Paris entre Cordier, chargé de la régie des fermes, & le sieur Castra ancien directeur du contrôle à Montauban, avec défense de procéder ailleurs qu'au conseil.

Les Commis qui ne perçoivent pas tous les droits qui sont dûs, soit par inattention soit par impéritie, sont dans le cas d'être forcés en recette par le fermier qui peut les faire compter de ce qu'ils auroient dû recevoir jusqu'à concurrence de la juste quotité des droits.

Ils peuvent être aussi forcés en recette pour raison des droits dont ils négligent de suivre le recouvrement , lorsqu'il y a de leur part une négligence marquée & un défaut d'exécution des ordres de leurs supérieurs , sauf à faire ensuite le recouvrement pour leur propre compte ; & dans ce cas l'enregistrement du droit doit se faire comme à l'ordinaire , en observant qu'il en a été compté précédemment.

La voie de forcement de recette est sans doute rigoureuse , mais comme l'observe judicieusement l'auteur du dictionnaire des domaines , elle est nécessaire pour le maintien d'une bonne régie : en effet il y auroit des Commis qui se rendroient les arbitres de la quotité des droits & de la suite des recouvremens au gré de leurs préventions ou de leurs affections particulières.

Lorsqu'un Commis se retire ou qu'il est révoqué , il doit remettre à son successeur tous les registres , sommiers , contraintes & autres pièces qui concernent la régie ; & cette remise doit être faite par un triple inventaire , afin que l'employé qui quitte en ait un pour sa décharge , qu'un autre reste à celui qui le remplace , & que le troisième soit remis au directeur. Faute de satisfaire à la remise des registres , le fermier peut employer la contrainte par corps , mais il convient de la faire précéder d'une ordonnance de l'intendant ou de son subdélégué sur les lieux.

Par une décision du 29 août 1733 , le conseil a jugé que le contrôleur des actes de la flèche qui après sa révocation refusoit de remettre à fon fucceffeur les regiftres, &c. devoit y être contraint.

Quelle que foit la caufe de la retraite des Commis, ils ne peuvent prétendre aucune remife fur les droits qui n'étoient pas payés avant qu'ils euffent ceffé d'exercer leur emploi, quand même ces droits proviendroient de leurs découvertes, parceque ces remifes font attachées à deux conditions qui doivent concourir ; la découverte & le recouvrement.

Une décifion du 10 novembre 1731 a debouté le fieur Oudinot de la demande qu'il avoit formée d'une portion des amendes de contraventions, payée depuis fa révocation fur des procès verbaux qu'il avoit rapportés, étant infpecteur.

Une autre décifion du confeil rendue le 13 décembre 1735, contre le fieur Préville ancien contrôleur ambulant, a jugé qu'il ne pouvoit prétendre de remifes & portions d'amende de contravention, que fur ce qui avoit été réellement payé avant fa révocation, & que le débet d'un Commis porté en recette fur fon journal lui devenoit dès-lors un objet perfonnel dont il devoit compter au fermier.

Les Commis ne peuvent pas non plus demander au fermier le rembourfement de leurs frais de pourfuites, n'ayant droit de les répéter que des redevables à mefure que ceux-ci payent ce qu'ils doivent : mais un Commis qui fe retire étant obligé de remettre à celui qui lui fuccède, toutes les demandes & contraintes, & n'ayant plus de droit ni de qualité pour fuivre le recouvrement des droits & des frais, doit s'arranger avec fon fucceffeur en faifant un état double des pourſuites dont les frais ſont exigibles, au pied duquel le nouveau Commis s'oblige de compter à l'autre du montant de ſes frais à meſure du recouvrement ; & pour prévenir toute difficulté il convient de faire taxer ces frais par le ſubdélégué du lieu.

S'il y a des frais qui tombent en pure perte, le Commis qui les a faits les perd, parceque l'un des motifs pour leſquels il eſt accordé aux Commis des remiſes extraordinaires ſur les droits de recouvrement, eſt afin qu'elles leur tiennent lieu de dédommagement des faux frais. Mais ſi le fermier a donné ordre de faire des demandes conſervatoires pour s'aſſurer les droits qui en ſont l'objet, il s'agit alors de frais extraordinaires, dont le fermier ne peut ſe diſpenſer de dédommager le Commis qui en a fait les avances.

Le ſieur Gobert contrôleur des actes à Meaux demandoit que le fermier dont le bail étoit expiré le 31 décembre 1732, lui tint compte de ſes frais & remiſes ſur des droits qui avoient dû être payés à Meaux & que le fermier avoit fait payer à Paris. Par déciſion du 20 juin 1733, le conſeil lui accorda ces remiſes & ſeulement les frais des demandes conſervatoires que lé fermier avoit exigées, pour ſe conſerver les droits après l'expiration de ſon bail.

Par arrêt du conſeil du 8 novembre 1729, l'adjudicataire des fermes a été déchargé des appointemens demandés par le ſieur Vanetet de Charny, ancien vérificateur des aydes de l'élection de Melun, qui prétendoit être en droit de les exiger, parce que n'ayant pas été remercié à la fin du bail précédent, les fonctions de fon emploi étoient cenfées continuer dans le bail fuivant.

Un contrôleur ambulant s'étoit retiré au commencement de novembre après avoir fait fa tournée ordinaire dans le mois d'octobre, pour les recouvremens des produits du quartier de juillet : il demandoit fous ce prétexte, fes appointemens pour tout le quartier d'octobre ; le confeil a décidé le 25 mai 1735 , qu'ils ne lui étoient dus que jufqu'au 15 novembre.

Le fieur Bérard, contrôleur des actes à Chinon, avoit prêté deux cens cinquante livres à l'infpecteur , & demandoit que le fermier lui en tint compte : il avoit même obtenu une ordonnance favorable de l'intendant de Tours ; mais le confeil a décidé le 22 janvier 1743 , que les Commis ne pouvant rien payer aux infpecteurs fans un ordre exprès, la fomme que le fieur Bérard demandoit etoit une dette perfonnelle à l'infpecteur.

Une décifion du 11 juin 1746 , a condamné le fieur Prox, ancien Commis à Aleth généralité de Touloufe, & reliquataire de deux cens trente-fix livres , à rendre cette fomme qu'il difoit avoir retenue pour le rembourfement de frais faits pour la ferme.

Une autre décifion du confeil du 18 janvier 1749 , a débouté le fieur Gautier, ancien contrôleur des actes à Neubourg en Normandie, de fes prétentions : il demandoit des remifes fur des droits provenans de fes découvertes, mais qui n'avoient pas été payés pendant fa régie, ainfi que le rembourfement de frais de pourfuites qu'il avoit faits tant pour des articles tombés en non valeur , que pour d'autres objets qui avoient

été

été payés ou pouvoient l'être : il demandoit en outre un délai pour le payement de son déber.

Tous ces jugemens sont conformes aux règles générales : mais on doit observer que les clauses des soumissions qui sont au pied du double de la procuration ou commission des Commis, sont entr'eux & le fermier une règle particulière qui doit être exécutée.

D'ailleurs les Commis des fermes sont sous la sauve-garde du roi & des juges, officiers & principaux habitans des villes où les bureaux sont établis. Tous les juges royaux, officiers des maréchaussées, prévôts & autres, sont obligés de leur prêter main-forte en cas de besoin. Il est défendu à toute personne de les troubler directement, ni indirectement, dans leurs fonctions, ni de distribuer contr'eux aucun libelle, à peine de cinq cens livres d'amende & de punition corporelle.

Un arrêt du conseil du 7 janvier 1640 a fait défense sous peine de la vie, d'uler envers les Commis des fermes des termes de *monopoliers, gabeleurs & maltotiers.*

Un arrêt de la cour des aides de Rouen du 27 janvier 1717, a défendu de faire ni dire aucune injure aux employés dans la ferme du roi, à peine d'être puni selon la rigueur des ordonnances & a condamné le sieur de Brevedence, conseiller au parlement, à cent livres d'amende envers le roi, & à trois cens livres de dommages & intérêts envers les fermiers.

Dans un procès pendant au parlement de Provence entre le sieur Malespine, surnuméraire au bureau du contrôle des actes de Draguignan, & les héritiers de demoiselle Lamanoide son épouse, on avoit fourni un écrit imprimé, dans lequel l'auteur, en sortant des bornes d'une juste défense, avoit représenté les fonctions des employés des domaines comme avilissantes & odieuses aux yeux de la société : le roi s'en étant fait rendre compte ordonna par arrêt de son conseil du 7 décembre 1776, que les termes injurieux insérés dans l'imprimé en question, seroient & demeureroient supprimés, avec défenses à Simiau, procureur, de récidiver à peine de punition exemplaire, & à toute autre personne de troubler les Commis, préposés & autres chargés de la régie & perception des droits de sa majesté dans l'exercice de leurs fonctions, de leur méfaire ni médire, & de faire imprimer, vendre & distribuer contr'eux aucun libelle, le tout à peine de cinq cens livres d'amende & de plus grande peine s'il y avoit lieu.

La déclaration du 30 janvier 1717 fait défenses sous peine de la vie aux gens de guerre ainsi qu'aux valets des officiers, gardes-du-corps & gendarmes d'empêcher les fermiers & leurs Commis de recevoir les droits, de les troubler dans leurs bureaux, visites & exercices, & de prêter main-forte aux fraudeurs pour introduire des vins, boissons, sel, tabac & autres marchandises de contrebande.

L'ordonnance du premier octobre 1743 confirme non-seulement cette disposition, mais elle a encore pour objet d'engager les gens de guerre à s'opposer à la contrebande en leur adjugeant les chariots, chevaux & harnois qu'ils saisiront sur les contrebandiers : il y est dit que s'ils s'en emparent concurremment avec les employés des fermes, ces effets seront partagés entr'eux, de manière qu'un officier de troupe ait un tiers de plus qu'un chef de Commis, & un soldat autant qu'un employé.

Par jugement souverain de l'intendant de Moulins du 17 octobre 1724, un archer de la maréchaussée du Bourbonnois a été condamné à un bannissement de trois ans, & à trois livres d'amende envers le roi & déclaré incapable de porter les armes pour le service de sa majesté, pour avoir voituré nuitamment un poinçon de vin sans congé, & maltraité les Commis lors de la saisie qu'ils en avoient faite.

Un arrêt de la cour des aides du 5 août 1722, a condamné deux frères à faire amende honorable, & un autre à être banni pour trois ans, pour avoir fait rébellion aux Commis.

Par arrêt du conseil du 11 décembre de la même année, un marchand de vin de Paris a été condamné à cinq cens livres d'amende pour rébellion aux Commis, & le commandant du guet interdit pour les avoir arrêtés au lieu de les secourir.

Plusieurs arrêts de la cour des aydes des années 1724 & 1730 ont prononcé différentes peines & même celle de mort contre des gens qui avoient usé de voies de fait contre les Commis dans le cours de leurs exercices.

Les ordonnances défendent toute clameur de *haro* sur les Commis & autres employés dans les fermes du roi, à peine de cent livres d'amende, & de tous dépens, dommages & intérêts.

Des Commis qui auroient tué en se défendant, quelques fraudeurs ou leurs complices, seroient à l'abri de toute pourſuite ſuivant la déclaration du 30 janvier 1714.

L'interdiction qui réſulte d'un décret d'ajournement perſonnel contre un officier de juſtice, n'a point lieu contre les Commis des fermes : ils doivent en cas de décret prêter interrogatoire en la manière accoutumée ; après lequel, ſans qu'il ſoit beſoin d'aucun jugement, ils peuvent continuer leurs fonctions, excepté chez les vendeurs en détail où l'action qui a donné lieu au décret eſt arrivée : cependant, ſuivant un arrêt du conſeil du 8 avril 1732, ils pourroient verbaliſer contre un cabaretier qu'ils trouveroient en fraude, quoiqu'il ſe fût inſcrit en faux contr'eux ſur de précédens procès-verbaux.

Les Commis dés fermes du roi jouiſſent de pluſieurs priviléges, dans leſquels ils ont été confirmés par l'ordonnance de 1681 & autres réglemens poſtérieurs.

Il eſt permis aux Commis ayant ſerment à juſtice de porter des épées & autres armes ; ils ſont exempts de tutelle, curatelle, collecte, logement de gens de guerre, de guet & de garde, de tirer au ſort pour la milice & d'y contribuer ; ils jouiſſent même de l'exemption de la taille s'ils n'y ont pas été impoſés avant leur commiſſion : & dans le cas où ils le ſeroient, il eſt défendu à peine de tous dépens, dommages & intérêts aux officiers des élections, collecteurs & autres chargés de l'aſſiette de la taille, d'augmenter leur impoſition ſi ce n'eſt à proportion des immeubles qu'ils peuvent avoir acquis depuis leur commiſſion ou en cas de trafic.

Un arrêt du conſeil du 30 juin 1711 a ordonné que le ſieur Landrin, receveur des droits de rivière, papier & parchemin timbré à Meulan, jouiroit de l'exemption de la taille & autres impofitions, qu'en conféquence il feroit déchargé des fommes pour lefquelles il avoit été compris dans les rôles des années 1710 & 1711, & que les maires & échevins feroient tenus de les payer fans aucun recours contre la communauté.

Les collecteurs de Cofne avoient compris dans leur rôle des tailles le Commis au contrôle des actes en cette ville, fous prétexte qu'il avoit du bien en ce lieu: un arrêt du 10 octobre 1721 le déchargea de cette impofition, attendu que depuis plufieurs années il avoit été employé en différens lieux, & qu'avant fa commiffion de contrôleur à Cofne, il n'avoit point été impofé aux tailles.

Par arrêt de la cour des aides du 27 mars 1722, un Commis buralifte a été déchargé d'une augmention de taille montant à onze livres dix fous, & les collecteurs condamnés à une amende de douze livres.

Le receveur des fermes au bureau de Concarneau avoit été nommé par délibération des habitans du 30 novembre 1727, pour faire le recouvrement de la capitation; cet employé fe pourvut devant l'intendant de Bretagne, qui ordonna l'exécution de la délibération des habitans; mais le confeil annulla cette ordonnance par arrêt du 20 juillet 1728, parce qu'en fuppofant que ce receveur eût fait le commerce, ce n'étoit pas une raifon pour le charger d'un recouvrement de capitation, mais feulement pour l'impofer à la taille à proportion de fon trafic.

Un arrêt du conseil du 4 octobre 1723 a déchargé un buraliste de la taille & du logement des gens de guerre, & condamné le syndic & les collecteurs de la paroisse au coût de l'arrêt.

Par arrêts du conseil des 23 mars & 20 avril 1694, les Commis des fermes ont été déclarés exempts des contributions & impositions extraordinaires sur les villes, pourvu qu'ils n'y possédent aucun bien & qu'ils n'y fassent aucun commerce, ainsi que des droits de tarif établis à l'entrée des villes pour y tenir lieu de taille.

Conformément à cette disposition, les Commis de Honfleur ont été déchargés par arrêt du 16 août 1704 des droits de tarif pour les denrées & marchandises qu'ils feroient entrer dans cette ville pour leur usage.

Un arrêt du 24 janvier 1696, avoit déchargé les Commis de la même ville de l'imposition pour la taxe des eaux & fontaines.

Deux autres arrêts des 5 août 1721 & 26 janvier 1734, ont déchargé les Commis des fermes des taxes faites sur eux pour le nettoyement des boues de la ville de Moulins, & du droit de péage établi sur le pont de Mantes.

Comme tous ces priviléges & exemptions retombent à la charge des citoyens, le roi a fixé par arrêt de son conseil du 14 avril 1725 le nombre des Commis que l'on pourroit établir dans les villes, bourgs & lieux où ils sont nécessaires, & réuni les emplois dont le travail pouvoit être rempli par une seule personne : cet arrêt porte que dans les villes & gros bourgs où il y a un bureau des aides, le receveur ou autre employé sera chargé de la distribution de la formule ; que les bureaux pour les congés de remuage, droits d'entrée, de courtiers jaugeurs & autres droits concernant les aides feront réunis en un feul & donnés au buralifte du con-contrôle des actes dans les villes, bourgs & villages qui n'exigent pas l'établiffement d'un buralifte particulier pour chacun de ces droits; & que tous les Commis qui fe trouveront au-delà du nombre prefcrit pour chaque lieu feront affujettis à la taille & aux autres charges publiques.

D'ailleurs les Commis des fermes, ainfi que les fermiers & fous-fermiers ont été déchargés par différens arrêts du confeil de toute recherche des chambres de juftice, lorfqu'ils ne fe font intéreffés dans aucun marché, fourniture ou autre affaire que celles des fermes. Ils ne font point fujets à la contrainte par-corps pour les droits qu'ils ont mal perçus, mais dont ils ont compté au fermier; & comme leurs appointemens ne peuvent être confidérés que comme une penfion alimentaire, ils ne peuvent être faifis à la requête de leurs créanciers, non plus que les chevaux dont ils fe fervent dans leurs tournées.

L'auteur du traité général des droits d'aides obferve que les fermiers ou fous-fermiers des droits du roi & même leurs Commis ne dérogent point à la nobleffe : cela eft fondé fur les baux des fermes vérifiés dans les cours, & notamment fur ceux de Duhamel & de Martinaut, & fur un arrêt de la cour des aides du 22 décembre 1676 rendu les chambres affemblées en faveur des Commis des gabelles.

Il convient maintenant d'entrer dans quelque détail fur chaque forte de Commis.

Des Commis aux aides. Ce font ceux que les fermiers ont prépofés à la perception des droits fur différentes marchandifes & particulièrement fur les boiffons.

Il y a ordinairement dans chaque élection fix efpèces d'emplois pour la régie des aides; favoir, ceux de directeur, de receveur général, de receveurs particuliers & buraliftes, de contrôleurs fédentaires, de contrôleurs ambulans à pied & à cheval, & de Commis aux exercices à pied & à cheval.

Il y a de plus dans quelques élections où le travail eft confidérable des infpecteurs auxquels les contrôleurs font fubordonnés; mais les fonctions des uns & des autres font les mêmes.

Le directeur eft chef d'une direction; la procuration qui lui eft donnée contient l'étendue de fes pouvoirs; mais quels qu'ils foient, il repréfente fes commettans en tout ce qui regarde la régie qui lui eft confiée.

Ses principales fonctions font de conduire & d'éclairer les employés qui lui font fubordonnés, d'inftruire particulièrement les Commis aux exercices, de conftater les produits des droits, d'en envoyer les états à la compagnie, de tenir un regiftre qui fert de contrôle au journal de recette & de dépenfe du receveur général de l'élection, de veiller à la reddition des comptes, tant de ce receveur que des receveurs & buraliftes particuliers, de décerner des contraintes contr'eux, & contre tous les autres redevables, de donner le mouvement & de maintenir l'ordre dans toutes les parties de la régie, de faire de temps en temps des tournées pour découvrir ce qui pourroit y être contraire, -

& de rendre compte à ſes commettans par une correſpondance ſuivie de ſes opérations & des effets qui en ſont réſultés.

. Il eſt d'uſage que le directeur envoie à ſes commettans à chaque quartier, ou de deux mois en deux mois, l'état du produit des droits de ſa direction, un bordereau de recette & de dépenſe, & un état des procès-verbaux de fraude accommodés, indécis ou jugés dans le quartier précédent.

Il eſt auſſi chargé d'envoyer tous les trois mois le tableau des employés de la direction, avec des notes ſur la conduite & les talens de chacun d'eux.

- Le receveur général reçoit les droits dans le chef-lieu de la direction, ainſi que les ſommes qui lui ſont remiſes par les receveurs particuliers; il tient à cet effet des journaux, ſommiers, & autres regiſtres, & il eſt en outre chargé pour l'ordinaire du magaſin de la formule.

- Il y a des élections de peu d'étendue où les emplois de directeur & de receveur général ſont réunis dans la même perſonne.

· Les receveurs particuliers reçoivent les droits d'entrée, & ceux de gros & augmentation dans les lieux conſidérables; les buraliſtes, dans les paroiſſes d'un moindre produit. Les premiers ont des appointemens fixes, tandis que les autres n'ont qu'une remiſe ſur le montant des droits, laquelle ne peut paſſer la ſomme de quatre cens livres; ſi elle alloit au-delà, ils ſeroient obligés de compter de l'excédent aux fermiers ſuivant un arrêt du conſeil du 3 février 1705.

Ces employés tiennent deux principaux regiſtres : l'un pour les droits d'entrée, & l'autre pour ceux de gros. Ils font obligés d'enregiſtrer de fuite & fur le champ les déclarations qui leur ſont faites, & d'énoncer dans l'enregiſtrement le nom du vendeur, celui de l'acheteur, l'endroit pour lequel les boiſſons ſont deſtinées, le nom du voiturier qui doit les conduire, la ſomme payée pour les droits, la date du congé, & le jour & l'heure que le voiturier doit partir.

Il ſont en outre chargés d'envoyer tous les deux mois un état de leur recette au bureau général de la direction.

Le nombre des contrôleurs ambulans varie ſuivant l'étendue & le travail de la direction.

Leurs fonctions ſont de veiller continuellement ſur le travail des Commis aux exercices par des viſites & contre-viſites inattendues chez les débitans ; de tenir perpétuellement ces employés en haleine par la crainte, l'encouragement & l'exemple ; de répéter & de vérifier leurs opérations ; d'examiner leurs regiſtres portatifs & de recette, ainſi que ceux des buraliſtes ; & de conſtater leur ſituation de prendre ſouvent des relevés de ces regiſtres pour ſuivre la deſtination des boiſſons & s'aſſurer du payement des droits ſoit d'entrée, ſoit de gros ou de détail ; de vérifier par la note des congés des vendans vins, s'ils ont été portés ſur les regiſtres des buraliſtes, & ſi les droits ont été exactement tirés ; d'approfondir les clauſes qui influent ſur l'augmentation ou la diminution du débit ; d'employer tous les moyens de le favoriſer, ſoit par la deſtruction de la fraude, ſoit par des facilités accordées à propos qui peuvent encourager les débitans & en augmenter le nombre ; d'examiner ſi les abonnemens ſont portés à leur valeur

& s'ils ne font point préjudiciables au fermier ; de faire de fréquentes tournées dont ils doivent envoyer à la fin de chacune un procès-verbal à leurs commettans ; de rendre compte de toutes leurs découvertes au directeur, d'agir de concert avec lui, & de feconder fes foins dans tous les détails de la régie.

· Les contrôleurs ambulans ont été autorifés par arrêt du confeil des 26 avril 1723 & 10 octobre 1741, à faire des vifites, accompagnés de deux Commis, même chez les nobles & les eccléfiaftiques foupçonnés de fraude.

Au refte les contrôleurs n'ont point de maniment.

· Les contrôleurs fédentaires ne font établis que dans les villes où il y a beaucoup de Commis aux exercices dont ils font tenus de vérifier le travail : ils ont les mêmes fonctions que les contrôleurs ambulans, & on les appelle fédentaires parce que leur infpection ne s'étend point au-delà du lieu de leur réfidence.

A l'égard des Commis aux exercices, il y en a deux dans chaque département qui font à pied ou à cheval fuivant l'éloignement des lieux. Ils font chargés de la tenue des regiftres portatifs & de l'exercice des vendans vins en gros ou en détail.

Dans les départemens de la campagne, l'un de ces Commis fait la recette des droits, tant de ceux de détail qui lui font payés par les redevables, que de ceux de gros qui lui font remis par les buraliftes. Il tient à cet effet outre le portatif, un regiftre où il infcrit les fommes qu'il reçoit des uns & des autres (*).

_____

(*) Cet ufage n'a pas lieu dans le plat-pays de Paris :

Ce Commis receveur remet à chaque quartier ou plus souvent, si cela lui est prescrit, les deniers de sa recette au receveur général qui en fait l'arrêté sur le registre & met sa quittance au bas.

Les deux Commis doivent être ensemble lorsqu'ils font leurs visites & procès-verbaux : ils sont tenus de dresser sur leur portatif un acte de chaque exercice, de le signer & de le faire signer avec eux, tant *en venue qu'en vidange* (*), par le débitant chez qui ils exercent ; & en son absence, par ses domestiques ou par ceux qui sont préposés au débit des boissons. Les Commis sont tenus aussi de transcrire un double de l'acte sur le livre ou les feuilles du débitant ; & en cas de refus de la part de celui-ci, de représenter son livre ou ses feuilles (**), ou de signer sur le portatif, ils doivent en faire mention sur ce registre & en laisser copie signée d'eux au débitant ; le tout à peine de nullité de

les commis aux exercices n'y font aucune recette : il y a dans cette élection dix receveurs qui sont chargés du recouvrement de tous les droits d'entrée, de gros & de détail : ils ont aussi le titre de directeurs, parce qu'à plusieurs égards, ils en font les fonctions.

(*) Pour entendre ces termes, il faut savoir que les registres portatifs des Commis aux *exercices* contiennent les charges & les décharges des debirans : les charges sont composées en partie des boissons de nouvelle *venue* c'est-à-dire de toutes celles qu'ils font venir pendant le courant de leur débit, & les décharges des boissons vendues en détail autrement trouvées en *vidange*.

(**) Ces feuilles sont fournies sans frais au débitant qui doit les conserver jusqu'à ce qu'elles soient entièrement remplies, car s'il les perd il est obligé de s'en fournir lui-même.

l'exercice, & de répondre des dommages & intérêts du fermier.

. Les Commis peuvent *exercer par diminution* (*) *de quart en quart*, ou même de moindre partie, tant dans les villes que dans les campagnes ; mais le fermier ne peut demander le payement des droits dans les villes où il y a élection, qu'après le débit de la pièce entière.

Ils peuvent faire & réitérer leurs exercices toutes les fois qu'ils le jugent à propos, même les fêtes & les dimanches, excepté pendant le service divin.

Cependant les procès-verbaux qu'ils feroient dans le cas de dresser pendant le service divin ne feroient pas nuls s'ils avoient été faits par suite & en conséquence d'exercices commencés auparavant, ainsi qu'on l'a déja observé.

: La raison en est que ces procès-verbaux doivent être faits à l'instant de la découverte de la fraude, à moins qu'il n'y ait rebellion ou un autre empêchement.

· On suit toutefois un autre usage dans le ressort de la cour des aides de Rouen : comme les droits de détails y sont plus multipliés qu'ailleurs, & que la perception en peut être souvent troublée par les redevables, il auroit été difficile aux Commis, & même quelquefois dangereux

_____

· (*) *Exercer par diminution*, c'est marquer avec une espèce de compas qu'on appelle *rouanne* l'endroit où aboutit la vidange des pièces qui font en perce : les marques & démarques doivent être faites sans frais sur les vaisseaux & futailles, & l'empreinte des rouannes ou cachet des commis doit être déposée par les directeurs au greffe des élections.

de donner le temps & l'attention néceffaires pour drefser leurs procès-verbaux fur le lieu & à l'inftant de la découverte de la fraude : c'eft pourquoi ils ont été autorifés à les faire où ils jugeroient à propos, en laiffant toutefois aux prévenus pour leur fûreté un billet fommaire qui fixe l'objet & le genre de la fraude fur laquelle le procès-verbal doit être rapporté.

Les procès-verbaux doivent être affirmés véritables tant en matière civile que criminelle, dans la quinzaine au plus tard, à l'égard des élections compofées de cent paroiffes & au-deffus, & dans la huitaine pour les autres élections.

Il eft enjoint aux élus & à tous les autres juges, de recevoir les affirmations des Commis auffitôt que les procès-verbaux leur font préfentés, à peine de répondre en leur propre & privé nom des amendes & confifcations encourues par les fraudeurs, de payer les frais de voyage que les employés auront été obligés de faire pour aller affirmer leurs procès-verbaux dans une autre ville, & de cinq cens livres d'amende.

Mais les procès-verbaux faits en préfence d'un officier de l'élection ou d'un autre juge, n'ont pas befoin d'être affirmés.

Les arrêts du confeil du 6 décembre 1687, & 25 juin 1709 portent que les Commis remettront dans l'inftant de l'affirmation un double de leurs procès-verbaux figné d'eux au greffe de l'élection : mais plufieurs autres arrêts, tant du confeil que de la cour des aides de Paris, ont jugé que le défaut de ce dépôt n'étoit pas un moyen de nullité : cependant cette formalité eft essentielle lorsqu'il y a une inscription de faux contre les procès-verbaux.

Les commis aux aides ont été déclarés juges dégustateurs des vins, & sont en conséquence dispensés d'appeler avec eux aucun juge, expert, gourmet ou autre, & même de déposer aux greffes des élections aucun échantillon des boissons.

Ils sont tenus de distinguer dans leurs registres portatifs les boissons du crû d'avec celles d'achat, ainsi que les vendans vins à assiette d'avec les vendans vins à pot.

Les vendans vins sont obligés à la première sommation des Commis, de leur ouvrir leurs caves, celliers ou autres lieux de leur maison : en cas de refus, les Commis peuvent en faire faire ouverture par le premier sergent, serrurier ou maréchal sur ce requis, deux voisins présens ou appelés, sans qu'ils soient obligés d'en demander permission en justice.

On doit cependant observer que cette ouverture ne peut avoir lieu à l'égard des bourgeois qui vendent le vin de leur crû à pot dans le ressort de la cour des aides de Paris que pour les caves & les celliers, & non pour les chambres de la maison où les Commis ne peuvent entrer sans l'autorité du juge, à moins que ce ne soit par suite dans le cours de leurs exercices & lorsqu'ils surprennent les vendans vins à pot vendant à assiette.

Mais ces restrictions ne sont point dans l'ordonnance rendue pour le ressort de la cour des aides de Rouen ; aussi les Commis font-ils leurs visites dans tous les endroits des maisons des bourgeois qui vendent leurs vins, comme chez tout autre débitant.

Tout débitant doit déclarer aux Commis les caves où il a fait descendre ses boissons, tant celles où il en fait le débit, que celles où il les tient en magasin, à peine de confiscation des boissons trouvées dans les lieux non déclarés, & de cent livres d'amende : mais suivant la déclaration du 17 février 1688, les juges peuvent réduire cette amende à vingt-cinq livres.

Il est défendu aux débitans d'enlever le vin de leurs caves sous prétexte qu'ils l'ont vendu en gros, à moins qu'il n'ait été démarqué par les Commis, à peine d'être condamnés au payement du double droit de détail, quand même ils représenteroient la quittance des droits de gros, dont ils ne peuvent demander la restitution : il est enjoint en conséquence aux Commis de venir démarquer les boissons dans les vingt-quatre heures de la sommation qui leur en est faite ; & s'ils y manquent, la sommation vaut congé.

Enfin il est enjoint à tout débitant de déclarer aux Commis les lieux où ils ont acheté les boissons & le prix de l'achat, & d'en représenter les congés s'ils en son requis, à peine de cent livres d'amende : à cet effet, les Commis doivent laisser les congés biffés & lacérés entre les mains des voituriers qu'ils rencontrent, afin que ceux-ci puissent les remettre à ceux à qui les boissons sont destinées.

Les Commis ne peuvent faire de visites sans autorité de justice chez les bourgeois qui n'ont point fait de déclaration de vendre ; ainsi lorsqu'ils soupçonnent quelques particuliers de vendre à faux bouchon, ils doivent présenter requête aux juges de l'élection qui leur accordent

la

la permiſſion pour une fois ſeulement, ou pour un temps limité, de faire les viſites néeeſſaires dens les maiſons, & même d'en faire faire l'ouverture en cas de beſoin.

Les officiers des élections doivent répondre les requêtes des Commis en quelque temps & en quelque lieu que ce ſoit, ſans qu'ils puiſſent les retenir ni en ordonner la communication au procureur du roi, ni même les faire ſigner en la chambre du conſeil ou ailleurs, par d'autres officiers. Il leur eſt défendu de ſe taxer aucune vacation pour raiſon des permiſſions qu'ils accordent; & en cas de refus de leur part ou de l'un d'eux de répondre les requêtes qui leur ſont préſentées, la ſignification qui en eſt faite à leur greffe tient lieu de permiſſion.

Mais lorſque les Commis dans le cours de leurs exercices découvrent quelque fraude, ils peuvent entrer *par ſuite* ſans la permiſſion du juge dans les faux bouchons où elle ſe commet, comme il a été décidé par un arrêt de la cour des aides du 20 décembre 1718, portant infirmation d'une ſentence des élus de Vitry-le-François qui avoit jugé le contraire.

Il y a eu même des cas de fraude extraordinaire où les Commis aux aides ont été autoriſés à faire des viſites chez les habitans d'une ville entière, ſans permiſſion ni aſſiſtance des juges, en y appelant toutefois deux des plus proches voiſins: c'eſt ce qu'on peut voir par différens arrêts du conſeil rendus contre les habitans de la ville de Nevers en 1719, 1721, 1722, 1725 & 1733.

Les gens du commun des villes & lieux ſujets aux droits d'aides doivent ſouffrir les viſites des

Commis, & leur déclarer s'ils entendent vendre
ou confommer les boiffons qu'ils font venir chez
eux : ils font tenus de payer les droits du total
dans le premier cas, ou de l'excédent de leur
confommation raifonnable dans le fecond. Les
Commis font par conféquent les maîtres de déterminer cette confommation. L'excédent eft ce
qu'on appelle *le trop bu* en différentes provinces :
cette difpofition déja ancienne vient d'être confirmée ou renouvelée par un arrêt du confeil du
16 août 1774.

D'ailleurs il eft permis aux Commis de fe
tranfporter dans les maifons des fauxbourgs,
occupées par les bourgeois qui recueillent du
vin au-delà ou en-deçà des barrières, & d'y
faire des vifites toutes les fois qu'ils le jugent
néceffaire, fans qu'ils foient tenus de prendre
aucune permiffion de juftice : cependant en cas
de refus d'ouverture des portes, il ne doit y
être procédé qu'en préfence de deux voifins.

Les vendans vins en gros, foit qu'ils demeurent ou non dans les lieux où le gros a cours,
font affujettis comme les vendans vins en détail
aux vifites & exercices journaliers des Commis
qui marquent les futailles & portent fur leurs
feuilles les quantités de vins à mefure qu'elles
arrivent : leur vin ne peut être enlevé que les
futailles n'aient été démarquées, à peine de confifcation & de cent livres d'amende.

Les fecrétaires du roi, tant de la grande chancellerie que des chancelleries près des cours du
royaume, font tenus quoiqu'exempts des droits
de détail, de fouffrir pendant qu'ils débitent les
boiffons de leur crû, les vifites, marques &
inventaires des Commis, à peine de déchéance
de leur privilége.

Les Commis aux aides font également auto-rifés à fe tranfporter chaque année après les vendanges dans les maifons des feigneurs qui ont droit de banvin, même dans les lieux où le gros n'a point cours, pour inventorier & marquer le vin du crû de la paroiffe où eft la maifon fei-gneuriale qui donne le privilége. Les feigneurs font tenus de déclarer la quantité de vin qu'ils ont recueillie, ainfi que la fituation de leurs vignes par tenans & aboutiffans, & de fouffrir les marques & inventaires, à peine de déchéance de leur droit pour l'année pendant laquelle ils auront refufé de fatisfaire à cette obligation.

Les Commis peuvent même faire des vifites à Verfailles dans les maifons & hôtels apparte-nans au roi, aux princes & princeffes, feigneurs & dames de la cour, pour y dreffer procès-verbal des ventes de vin en détail qu'on pourroit y faire. Mais ils doivent fe faire accompagner des commiffaires de police. Il eft fait défenfes aux concierges, fuiffes, portiers, domeftiques & à tous autres, de leur refufer l'entrée des maifons & hôtels & de les troubler dans leurs fonctions, à peine de cinq cens livres d'amende; & en cas de refus d'ouverture, les commiffaires peuvent la faire faire par le premier ferrurier.

Mais ils ne peuvent entrer dans les abbayes & autres couvens de filles, fi ce n'eft en cas de foupçons véhémens de fraude & avec des for-malités particulières. Ils doivent ordinairement fe contenter des déclarations que donnent l'ab-beffe ou la fupérieure & les plus anciennes reli-gieufes, de la quantité de boiffon qu'elles ont recueillie & fait entrer dans leurs maifons, ou qu'elles y ont fait braffer & façonner : mais lorfqu'ils ont des foupçons bien fondés qu'il fe commet des fraudes dans un couvent, ils doivent en faire la vifite après en avoir obtenu la permiffion de l'évêque. diocéfain ou de l'un de fes grands vicaires, en fe faifant affifter d'un officier de l'élection ou du grenier à fel fi le fiége de la juridiction n'eft pas plus éloigné que de trois lieues ; & s'il eft plus éloigné, en préfence du plus prochain juge royal ou du juge ordinaire des lieux. Ils font obligés d'avertir un des prêtres attachés au couvent, de les accompagner dans leur vifite, & de faire mention dans leur procès-verbal de fa préfence ou du refus, abfence ou autre raifon pour laquelle il ne les a pas accompagnés : fi le cas étoit urgent & que la preuve de la fraude pût échapper, ils pourroient entrer dans les couvens de filles fans la permiffion de l'évêque ou de fon grand vicaire. Ils peuvent même fans être accompagnés de qui que ce foit, faire leurs vifites & exercices ordinaires dans tous les lieux qui dépendent & font hors de l'enceinte des couvens.

Les Commis aux exercices peuvent faire leurs vifites fans affiftance ni permiffion du juge chez tout marchand ou fabriquant dont les marchandifes peuvent être fujettes à des droits d'aides ; tels font les bouilleurs d'eau de vie, les braffeurs de bierre, les bouchers, fripiers & chaircuitiers de Paris & de Rouen : ils peuvent auffi entrer dans les forges pour la marque des fers, & chez les orfévres pour la marque & contrôle des ouvrages d'or & d'argent. Mais dans ce dernier cas ils doivent être affiftés d'un juge : un arrêt de la cour des aides du 6 février 1777 à condamné Nicolas Sommé mar-

chand orfévre à Paris, à 500 livres d'amende
pour avoir manqué de refpect au juge qui ac-
compagnoit les Commis lors de leur vifite
chez lui le 5 novembre 1774 : il lui a été enjoint de fouffrir paifiblement les vifites & exercices des Commis & de leur repréfenter fes
ouvrages d'or & d'argent, même ceux qu'il pourroit avoir dans fes poches, & à cet effet de retourner fes poches s'il en étoit requis : le même arrêt a confifqué fix cuillers à caffé qu'il
avoit refufé de foumettre à l'examen des Commis, & l'a condamné pour cet objet à une
amende de 300 livres avec défenfes de récidiver fous peine de punition exemplaire.

Un autre arrêt de la même cour du 18 du même
mois a ordonné à la veuve Motlet & à fon
fils de laiffer faire aux Commis leurs vifites,
toutes les fois qu'ils fe préfenteroient affiftés d'un
juge & d'y être préfens, ou de commettre quelqu'un pour les remplacer ; & attendu qu'ils s'y
étoient refufés le 17 février 1769, l'arrêt les
a condamnés folidairement & par corps à
200 livres d'amende & aux dépens.

Au furplus il eft aifé de juger que les intérêts du fermier feroient compromis fi fes employés faifoient la commiffion des vins, auffi leur
eft-elle expreffément défendue ; un arrêt du confeil du 12 février 1723, condamna le fieur
Branche receveur des aides à Guife, en 500
livres d'amende pour avoir fait cette commiffion, & ordonna la confifcation de dix-neuf feuil-
lettes de vin qu'il avoit fait venir fous fauffe deftination.

Des Commis aux douanes. Ce font ceux que
le fermier a prépofés à la perception des droits

Nn iij

d'entrée & de fortie impofés fur des marchandifes.

Les principaux Commis des douanes & particulièrement de celle de Paris, font:

Le receveur général à qui font envoyés tous les deniers des recettes particulières des provinces.

Le receveur particulier qui reçoit les droits & donne les acquits des marchandifes qui font vifitées dans le bureau.

Trois directeurs généraux des comptes: deux font pour les gabelles & le troifième pour les comptes des droits d'entrée & de fortie.

Un contrôleur tenant le regiftre du contrôle des marchandifes qui paffent par la douane, & du payement des droits qui en eft fait.

Enfin les employés qui vifitent les caiffes & balots des marchandifes pour évaluer les droits d'entrée ou de fortie & qui y appofent les plombs après qu'elles ont été emballées : c'eft à eux que les voituriers font tenus de préfenter les lettres de voiture, & les marchands facteurs & commiffionnaires, de faire leurs déclarations; ce font eux auffi qui reçoivent ou délivrent les différentes fortes d'acquits, de congés & de paffavans néceffaires pour la fureté & décharge des voituriers ou de ceux à qui appartiennent les marchandifes.

L'infpecteur général des manufactures peut être auffi confidéré comme un des principaux Commis de la douane; mais ce qui le diftingue des autres, c'eft qu'il ne dépend point des fermiers généraux & que fes appointemens lui font payés au tréfor royal.

Dans les bureaux d'entrée & de fortie qui

font établis aux frontières des états voifins de la France , ou des provinces réputées étrangéres foit que ce foient des bureaux de recette ou des bureaux de conferve , il y a auffi des receveurs & des contrôleurs particuliers , & au-deffus de ces Commis fubalternes, des direc-teurs , des receveurs & des contrôleurs géné-raux , dont les fonctions font à peu près les mêmes que celles des employés de la douane de Paris.

Ces Commis percoivent les droits dans les douanes de Lyon & de Valence fuivant des tarifs particuliers : mais dans celles de Paris & les autres bureaux du royaume, ils fe confor-ment aux tarifs de 1664 & de 1667, qui ont été modifiés par divers édits , déclarations & arrêts du confeil.

Des Commis aux gabelles. Ce font ceux que le fermier a prépofés à la diftribution du fel dont il a la vente exclufive.

L'ordonnance du mois de mai 1680 , veut que les Commis ainfi que les capitaines & ar-chers des gabelles ne puiffent fous peine de faux, exercer leurs commiffions à moins qu'elles n'aient été regiftrées au greffe du grenier à fel de leur exercice & qu'ils n'aient prêté ferment.

Suivant l'article 3 du titre 5 de la même or-donnance le Commis doit avoir une clef du gre-nier à fel auquel il eft prépofé ainfi que le gre-netier & le contrôleur ; auffi eft il comme eux refponfable folidairement & par corps de tout le fel qui y eft renfermé.

Le Commis d'un grenier à fel peut dans fon reffort faire des recherches & vifites dans les

maiſons des eccléſiaſtiques , nobles , bourgeois &
autres , en ſe faiſant accompagner d'un garde
ou de deux témoins qui doivent ſigner avec
lui ſes procès - verbaux , à peine de nullité.

Mais les capitaines , archers & gardes ne peuvent faire des viſites chez les eccléſiaſtiques ,
nobles & bourgeois notables qu'en vertu d'une
permiſſion par écrit de l'un des officiers du gre-
grenier à ſel , à moins que ce ne ſoit dans la
pourſuite des faux ſauniers en flagrant délit ,
ou qu'ils n'aient reçu avis de quelque fraude ,
étant à la campagne dans l'exercice de leurs
fonctions.

D'ailleurs il eſt défendu aux uns & aux autres ſous peine de punition corporelle de faire
ni recherche ni viſite dans les villes , bourgs &
villages qui n'y ſont pas ſujets par les réglemens.

Les Commis , capitaines , gardes & autres
prépoſés du fermier convaincus d'avoir fait un
faux ſaunage ou d'y avoir participé en quelque manière que ce ſoit doivent être punis de
mort.

Il eſt même défendu aux Commis ſous peine
de punition corporelle de s'immiſcer directement ou indirectement dans les voitures du ſel
pour le fourniſſement des greniers , à moins
qu'ils n'en aient l'ordre par écrit de l'adjudicataire.

Les Commis ſont tenus de faire une maſſe
ſéparée du ſel qui eſt confiſqué & de s'en charger ſur leurs regiſtres ainſi que des autres confiſcations, amendes & reſtitutions adjugées, à
peine de malverſation.

Il leur eſt auſſi enjoint ainſi qu'aux officiers
du grenier de faire vendre inceſſamment & no-

nobſtant l'appel, les choſes confiſquées de quelque qualité qu'elles ſoient, à l'exception du ſel : les deniers qui proviennent de la vente, des amendes & des reſtitutions des droits de gabelle doivent être remis aux Commis qui en rendent compte à l'adjudicataire : il leur eſt défendu d'en diſpoſer autrement à peine de concuſſion.

Si le déchet excédoit deux minots par muíd de ſel, le Commis feroit contraint ainſi que les grénetiers & les contrôleurs au payement de l'excédent ſur le pied que le ſel ſe vend au grenier de leur exercice.

Les Commis & même l'adjudicataire ne peuvent tranſiger ſur les amendes & confiſcations avant qu'elles aient été ordonnées : & il eſt enjoint en cas de contravention aux procureurs du roi d'en pourſuivre le recouvrement au profit de ſa majeſté & du fermier.

Le contrôleur au grenier à ſel de Doulens prétendoit ſuivant un ancien abus que les regiſtres du receveur Commis devoient lui être confiés chez lui pour qu'il pût en porter l'enregiſtrement ſur le ſien : mais par arrêt du 29 décembre 1761, la cour des aides a débouté ce contrôleur de ſa demande en communication & a ordonné ſur les concluſions de M. le procureur général que conformément à l'ordonnance de 1684, il feroit tenu par les officiers du grenier à ſel dont il s'agit quatre regiſtres, ſavoir un par le grénetier, un par le contrôleur, un par le greffier & le quatrième par le receveur, leſquels feroient arrêtés ſignés & paraphés chaque jour de vente ſur le champ dans le grenier par tous les officiers.

Dans les pays où la vente du fel est volontaire, ces regiftres doivent contenir la quantité de fel qui a été diftribuée, le nom des perfonnes & le titre auquel la diftribution a été faite, le tems & fous quel nom elle a été entamée & finie. Le Commis est tenu de délivrer fans frais aux particuliers & aux regratiers, les feuilles, billets ou certificats contenant la quantité de fel & le jour qu'il a été levé, à peine de concuffion.

Dans les pays où le fel d'impôt a lieu, les deniers qui en proviennent doivent être payés par les collecteurs entre les mains du Commis, à peine d'y être contraints par emprifonnement : les contraintes doivent être vifées par l'un des officiers du grenier. Mais le Commis peut fur leur refus paffer outre après avoir requis par écrit leur *vifa* & remis au greffe un double de la contrainte figné de lui.

Dans le gouvernement de Brouage le mefurage des fels doit être fait en préfence du Commis ou de deux gardes : ils en tiennent un contrôle qu'ils font figner par les maîtres de navire ; & ce contrôle doit être enregiftré ainfi que les déclarations fur lefquelles le Commis décerne les contraintes.

Quant au mefurage qui fe fait pour les particuliers & pour les regratiers, une déclaration de 1713 enjoint aux Commis de l'adjudicataire général, à peine de concuffion, de tenir le chapiteau de la trémie toujours plein, d'ouvrir en entier la foupape pour chaque mefure, de placer celle-ci de manière que le fel tombe toujours au milieu, & de ne faire rader qu'après que le fel a grêlé fur tous les bords.

. Des contrôleurs de greniers à fel laiſſoient par négligence les Commis de l'adjudicataire des fermes générales maîtres de meſurer au peuple le ſel, ainſi que bon leur ſembloit. On imputoit à ceux-ci de n'ouvrir entièrement la ſoupape que pour les minots & les demi minots. La cour des aides a cru devoir remédier à cet abus qui s'étoit introduit dans les greniers à ſel du Lyonnois, en ordonnant par arrêt du 4 ſeptembre 1765 aux contrôleurs de veiller à l'exécution de la déclaration de 1713 par rapport à la trémie.

`Des Commis aux portes.` Ce ſont ceux qui ſont chargés de percevoir aux portes & barrières des villes les droits d'entrée pour les marchandiſes qui y ſont ſujettes.

Il n'eſt perſonne dans le royaume, dont les voitures ſoient exemptes des viſites de ces employés : c'eſt ce qui réſulte des ordonnances des 9 avril 1729, 17 février 1757 & 15 février 1775 : elles portent que les conducteurs des caroſſes & autres voitures, ſans en excepter celles de ſa majeſté, de la reine, des princes & princeſſes du ſang, ſeront tenus de s'arrêter aux barrières de la ville de Paris, à la première réquiſition des Commis, pour qu'ils puiſſent faire leurs viſites; avec défenſes de les inſulter ni de faire entrer aucune marchandiſe ſujette aux droits, ſans en faire la déclaration, à peine de cinq cens livres d'amende, de confiſcation, & même de priſon en cas que ce ſoient des marchandiſes prohibées.

Comme les priviléges dont jouiſſent les bourgeois de Paris pour les denrées de leur crû auroit pu donner lieu à des fraudes, on a eu pour objet de les prévenir par l'arrêt du conseil du 2 Octobre 1774, qui défend aux Commis des barrières de laisser entrer en exemption de droits aucune denrée ni marchandise que sur les ordres du bureau établi pour l'enregistrement des titres de propriété des bourgeois de Paris & autres privilégiés.

Des Commis des domaines, contrôle des actes & droits y joints. Ce sont en général ceux que le fermier a préposés à la perception des droits domaniaux & particulièrement dûs pour le contrôle des actes.

Les employés qu'on appelle simplement *Commis* ou *contrôleurs* sont chargés de contrôler les actes, de recevoir les droits dûs en conséquence, d'en fournir quittance, & de s'en charger en recette pour en compter.

Il y a d'autres Commis dont la fonction est d'insinuer les actes.

D'autres ont le titre de *vérificateurs*, parce qu'ils *vérifient* la régie des Commis & s'occupent de la recherche des droits que ces derniers pourroient avoir négligés.

Ceux qu'on appelle *contrôleurs ambulans* font des tournées dans leur département pour faire compter les Commis, les forcer en recette des droits qu'ils devoient percevoir, & ordonner la restitution de ceux qu'ils ont perçus mal-à-propos : ils doivent faire aussi des contre-tournées pour veiller sur l'exercice des *Commis* & des vérificateurs, & s'occuper de ce qui peut tendre à l'utilité & à la perfection de la régie.

Le fermier établit aussi souvent d'autres employés sous les titres *d'inspecteurs* ou de *contrô-*

leurs généraux : ceux-ci font chargés de maintenir l'ordre & de furveiller les autres employés ; ils en exercent même les fonctions à l'exception de la recette dans laquelle ils ne peuvent s'immifcer fans ordre exprès, à moins qu'il n'y ait néceffité.

Enfin il y a dans le chef-lieu de chaque généralité un *directeur* pour diriger tous les autres employés, faire compter les contrôleurs ambulans & compter lui-même au fermier ; le directeur repréfente le fermier même, il en a tous les pouvoirs, & c'eft lui qui eft chargé de la difcuffion de toutes les conteftations qui naiffent dans l'étendue de la généralité où il eft établi.

Les Commis des domaines peuvent entrer en exercice à l'âge de vingt ans ainfi que les autres Commis des fermes.

Il eft dit par un arrêt du confeil du 20 mars 1714, que les Commis à la régie des droits de contrôle des actes, petit-fcel & infinuations laïques, fe feront recevoir & prêteront ferment entre les mains de MM. les intendans, ou de leurs fubdélégués ou des juges des lieux.

Et l'article 2 de la déclaration du roi du 17 février 1731, veut que les Commis des bureaux d'infinuation établis près les bailliages & fénéchauffées royales ou autre fiège royal reffortiffant nûment aux cours, prêtent ferment devant le lieutenant-général de ces fièges.

Cette difpofition eft de rigueur & les Commis établis près les fièges royaux doivent s'y conformer, à peine de nullité de l'infinuation des donations qu'ils auroient infinuées.

La déclaration de 1731 ne fixe point ce qui doit

être payé pour cette preſtation de ſermens; mais il ne peut être exigé plus de trois livres y compris les droits de greffe, papiers & parchemins, ſuivant les arrêts du conſeil du 28 juin 1704 & 20 mars 1714.

Les Commis des contrôles doivent enregiſtrer exactement les droits qu'ils reçoivent.

L'article 7 de l'édit du mois de juin 1716 ordonne qu'en cas d'omiſſion de recette, les comptables ſeront condamnés à la reſtitution du quadruple des ſommes omiſes, & même pourſuivis extraordinairement ſi le cas le requiert.

Différens arrêts du conſeil des années 1694, 1719, 1720, 1721, 1722, 1723, 1724, 1725, 1726 & 1744, ont nommé des commiſſions pour faire le procès à l'extraordinaire à des Commis & même à des contrôleurs ambulans infidèles.

Les articles 9 de la déclaration du 19 mars 1696 & 13 de celle du 14 juillet 1699, portent que les Commis qui ne tranſcriront point ſur leurs regiſtres les ſommes qu'ils auront reçues ou qui les marqueront moindres qu'elles ne ſont, ſeront condamnés pour la première fois à deux cens livres d'amende, & qu'en cas de récidive, leur procès leur ſera fait comme fauſſaires & concuſſionnaires.

Un arrêt du conſeil du 30 janvier 1725, rendu en forme de règlement du mouvement du roi, veut que les Commis qui ſeront convaincus d'avoir obmis de porter ſur leurs regiſtres les droits de contrôle, petit ſcel & inſinuation qu'ils auront reçus ſoient condamnés dès la première fois, outre la reſtitution des droits, en autant d'amendes de deux cens livres qu'il y aura d'articles omis, & que si l'omission paroît volontaire, ils soient poursuivis extraordinairement, & punis comme pour vol & prévarication dans leur emploi.

Par arrêt du conseil rendu contradictoirement le 20 janvier 1728, Jean Maillet, Commis à Montreau, fut condamné à quinze mille quatre cens livres d'amende, pour n'avoir pas porté sur ses registres soixante-dix-sept droits qu'il avoit reçus, tant pour contrôle que pour insinuation, & de plus à la restitution de ces droits.

Un jugement souverain rendu le premier avril 1646, par M. l'intendant de Pau & les officiers du présidial d'Auch, condamna à mort le nommé B.... qui avoit été contrôleur ambulant au département d'Armagnac, ainsi qu'à la restitution de huit mille trente-sept livres qu'il avoit recélés, au quadruple de cette somme, à deux cens livres d'amende pour chaque recèlement & aux dépens de la procédure, avec confiscation du surplus de ses biens au profit du roi.

Enfin un arrêt du conseil du 25 mai 1756, condamna le sieur Darrigue, contrôleur des actes à Dax, en quatre amendes de deux cens livres chacune, & à la restitution du montant de quatre droits qu'il avoit omis d'enregistrer; le même arrêt annulla une ordonnance de M. l'intendant de Pau qui avoit déchargé ce Commis des amendes.

Il est enjoint aux Commis de parapher les renvois; il leur est défendu de laisser aucun blanc dans les registres: ils doivent les arrêter tous les jours pour prévenir les antidates, & celui qui seroit convaincu d'avoir antidaté le contrôle

ou l'infinuation de quelqu'acte, feroit puni comme fauffaire : un arrêt du confeil du 16 janvier 1717 commit M. l'intendant de Tours pour
faire le procès à un Commis qui étoit accufé
d'avoir antidaté une infinuation.

Les Commis ne peuvent pas contrôler des
actes après le délai fixé par les règlemens; ces
actes feroient nuls; les arrêts du confeil des 21
mars 1719 & 27 juin 1721 prefcrivent une
amende de trois cens livres pour chaque contravention.

D'ailleurs les Commis des contrôles ne peuvent
retenir les minutes fous prétexte de défaut de
payement des droits; mais ils font fondés à refufer de contrôler & infinuer les actes qui leur
font apportés, lorfqu'on n'en paye pas les droits
comptant, fuivant un arrêt du confeil du 29
décembre 1716 & une décifion du 16 mars 1737.

Au refte les règles qui ont lieu pour les employés des fermes en général, font obfervées
envers les Commis des domaines & contrôles
foit qu'ils aient diverti les deniers de leur recette, foit qu'ils foient reliquataires, en un mot
dans toutes les conteftations qu'ils peuvent avoir
avec leurs commettans.

Voyez *l'ordonnance des aides du mois de juin*
1683, celle des gabelles du mois de mai 1680 &
celle des fermes du mois de juillet 1681; les ordon-
nances du 8 juillet 1695, du 14 juillet 1699 du
premier octobre 1743 & du 22 novembre 1762;
l'édit du mois de juin 1716; les lettres-patentes
du 16 novembre 1718, & du 9 août 1771; les
arrêts du confeil & lettres-patentes du 10 juin 1749;
les déclarations du roi des 17 février 1688, 5 mai
1690, 19 mars 1696, 14 juillet 1699, du 3 juin
1701,

1701, du 20 mars 1708, 20 janvier 1714, 12 octobre 1715, 30 janvier 1717, 17 février 1731, 3 juin 1773 & 2 septembre 1776 ; les arrêts du conseil des 28 juin 1704, 20 mars 1714, 28 mai & 29 décembre 1716, 2, juin 1718, 6 & 21 mars 1719, 27 juin 1721, 4 juillet 1722, 26 avril 1723, 14 avril & 30 janvier 1725, 30 janvier 1728, 10 octobre 1741, 4 février 1743, 10 janvier 1747, 31 octobre 1748, 25 mai 1756, 30 avril 1758, 2 octobre 1759, 3 mars & 9 juin 1761, 20 février 1770, 8 novembre 1771, 8 mars & 20 septembre 1772, 16 août 1774, 12 décembre 1775, 26 novembre & 7 décembre 1776 ; les arrêts de la cour des aides de Paris des 29 décembre 1761, 17 décembre 1762, 7 septembre 1764, 4 septembre 1765, 6 & 18 février 1777 ; l'arrêt de la cour des comptes, aides & finances de Normandie du 6 juillet 1762 ; les baux de Charrière & de Forceville des 18 mars 1687 & 16 septembre 1738 ; les arrêts de Boniface, & ceux de Louet & Brodeau ; le dictionnaire de Brillon ; le journal du palais & celui des audiences ; le dictionnaire des aides ; le traité général des droits d'aides ; le dictionnaire raisonné des domaines, & les observations sur le tarif de 1664 & sur l'ordonnance de 1687, &c. Voyez aussi les articles PROCUREUR, DOUANES, FERMES, GABELLES, DOMAINES & CONTRÔLE, &c.

COMMISE. C'est à l'égard des fiefs ce qu'est la confiscation par rapport aux autres espèces de biens. Comme la concession des fiefs est gratuite, il a été juste d'y appliquer les lois concernant la révocation des donations pour cause d'ingratitude.

Trois causes principales font encourir la Commise : 1°. l'ingratitude du vassal envers son seigneur : 2°. la félonie : 3°. & le défaveu. Nous parlerons des deux dernières dans les articles FÉLONIE & DÉSAVEU. Nous allons entrer dans quelques détails sur la première.

Dans l'origine tous les fiefs relevoient immédiatement de la couronne ; ainsi, de quelque manière que les vassaux se rendissent indignes de les posséder, ils rentroient tous également dans la main du roi ; de-là on confondit insensiblement la Commise avec la confiscation. L'habitude de voir le fief retourner toujours au seigneur, donna l'idée d'une réversion en sa faveur pour quelque cause que le vassal en fut dépouillé. Cette confusion n'eut point d'inconvénient tant que le roi fut seigneur immédiat de tous les fiefs ; mais lorsque l'usage de sous-inféoder eût reculé la mouvance royale ; lorsque l'hérédité s'établit dans les arrière-fiefs ; ainsi que dans les fiefs immédiats, alors les vassaux de la couronne se crurent fondés à exercer sur les leurs tous les droits que le monarque avoit sur eux-mêmes ; & comme toute espèce de délit faisoit rentrer leurs fiefs dans sa main, ils en conclurent qu'il existoit un pareil droit de réversion en leur faveur. Ainsi les Seigneurs exerçoient la Commise sur leurs vassaux ; même pour des délits qui ne concernoient que l'ordre public.

Vers le quatorzième & le quinzième siècles, les rois ayant peu-à-peu repris leur autorité, la distinction entre la Commise & la confiscation se rétablit. Celle-ci eut lieu pour tous les délits publics, & l'autre pour les délits privés & personnels au seigneur ; tous les fiefs & les autres biens confisqués appartinrent tantôt au roi, tantôt aux seigneurs justiciers ; & les fiefs servans su-

jets à la Commise purent seuls être réunis au
fief dominant ; ensorte que la Commise ne laissa
plus au seigneur que le droit de réunir à son domaine le fief de son vassal lorsqu'il l'avoit griè-
vement offensé.

La Commise ne fait pas entrer de plein droit
le seigneur dans le fief de son vassal. On a recours aux tribunaux qui seuls prononcent la confiscation s'il y a lieu. Le vassal reste en possession
jusqu'au jugement définitif. Mais sitôt que l'instance est commencée, il ne peut plus ni vendre,
ni hypothéquer, ni disposer en aucune manière
de son fief ; ou du moins le seigneur n'auroit
égard à aucun de ces engagemens, s'il venoit à
réunir à son domaine le fief sujet à la Commise.

· Lorsque le seigneur veut bien faire la remise
de son droit acquis en vertu de la Commise, on
demande si le fief change de nature ; si d'ancien
il devient nouveau ; si de propre il devient acquet ? Dumoulin répond que cela dépend de l'é-
tat des choses, & des termes dans lesquels est
conçue la remise. Si le seigneur déclare purement & simplement qu'il n'usera point de son
droit, qu'il en fait donation à son vassal, qu'il le
décharge de la peine qu'il a encourue, le fief
conserve sa nature d'ancien & de propre ,
quand même la Commise auroit été acquise de
plein droit au seigneur, quand même elle auroit
été prononcée par un jugement, pourvu toutefois qu'elle n'eût pas été entièrement exécutée.
Mais si le seigneur , au lieu d'une remise pure &
simple , déclare qu'il investit de nouveau son
vassal du fief commis ; en ce cas le fief, ou demeure ancien, ou devient acquet selon l'état
des choses. Il devient acquet si la Commise a

été prononcée, ou même fi elle a été acquife de plein droit au feigneur : il refte dans fon ancien état, s'il n'eft pas encore intervenu de jugement.

Il pourroit arriver que le feigneur voulut réunir à la fois ces deux formes, c'eft-à-dire, qu'il déclarât faire remife de fon droit & inveftir de nouveau. Alors cette nouvelle inveftiture ne changeroit rien à la qualité du fief, même après que la Commife auroit été prononcée par fentence, pourvu que la fentence n'eût pas été exécutée, parce que ces mots, *inveftir de nouveau*, ne font employés qu'en tant que de befoin; en ce cas une nouvelle inféodation eft inutile puifque le fief eft confervé au vaffal par la feule remife : d'ailleurs, ajoute Dumoulin, il faut dans le doute, fe déterminer en faveur de l'ancien état des chofes.

Le feigneur eccléfiaftique peut-il renoncer ainfi que le laic, à l'exercice de fon droit ? Il le peut, & par-là il prive fon églife du bénéfice de la Commife, à moins qu'il n'ait la jouiffance du fief conjointement avec fon chapitre : alors il ne peut faire cette remife que de concert avec lui. Lors même qu'il confifque pour injure faire à fa perfonne feulement, la confifcation n'eft point à fon profit exclufivement; le fief appartient à l'églife, qui ne peut à la vérité le conferver, mais qui eft obligée d'en inveftir un nouveau vaffal, à moins que ce fief ne faffe partie de l'ancien domaine amorti avant la première inféodation.

Le mari peut-il faire la même remife pour les fiefs appartenans à fa femme ? Si c'eft le mari feul qui a été perfonnellement offenfé, il peut renoncer à fon droit de Commife ; fi c'eft fa femme qui a été offensée, il ne peut y renoncer que de son consentement; il pourroit même arriver que l'injure faite au mari seul, fût si grave qu'elle rejaillît sur sa femme, alors celle-ci pourroit requérir la Commise malgré son mari.

Si le seigneur qui se trouve dans le cas d'obtenir la Commise vient à décéder avant d'en avoir formé la demande juridique, ses héritiers peuvent-ils l'intenter en son nom ? Dumoulin croit que les héritiers n'ont pas ce droit, lorsqu'il s'est écoulé quelque-temps entre le délit du vassal & la mort du seigneur, parce qu'alors celui-ci est censé avoir pardonné & fait la remise de son droit.

Enfin si le vassal délinquant meurt avant qu'on ait formé contre lui l'action en Commise de son fief, on demande si le seigneur est en droit de la former après sa mort ? On répond que le seigneur n'a point ce droit, pourvu que son vassal ait joui paisiblement jusqu'à son décès; mais s'il y avoit eu saisie féodale, si le seigneur avoit commencé à percevoir les fruits du fief à l'époque du délit, alors il est en droit d'en poursuivre la Commise contre les hériters du mort.

Quoique Dumoulin prétende que l'action de Commise ne se prescrive que par trente ans, néanmoins les autres jurisconsultes tiennent qu'un long silence de la part du seigneur offensé, doit faire présumer le pardon.

Lorsque celui qui a commis le délit n'est pas seigneur en son nom, *proprio nomine*, mais simplement en qualité de mari ou de bénéficier, alors la Commise n'est pas perpétuelle, elle ne dure que pendant la vie du mari, elle s'éteint de même par la mort du bénéficier; il y a plus, si le titulaire d'un bénéfice confisqué en vertu du droit de Commife, vient à réfigner, cette réfignation fait ceffer la Commife ; il eft vrai qu'elle recommenceroit dans le cas où il rentreroit dans fon bénéfice.

. La Commife embraffe-t-elle toutes les parties du fief ? Elle embraffe non-feulement le fief en entier, mais toutes les accrues qui auroient pu fe faire par alluvion ; mais tous les bâtimens conftruits fur le fief de quelque valeur qu'ils puiffent être ; mais tous les héritages acquis par le vaffal dans fa cenfive, & dont il auroit négligé de faire la déclaration néceffaire pour en empêcher la réunion.

A l'égard des bâtimens & autres ouvrages que le vaffal ou fes héritiers auroient fait faire pendant l'inftance, ils n'appartiennent point au feigneur ; il feroit obligé en cas de Commife, ou de dédommager fon vaffal, ou de lui permettre l'enlèvement de fes matériaux.

. En acquérant les droits de fon vaffal, le feigneur en contracte auffi les obligations : de forte qu'un fief grevé de fubftitution, acquis à charge de réméré, fujet à révocation par furvenance d'enfant, paffe au feigneur avec ces charges ; il eft tenu de même aux rentes foncières, aux droits d'ufufruit, aux droits d'hypothéque, & généralement à toutes les fervitudes inféodées fur le fief dont il s'empare ; mais les autres créanciers du vaffal ne peuvent exercer aucune action fur un fief ainfi confifqué. Un grand nombre d'arrêts ont été rendus conformément à ces principes : nous en citerons deux qui font émanés du parlement de Paris : le premier du 10 mars 1694, fut rendu à l'audience de la grand-chambre à l'occafion de la demande faite par une femme de fon douaire, fur des fiefs tombés en Commise par la félonie du fils après la mort de son père. Ces fiefs furent adjugés au seigneur sans égard aux droits de cette femme sur les biens de son mari, pour son douaire & autres conventions matrimoniales, ni à ceux de plusieurs autres créanciers du mari qui avoient fait saisir tous ses biens. Cet arrêt est rapporté par Baquet, au chapitre 2 de son traité du droit de justice.

Le second arrêt du mois de mars 1615, fut rendu en la première chambre des enquêtes. Il décida qu'un fief servant réuni par droit de Commise au fief dominant, étoit déchargé de toute dette & hypothéque & même de douaire. Il est cité par Ferriere, coutume de Paris, tome premier, pag. 565, n. 3.

Quelque rigoureux que paroissent ces arrêts, ils n'en sont pas moins fondés sur la justice. La reversion du fief servant au fief dominant pour cause de félonie est une clause inhérente à la concession primitive du fief ; toutes les hypothèques, toutes les charges constituées depuis, sans l'aveu du seigneur ne peuvent préjudicier à ses droits ; il ne s'étoit dépouillé de sa propriété qu'à la charge de la Commise ; le vassal ayant accepté cette condition, doit la remplir, & ses créanciers pouvoient savoir que telle étoit la nature de sa propriété.

Le seigneur n'est obligé de tenir les baux faits par son vassal, que durant l'année où il a obtenu la Commise ; à moins que ces baux n'emportent hypothèque. Le seigneur est en droit de renvoyer tous les fermiers qui n'ont contre leur bailleur qu'une simple action personnelle. On prétend même qu'il peut résilier les baux hypothequaires, moyennant des dommages &

intérêts envers ceux qu'il voudroit déposséder.

Outre les trois causes principales que nous avons dit donner lieu à la Commise, on cite encore, 1°. le refus du service que le vassal doit à son seigneur ; 2°. la trahison ; 3°. la rebellion ; 4°. l'attentat contre la vie du seigneur ; 5°. la séduction de sa femme, ou de sa fille, ou même de la personne qu'il auroit confiée à la garde de son vassal.

Voyez *le livre des fiefs, livre 2 ; les assises de Jérusalem ;* Gudelinus de jure feudorum, part. 5 ; *Selvaing, usage des fiefs ; les arrêts de Mainard ; Guyot, traité des fiefs, tom. 4 ; Poquet de Livoniere ; le traité des fiefs de Dumoulin, analisé & conféré avec les autres feudistes ; par M. Henrion de Pansey,* &c. Voyez aussi les articles DÉLOYAUTÉ, DÉSAVEU, FÉLONIE, &c. (*Article de M. l'abbé* REMY, *avocat au parlement.*).

Fin du Tome douzième.

CORRECTIONS.

Tome 8, pag. 209, ligne 3, pour ainsi pas ; lisez, pour ainsi dire pas.

Tome 10, pag. 103 ; après la ligne 22, ajoutez avant ces mots, quant à la chasse du renard & du loup, ce qui suit :

Ce terme a été prolongé par un arrêt de réglement du parlement de Flandres du 9 août 1746, lequel a fait défense de chasser à pied ou à cheval, avec chiens ou sans chiens, sur les terres ensemencées depuis le premier avril jusqu'au 15 août inclusivement, sous les peines portées par les ordonnances.

Quant à la chasse, &c.

Tom. 10, pag. 167, ligne 27, supprimez le mot *attendu* & ce qui suit jusqu'à la ligne 31 inclusivement, & lisez, mais cette disposition est tombée en désuétude & n'a jamais eu d'exécution, comme nous l'apprend Gousset dans son commentaire sur la coutume dont il s'agit.

Les Tomes XIII & XIV paroîtront au mois de septembre 1777.